REVISTA DE DIREITO MERCANTIL
industrial, econômico e financeiro

117

Publicação do
Instituto Brasileiro de Direito Comercial Comparado
e Biblioteca Tullio Ascarelli
do Departamento de Direito Comercial
da Faculdade de Direito da Universidade de São Paulo

Ano XXXIX (Nova Série)
janeiro-março/2000

MALHEIROS
EDITORES

REVISTA DE DIREITO MERCANTIL

industrial, econômico e financeiro

Nova Série — Ano XXXIX — n. 117 — janeiro-março/2000

REVISTA DE DIREITO MERCANTIL
publicação trimestral de
MALHEIROS EDITORES LTDA.
Rua Paes de Araújo, 29, conjunto 171
CEP: 04531-940
São Paulo, SP - Brasil
Tel. 3842-9205 - Fax 3849-2495

Assinaturas e comercialização:
CATAVENTO DISTRIBUIDORA DE LIVROS S.A.
Rua Conselheiro Ramalho, 928
CEP 01325-000
São Paulo, SP - Brasil
Tel. 289-0811 - Fax. 251-3756

Diretor Responsável: Álvaro Malheiros
Diretora: Suzana Fleury Malheiros

Supervisão Gráfica: Vânia Lúcia Amato
Composição: *Scripta*

SUMÁRIO

DOUTRINA

AS "DEZ REGRAS DE OURO" DOS TÍTULOS CAMBIAIS
JORGE LOBO 7

EFEITOS DO REGISTO PREDIAL PORTUGUÊS
ARMINDO SARAIVA MATIAS 16

ATUALIDADES

AS TRANSFORMAÇÕES DO DIREITO DOS MERCADOS FINANCEIROS
ANDRÉ-JEAN ARNAUD 32

A EMPRESA, OS MINORITÁRIOS E O MERCADO DE CAPITAIS
ALFREDO LAMY FILHO 53

O DIREITO DA CONCORRÊNCIA E SEUS FUNDAMENTOS. Racionalidade e legitimidade na aplicação da Lei 8.884/94
LUIS FERNANDO SCHUARTZ 57

INDEXAÇÃO E PARIDADE CAMBIAL; "LEASING" CONTRATADO COM CLÁUSULA DE PARIDADE CAMBIAL
EROS ROBERTO GRAU 87

NOTAS SOBRE PRIVATIZAÇÃO
RACHEL SZTAJN 98

UM TÍTULO DE CRÉDITO RECENTE: A CÉDULA DE PRODUTO RURAL
JOÃO LUIZ COELHO DA ROCHA 112

LAVAGEM DE DINHEIRO NO DIREITO COMPARADO: A EXPERIÊNCIA AMERICANA
JAIRO SADDI 117

O NOVO PROJETO DE RECUPERAÇÃO DA EMPRESA
PAULO PENALVA SANTOS 126

POLÍTICA ECONÔMICA, LEGISLAÇÃO SOCIETÁRIA E APLICAÇÃO DO DIREITO DA CONCORRÊNCIA NO BRASIL
OTAVIO YAZBEK 136

ENSAIO SOBRE A MARCA DE ALTO RENOME: UMA PROTEÇÃO ESPECIAL CONTRAPONDO A ETERNA PRIVAÇÃO DA NOVIDADE ABSOLUTA
MAURICIO LOPES DE OLIVEIRA 150

NOVOS ENFOQUES DA FUNÇÃO SOCIAL DA EMPRESA NUMA ECONOMIA GLOBALIZADA
PAULO ROBERTO COLOMBO ARNOLDI E TAÍS CRISTINA DE CAMARGO MICHELAN 157

JURISPRUDÊNCIA COMENTADA

EVASÃO DE DIVISAS — TIPICIDADE. Cheques sacados contra bancos nacionais integram o conceito de moeda, para fins de caracterização do crime de evasão de divisas (Lei 7.492/86, art. 22)
HAROLDO MALHEIROS DUCLERC VERÇOSA 163

CHEQUE ADMINISTRATIVO. OPOSIÇÃO MOTIVADA APRESENTADA PELO ENDOSSANTE. EXONERAÇÃO DO BANCO SACADO DE HONRAR O TÍTULO DE SUA EMISSÃO. ACÓRDÃO DO STJ DE 26.4.1993
SÍLVIA MARIA DO PRADO MAIDA 168

ESPAÇO DISCENTE

TÉCNICAS DE PRIVATIZAÇÃO. A experiência brasileira
THEREZA MARIA SARFERT 182

PARECERES

DO REGIME LEGAL DOS CONCESSIONÁRIOS DE VENDA DE AUTOMÓVEIS NO CASO DE FUSÃO OU INCORPORAÇÃO DAS EMPRESAS CONCEDENTES
ARNOLDO WALD 279

COOPERATIVA HABITACIONAL INTEGRADA POR VÁRIOS GRUPOS SECCIONAIS. SOLUÇÕES PARA OS GRUPOS EM DIFICULDADES. INVOCAÇÃO DA LEI, DOS ESTATUTOS E DOS PRINCÍPIOS COOPERATIVISTAS
WALDIRIO BULGARELLI 307

COLABORAM NESTE NÚMERO

ALFREDO LAMY FILHO
Advogado no Rio de Janeiro

ANDRÉ-JEAN ARNAUD
Diretor de Pesquisa no CNRS — Centro Nacional de Pesquisa Científica (França). Fundador e Diretor do *Réseau Européen Droit et Société* (França). Editor da *Revue du Droit et Société*. Professor Visitante da Faculdade de Direito da Universidade do Estado do Rio de Janeiro e Diretor do Programa Interdisciplinar Direito e Globalização, organizado pela Faculdade de Direito da Universidade do Estado do Rio de Janeiro

ARMINDO SARAIVA MATIAS
Professor Associado da Universidade Autónoma de Lisboa. Advogado

ARNOLDO WALD
Professor Catedrático de Direito Civil da Faculdade de Direito da Universidade do Estado do Rio de Janeiro. Advogado

EROS ROBERTO GRAU
Professor Titular da Faculdade de Direito da Universidade de São Paulo. Professor Visitante da Faculdade de Direito da Universidade Montpellier I — França (1995-1998)

HAROLDO MALHEIROS DUCLERC VERÇOSA
Mestre e Doutor em Direito pela Faculdade de Direito da Universidade de São Paulo. Professor de Direito Comercial nos Cursos de Graduação e Pós-Graduação da Universidade de São Paulo e da UNICID

JAIRO SADDI
Doutor em Direito Econômico pela Universidade de São Paulo. Coordenador no Curso de Direito do IBMEC — Instituto Brasileiro de Mercado de Capitais. Advogado em São Paulo

JOÃO LUIZ COELHO DA ROCHA
Professor de Direito Comercial da Pontifícia Universidade Católica do Rio de Janeiro. Advogado

JORGE LOBO
Livre-Docente em Direito Comercial pela Universidade do Estado do Rio de Janeiro. Advogado

LUIS FERNANDO SCHUARTZ
Mestre em Direito Constitucional e Doutor em Filosofia do Direito pela Universidade de Frankfurt

MAURICIO LOPES DE OLIVEIRA
Mestre em Direito das Criações Imateriais pela Universidade de Montpellier. Diplomado pelo Centre d'Études Internationales de la Propriété Industrielle da Universidade Robert Schuman de Strasbourg. Diplomado em International Intellectual Property Law pela Universidade da Flórida. Professor Visitante do Centro de Pesquisa em Direito das Criações Imateriais da Universidade Montpellier. Coordenador Acadêmico e Professor do Curso de Especialização em Direito de Propriedade Intelectual da FGV. Advogado

OTAVIO YAZBEK
Pós-Graduando da Faculdade de Direito da Universidade de São Paulo. Advogado em São Paulo

PAULO PENALVA SANTOS
Advogado no Rio de Janeiro

PAULO ROBERTO COLOMBO ARNOLDI
Mestre, Doutor e Livre-Docente em Direito Comercial. Professor das Universidades São Francisco, UNAERP e UNESP. Presidente do Instituto Paulista de Direito Comercial e da Integração

RACHEL SZTAJN
Professora Associada da Faculdade de Direito da Universidade de São Paulo

Sílvia Maria do Prado Maida
Pós-Graduanda da Faculdade de Direito da Universidade de São Paulo

Taís Cristina de Camargo Michelan
Bolsista do CNPq

Thereza Maria Sarfert
Advogada em São Paulo

Waldirio Bulgarelli
Professor Titular de Direito Comercial da Faculdade de Direito da Universidade de São Paulo

Doutrina

AS "DEZ REGRAS DE OURO" DOS TÍTULOS CAMBIAIS*

JORGE LOBO

I — Delimitação, importância e atualidade do tema. II — Metodologia do Direito Comercial. III — Fato técnico-econômico gerador dos títulos cambiais. IV — Atributos ou predicados do Direito Cambial. V — Dogmas do Direito Cambial. VI — As "Dez Regras de Ouro" do Direito Cambial.

I — Delimitação, importância e atualidade do tema

Na Alemanha, Espanha e Argentina, a doutrina desenvolve o estudo deste tema sob a denominação de *títulos-valores*, dividindo-os em (*a*) títulos de inversão, de que são exemplos as ações e as debêntures, (*b*) títulos representativos de mercadorias, entre os quais o conhecimento de transporte e o conhecimento de depósito de mercadorias e (*c*) títulos cambiais, em especial as clássicas letra de câmbio e a nota promissória.

Na Itália, França e Brasil, ao invés de títulos-valores, fala-se em *títulos de crédito*, classificando-os em (*a*) títulos de crédito próprios (letra de câmbio, nota promissória, cheque e duplicata), (*b*) títulos de crédito impróprios (ações) e (*c*) títulos de legitimação (bilhetes de ingresso em teatro e cinema), limitando-se a nossa exposição apenas aos títulos cambiais ou títulos de crédito próprios, que não perderam nem importância, nem atualidade, apesar da corrente, que já conta com ilustres adeptos, segundo a qual estão, inexoravelmente, os títulos de crédito próprios em declínio, fadados ao desaparecimento, devido à desmaterialização do crédito, em virtude dos meios magnéticos de cobrança.

D.v., não cremos, porquanto os processos informatizados de cobrança, simples, econômicos e rápidos em relação a devedor e credor originários, só vieram realçar a imperiosa necessidade de serem estudados, com vagar, os predicados e os dogmas do Direito Cambial, indispensáveis para proteção dos direitos e interesses dos terceiros de boa-fé, endossatários legítimos de títulos cambiais, que só podem tornar-se partícipes da multiplicação e circulação do crédito se este for, válida e eficazmente, incorporado a um documento, materializando-se em uma cártula.

Sem tempo para aprofundar a controvérsia, cabe-nos aqui, agora, apenas ressaltar que as noções, que desenvolveremos a seguir, serão úteis nos próximos dez ou vinte anos, na pior das hipóteses.

II — Metodologia do Direito Comercial

Alfredo Rocco, em seu magnífico *Princípios de Direito Comercial* (Lisboa, Ed. Livraria Acadêmica, 1931, pp. 79 e ss.), ensina que o estudo científico do Direito

* Palestra proferida na EMERJ, em novembro de 1999, para Juízes em Processo de Vitaliciamento, a convite do Des. Fonseca Passos.

Comercial exige investigações de quatro ordens: (1ª) o estudo técnico-econômico das relações reguladas pelo Direito Comercial, (2ª) o estudo histórico-comparativo do desenvolvimento dos institutos de Direito Comercial, (3ª) o estudo exegético das normas positivas do Direito Comercial e (4ª) o estudo sistemático dos princípios do Direito Comercial do país, de sua coordenação com as normas e princípios gerais do Direito Civil e com os princípios gerais do Direito.

In casu, interessa-nos o estudo técnico-econômico dos títulos cambiais, vindo a talho de foice o conselho de Vivante, dirigido aos estudiosos do Direito Comercial: "Não se aventurem nunca a qualquer investigação jurídica se não conhecem a fundo a estrutura técnica e a função econômica do instituto objeto dos vossos estudos. Recolham nas bolsas, nos bancos, nas agências, nas sociedades comerciais, nas secretarias judiciais, o material necessário para compreender aquela estrutura e aquelas funções. É uma deslealdade científica, é uma falta de probidade falar de um instituto com o fim de determinar-lhe a disciplina jurídica sem o conhecer na sua íntima realidade" (*Trattato di Diritto Commerciale*, 1ª ed., Prefácio, pp. XIII e ss.), tarefa assaz agravada pelo fato inconteste, como acentuado por Rocco, de que "as relações da vida comercial são, em regra, ignoradas pelos não-comerciantes e até mesmo os comerciantes só conhecem o ramo específico de sua atividade profissional. O mecanismo das operações de banco e de bolsa, as variadíssimas formas das vendas comerciais, o funcionamento das sociedades comerciais, a estrutura das empresas de seguros, as operações dos armazéns reais, os transportes marítimos são relações de técnica muito especial, que exigem o conhecimento direto do prático e a observação do estudioso" (ob. cit., p. 80).

Até mesmo, acrescente-se por oportuno, as atividades corriqueiras, como a emissão, o endosso e o cruzamento de cheques, o saque e o aceite de duplicatas, a abertura de conta corrente bancária, em especial as modernas contas correntes de crédito rotativo e de cheque especial, não são do domínio pleno do indivíduo comum, o que nos leva a afirmar, calcados em Vivante, Rocco e, também, Carvalho de Mendonça, que perfilhou a lição dos dois Mestres italianos, que não se pode dominar o Direito Cambial sem bem conhecer a estrutura técnico-econômica do instituto que se vai estudar e, em conseqüência, que não se pode tratar, com maestria, dos títulos de crédito próprios ou títulos cambiais sem uma percuciente investigação do fato técnico-econômico que os gera.

III — Fato técnico-econômico gerador dos títulos cambiais

Uma pessoa, física ou jurídica, nacional ou estrangeira, homem ou mulher, para adquirir um bem a prazo, depende, fundamentalmente, da confiança que o vendedor possua na sua capacidade financeira de adimplir, no vencimento, a obrigação pecuniária assumida no momento da compra, operação que pode ser sintetizada da forma seguinte: na venda a prazo, troca-se uma mercadoria atual e presente pela promessa de pagamento do preço no futuro.

Com efeito, como registrou João Eunápio Borges, a venda a prazo baseia-se na noção de crédito em que estão implícitos "os elementos confiança de quem aceita, em troca de sua mercadoria ou de seu dinheiro, a promessa de pagamento futuro" e tempo consistente no prazo que "medeia entre a prestação atual e presente e a prestação futura" (*Títulos de Crédito*, Forense, 2ª ed., pp. 7 e ss.) e autoriza-nos a concluir que a troca de um valor atual, presente e certo por um valor ausente, futuro e incerto é o fato técnico-econômico gerador dos títulos de crédito próprios e, ainda a destacar que, concluída a compra e venda a prazo, o proprietário-vendedor-credor terá em seu poder, em substituição a um bem corpóreo, a um ativo real, que integrava o seu patrimônio, um título cambial pelo comprador-devedor.

Como quem vendeu a mercadoria e recebeu um documento como promessa de pagamento no futuro necessita também honrar os seus compromissos financeiros, só resta ao vendedor-credor transferir a propriedade do documento em dação em pagamento ou descontar o documento em uma instituição financeira ou realizar uma operação de faturização com uma empresa de *factoring*, transformando de imediato o documento em dinheiro para saldar suas dívidas, o que só será possível se os títulos cambiais tiverem disciplina especial.

Ademais, para que o vendedor-credor aceite receber um papel/documento/cártula/título de crédito/título cambial, emitido pelo comprador devedor, é indispensável que o Direito Cambiário deixe patente e indiscutível que:

a) o direito não existe sem o documento no qual se materializou;

b) o direito não se transmite sem a transferência do documento;

c) o direito não pode ser exigido sem a exibição e a entrega do título ao devedor que satisfez a obrigação nele prometida;

d) o adquirente do título não é sucessor do cedente, na relação jurídica que o liga ao devedor, mas investe-se do direito constante do título, como credor originário e autônomo, sendo-lhe inoponíveis as defesas pessoais do devedor contra os seus antecessores na propriedade do título", conforme magistério do excelente Prof. Fábio Comparato (*RT* 493/37), o que só se tornou possível com a aceitação e o aperfeiçoamento dos atributos ou predicados do Direito Cambial.

IV — Atributos ou predicados do Direito Cambial

Nascido na Idade Média como instrumento do contrato de câmbio, passa, depois, a ser ele próprio título de crédito, vivendo para circular sem os entraves e os perigos de acessão de crédito, do Direito comum, cumprindo observar que o crédito, sendo a confiança em pessoa determinada, portanto personalíssimo, transformando em título, adquire a natureza de coisa ou bem móvel, passando a preponderar não o elemento pessoal mas o real, daí porque as normas devem procurar resguardar a circulação cambiária e o terceiro de boa-fé, de acordo com o princípio filosófico-jurídico da certeza e da segurança, o que só se logrará obter se o legislador, a doutrina e a jurisprudência prestigiarem os seis atributos ou predicados cambiais:

a) *Predicado do formalismo ou do "rigor formal"*: o título deve ser criado com rigorosa e estrita observância à forma que a lei exige como condição essencial de sua validade e eficácia, o que motivou o ilustre Prof. Théophilo de Azeredo Santos a ensinar que "a forma é indispensável à validade do documento" (*Manual dos Títulos de Crédito*, Pallas, 3ª ed., p. 16);

b) *Predicado da literalidade ou completude*: o título é auto-suficiente como meio de prova dos direitos cambiários, pois contém tudo o que é necessário ao exercício do direito nele contido, daí a lição de Fran Martins: "vale nos títulos apenas o que neles está escrito" (*Títulos de Crédito*, v. I, 5ª ed., Forense, p. 19) e de Saraiva: "o teor do título fixa a medida e os limites da responsabilidade do subscritor" (*A Cambial*, v. I., Ed. Konfino, 1947, p. 135);

c) *Predicado da independência*: é a exacerbação da literalidade porquanto o título basta-se a si mesmo, sem necessidade de apelo a elementos extracartulares;

d) *Predicado da incorporação*: o direito incorpora-se ao documento, havendo Joaquin Garriguez esclarecido que, "quando falamos de incorporação do direito ao título, empregamos uma expressao puramente metafórica, querendo dizer que o título — como coisa corpórea — e o direito documental — como coisa incorpórea —, ainda que sejam coisas distintas, se apresentam no mundo jurídico comercial como se fora uma coisa única" (*Curso de Derecho Mercantil*, v. I, Madrid, 1976, p. 719);

e) *Predicado da autonomia*: as obrigações cambiais são autônomas e independentes umas das outras, daí porque o título é invulnerável às exceções oponíveis aos possuidores anteriores do título, o que se explica e justifica pelo fato de "o possuidor ser investido de direito próprio, originário, ficando imune às exceções oponíveis aos precedentes possuidores" (J. X. Carvalho de Mendonça, *Tratado de Direito Comercial Brasileiro*, Livro III, Parte II, Ed. Freitas Bastos, 1922, p. 55);

f) *Predicado da abstração*: a exigibilidade do título e, em conseqüência, o exercício do direito nele incorporado independem do negócio que lhe deu origem, impedindo que se oponha ao terceiro portador de boa-fé defesa fundada no negócio fundamental que originou a cambial ou as diversas transmissões de que possa ter sido objeto, sendo certo que só se admite defesa fundada na causa entre partes imediatas, não se podendo suscitar discussão sobre o negócio originário em relação às partes mediatas, terceiros de boa-fé, daí a conclusão de que, enquanto a abstração diz respeito à *causa debendi*, a autonomia diz respeito às exceções pessoais dos devedores anteriores, que não podem ser opostas, quando o título entra em circulação, a terceiros possuidores de boa-fé, havendo Vivante explicado esses fenômenos através da teoria dualista ou bifronte, ao expor que, ao emitir-se título de crédito, há uma única manifestação de vontade criadora de diferentes obrigações com diferentes efeitos: a primeira, dirigida ao credor imediato, seria uma declaração contratual que gera uma relação jurídica integral, uma relação jurídica contratual, com todas as suas conseqüências, inclusive a possibilidade de discussão da *causa debendi*; a segunda, uma declaração cartular ou promessa unilateral, dirigida a terceiros de boa-fé, protegidos pela abstração da causa e pela autonomia das obrigações cambiais, justificando-se a duplicação e a distinção entre declaração contratual e a declaração cartular unilateral pelas exigências da circulação.

Com efeito, é inegável que a emissão da cambial pressupõe sempre uma relação fundamental, um negócio subjacente, uma causa, um mútuo consenso entre devedor e credor originários, que pode ter por objeto um contrato de compra e venda, de promessa de compra e venda, de cessão de direitos aquisitivos, de promessa de cessão de direitos aquisitivos, de mútuo feneratício, de prestação de serviços, de fornecimento etc.

Contudo, o negócio fundamental — a compra e venda, o mútuo — e o negócio abstrato — a cambial — apresentam-se em planos diferentes, independentes um do outro.

O negócio fundamental rege-se pelas regras do direito comum. Na discussão do negócio fundamental, as partes tudo podem alegar e requerer na defesa de seu direito.

O negócio abstrato, entretanto, segue as normas do Direito Cambiário e, no debate do negócio abstrato, os litigantes sofrem sérias limitações legais na dedução de sua defesa.

Embora conexos o negócio fundamental e o abstrato, o negócio abstrato "apresenta-se como um negócio de segundo grau, que, concretamente, pressupõe um negócio causal anterior entre as mesmas partes" (Ascarelli, *Teoria Geral dos Títulos de Crédito*, Saraiva, 1943, p. 90), o que levou Fran Martins a pontificar: "a abstração relaciona-se principalmente com o negócio original, básico, subjacente, dele se desvinculando o título no momento em que é posto em circulação. Podem os títulos de crédito se originar de um ato unilateral da vontade, sem causa aparente que force o seu nascimento (emito uma letra de câmbio em meu próprio favor e com meu aceite e a faço circular, transferindo-a a terceiro que, para recebê-la, me entrega a importância nela mencionada; não houve motivo outro que justificasse a criação do título senão minha própria vontade de criar um valor que transformo em dinheiro ao transferir o título a terceiro; com essa transferência me obrigo a reembolsar, em época futura, a pessoa que me apresentar a letra); podem, também, nascer em decorrência de um negócio real (compro determinados bens e como não posso pagar agora emito uma nota promissória; houve uma causa real que me levou a emitir o título, a compra dos bens cujo pagamento não posso fazer agora mas prometo fazer futuramente). Em qualquer circunstância, entretanto, entrado o título em circulação, o cumprimento das obrigações assumidas dele se liberta (ao me cobrar futuramente o pagamento da nota promissória não necessita o credor alegar que vendeu certos bens (negócio fundamental) mas sou forçado a pagar porque a promessa do pagamento consta do título). Na hipótese, se a pessoa a favor de quem emiti a nota promissória passa para terceiro, digamos, a um estabelecimento bancário, recebendo desse a importância mencionada no título, e nesse meio tempo, não me servindo os bens comprados, devolvo a quem me vendeu, não posso alegar essa devolução ao ser-me o título apresentado, no vencimento, pelo banco, para pagamento, pois o que vale é a obrigação de pagar que assumi ao lançar minha assinatura na promissória. As obrigações decorrentes do título, por serem abstratas, terão que ser cumpridas não se admitindo qualquer recusa baseada na causa que originou o título. E então, juntos com a abstração, serão aplicados os princípios da autonomia e da literalidade, isto é, os princípios de que as obrigações são independentes entre si e que, no título, vale tudo e somente o que nele está escrito.

"A abstração do direito emergente do título significa que esse direito, ao ser formalizado o título, se desprende de sua causa, dela ficando inteiramente separado. Se o título é um documento, portanto concreto, real, o direito que ele encerra é considerado abstrato, tendo validade, assim, independente de sua causa" (ob. e v. cits., pp. 14-15).

Destarte, quando se diz que, pelo predicado da abstração, a cambial, independentemente da causa que motivou sua emissão, circula e passa de mão em mão sem que o seu titular necessite indagar, examinar, verificar a sua origem de que promana, o que se pretende é, embora reconhecendo a existência de um negócio subjacente, proclamar a total, completa e absoluta independência entre o negócio fundamental e a cambial.

Aliás, acentue-se, que a distinção entre autonomia e abstração foi ademais magistralmente realçada pelo saudoso Des. Paulo Pinto da Silva: "Abstração. O princípio da abstração, que se observa paralelamente ao da autonomia, mas que com este não se confunde, porque abstração leva à irrelevância da causa ou negócio fundamental, ao passo que a autonomia resulta na inoponibilidade das exceções pessoais e consiste na independência das obrigações entre si, o princípio da abstração impede que se oponha ao terceiro portador de boa-fé defesa fundada no negócio fundamental que deu origem à cambial ou às diversas transmissões que dela possa ter sido objeto.

"A defesa fundada na causa só se admite entre partes imediatas — as que participaram diretamente do referido negócio — não se podendo opor em caso algum às partes mediatas ou terceiros portadores que de boa-fé receberam a cambial sem qualquer ingerência no vício ou defeito que porventura tenha realmente prejudicado o sacador na relação originária ou diminuído o patrimônio do endossador na conversão de que resultou a transferência do título. As exceções causais são pessoais e extracambiárias" (*Direito Cambiário*, Forense, 1948, p. 8, n. 5).

Ademais, a propósito da total, completa e absoluta independência entre a relação fundamental e a cambial enfatiza João Eunápio Borges que, na Alemanha, "há autores — como Júlio Adler — que falam ainda em grau superior, em maior intensificação da obrigação abstrata: é a obrigação *kausaloss* (destituída de causa), a qual o apelo à causa de que se originou é impossível, mesmo sob a forma de exceção. Assim, a cambial, nas mãos do tomador, seria apenas abstrata, nas mãos de terceiros, seria *kausaloss*" (ob. cit., p. 17).

Anote-se, por fim, que não é apenas em relação à letra de câmbio e à nota promissória que a causa do negócio jurídico não pode ser invocada pelo devedor, porém, também, em relação à duplicata, título eminentemente causal, porque sempre oriundo de uma compra e venda mercantil ou de um contrato de prestação de serviços, como se lê em Pontes de Miranda: "Até o aceite, ou até o endosso pelo criador do título, não há relação jurídica oriunda da duplicata mercantil, como título cambiariforme; ela apenas duplica a fatura, que é o documento, unilateral, mas bilateralizável, da compra e venda. Lá está até o aceite, ou antes do aceite, prova reproduzida, do contrato de compra e venda, que entrou no mundo jurídico e nele jaz. Também antes do aceite da letra de câmbio, nenhuma relação jurídica existe entre o sacador e sacado que seja cambiária. A relação cambiariforme, nas duplicatas mercantis surge com o aceite, entre vendedor-subscritor e o comprador-aceitante, ou entre aquele e o primeiro endossatário. A diferença está, portanto, em que a abstração da letra de câmbio é aparente, peculiar à sua forma; ao passo que a abstração da duplicata mercantil somente se pode dar por esvaziamento, com o endosso ou com o aceite, a despeito da aparência da concreção. A letra de câmbio já vai oca, abstrata, para o tomador ou o aceitante; a duplicata mercantil, não: parte cheia, concreta, mas esvaziável" (*Tratado de Direito Privado*, t. XXXVI, 3ª ed., reimp., Ed. RT, § 4.012, n. 8).

Fran Martins professa idêntica idéia: "A duplicata, título causal, pois nascido sempre de uma compra e venda a prazo com a assinatura do comprador, desprende-se da causa que lhe deu origem, já que o comprador não apenas reconheceu a exatidão da mesma como a obrigação de pagá-la na época do vencimento. A obrigação torna-se, desse modo, líquida, o que dá maior segurança de recebimento não apenas ao sacador-vendedor como a qualquer outra pessoa a quem o título seja transferido" (ob. cit., v. II, p. 129).

V — Dogmas do Direito Cambial

Pontes de Miranda, ao estudar a matéria, não se referiu aos predicados ou atributos do Direito Cambial, mas ao que denominou de dogmas do Direito Cambial, que, para ele, seriam a solidariedade das obrigações cambiais, a aparência do Direito e a inoponibilidade das exceções pessoais, ensinando a propósito:

a) *Dogma da solidariedade cambial*: tudo na cambial converge para um ponto, que é o pagamento, tendo o credor a faculdade de escolher um ou mais obrigados cambiais (solidariedade ordinária), que não coincide com a solidariedade do Direito comum, em que o devedor solidário, que paga, só pode haver dos demais a cota-parte de cada um. A solidariedade beneficia, também, a qualquer credor de regresso, pois o avalista ou endossatário sucessivo tem ação de regresso contra os demais (solidariedade de caução ou garantia);

b) *Dogma da aparência do Direito*: o simples fato de o possuidor deter o título dá-lhe a aparência de autêntico titular, devendo a lei protegê-lo, na esteira da teoria da aparência de Jacobi, segundo a qual a aparência é decisiva para libertar os títulos de crédito dos entraves do direito comum, em que a aparência do direito corporificado no título ganha força com o desligamento, a desvinculação da vontade do emitente, passando os terceiros a confiarem na aparência do que nele está declarado, daí porque o interesse de quem cria o título cede diante de terceiros, que confiaram na aparência, sendo em conseqüência, o título de crédito uma aparência elevada à realidade por força exclusiva da lei, tudo imposto por amor à segurança da circulação do crédito, e

c) *Dogma da inoponibilidade das exceções pessoais*: consiste no fato de a segurança do terceiro de boa-fé ser essencial na negociabilidade dos títulos de crédito, devendo a lei assegurar que a ele não se oporão as exceções próprias dos devedores anteriores, partindo do fato inconteste de que o credor possui um direito próprio e não um direito derivado da relação jurídica originária, daí a diferença do título de crédito para a cessão de crédito (cf. *A Cambial*, pp. 2 e ss.), sobrelevando, todavia, notar, por flagrante, que a qualquer portador podem ser opostas defesas fundadas em vícios formais ou falta de requisito necessário ao exercício da ação (menor incapaz emitente do título de crédito) e, ademais, que o possuidor de má-fé não é proprietário de cambial, nem, tampouco, titular de direito nele contido, conforme magistério consagrado de Ascarelli.

VI — As "Dez Regras de Ouro" do Direito Cambial

Reunindo os atributos ou predicados e os dogmas do Direito Cambial, teremos as "Dez Regras de Ouro do Direito Cambial".

(1ª) O título deve conter todos os requisitos essenciais previstos em lei para ser válido e eficaz (predicado do formalismo ou do rigor formal).[1]

(2ª) É decisivo exclusivamente o teor do título, pois vale o que no título está escrito (predicado da literalidade ou completude ou independência).[2]

(3ª) O direito incorpora-se ao título (predicado da incorporação ou cartularidade ou Direito cartular).[3]

(4ª) O título, ao circular, desprende-se do negócio que o originou (predicado da abstração).[4]

(5ª) As obrigações cambiais são independentes umas das outras, investindo-se o

1. REsp 225990-MG, STJ, 4ª T., Rel. Min. Sálvio de Figueiredo Teixeira, j. 7.10.1999: *Execução. Nota Promissória. Data de emissão. Requisito essencial. Rigor formal. Ausência. Carência da ação. Precedentes. Recurso parcialmente provido.* I — Na linha de precedentes das Turmas que compõem a Seção de Direito Privado, é imprescindível constar da nota promissória a data em que foi emitida, nos termos dos arts. 75, item 6, e 76, ambos da Lei Uniforme. II — A ausência da data de emissão da nota promissória a descaracteriza como título executivo. III — O rigor formal é próprio dos títulos de crédito, conduzindo a sua inobservância à carência da ação executiva. IV — A verificação da presença ou não da data de emissão e do local de pagamento, na cártula, da ocorrência ou não de coação no momento de emissão da nota promissória e de excesso de execução, na espécie demandaria a reapreciação das provas dos autos, vedada a esta Corte, a teor do verbete n. 7 de sua Súmula (Pesquisa Internet, STJ, Jurisprudência).

2. REsp 2598-MG, STJ, 4ª T., Rel. Min. Barros Monteiro, j. 29.6.1990: *Processo de execução. Literalidade do título cambiário.* Em execução baseada unicamente no título cambiário, nota promissória, não se poderá exigir do devedor senão o adimplemento das obrigações cambiariamente assumidas. São inexigíveis, na execução, obrigações outras assumidas no contrato subjacente à emissão da cártula (Pesquisa Internet, STJ, Jurisprudência).

3. MS 1017-DF, STJ, 1ª S., Rel. Min. Humberto Gomes de Barros, j. 24.9.1991: *Direito Cambiário. Títulos da dívida agrária. Natureza jurídica.* O TDA é título de crédito emitido *pro soluto*. Pelo fenômeno da incorporação, nele se materializa a própria indenização pelo desapossamento, em razão da autonomia cambial, o TDA equipara-se a bem móvel e como tal circula no comércio. Quando entrega o TDA ao expropriado, o Estado, ao tempo em que se considera exonerado pela indenização, compromete-se a resgatá-lo de qualquer portador ou endossatário que o apresente, sem indagar como ou por que se deu a transferência. Cobrar imposto do portador ou endossatário do TDA é desconhecer a teoria dos títulos de crédito e dar ensejo a que — através de deságio — a indenização se deteriore (Pesquisa Internet, STJ, Jurisprudência).

4. "O devedor pode discutir a origem da dívida, ou a *causa debendi*, quando o título ainda se encontra em poder do beneficiário originário da transação, ou de terceiro de má-fé (*RT* 376/208, 385/185, 461/205, 468/186, 534/185; *RTJ* 72/472, 73/621; *RF* 158/211, 169/123, 174/218, 178/196, 183/285, 188/231, 193/200, 201/88, 217/207, 231/204; *JTACSP* 19/62, 20/256)" (Maximilianus Cláudio Américo Führer, in *Resumo*, p. 107).

REsp 37686-RS, STJ, 4ª T., Rel. Min. Sálvio de Figueiredo Teixeira, j. 4.3.1997: *Direito Comercial. Títulos de Crédito. Cheque. Lei 7.357/1985. Abstração e autonomia. Causa "debendi". Discussão.* Em razão da abstração e da autonomia do chetitular em direito próprio (predicado da autonomia).[5]

(6ª) São inoponíveis ao terceiro de boa-fé as exceções pessoais próprias dos devedores anteriores (dogma da inoponibilidade das exceções pessoais).[6]

(7ª) O Título é uma aparência elevada à realidade por força exclusiva da lei, tudo imposto por amor à segurança da circulação do crédito e ao terceiro de boa-fé (dogma da aparência).[7]

(8ª) Todos os signatários do título obrigam-se pelo pagamento (dogma da solidariedade cambial).[8]

(9ª) Os predicados e os dogmas do Direito Cambial não protegem o terceiro de má-fé.[9]

(10ª) Não se obrigam (*a*) os incapazes de contrair obrigações, (*b*) os que foram compelidos a assinar o título, (*c*) os

que, inviável discutir, em princípio, a sua *causa debendi*, a não ser que estejam presentes sérios indícios de que a obrigação foi constituída em flagrante desrespeito ao sistema jurídico (Pesquisa Internet, STJ, Jurisprudência).

5. REsp 5060-MT, STJ, 4ª T., Rel. Min. Aldir Passarinho Júnior, j. 4.11.1999: *Comercial e Processual. Civil. Compra e venda imobiliária. Cheques de pagamento. Endosso a terceiro de boa-fé. Negócio subjacente. Autonomia da cártula. Reconhecimento em acórdão do STJ. Posterior rescisão do negócio imobiliário, ação movida exclusivamente contra o contrato e a nulidade dos cheques. Inoponibilidade contra o portador dos títulos de crédito. Parte estranha à ação de restrição. Embargos à arrematação. Improcedência. CPC, art. 746*. I — Reconhecido pelo STJ, em julgamento de embargos à execução, que os cheques endossados a terceiro de boa-fé constituam títulos autônomos em relação ao compromisso de compra e venda em que era comprador o emitente das cártulas, impossível opor-se à cobrança, que prosseguiu então, embargos à arrematação calcados em sentença proferida posteriormente à penhora, em ação de rescisão do aludido contrato. II — Errônea aplicação do art. 746 do CPC, eis que a decisão singular que desfez o compromisso e declarou nulos os cheques emitidos pelo comprador-executado, por que movida exclusivamente contra o vendedor, não tem efeito contra o exeqüente, portador dos cheques que não integrou a lide. III — Recurso especial conhecido e provido, para julgar improcedentes os embargos à arrematação, ressalvado o direito de regresso do recorrido contra o vendedor do imóvel, que endossou os cheques recebidos ao terceiro de boa-fé (Pesquisa Internet, STJ, Jurisprudência).

6. REsp 14023-SP, STJ, 3ª T., Rel. Min. Eduardo Ribeiro, j. 25.11.1991: *Cheque ao portador. Execução movimentada por terceiro a quem transferido.* Inoponibilidade das exceções pessoais, salvo má-fé do portador, circunstância que, entretanto, não foi alegada nos embargos a execução (Pesquisa Internet, STJ, Jurisprudência).

7. REsp 2814-MT, STJ, 4ª T., Rel. Min. Athos Carneiro, j. 19.6.1990: *Execução ajuizada por portador de cheque, terceiro de boa-fé.* Embargos do devedor oferecidos pelo emitente, alegando descumprimento do negócio subjacente, rejeitados pela segurança e acolhidos em segundo grau de jurisdição. O cheque é título literal e abstrato. Exceções pessoais, ligadas ao negócio subjacente, somente podem ser opostas a quem tenha participado do negócio. Endossado o cheque a terceiro de boa-fé, questões ligadas a *causa debendi* originária não podem ser manifestadas contra o terceiro legítimo portador do título. Lei 7.357/85, arts. 13 e 25 (Pesquisa Internet, STJ, Jurisprudência). (Obs.: Aplica-se, também, às 2ª, 4ª e 6ª regras.)

8. REsp 6268-MG, STJ, 4ª T., Rel. Min. Sálvio de Figueiredo Teixeira, j. 15.4.1991: *Processo Civil. Execução. Títulos executivos. Cambial e contrato. Cumulação. Admissibilidade. Orientação da corte. Recurso Provido.* I — No sistema jurídico brasileiro, é perfeitamente admissível instruir-se a execução com mais de um título, vinculados ao mesmo negócio subjacente (Pesquisa Internet, STJ, Jurisprudência).

REsp 57966/RS, STJ, 3ª T., Rel. Min. Waldemar Zveiter, j. 17.4-.1995: *Civil e Comercial. Embargos a Execução. Mútuos com garantia cambiariforme. Avalistas. Solidariedade (arts. 896 e 904, do CC). Cambial. Encargos contratuais previamente pactuados.* I — Consolidado na Jurisprudência do STJ o entendimento no sentido de que, se os avalistas também firmaram cláusula contratual, onde se consubstancia o princípio da solidariedade inserto nos artigos 896 e 904, do Código Civil (Instituto de Solidariedade), então se vinculam a obrigação pactuada. II — Incidência das Súmulas ns. 26 e 27, do STJ. III — Recurso conhecido e, parcialmente, provido (Pesquisa Internet, STJ, Jurisprudência).

9. REsp 4730-PR, STJ, 3ª T., Rel. Min. Nílson Naves, j. 23.10.1990: *Nota promissória. Execução promovida por endossatário. Origem da dívida ("causa debendi").* É lícito ao devedor discutir a origem da dívida, tanto em relação ao credor originário quanto a terceiro de má-fé. Hipótese em que o acórdão local, do exame dos fatos (Súmula 7, STJ), admitiu a má-fé do portador do título. Inexistência de afronta a textos de direito cambial e dissídio não comprovado (Pesquisa Internet, STJ, Jurisprudência).

que tiveram suas assinaturas falsificadas[10] e sempre que a obrigação cambial tenha decorrido de vício de vontade (erro, dolo e simulação), fraude ou causa ilícita.

10. Não desconheço que a jurisprudência desta Corte tem criado, em certo grau, temperamentos à impossibilidade de indagação da *causa debendi*, reconhecendo ser viável, sem desnaturar-se a autonomia do título, acolher defesa fundada em erro, simulação, dolo, fraude, violência e causa ilícita ou ausente, quando seja o devedor acionado pelo credor imediato, em face do qual firmara a obrigação (RRE 79.361, *RTJ* 76/843; 55.047, *RTJ* 48/506; 11.733) (RE 113.579, *DJ* 11.3.1988, Rel. Min. Octávio Gallotti).

EFEITOS DO REGISTO PREDIAL PORTUGUÊS

ARMINDO SARAIVA MATIAS

1. Breve introdução: nota histórica; noções gerais; princípios gerais. 2. A fé pública. 3. Compatibilização das presunções fundadas na posse e no registo. 4. Registo como condição de eficácia "erga ommes". 5. Registo enunciativo ou declarativo. 6. Registo consolidativo. 7. Registo constitutivo. 8. Registo aquisitivo ou aquisição tabular: o regime substantivo do art. 291º do Código Civil e o regime registal do art. 17º do Código do Registo Predial. 9. Registo e "usucapião". 10. Notas de direito comparado. 11. O conceito de "terceiro" no registo predial.

1. Breve introdução: nota histórica; noções gerais; princípios gerais

O problema do registo, mormente do registo predial, surge, inelutavelmente, com a necessidade de dar publicidade a direitos, situações jurídicas ou simples factos.

Aquela publicidade pode resultar e resulta, normalmente, *espontânea*, mas, por vezes, ela tem de ser — convém que seja — *provocada*.

No primeiro caso, a publicidade espontânea nasce naturalmente, da aparência, de factos, actos ou situações que são praticados em público.

Há, no entanto, casos, em que a publicidade se torna indispensável, no mundo do direito e, não obstante, tais situações seriam sempre desconhecidas, se não fossem voluntariamente publicitadas — trata-se de publicidade *provocada*.

Sucede, mesmo, que a publicidade provocada se reporta, as mais das vezes, às situações jurídicas mais importantes. Lembre-se o estado das pessoas, recorde-se a situação jurídica dos bens imóveis.

Temos, assim, que enquanto a publicidade espontânea não carece de nenhum instrumento ou artifício (como é o caso da posse) a publicidade provocada necessita de instrumento adequado e que é o respectivo *registo* (registo civil no caso do estado das pessoas, registo predial em caso de prédios, registo de bens móveis, tratando-se de automóveis, aeronaves e navios).

O sistema de registo, em Portugal, de forma sistematizada, surgiu, apenas, com a Lei Hipotecária de 1836, aliás alterada poucos anos depois, em 1863.

Durante a época medieval, há referências dispersas a *forais* e *tombos* que publicitavam a atribuição de certos bens. Mas não pode falar-se de registo pelo seu carácter assistemático e eventual.

Como registo organizado, surge, apenas, na segunda metade do século XIX, sendo o seu regime acolhido pelo Código Civil de 1867, a propósito da hipoteca.

De então para cá, houve uma sucessão de diplomas tendentes a autonomizar o registo predial do Código Civil, designadamente em 1928, 1929 e, sobretudo, em 1959, com o aparecimento de um verdadeiro Código de Registo Predial (Decreto-lei 42.545, de 8 de outubro de 1959).

A substituição do Código Civil de 1867 pelo Código Civil de 1967 não poderia deixar de operar grandes alterações no que respeita ao registo predial tendo sido, então, aprovado um novo Código de Registo Predial pelo Decreto-lei 47.611, de 28 de março de 1967.

Actualmente, com algumas alterações, entretanto introduzidas, pelos Decretos-lei 355/85, de 2 de setembro, 60/90, de 14 de fevereiro, 80/92, de 7 de maio, 30/93, de 12 de fevereiro, 255/93, de 15 de julho, 227/94, de 8 de setembro, 267/94, de 25 de outubro, 67/96, de 31 de maio e 375-A/99, de 20 de setembro, vigora o Código do Registo Predial de 1984, aprovado pelo Decreto-lei 224/84, de 6 de junho e, agora, muito recentemente, novamente alterado pelo Decreto-lei 533/99, de 11 de dezembro.

O registo predial português é efectuado em serviços públicos e por funcionários públicos, aplicando-se, naturalmente, no que concerne aos aspectos institucionais e de regime, o direito público, administrativo.

Já no que concerne aos actos, situações ou direitos constantes do registo não podem deixar de ser regulados pelo direito substantivo correspondente, o direito civil, direito material privado.

De outro lado, elementos essenciais do *registo predial* são os relativos às coisas, não os referentes às pessoas.

Assim, o registo inicia-se com uma *descrição* de prédios a ela se reportando todas as *inscrições* e *averbamentos* posteriores.

A *descrição* contém todos os elementos indispensáveis à identificação do prédio, enquanto a inscrição contém a indicação dos factos definidores da situação jurídica dos mesmos. Os *averbamentos*, quer à descrição quer à inscrição, destinam-se a actualizar ou corrigir aquelas.

Função essencial do registo é, como já se viu, dar publicidade à *situação jurídica dos prédios* com vista à segurança do comércio jurídico imobiliário.

Mas o registo não se esgota aqui: como adiante veremos, pode ter efeitos muito para além da publicidade, como sejam, o da constituição do próprio direito (como na hipoteca) ou o da aquisição tabular.

A doutrina tem elaborado um conjunto de princípios gerais que muito tem contribuído para a construção de uma teoria do registo e até para a elaboração de códigos sistematizados. Vejamos, muito resumidamente, quais são estes princípios.

Princípio da instância

A regra geral é que só por impulso dos interessados pode funcionar o registo predial. De resto, apenas em caso de excepção, expressamente prevista na lei, poderá o funcionário público proceder a registo oficioso. O Estado disponibiliza os serviços, mas deixa aos particulares a iniciativa de a eles recorrer.

Terão legitimidade para requerer o registo as partes da relação jurídica subjacente, como também aqueles que nesse registo tenham interesse.

O registo, em boa verdade, ao contrário do que já aconteceu, no passado, nem sequer é obrigatório, não estando prevista qualquer sanção, quando a ele se não proceda; constitui, apenas, ónus de legitimação para quem for titular do direito.

Princípio da legalidade

O registo tem natureza pública e quem o efectua é funcionário público.

Destes pressupostos resulta que não é teoricamente admissível a prática de actos ilegais. Entende-se, com efeito, que ao funcionário encarregado do registo — o Conservador — está cometida a função de avaliar e se pronunciar sobre a legalidade dos actos sujeitos a registo, na dupla perspectiva, formal e substantiva.

Deste modo, o Conservador deve apreciar a legalidade dos títulos, quanto à forma que revistam, como também a validade substantiva dos actos sujeitos a registo, designadamente a capacidade e a legitimidade dos outorgantes em face de registos anteriores.

Entende-se, todavia, que o Conservador só poderá intervir, recusando o registo, quando o entenda ferido de nulidade. Se o acto for simplesmente anulável, não poderá o Conservador, salvo raras excepções (como não o pode o próprio Juiz, sem que tal lhe seja requerido), declarar a invalidade do acto contra a vontade das partes.

Não obstante estes poderes do Conservador, a lei impõe-lhe que proceda ao registo, a não ser em casos especialmente graves, como será o da nulidade manifesta, o da não sujeição a registo, ou a manifesta insuficiência de suporte documental (art. 69º do Código).

Nos outros casos, impõe-lhe a lei que registe provisoriamente. O *registo provisório* poderá ser efectuado, por *natureza* ou por *dúvidas*, podendo estas ser removidas pelos interessados, sob pena de caducidade do registo. Todavia, os registos provisórios, se tornados *definitivos*, têm a vantagem de retroagir os efeitos ao seu início.

As decisões do Conservador são impugnáveis, graciosamente, por via de reclamação, ou contenciosamente para os respectivos tribunais de comarca da área.

Princípio da tipicidade

Qual é o objecto do registo? São factos, direitos ou situações jurídicas?

Segundo a visão mais corrente, registam-se direitos. É assim, por exemplo, no registo espanhol.

No registo predial português, a partir de 1959, deixaram de registar-se direitos para se registarem factos jurídicos. Assim o refere o art. 2º do Código.

Note-se, todavia, que o que se visa é a publicidade de direitos; isto é, o objecto do acto do registo é o facto que comprova o direito.

E, sendo assim, haverá tipicidade?

A doutrina é unânime em reconhecer a tipicidade quanto aos direitos, não quanto aos factos. Com efeito, é manifesto existir um *numerus clausus* de direitos reais; não de factos. Todavia, quanto a estes, poderá falar-se de tipicidade indirecta, na medida em que só estão sujeitos a registo os factos constitutivos, modificativos ou extintivos daqueles direitos reais.

Princípio do trato sucessivo

Trata-se de estabelecer uma cadeia sucessiva e ininterrupta de inscrições de aquisição até ao titular da última alienação.

É um princípio fundamental do registo, na medida em que assegura o seu fim último que é o de dar a conhecer as vicissitudes da coisa. Consiste na impossibilidade de proceder a registo definitivo de aquisição de direitos ou de constituição de encargos sem que os bens estejam previamente inscritos em nome de quem os transmite ou onera.

Consciente das dificuldades do reatamento do trato sucessivo, em determinadas circunstâncias, o legislador veio permitir o recurso a meios extraordinários como sejam a *justificação judicial* e a *justificação notarial*. Trata-se de processos tramitados em base testemunhal.

Obsta-se, assim, à interrupção definitiva e irrecuperável da cadeia registal.

Princípio da prioridade

Traduz a concretização do brocardo latino *prior tempore potior jure.* Isto é, prevalece o direito primeiramente inscrito. Com duas notas: hipotecas da mesma data asseguram os respectivos créditos, na proporção; os registos provisórios, convertidos em definitivos, mantêm a prioridade que lhes couber pela inscrição provisória e não pela data da conversão.

Princípio da legitimação

Este princípio, introduzido pela mais recente revisão do Código do Registo Predial, de 1984, exactamente com esta designação, constante da epígrafe do art. 9º, *legitimação de direitos sobre imóveis*, constitui um reforço da imposição do trato sucessivo. Com efeito, veio dispor que não apenas o registo está vedado, enquanto não houver inscrição a favor do alienante ou onerante, mas também que é vedada a prática do próprio acto de alienação ou oneração.

Não é, assim, admitido o negócio jurídico praticado por quem não tenha registo a seu favor que o legitime.

Sendo certo que os negócios jurídicos sobre imóveis carecem de forma (escritura pública), sob pena de nulidade, logo se vê que o comando jurídico se dirige também, e principalmente, ao oficial público que preside àqueles actos, o *Notário*. E ao *Juiz*, naturalmente, quando esteja em causa a transmissão de direitos ou a constituição de encargos sobre imóveis, por exemplo, em transacção judicial, fora do âmbito das excepções previstas no n. 2 do mesmo art. 9º.

Com efeito, excepcionam-se alguns casos, como sejam o de haver transmissões sucessivas no mesmo dia, verificando-se perigo de vida de um dos outorgantes ou em casos de expropriação, venda em execução, penhora, arresto ou outra apreensão judicial de bens.

Que sucede, todavia, operando-se o negócio jurídico sem que a legitimidade tenha sido comprovada?

Crê-se que o negócio será válido se o puder ser substantivamente, isto é, se o disponente tiver legitimidade substantiva.

O vício geraria, assim, para além da eventual responsabilidade disciplinar do *funcionário interveniente* no acto, apenas a inadmissibilidade a registo, por força, agora, do princípio do trato sucessivo. Do que resultará a ineficácia relativamente a terceiros, não mais do que isso.

2. A fé pública

O primeiro e decisivo efeito do registo é, naturalmente, a *fé pública registal*. E esta tem um duplo fundamento: de natureza psicológica e de natureza legal.

De natureza psicológica, na medida em que se gerou, na colectividade, a convicção de que o que está registado corresponde à verdade, está conforme à lei.

E isto porque, sendo o registo público e públicos os funcionários que a ele procedem, assegura-se a correcção de processos pela responsabilização destes, que pode ser de natureza disciplinar, civil ou mesmo criminal.

Dizíamos que o outro fundamento é de natureza legal porque o próprio Código do Registo Predial estabelece uma dupla presunção a favor do titular inscrito: a) a presunção legal de que o direito existe tal como se encontra registado; b) e, ainda, a presunção de que o direito pertence a quem estiver inscrito no registo como seu titular.

Trata-se, no entanto, de *presunções "juris tantum"*, na medida em que podem ser ilididas por prova em contrário. Esta prova admite, por seu lado, duplo fundamento: a) com base em vício do próprio registo (título falso ou impróprio, ilegitimidade do funcionário); b) com base em vício substantivo, por nulidade do negócio subjacente.

Mas, enquanto as presunções legais não forem ilididas — e só o podem ser por via judicial — o registo assegura os direitos dele constantes.

3. Compatibilização das presunções fundadas na posse e no registo

A posse é definida pelo art. 1.251º do Código Civil português como "o poder que se manifesta quando alguém actua por forma correspondente ao exercício do direito de propriedade ou de outro direito real".

E, logo de seguida, o legislador afirma que, em caso de dúvida, "se presume a posse naquele que exerce o poder de facto".

Noutro preceito, o legislador dispõe que "o possuidor goza da presunção da titularidade do direito, excepto se existir, a favor de outrem, presunção fundada em registo anterior ao início da posse; havendo concorrência de presunções legais fundadas no registo, será a prioridade entre eles fixada na legislação respectiva".

É, pois, manifesto que a posse cria presunção de direitos.

É, de outro lado, certo, que a posse se manifesta através de factos.

Como compatibilizar, então, *as presunções fundadas na posse e no registo*?

Antes de mais, temos que anotar que a presunção de posse também é ilidível. No direito português, não se aceita que a *posse vale título*; pelo contrário, o proprietário poderá, sempre, ilidir a presunção do possuidor, provando o seu direito, e haver a coisa para si.

Estamos, portanto, quer no caso da presunção possessória, quer no caso da presunção registal, face a presunções ilídiveis.

E como resolver este concurso de presunções?

O Código Civil de 1867 mandava atender às circunstâncias de cada caso, mas o Código actual, de 1967, não manteve esta solução.

Não pode, desde logo, definitivamente, resolver-se a questão da prevalência a favor da presunção fundada no registo. Com efeito, como adiante se verá, a usucapião destrói qualquer efeito do registo.

Aliás, em conformidade com o disposto no art. 1.268º do CC, deve prevalecer a presunção com fundamento mais antigo (na posse ou no registo), com respeito pelo princípio *prior tempore potior jure*.

E quando haja simultaneidade da posse e do registo é a presunção fundada na posse que deve prevalecer, segundo a opinião da melhor doutrina, em rigorosa interpretação do n. 1 do citado art. 1.268º do CC.

4. *Registo como condição de eficácia "erga ommes"*

Em direito português, a constituição dos direitos reais dá-se por mero efeito do contrato (art. 408º do CC).

O efeito constitutivo da *traditio* constitui, assim, excepção, ao contrário de outros ordenamentos jurídicos, como, p. ex., o espanhol e o alemão.

Aquele regime excepcional existe, apenas, nos negócios reais *quo ad constitutionem*, como, p. ex., no caso do penhor, do mútuo, do depósito irregular.

Daqui se retira, por um lado, que a posse só tem efeito constitutivo em caso de usucapião; por outro lado, que a celebração do contrato, na forma legalmente exigida, é constitutiva do direito, entre as partes.

E perante terceiros?

Antes de mais, a regra que enunciámos quanto ao efeito constitutivo do contrato conhece, pelo menos, uma excepção: o caso da *hipoteca*. Isto porque o Código do Registo Predial institui o registo de hipoteca como condição de eficácia entre as próprias partes (art. 4º do CRP).

O registo da hipoteca será, assim, o último elo do seu processo constitutivo. Sem registo, não há efeitos. Alguns autores preferem ver naquele registo uma condição de eficácia e não um elemento constitutivo, uma vez que a hipoteca se encontraria perfeitamente constituída, antes do registo. Nada temos a opôr a esta opção. Desde que a diferença terminológica, ou mesmo dogmática, não implique alteração do efeito jurídico; como, de facto, não implica; pelo que irreleva a discussão.

5. *Registo enunciativo ou declarativo*

Em sentido corrente, afirma-se, muitas vezes, que o registo apenas enuncia os direitos constantes do mesmo, uma vez que nada pode alterar as relações substantivas.

Diz-se, assim, que o registo não dá nem retira direitos.

Mas não é assim.

Há casos em que o mero enunciado trazido pelo registo, embora não criando direitos, opera outros efeitos. Por exemplos, há actos não negociais não sujeitos a registo, mas cuja inscrição desencadeia efeitos: é o caso do registo da *mera posse*, admissível em face de decisão judicial, e que encurta os prazos de usucapião de imóveis, por cinco anos; é também o caso do registo da *acção de preferência* que, não sendo efectuado, impede que a sentença seja oponível a terceiros se o direito litigioso for transmitido na pendência da acção.

A questão da completa inocuidade do registo poderá ser colocada sobretudo em relação ao disposto no n. 2 do art. 5º do Código, na medida em que ali se dispõe que podem ser opostos a terceiros, antes do respectivo registo, a aquisição de direitos por usucapião, as servidões aparentes e os factos relativos a bens indeterminados, enquanto estes não forem especificados e determinados.

Pareceria, então, que o registo nada vem acrescentar.

Ainda assim, é bem evidente que o registo desses factos produz efeitos: pelo menos, os das presunções previstas no art. 7º (de que o direito existe e pertence ao titular inscrito, nos precisos termos do registo). Sendo certo que tal registo não gera efeitos constitutivos ou mesmo oponibilidade a terceiros, a verdade é que, desse modo, se inverte o ónus da prova dos factos inscritos a favor de quem os invoca.

De modo que não deve o registo ser havido como mero enunciado de factos, sem produção de quaisquer efeitos. A declaração ou enunciado constante do registo produz, sempre, efeitos.

6. Registo consolidativo

Dispõe o Código do Registo Predial que "os factos sujeitos a registo só produzem efeitos contra terceiros depois da data do respectivo registo".

Entendido à letra, o direito real, antes do registo, só teria eficácia entre as partes. Teríamos, deste modo, um direito real sem sequela.

É, então, caso para perguntar, se ainda estaremos perante um verdadeiro direito real.

Amorós Guardiola entende que, no âmbito do direito espanhol, não chega a existir um verdadeiro direito real, em tal circunstância. Nada o distinguiria do direito de crédito.

Colocada a questão, no âmbito do direito português, e acompanhando Oliveira Ascensão, parece haver argumentos em sentido contrário, ou seja no de que o direito não registado, para além de ser um verdadeiro direito real entre as partes (por força do art. 408º do CC) é já oponível *erga omnes*.

Vejamos, então.

• O dono do prédio pode intentar acção de despejo contra o inquilino, invocando a titularidade na relação contratual estabelecida, sem que o registo se mostre efectuado. Ainda que seja por invocação da presunção de titularidade emergente da prova da posse. Isto é, o direito de propriedade é reconhecido, independentemente do registo.

• De igual modo, segundo jurisprudência totalmente assente, é responsável por acidente de viação o proprietário substantivo, no momento do acidente, e não o proprietário registado que o tenha alienado. O direito de propriedade é reconhecido *erga omnes*, independentemente do registo.

• O titular do direito não registado poderá, sempre, opô-lo a quem, posteriormente a ele, tenha adquirido direito incompatível sobre o mesmo bem e não tenha, ainda, registado a aquisição.

Do que acabamos de referir, poderemos concluir que o direito real existe e produz efeitos, mesmo contra terceiros, antes do registo. Este registo não é, por consequência, e como regra geral, constitutivo de direitos; mas é, sem dúvida, consolidativo dos respectivos efeitos.

Diz Oliveira Ascensão que o direito real, uma vez constituído por contrato, na forma legal, tem eficácia absoluta, mas é resolúvel.

O registo não lhe confere oponibilidade relativamente a terceiros, pois já era oponível. Apenas confirma e consolida o direito, tornando impossível a sua resolução.

Desde logo, assim, se concluirá que existem efeitos reais, independentemente do registo. Mas é este registo que *consolida* aqueles efeitos relativamente a *todos os terceiros*.

O registo torna-se, por isso, indispensável para a consolidação dos direitos do seu titular.

É melhor passarmos a alguns exemplos.

A vende a *B* certo prédio; de seguida, vende o mesmo prédio a *C*; se *B* e *C* não registarem, terá de prevalecer a titularidade de *B*, uma vez que a venda a *C* é nula por falta de legitimidade de *A* (venda *a non domino*).

Mas, se *C* registar antes de *B* e estiver de boa-fé, passa a ser *C* o protegido, por força do princípio da fé pública do registo. Isto é, o direito de *B* que deveria prevalecer, cede face ao de *C*, por força do registo. Donde, o direito de *B* adquirido por força da compra e venda, carece de consolidação pelo registo, face à eventual invocação de direito incompatível por *C*.

Com efeito, se *B* registar, antes de *C*, não pode este, por via alguma, prejudicar o direito de *B*. Dir-se-á que o direito de *B*, já plenamente existente, se consolida com o registo.

Quanto à qualificação dogmática destes efeitos, autores, como Oliveira Ascensão, dizem que o registo por *C* é um facto resolutivo do direito de *B*. Outros autores, como Menezes Cordeiro, preferem ver uma presunção *juris et de jure* a favor de *C*, criando a favor deste a inoponibilidade por *B*.

Realmente, e segundo Carvalho Fernandes, podemos observar o fenómeno de ambas aquelas perspectivas: de um lado, relativamente a *B*, o registo tem de ser considerado consolidativo do seu direito, validamente adquirido no âmbito substantivo. No que toca a *C*, e porque o adquiriu onerosamente e de boa fé, merece a protecção do registo: neste caso, a norma registal confere ao registo efeito aquisitivo, mesmo em caso de negócio substantivamente inválido.

Dois pontos de vista, afinal, que conduzem à mesma solução de direito.

O efeito consolidativo traduzir-se-á, assim, em o adquirente *B* poder, de forma definitiva, afastar eventual aquisição tabular por parte de quaisquer terceiros.

7. Registo constitutivo

Diz-se que o registo é constitutivo quando o titular aparente que não adquiriu substantivamente se torna verdadeiro titular por força do registo (aquisição tabular) ou, ainda, quando a produção de efeitos dependa do registo (hipoteca).

É certo que em relação à aquisição por força do registo costuma a doutrina referir-se ao efeito aquisitivo, não obstante considerarmos tratar-se, igualmente, de efeito constitutivo.

Aquele tipo de aquisição pode ocorrer nas seguintes circunstâncias: porque ocorreu invalidade registal ou porque existe invalidade substantiva.

Os casos de invalidade registal são resolvidos pelo art. 17º do Código do Registo Predial: "a nulidade do registo não afecta os direitos adquiridos a título oneroso por terceiros de boa fé que estiverem registados à data em que a acção de nulidade foi registada".

Os casos de invalidade substantiva são reguladas pelo art. 291º do CC.

Tomaremos um exemplo de efeitos constitutivos do registo.

A, inscrito, vende a *B* que não inscreve; um mês depois, *A* vende a *C* que inscreve e que, no mês seguinte, vende a *D*. Apesar de *C* adquirir invalidamente, torna-se titular, desde o registo.

Como a venda de *A* a *C* era inválida só o registo se tornou constitutivo do direito de *C*. Todavia, os efeitos do registo só podem iniciar-se com ele; não retroagem.

A consequência poderá, entre outras, ser a seguinte: os frutos da coisa, no período decorrido entre o negócio entre *A* e *B* e *A* e *C* pertencem a *B* e não a *C*, porque *B* adquiriu válidamente, enquanto que o direito de *C* só foi constituído pelo registo e no momento deste.

Outra circunstância em que, sem sombra de dúvidas, o registo é constitutivo é no caso da hipoteca, dispondo a lei que, antes do registo, a hipoteca é ineficaz mesmo entre as partes. Como, aliás, em direito espanhol e no direito alemão.

8. Registo aquisitivo ou aquisição tabular: o regime substantivo do art. 291º do Código Civil e o regime registal do art. 17º do Código do Registo Predial

Dissemos, atrás, que o registo aquisitivo traduz a possibilidade de um adquirente aparente se tornar titular definitivo.

Ora, esta verdadeira e "surpreendente mágica do registo" — nas sugestivas palavras de Amorós Guardiola, aplicadas ao direito espanhol — pode ser desencadeada por dois preceitos legais: um de natureza substantiva e o outro de índole registal; no primeiro caso, o art. 291º do Código Civil e, no segundo caso, o art. 17º, n. 2 do Código do Registo Predial.

Comecemos pelo segundo caso, ou seja o do art. 17º do Código do Registo Predial.

Ali se dispõe que a nulidade do registo não pode prejudicar os direitos do adquirente de boa fé, por acto oneroso e cuja inscrição seja anterior ao registo da acção de nulidade.

São, pois, requisitos de aquisição pelo registo, face ao Código do Registo Predial: a preexistência de registo desconforme, o acto de disposição fundada no registo desconforme; o registo dessa eventual aquisição; a boa fé; o carácter oneroso do negócio.

Vejamos um exemplo: *A* transmite a *B*, validamente; posteriormente, *A* vende a *C* que inscreve a seu favor, mas está de má fé; *C* por sua vez, transmite a *D* que está de boa fé.

Nos termos do art. 17º do Código do Registo Predial, *B* poderá exigir o cancelamento da inscrição a favor de *C*, por este estar de má fé; de outro lado, se *C* transmitiu a *D*, antes do registo da acção de nulidade proposta por *B* e *D* não regista, também aqui, *B* poderá obter o cancelamento da inscrição a favor de *C* e a declaração de nulidade da transmissão de *C* a *D*, uma vez que este não beneficia da presunção do registo e a transmissão por *C* é nula por falta de legitimidade.

Todavia, se *D* inscreve, antes de registada a acção de nulidade proposta por *B*, a sua inscrição já não pode ser cancelada, porque estava de boa fé e goza da presunção registal.

É quanto resulta do regime registal.

Diferentemente se passam as coisas face ao regime de direito substantivo do art. 291º do Código Civil.

Deve dizer-se que a aplicação deste preceito é, hoje, escassa. Com efeito, como já antes referimos, pelo princípio da legitimação, não pode titular-se transmissão de imóvel, sem que este se mostre inscrito a favor do transmitente.

Raro será o caso, por consequência, em que não funcione, directamente, o regime, acabado de expôr, do art. 17º do Código do Registo Predial.

É que, na verdade, tem sido entendimento generalizado que o artigo 291º do

Código Civil, embora permita a sua aplicação independentemente da existência de registo, só deve aplicar-se quando o registo não exista ou após esgotada a possibilidade de aplicação das normas registais.

Com efeito, embora sejam similares as formulações da lei substantiva e da lei registal, em primeiro lugar, o art. 291º do Código Civil não faz qualquer referência a registo anterior; depois, ressalva que a tutela dos direitos de terceiros adquirentes de boa fé, a título oneroso, não terá lugar, se a acção de invalidação do primeiro negócio for proposta e registada dentro dos três anos posteriores à sua efectivação.

Isto quer dizer que, nos termos da lei civil, não é necessário que haja registo anterior, a favor do transmitente. Por essa razão, também o transmissário ou adquirente não merece a mesma protecção que mereceria se tivesse confiado no registo.

A compatibilização dos dois preceitos tem sido feita — e a doutrina apoia esta interpretação — do seguinte modo: havendo registo anterior, a favor do transmitente, aplica-se o art. 17º do Código do Registo Predial, nos termos que acima indicámos; não havendo registo anterior a favor do transmitente, aplica-se o art. 291º do Código Civil.

Neste caso, para além dos requisitos do art. 17º do Código do Registo Predial, terá o adquirente de aguardar três anos, sem que seja intentada acção de invalidação do negócio.

Alguém já suscitou, entretanto, o problema da desconformidade daquela compatibilização com os termos expressos da lei. Na medida em que a lei registal não permite aquela interpretação.

O art. 17º do Código do Registo Predial só seria aplicável em caso de nulidade do registo, como expressamente determina o seu n. 2. Ora, as causas de nulidade do registo são as previstas no art. 16º em que não se incluem, como é óbvio, as causas de nulidade substantiva. Pode, é certo, como faz alguma doutrina, afirmar-se que a nulidade substantiva não pode deixar de determinar a nulidade do registo.

Mas não é posição indiscutível. Em primeiro lugar, porque, como se disse, entre as causas de nulidade do registo, não está prevista a nulidade substantiva; depois, porque, dos termos dos arts. 8º e 13º deve concluir-se que a extinção dos direitos constantes do registo dá origem ao seu cancelamento e não à sua nulidade; em terceiro lugar, porque, em boa verdade, tem, pelo menos, de admitir-se que o registo seja plenamente válido, ainda que o acto constitutivo do direito seja anulável. A aceitar-se esta argumentação, a validade do registo é perfeitamente autónoma da validade dos actos constitutivos do direito.

As consequências quanto ao regime de aplicação dos preceitos em causa são claras.

O art. 17º-2 do Código do Registo Predial seria aplicável apenas quando houvesse e fosse declarada a nulidade do registo, com fundamento no art. 16º.

Nos demais casos, ou seja, não havendo registo ou sendo este válido, seria aplicável o art. 291º do CC.

Esta posição merece ser ponderada.

Em primeiro lugar, porque se aproxima mais da letra da lei. Depois, também porque parecem legítimos os interesses que acautela. Com efeito: o terceiro estaria protegido contra erros do registo, quando neste tivesse confiado, mostrando-se aquele registo eivado de vícios graves e ferido de nulidade; não sairia defraudada a sua confiança. Mas já assim não sucederia quando o registo fosse válido, ainda que a relação substantiva fosse inválida. Neste caso, aplicar-se-ia o art. 291º do Código Civil. É que a protecção do terceiro através do registo não deve ir além daquilo que o próprio registo pode dar; e o registo não pode assegurar a inexistência de causas de invalidade do negócio subjacente. Nestas circunstâncias, seria bastante a protecção dada ao terceiro adquirente, de boa fé, a título oneroso, pelo regime instituido pelo Código Civil.

Como resultado, teriamos exactamente o contrário do inicialmente referido: rara seria a aplicação do preceito do Código do Registo Predial; comum seria a aplicação do citada disposição do Código Civil.

9. Registo e "usucapião"

A *usucapião* prevalece, sempre, sobre qualquer registo. Constitui, na verdade, o mais importante modo de aquisição de direitos reais.

Verificando-se conflito entre direitos incompatíveis, aplicam-se, primeiramente, as regras substantivas e, entre elas, a que se resume em *prior tempore potior jure*. Depois, e com prejuízo das regras substantivas, prevalecerá o direito do terceiro, adquirente de boa fé, a título oneroso, que acreditou na situação registal.

Mas, quer o primeiro quer o segundo terão de ceder perante o adquirente por usucapião. Nada pode o titular, inscrito ou não, contra o usucapiente.

Vejamos alguns exemplos que ilustram o que a lei determina, no que concerne à *usucapião*.

A é titular, não inscrito, de um prédio. *B* consegue registar a seu favor e vende a *C* que está de boa fé. Com as regras acima expostas, *C* seria o verdadeiro titular. Todavia, decai o direito de *C* se *A* invocar e provar a usucapião.

Outro exemplo: *A* é possuidor de prédio alheio. *B* consegue registo a seu favor e vende a *C* que está de boa fé. O direito caberá, em princípio, a *C*; todavia, se *A* puder invocar e provar usucapião, decai o direito de *C*. Se *A* não conseguir provar a *usucapião*, prevalecerá o direito de *C*, perdendo a posse, logo que *C* reivindique.

Para efeitos de usucapião, em direito português, a posse pode ser material ou formal (no primeiro caso, é exercida pelo titular do direito; no segundo caso, não coincidem a posse e o direito).

De outro lado, e ainda para efeitos de *usucapio*, pode o possuidor socorrer-se da *acessão*, isto é, pode somar a sua posse com a posse do antecessor para efeitos de contagem de prazo.

Deste modo, pode ser usucapiente o possuidor por prazo curto, desde que a posse do seu antecessor seja suficientemente longa.

10. Notas de direito comparado

A primeira nota de direito comparado vai para o direito registal espanhol, como não podia deixar de ser, pelas similitudes dos regimes.

E são dois os pontos que convém relevar.

O primeiro ponto a realçar é que o registo predial português foi fortemente inspirado pelo direito registal espanhol, sendo idêntica a matriz de ambos os regimes.

O outro ponto é que, apesar disso, existem diferenças notórias, em alguns aspectos do direito substantivo.

Tentando recordar algumas das mais importantes diferenças. Em primeiro lugar, o momento constitutivo do direito real. Enquanto no ordenamento jurídico espanhol, o direito se constitui com a *traditio* (art. 609º do Código Civil espanhol), em direito português, por força do art. 408º do Código Civil, os efeitos reais produzem-se com a celebração do contrato (*princípio da consensualidade*), na forma legal. A falta de forma legalmente imposta determina a nulidade do contrato e, consequentemente, a não constituição do direito real.

Também quanto à cláusula de indisponibilidade ou intransmissibilidade do direito real, o direito português é expresso (art. 1.306º do Código Civil), ao declarar os seus efeitos meramente obrigacionais, assim arredando qualquer possibilidade de levar tal cláusula a registo. Não sucede o mesmo em direito espanhol.

No que toca ao direito alemão, dispõe o § 873 do BGB que "para a transmissão de propriedade sobre um prédio, ou para a oneração de um prédio com um direito, assim como para a transmissão ou oneração desse mesmo direito, é necessária a concordância do titular (*einigung*) e da outra parte acerca da produção da alteração jurídica e a inscrição (*eintrogung*) da modificação no registo, se a lei não dispuser de maneira diferente".

Deste modo, fácil se torna concluir que, em direito alemão, o registo é constitutivo. Isto é, não há direitos reais sem registo; na compra e venda, não há transmissão de propriedade, antes da inscrição.

De outro lado, e tal como no direito português, também no direito alemão vigora o princípio da prioridade do registo, beneficiando o titular inscrito de presunção inatacável perante terceiro, de boa fé, que adquira antes de registada qualquer acção de impugnação.

Tanto no direito alemão, como no espanhol, como no português, é aceite o princípio do trato sucessivo.

Diferente, quanto aos efeitos do registo, é o sistema francês. Como explicam La Cruz Berdejo e Rebullida, em direito francês, "a transcrição não torna bom para o adquirente o acto transcrito: a única segurança que lhe proporciona é a de que os actos do seu transmitente não transcritos não poderão ser-lhe opostos". Concluem aqueles autores que o registo francês não garante positivamente que o *tradens* seja dono, mas tão somente que este não alienou ou onerou.

Outra nota de direito comparado a fazer refere-se à chamada *posse vale título*. Assim, segundo o art. 2.279º do Código de Napoleão, o princípio da *posse vale título* leva a concluir que o possuidor de coisa móvel, estando de boa fé, tem a seu favor uma presunção *juris et de jure*.

Princípio semelhante se extrai do art. 1.153º do Código Civil italiano: "Aquele a quem são alienados bens móveis por parte de quem não seja proprietário adquire a propriedade da coisa, desde que esteja de boa fé".

No direito alemão, existe a presunção de propriedade a favor do possuidor (BGB § 1.006), mas pode, em certos casos, ser ilidida.

No direito espanhol (art. 464º CC) "a posse de bens móveis, adquirida de boa fé, equivale ao título, com excepção dos casos de esbulho e de má fé".

Em direito português, o possuidor goza de presunção de titularidade do direito (art. 1.268º CC), mas a presunção é sempre ilidível.

Finalmente, uma análise comparada dos sistemas de registo, espanhol e português, evidencia uma aproximação que só não é completa devido às diferenças existentes no direito substantivo.

Acompanhando, mais uma vez, La Cruz Berdejo/Rebullida, designadamente quando enunciam os chamados *princípios hipotecários* e *formais*, é evidente a semelhança.

É de igual conteúdo o chamado *princípio da inscrição*, não sendo esta indispensável para a constituição do direito (com excepção da hipoteca), ao contrário do que sucede em direito alemão.

Tem idêntico alcance o *princípio da publicidade*, quer no seu aspecto material quer no seu aspecto formal: quanto ao primeiro aspecto, implicando a *legitimação* e a *fé pública*; quanto ao segundo, o carácter *público* do registo.

Idêntico é também o regime quanto à prioridade do registo, como, aliás, nos demais sistemas europeus, em que é geralmente aceite a regra *prior tempore potior jure*.

São, ainda, os mesmos e de idêntico alcance os princípios formais enunciados por aqueles autores: do *trato sucessivo*; da *instância*; da *legalidade*; como já tivemos oportunidade de explicar.

11. O conceito de "terceiro" no registo predial

O conceito de "terceiro" no Registo Predial português tem alimentado uma polémica interminável em que se vêm envolvendo a jurisprudência e a doutrina com curiosas e inexplicáveis fugas para diante e para trás. É o que propomos mostrar neste número.

Fundamentalmente, a questão gira em torno da interpretação a dar ao art. 5º do Código do Registo Predial de 1984: "os factos sujeitos a registo só produzem efeitos contra terceiros depois da data do respectivo registo. Exceptuam-se (...)".

E, ainda, no n. 2 do art. 17º: "a declaração de nulidade do registo não prejudica os direitos adquiridos a título oneroso, por terceiro de boa fé, se o registo dos correspondentes factos for anterior ao registo da acção de nulidade".

A partir destas disposições, tem sido travada uma enorme disputa à volta do conceito de terceiro, podendo claramente identificar-se duas noções: uma noção "restrita" e uma noção "ampla" de "terceiro". Curioso será notar que são defensores da noção restrita de terceiro, principalmente, professores de direito civil, substantivo, em que se destacam Manuel de Andrade e Orlando de Carvalho, preferindo a noção ampla de terceiros os cultores e práticos do direito registal, designadamente Conservadores do Registo Predial em que se destaca Isabel Pereira Mendes e alguns outros investigadores desta área do direito como Ferreira de Almeida.

A jurisprudência tem oscilado entre um e outro conceito, numa desesperante hesitação que conduziu, designadamente, no curto espaço de dois anos, a dois acórdãos uniformizadores da jurisprudência.

A doutrina, essa rejubila conforme a jurisprudência a sufraga ou contraria com recurso, por vezes, a linguagem jocosa ou de cunho quase pessoal. Vejamos então resumidamente a evolução do conceito.

Manuel de Andrade, na linha da jurisprudência e doutrina francesa e italiana foi o autor da definição do conceito de terceiro que tem marcado posição duradoura, ao longo dos anos e contra a qual algumas vozes se têm levantado.

Aquele autor adoptou a noção mais restrita a que já nos referimos: "terceiros são os que do mesmo autor ou transmitente recebem sobre o mesmo objecto direitos total ou parcialmente incompatíveis".

Contra esta doutrina que fez curso, sem oposição, até aos anos 70, surgiu uma nova posição defendida por Oliveira Ascensão e Meneses Cordeiro. A doutrina por eles defendida veio a ter consagração jurisprudencial em acórdão do Supremo Tribunal de Justiça de 1994: "terceiro é aquele que tenha a seu favor um direito e por isso não possa ser afectado pela produção dos efeitos de um acto que esteja fora do registo e com ele seja incompatível".

Outros autores, como Antunes Varela e Henrique Mesquita, adoptam uma noção de terceiro, ainda de carácter restrito, mas a que introduzem uma importante alteração. Para esses autores "terceiros para efeitos de registo, relativamente a determinada aquisição não registada, são não apenas aqueles que adquiram (e registem) direitos incompatíveis do mesmo transmitente mediante negócio que com ele celebrem, mas também aqueles que adquiram e registem direitos incompatíveis em relação ao mesmo transmitente sem a cooperação da vontade deste, através de um acto permitido por lei (hipoteca legal ou judicial, arresto, penhora, apreensão de bens para a massa falida insolvente, compra em processo executivo etc. (...)".

A doutrina foi sendo consagrada nos tribunais com avanços e recuos, algumas vezes com decisões contraditórias.

Para pôr fim a essas contradições, o Supremo Tribunal de Justiça deliberando em pleno de secções, uniformizou jurisprudência por acórdão de 20.5.97 cuja conclusão foi a seguinte: "Terceiros para efeitos de registo predial são todos os que tendo obtido o registo de um direito sobre determinado prédio, veriam esse direito arredado por qualquer facto jurídico anterior não registado ou registado posteriormente".

Com este conceito de terceiro, a consequência era que, p. ex., sairia protegido o credor exequente, com penhora registada, sobre o adquirente não inscrito.

A polémica não terminou, porém, em 1997.

E foi tão violenta que o Supremo Tribunal de Justiça se viu obrigado a rever a sua posição uniformizadora chegando ao ponto de a alterar, voltando à posição anterior ou seja, à consagração do conceito restrito de terceiro, formulando a seguinte decisão uniformizadora de jurisprudência, por acórdão 3/99, publicado no *Diário da República*, de 10.7.1999: "terceiros, para efeitos de registo predial, são os adquirentes de boa fé, de um mesmo transmitente comum, de direitos incompatíveis, sobre a mesma coisa".

O efeito imediato foi o de denegar prevalência ao direito do credor exequente com penhora inscrita antes do registo de aquisição anterior (era o caso concreto suscitado no processo).

E quais os fundamentos invocados para esta tomada de posição do Supremo?

Citando Orlando de Carvalho, refere-se no acórdão que o direito português, como os direitos francês e italiano, é um sistema de título, rigorosamente causal e consensual. Daí a importância do princípio da publicidade. É, todavia, um registo de aquisições, é declarativo e facultativo.

É facultativo porque a sua inobservância, embora tenha consequências jurídicas, constitui simples ónus do adquirente, não infracção de um dever, garantido por sanções administrativas.

É declarativo uma vez que constitui mera condição de eficácia e não de validade.

Em todo o caso, afirma-se no acórdão, na linha de Manuel de Andrade e Orlando de Carvalho, que quem adquiriu o domínio ainda que não tenha transcrito, é sempre preferido a quem adquiriu *a non domino*, se bem que o seu título se torne público. Importa é que terceiros são apenas os que estão em conflito entre si, o que só se verifica quando o direito de um é posto em causa pelo outro.

Pressupõe isto que o transmitente ou causante é o mesmo, pois, não o sendo, só um dos adquirentes é *a domino* e o direito do outro, mais do que afectado pelo direito daquele, é afectado pelo não direito do seu *tradens*.

Confessa-se, todavia, no referido acórdão, que o sistema não é perfeito e totalmente convincente.

Mais: o relator do acórdão dá, mesmo, a conhecer ter já subscrito decisões no sentido contrário: precisamente no acórdão 15/97, de 20 de maio, também unificador de jurisprudência.

Onde está então a motivação para este regresso ao passado?

A crítica vai directa ao facto de o registo não ser constitutivo. E vai também para o sistema do registo em geral por não haver um cadastro moderno e eficiente que permita a transcrição imediata e automática.

Mas, sobretudo, o acórdão apela à tradição portuguesa, à valoração que sempre tem sido feita do princípio da consensualidade, à confiança que sempre mereceu a celebração da escritura com intervenção do notário.

Entende o julgador que não podem esta tradição e esta confiança serem atraiçoadas à custa da elevação do registo à "ara" da prevalência sobre o direito substantivo.

Para além do caso dos autos, invoca o relator do acórdão a existência de muitos outros em que, por vezes, de má fé, se tenta fazer prevalecer o registo sobre a transmissão anteriormente operada.

Como o seguinte caso: *A* vendeu a *B* um andar que este pagou, escriturou e passou a habitar, mas não registou. O andar continua registado em nome do *A* que, entretanto, veio a contrair uma dívida perante *C*. *C* sabia que o prédio tinha sido vendido, mas em processo executivo, obteve penhora sobre o andar a qual logo registou. A dar-se prevalência ao registo da penhora, *A* vendedor, além de já ter recebido o preço da venda, libertar-se-ia da sua dívida para com *C*, à custa de *B* e, eventualmente, se o preço da venda em hasta pública fosse superior, ainda poderia ser reembolsado do sobrante. A má fé de *A* e *C* resultariam premiados à custa da boa fé de *B*.

E isto, afirma-se no acórdão, porque o sistema português assenta na transmissão por força do contrato e na plena confiança que as partes nele depositam.

O exemplo, na verdade, impressiona.

E com estes fundamentos, o Supremo Tribunal de Justiça, revendo a doutrina do acórdão de 20.5.1997, formulou novo acórdão unificador de jurisprudência: "terceiros, para refeitos do disposto no art. 5º do Código do Registo Predial, são os adquirentes de boa fé, de um mesmo transmitente comum, de direitos incompatíveis, sobre a mesma coisa".

Miguel Corte Real, Conservador do Registo Predial, veio a público (*O Primeiro de Janeiro*, *Justiça e Cidadania*, 29.7.1999) denunciar o que considera um "retrocesso em matéria de registo e em termos de certeza e segurança do comércio jurídico a ele sujeito".

E acentua o que o Supremo Tribunal já confessara: que, afinal, o desejável seria a consagração da obrigatoriedade do registo, eventualmente, conferindo-lhe efeito constitutivo.

Só razões de prática, de atrasos na realização dos cadastros e informatização dos registos justificariam a actual decisão jurisprudencial.

Isto é, estranhamente, todos estão de acordo quanto à ideia central de que deverá prevalecer o conceito amplo de "terceiro" no sentido da indispensabilidade da efectivação do registo e da consequente elevação deste à produção de efeitos substantivos.

Todavia, razões de ordem administrativa, impeditivas do funcionamento do sistema registal, levam a jurisprudência a uma posição de cautela.

Numa análise, ainda que perfunctória, do tema em debate, verificamos como os condicionamentos técnicos podem, ajustadamente, condicionar a evolução doutrinária.

Manuel de Andrade teria boas razões, há uma dezena de anos, para não confiar ao sistema registal a tarefa de acreditar, *erga omnes*, a situação jurídica dos bens imobiliários. A consequência teria, pois, de revelar-se redutora dos efeitos do registo. Por aí também se terá justificado a consagração do princípio da consensualidade através do qual se impõe, no art. 408º do CC, a produção dos efeitos reais por mero encontro das vontades das partes.

Não é, porém, de todo, admissível, com a tecnologia do fim do século, defender, com a tenacidade de Orlando de Carvalho, aquela mesma tese reveladora de injustificada desconfiança nos actuais sistemas registais de base informática.

Acompanhamos, por isso, a preocupação das teses evolucionistas, conducentes à adopção de um conceito de terceiro de teor diferente do consignado no acórdão do Supremo Tribunal de Justiça, de 1999.

Teríamos, assim, de momento, em causa, três diferentes conceitos: um, restrito que consiste em considerar terceiro apenas o titular de um direito incompatível provindo do mesmo autor comum; um conceito mais amplo segundo o qual se considera terceiro todo aquele que tendo obtido registo de um direito sobre determinado prédio, veria esse direito arredado por qualquer facto jurídico anterior não registado ou registado posteriormente.

Estes conceitos teriam consagração no art. 5º do Código do Registo Predial e foram adoptados pelo Supremo Tribunal de Justiça, em acórdãos uniformizadores, em 1999 e 1997, respectivamente.

Para além destes conceitos, mais próximos da noção civilista de "terceiros", haveria um outro, de "terceiro registal" consignado no art. 17º n. 2 do Código do Registo Predial.

São os seguintes os requisitos de "terceiro registal": ter feito aquisição de boa fé; a título oneroso; baseado em prévia inscrição a favor do transmitente; com inscrição no registo do seu próprio título de aquisição.

Os regimes do "terceiro" do art. 5º e do "terceiro registal" do art. 17º do Código do Registo Predial serão, pois, diferentes, como já se demonstrou quando nos referimos à aquisição tabular *a non domino*.

Estamos confrontados com a problemática também existente no Direito Espanhol e que Garcia y Garcia resume, assim, em *Derecho Inmobiliario y Hipotecario*, t. I, p. 543: "existen dos posiciones en la doctrina hipotecarista: la tesis monista de tercero que considera al tercero del artículo 32 con los mismos requisitos que el del 34, y la tesis dualista del tercero, con diferentes formulaciones que parte de la distinción entre ambos terceros".

Os arts. 5º e 17º do Código português, seriam, deste modo, homólogos dos arts. 32º e 34º da Lei Hipotecária espanhola.

Assim, conforme a tese de La Cruz, os arts. 32º da Lei Hipotecária (e 5º do Código português) seriam tipicamente de inspiração latina (principio da inoponibilidade); os arts. 34º da Lei Hipotecária (e 17º do Código Registo Predial) seriam de inspiração germânica.

Como já foi salientado por Amorós Guardiola, com o art. 32º da Lei Hipotecária pretende resolver-se o problema da dupla venda. Já assim não acontece com o art. 34º. Com o art. 32º da Lei Hipotecária sanciona-se o adquirente negligente que não inscreve. Com o art. 34º da Lei Hipotecária protege-se o "terceiro" que se baseou no registo. No art. 32º a questão existe entre um titular inscrito e um titular não inscrito. No art. 34º da Lei Hipotecária a questão coloca-se entre dois titulares inscritos. Na opinião de Amorós Guardiola, *o terceiro* do art. 32º não necessita adquirir de um titular registado, ao contrário do que sucede no art. 34º da Lei Hipotecária.

O mesmo defendemos no direito português no que respeita, respectivamente aos arts. 5º e 17º do Código do Registo Predial.

Parece ser esta a melhor doutrina, que é também a defendida pelos Conservadores e Técnicos do Registo Predial.

Todavia, na decisão do Supremo Tribunal de Justiça não esteve em causa o art. 17º. A discussão travou-se em torno do art. 5º ou seja, estava em causa um conflito entre um titular inscrito e um titular não inscrito.

E a verdade é que, havendo, neste âmbito, pelo menos duas noções defendidas pelos autores, o Supremo Tribunal de Justiça optou pela mais restritiva: aquela que limita o *terceiro* ao adquirente, de boa fé, de um mesmo transmitente comum, de direitos incompatíveis sobre a mesma coisa.

Tratando-se, como se tratou, de acórdão uniformizador de jurisprudência, tanto basta para dizer que subsistem dois conceitos distintos de *terceiro*:

- o do art. 17º (correspondente ao art. 34º da Lei Hipotecária espanhola) que já comentámos;
- e o do art. 5º (correspondente do art. 32º da Lei Hipotecária espanhola) com a formulação que o Supremo Tribunal lhe deu.

Esta última formulação está, porém, condicionada pelas razões e circunstancialismos de ordem prática, acima descritos, exteriores à construção dogmática do conceito.

Não tardarão, por certo, novidades sobre esta matéria.[1]

1. E a novidade foi que, dois meses após termos escrito este texto, foi publicado o DL 533/99, de 11 de dezembro, o qual veio dar nova redacção ao n. 4 do art. 5º do Código do Registo Predial: "terceiros, para efeitos de registo, são aqueles que tenham adquirido de um autor comum direitos incompatíveis entre si". Isto é, consagra-se por via legal o conceito mais restrito de terceiro, tal como foi adoptado pelo acórdão unificador de 10.7.1999. À espera, segundo cremos, de nova alteração.

Bibliografia

ASCENSÃO, Oliveira. *Direitos Reais*, 5ª ed., Coimbra, 1993.

BERDEJO, José Luis La Cruz e REBULLIDA. *Derecho Inmobiliário Registral*, J. B. S/A, Madrid, 1984.

CARVALHO, Orlando de. *Direitos das Coisas*, policopiado.

FERNANDES, Luis Carvalho. *Lições de Direitos Reais*, 2ª ed., Lisboa, Quid Juris, 1997.

MENDES, Isabel Pereira. *Estudo Sobre Registo Predial*, Almedina, 1997.

——— *Código do Registo Predial*, 9ª ed., Almedina, 1997.

MENESES CORDEIRO, A. *Direitos Reais*, Lisboa, Lex, 1979.

——— *Direitos Reais, Sumários*, Ed. AAFDL, 1998-1999.

——— *A Posse: Perspectivas Dogmáticas Actuais*, Coimbra, Almedina, 1997.

MESQUITA, Henrique. *Direitos Reais, Lições ao Curso de 1966/1967*, policopiado.

MOTA PINTO. *Direitos Reais* (Álvaro Moreira e Carlos Fraga), Almedina, 1975.

RODRIGUES, Manuel. *A Posse*, Almedina, 1996.

Atualidades

AS TRANSFORMAÇÕES DO DIREITO DOS MERCADOS FINANCEIROS[1]

ANDRÉ-JEAN ARNAUD

1. Sobre a renovação dos atores presentes: 1.1 A interrogação sobre o ator estatal; 1.2 Sobre a emergência do critério de eficiência quando da substituição dos atores. 2. Traços paradigmáticos das formas contemporâneas de regulação dos mercados financeiros: 2.1 Sobre o pragmatismo requerido na regulação dos mercados financeiros; 2.2 Pluralidade de atores, pluralidade de lógicas; 2.3 Sobre a complexidade inacabada dos mercados financeiros.

O estudo que se irá realizar tem como tema os mercados financeiros. Podemos colocar como hipótese que estamos perante um campo exemplar que nos permite uma avaliação do lugar contemporâneo de um ator (o Estado) e de um instrumento (o direito), um e outro considerados pela tradição jurídica e política como fundamentais na implementação dos modos de regulação social.[2] Tratar-se-ia mesmo de um exemplo extremo, caso acreditemos nos especialistas do direito dos mercados financeiros, que proferem que este último é caracterizado "pela originalidade e independência do seu sistema institucional".[3]

Sem negligenciar as precauções oratórias indispensáveis neste domínio,[4] sem ir, para além disso, até à retenção do caráter por vezes tênue — se formos acreditar na doutrina — da distinção entre mercados financeiros de caso a caso, mercados financeiros organizados e mercados financeiros regulamentados,[5] estes têm as suas regras

1. Texto escrito em colaboração com Beinan Xue-Bacquet, jurista de banco; Serviço Jurídico das Operações de Mercado do Banco Nacional de Paris (Banco e Finanças Internacionais).

2. "As inovações financeiras dos últimos anos tornaram obsoletas as noções que eram até há pouco pilares do nosso direito positivo (...) Inadaptadas à definição de tais mercados, estas noções mostram, dado o seu desvio, que o desenvolvimento dos mercados financeiros não deixa de ter conseqüências sobre o direito positivo" (Frédéric Peltier e Marie-Noëlle Dompé, *Le Droit des Marchés Financiers*, PUF, 1998, Que sais-je? 3283, p. 11).

3. *Ibid.*, p. 17.

4. "A existência de mercados financeiros não pede necessariamente uma regulação exterior normativa. (...) Um mercado não regulamentado não é necessariamente um mercado não regulado" (Marie-Anne Frison-Roche, "Le cadre juridique de la mondialisation des marchés financiers", em *Banque et Droit* 41, mai.-jun. 1995, p. 46. Cf. igualmente *ead.*, "L'hypothèse du droit commun au regar de l'évolution des marchés financiers", em Association d'Économie Financière, *Rapport Moral sur l'Argent dans le Monde*, Paris, 1997, pp. 49-54.

5. Cf. Marie-Anne Frison-Roche e Maurice Nussenbaum, "Determination juridique e financière des marchés financiers dits de gré à gré", em *RJDA* 8-9/97, Études et Doctrine, pp. 679-683; Frédéric Peltier e Marie-Noëlle Dompé, *op. cit.*, p. 7.

estabelecidas pelo direito financeiro.[6] Este último decorre, do ponto de vista disciplinar, dos ensinamentos do direito econômico, expressão que tende a substituir aquela, institucionalizada nos programas de estudos de direito na França, de "direito dos negócios". Mas é a este último que se referem os estudantes quando desejam melhorar o seu *cursus studiorum* — e os candidatos a um emprego, o seu *curriculum vitae* — com a obtenção de um diploma de estudos avançados de qualidade e reconhecido como tal no mercado de trabalho. O ensino, ao mesmo tempo teórico e prático, terá incidido sobre o que existe de mais atual nas relações econômicas, direito tributário dos negócios, direito do financiamento e do crédito, direito das sociedades e dos grupos, direito europeu e internacional dos negócios... No que respeita à globalização da regulação econômica e dos negócios, por um lado, e aos mercados financeiros, por outro lado, os programas incluem, no entanto, ainda raramente — é um eufemismo — ensinamentos que, no entanto, encontramos generalizados noutros lugares desde há mais de uma dezena de anos, como é o caso, p. ex., dos Estados Unidos.

Porém — e ser-nos-á perdoado este truísmo suplementar — as relações econômicas colocam um desafio permanente ao direito. E, entre elas, em primeiro lugar, as relações financeiras — mesmo quando a questão se complica infinitamente pelo fato da "dissociação entre o reino dos sinais monetários e a realidade econômica da qual é suposto ele dar conta, nunca tenha sido tão grande na história contemporânea".[7] Para os juristas o desafio situa-se realmente aqui: através do incentivo do ganho que elas tem por finalidade cobrir, as relações financeiras são objeto de um dinamismo gritante, enquanto que o direito, constituindo num sentido estrito o conjunto de normas de regulação sociais sancionadas pelo Estado, se encontra dividido entre a preocupação de estabilidade que constitui a sua essência e a necessidade em que ele se encontra de não ficar insensível às transformações externas. As alterações que têm lugar na ordem financeira não podem deixar de desencadear transformações no direito, sob pena de ver-se este último violado sistematicamente, ou contornado por agentes submetidos às irresistíveis pressões dos fatos.

É mais ou menos este o dilema perante o qual estão colocados, hoje, os Estados face ao processo de globalização[8] das trocas, processo que toca, e de muito perto, as relações econômicas e, no que nos diz respeito mais particularmente aqui, os mercados financeiros.[9] As questões que se põem, a este respeito, são, essencialmente, as seguintes:

- será que os direitos estatais são ainda de uma eficiência real na regulação dos mercados financeiros? Ou seja, será que os juristas dispõem de um direito financeiro apto a assegurar a regulamentação dos mercados financeiros num contexto globalizado? Ou, pelo contrário, será que podemos observar formas de regulação dos mercados financeiros, alternativas ou paralelas àquelas dos direitos estatais? E se sim, quais?

6. Cf. Alain Couret, "La dimension internationale de la production du droit: l'exemple du droit financier", em Jean Clam e Gilles Martin (sob a dir.), *Les Transformations de la Régulation Juridique*, LGDJ, Paris, 1998, p. 197.

7. Philip S. Golub, "Un tournant dans l'histoire de la globalisation", *Le Monde Diplomatique*, jan. 1999, pp. 18-19. O autor acrescenta que "depois de 1970, o aumento vertiginoso do volume dos fluxos internacionais de capitais não se fez acompanhar de um aumento correspondente do valor das transações comerciais", e, à margem, o autor acrescenta que 1.500 bilhões de dólares são trocados quotidianamente no mercado internacional de divisas, relativamente a 18 bilhões no início dos anos 70, enquanto que só 3% correspondem ao valor dos bens e dos serviços realmente trocados.

8. Explicamo-nos em *Entre Modernité et Mondialisation* (LGDJ, Paris, 1998) sobre as razões de preferir o termo "globalização" ao termo "mundialização".

9. Algumas frases interessantes de Jean-Pierre Allégret e René Sandretto sobre este assunto no artigo que estes publicaram no *Le Monde*, de 1.12.1998, sob o título "Revenir à l'*esprit des lois* de Bretton Woods" (p. V).

• que conseqüências podemos entrever quando de uma eventual alteração de paradigma na regulação contemporânea da sociedade partindo dos exemplos fornecidos pelos mercados financeiros? Ou seja, a regulação dos mercados financeiros resulta ainda de um modo tradicional de conceber o lugar e a importância do Estado e do seu direito neste tipo de trocas sociais e será que esta observação é extensível ao conjunto da regulação do Estado pelo direito?

Ao realizarmos este estudo — que deve ser considerado necessariamente limitado pelas imposições do seu próprio gênero — nós não temos nenhuma outra pretensão a não ser a de reunir os dados adequados de modo a permitir arriscar algumas reflexões sobre a profundidade das transformações jurídicas ligadas ao fenômeno da globalização e contribuir para descobrir o seu sentido. Tentaremos assim responder às questões acima mencionadas em dois tempos. Iremos nos interrogar, primeiramente, sobre a qualidade dos atores e a especificidade dos instrumentos de regulação dos quais estes dispõem, no quadro de uma soberania estatal, da qual se ouve dizer, freqüentemente, estar desfavorecida pela globalização. Apoiando-nos sobre os traços paradigmáticos das inovações introduzidas na regulação dos mercados financeiros, iremos, em seguida, refletir sobre o significado que estas alterações revestem para o conjunto da regulação operada até aqui pelo direito estatal.

1. *Sobre a renovação dos atores presentes*

Apesar de por vezes se pretender que a "mundialização" é um fenômeno com três mil anos[10] de idade, a globalização é um fenômeno recente.[11] Citamos Jean Bodin, que relatava: "Tudo é mais caro na Espanha do que na Itália, e na Itália mais do que em França, e mesmo os serviços e a mão-de-obra, porque o que atrai os nossos habitantes da Auvergne e do Limousin na Espanha é o fato de eles ganharem o triplo daquilo que ganham na França (...) É portanto a abundância de ouro e de prata que causa em parte o encarecimento das coisas", e aqui deparamo-nos com os traços daquilo que poderá ter já sido uma globalização das trocas. Recuamos mesmo até ao primeiro milenário a.C., para pretender que os fenícios já teriam esboçado a primeira mundialização ao instalar imensos entrepostos comerciais e ao difundirem o alfabeto para a escrita de todas as línguas — ou seja redigir todos os contratos.[12]

Em resumo, o processo contemporâneo não se distinguiria senão pela rapidez com a qual se processa hoje em dia a globalização financeira.[13] No espaço de uma quinzena de anos, a maior parte dos países industrializados, de fato, atenuou progressivamente ou suprimiu os controles do câmbio. Hoje em dia os capitais podem, em princípio, circular livremente e, cada país pode recorrer à poupança mundial para responder às suas necessidades de financiamento. No que respeita os investidores, detentores de capitais, estes podem escolher livremente entre uma utilização nacional ou internacional dos seus fundos, em função dos ganhos esperados e da antecipação dos riscos que correm.

No entanto podemos perguntar-nos, se a especificidade do processo de globalização, tão característico da nossa época, não consistiria muito mais num certo esmorecimento dos atores e dos instrumentos tradicionais relativamente à regulação,[14] ou

10. Jacques Marseille, "3000 ans de mondialisation", *Enjeux des Echos*, jun. 1997.

11. *Entre Modernité et Mondialisation*, *op. cit.*, Lição 1.

12. Jacques Marseille, *op. cit.*

13. Michel Pabereau, "1988-1998. La révolution financière", *Option Finance* 485, 2.2.1998.

14. Sobre este tema, ver Christophe Leroy, "Les rapports contemporais entre l'État et le marché: essai d'interpretation", na *Revue Administrative* 293, 1996, pp. 515-530; André-Jean Arnaud, "La régulation par le droit en contexte globalisé", em *Le Métamorphoses de la Regulation Juridique*, sob a dir. de Jacques Commaille e Bruno Jobert, LGDJ, Paris, 1998, pp. 147-176.

até na sua substituição por outros atores e outros instrumentos. Ora uma substituição deste tipo observa-se efetivamente através de um certo número de mutações, das quais se destaca a contestação da efetividade de um direito puramente estatal dos mercados financeiros e a emergência[15] do critério de eficiência na aparição de novos atores.

1.1 A interrogação sobre o ator estatal

Seria trivial constatar que o direito das grandes praças financeiras tende a uniformizar-se; o processo encontra-se largamente ligado à entrada dos mercados financeiros na era virtual. Pensar o direito em função destes novos dados torna-se mesmo o objeto de uma verdadeira concorrência entre praças financeiras. Tratando-se de refletir sobre as dificuldades colocadas por este fenômeno, a França não perdeu tempo, tal como podemos constatar pela leitura, p. ex., do Relatório do Conselho Nacional do Crédito e dos Títulos sobre os problemas jurídicos, ligados à desmaterialização dos meios de pagamento e dos títulos.[16] Desde 1982 que a França foi um dos primeiros países a desmaterializar os seus valores mobiliários.

No conjunto destes critérios da globalização financeira, no entanto, a desmaterialização não contribui senão com uma parte. Aquilo a que chamamos "integração financeira" caracteriza-se pela aparição de um mercado único dos capitais funcionando à escala planetária, conseqüência não somente da supressão dos controles das trocas, mas também da circulação instantânea das informações.[17] Daí resulta esta aceleração da mobilidade, à qual já fizemos referência no início, não somente dos capitais em termos geográficos, mas também dos instrumentos financeiros entre eles, pois eles se tornam substituíveis uns aos outros. Uma tal mutação não se poderia realizar senão num contexto radicalmente novo. Para além da "desmaterialização" dos instrumentos financeiros[18] aparecem como critérios[19] da "globalização" financeira a "desregulamentação", a "desintermediação"[20] e a "descompartimentação" dos mercados que corresponde à abolição das fronteiras entre mercados até então separados: abertura dos mercados financeiros ao exterior mas, também, abertura interior destes últimos até ao rebentamento dos compartimentos existentes.[21]

No entanto, mesmo um mercado desregulamentado não pode ser totalmente desprovido de regulação. Os quadros jurídicos nacionais podem mostrar-se insuficientes, ou mesmo inadaptados: na medida em que estes constituem travões à atração dos mercados em concorrência, um tal enquadramento das atividades financeiras revela-se indispensável, nem que seja para proteger os investidores, a integridade e a segurança dos próprios mercados.[22] Mas qual enquadramento jurídico?

15. Emergência ou re-emergência: trata-se de outro problema, que não é suposto ser tratado aqui, mas ao qual, no entanto, não poderíamos deixar de fazer referência.

16. Cf. Relatório realizado com este título em *Les Notes Bleues de Bercy* 126, jan. 1998.

17. Bernard Belletante, *Dictionnaire de la Bourse et des Marchés*, Hatier, col. Initial, Paris, 1996; Frédéric Teulon, *Les Marchés de Capitaux*, Seuil, col. Mémo, Paris, 1997.

18. Transformação do título papel em título escritural, os lançamentos em contra facilitando a sua circulação.

19. Cf. Dominique Plihon, "Les enjeux de la globalisation financière", em *Mondialisation au-delà des Mythes*, La Découverte & Syros, Les Dossiers de l'État du Monde, Paris, 1997, pp. 70-71.

20. Possibilidade para quem pede empréstimo e para os investidores, de recorrer diretamente aos mercados financeiros sem passar por intermediários financeiros.

21. Cf. Dominique Plihon: "Atualmente, aquele que investe (ou aquele que pede empréstimo) procura o melhor rendimento passando de um título para outro, ou de uma moeda para outra, ou de um processo de cobertura para outro: da obrigação em francos para a obrigação em dólares, da ação à opção, da opção ao *futuro* (...). Finalmente os mercados específicos (financeiros, cambiais, opções, futuros) tornaram-se subconjuntos de um mercado financeiro global, ele próprio tornado mundial" (*ibid.*, *eod. loc.*).

22. Colóquio da Associação Européia para o Direito Bancário e Financeiro, *Les Aspects Juridi-*

1.1.1 O Estado: um ator que tende a ser marginalizado

Já fizemos notar a dificuldade de tratar os mercados financeiros de acordo com os conceitos e categorias do direito comum.[23] Mas reconhecer a autonomia de uma nova disciplina não significa, porém — e bem longe de tal —, que a matéria em questão tenha perdido em parte o seu estatuto de direito estatal. A questão oportuna, quando de uma tal procura, consistiria mais em avaliar a efetividade das normas jurídicas estatais. Deste ponto de vista, não parece inútil examinar o lado das sanções. Ora, para falar a verdade, nota-se, neste aspecto, já uma partilha de poder entre as autoridades de direito positivo e outras que não o são no sentido estrito da palavra.

Este é o caso da Comissão das Operações da Bolsa (COB),[24] ou da SEC nos Estados Unidos e dos seus homólogos na Grã Bretanha.[25] Trata-se de autoridades administrativas independentes, as famosas AAI — ou SROs, *Self Regulation Organizations*[26] — que detêm poderes de investigação e de sanção;[27] autoridades administrativas mas não jurisdições...[28]

No entanto, no que respeita a este ponto, e não existindo nada estabelecido com caráter de certeza absoluta, no estado atual das coisas e nesta matéria, não deixaremos de citar o acórdão desfavorável pela qual a *Cour de Cassation* (Superior Tribunal de Justiça), deliberando em sessão plenária, condenou a COB quando de dois recursos por ela interpostos contra acórdãos que anularam, por ocasião de uma apelação, as multas que esta tinha infligido.[29] O juiz supremo na hierarquia judiciaria estatal nacional mostra, deste modo, o seu poder de controle dos processos seguidos pela autoridade administrativa, considerada como a policia da Bolsa.

Mas este mesmo acórdão é portador de um outro ensinamento. A Câmara comercial, financeira e econômica (Seção Comercial) tinha sido encarregada de decidir sobre a validade das sanções infligidas pela COB. É interessante notar que o que é posto em causa é o estilo de processo seguido: e que a motivação se refere não às normas nacionais, mas ao artigo 6 da *Convenção européia dos direitos do Homem* e à jurisprudência do Tribunal Europeu dos Direitos do Homem. A legitimidade do poder de sanção da COB não é incriminada. Pelo contrário, ao pedir à COB para alinhar os seus procedimentos de acordo com os procedimentos das outras jurisdições, é como se lhe fosse reconhecida esta mesma qualidade de jurisdição. O Advogado Geral (Procurador Geral da República) junto da Cour de Cassation (Superior Tribunal de Justiça) não referia ele próprio, nas suas conclusões, que o valor realmente dissuasivo das sanções e o fato de estas beneficiarem

ques de la Mondialisation des Marchés Financiers, Paris, 7.10.1994. Cf. também *Faut-Il Réguler les Produits Dérivés?*, Relatório do Parlamento Europeu; Relatórios de OICV e do Comitê de Bâle, em *Banque et Droit* 44, nov.-dez. 1995, pp. 24-25.

23. Frédéric Peltier, *Os Mercados Financeiros e o Direito Comum*, Banco Editor, Paris, 1997. Uma demonstração interessante relativamente aos juristas "clássicos", sobre a "autonomia" necessária do direito dos mercados financeiros, n. 36 e ss.

24. É de notar, no entanto, que o Presidente da COB não pode intentar uma ação judicial perante uma jurisdição penal, e que a própria COB não viu reconhecida a sua personalidade moral.

25. Nomeadamente a FSA — Financial Services Authority, o SIB — Securities and Investments Board — que foi objeto de fusão no FSA.

26. Cf. *www.sib.co.uk/frontreg.htm*: "Regulatory Structure under the FS Act 1986".

27. Sanções de ordem administrativa, disciplinar e que podem ser pecuniárias. Após uma lei de 1966, e tendo o Conselho dos Mercados a Termo fusionado com o Conselho das Bolsas de Valores num Conselho dos Mercados Financeiros, as prerrogativas dos antigos órgãos foram praticamente transportadas para este último. Cf., também, Nicole Decoopman, em Jean Clam e Gilles Martin (sob a dir.), *Les Transformations de la Régulation Juridique*, *op. cit.*, pp. 249 e ss.

28. Cf. *Conseil d'Etat*, 3.4.1998, processo W., rel. em *Banque et Droit* 61, set.- out. 1998, pp. 30-32.

29. Cour de Cassation, 5.2.1999. Ver o comentário de Marie-Anne Frison-Roche em *Le Monde*, de 9.2.1998, p. 18. Cf., igualmente, *Option Finance* 534, 8.2.1999.

de uma larga publicidade as assimilava às sanções penais? Para além da COB, é o conjunto das AAI que, de fato, é atingido por esta decisão solene.

As funções destas últimas são, para além disso, muito extensas, indo — mais precisamente no que diz respeito à COB — desde a edição de regulamentos e a entrega de vistos[30] e de autorizações, até à fiscalização e à sanção, passando pela recomendação até à cooperação tanto com o Estado como com o setor privado, as organizações profissionais, e até mesmo as autoridades internacionais.

A estes atores com poderes não negligenciáveis, convém juntar outros, como os mediadores, ou então as próprias empresas de mercado, que são empresas privadas, como a SBF (Bolsa de Paris) e que, no entanto, podem decidir sanções (a SBF pode proceder, p. ex., a radiações de cotações — exclusão de um título do mercado onde era normalmente cotado). Estas empresas de mercado, que podem editar as regras do mercado, intervêm como verdadeiras autoridades de regulação.

É verdade que a autoridade destes diversos atores da regulação provem, geralmente, duma delegação do legislador. Mas é necessário considerar, igualmente, a legitimação que as regras e sanções por eles editadas recebem do mercado: o que importa, na prática, é o caráter atrativo e a eficiência de um mercado; e um e outro dependem da efetividade do grau de segurança das transações, assegurado, precisamente, pela regulação operada por estes atores.

Aqui perfila-se a verdadeira autonomia do direito dos mercados financeiros, no prolongamento da autonomia da regulação dos mercados. Podemos nos aperceber, em particular, que um direito dos mercados financeiros inserido num contexto globalizado vai buscar as suas fontes não somente na diversidade dos direitos nacionais, mas também num quadro complexo, que compreende atores muito diversificados. A globalização cria, efetivamente, novas relações entre o Estado, o mercado e a sociedade civil.

Relativamente ao direito positivo, este é, na maior parte das vezes, aplicado e até mesmo integrado às regras do mercado. Mas, por vezes, ele é pura e simplesmente rejeitado. Isto advém, em grande parte, do fato de o sistema financeiro internacional apresentar hoje em dia uma característica dupla: ser interconectado graças às redes modernas de telecomunicações, e ser contínuo: a rede funciona de modo ininterrupto sobre as praças da América, da Europa e da Ásia.[31]

Por outras palavras, e como nós acabamos de fazer notar,[32] para além do fenômeno da privatização dos mercados financeiros, que não pode senão tender a uma certa privatização das fontes normativas — tendo como corolário uma regulamentação estatal mínima —, a história recente mostra uma progressiva internacionalização dos mesmos mercados levando a uma internacionalização das mesmas fontes. Este traço é incontestável, mesmo se, a maior parte das vezes, se produza uma espécie de reação de refúgio junto do direito positivo.[33] O que transparece, de modo talvez menos claro, é que a internacionalização, que ninguém contesta, tende, por seu lado, a ceder por seu lado, perante uma transnacionalização dos mercados financeiros e da sua regulação.

1.1.2 O Estado: um ator à margem das trocas transnacionais

A globalização financeira leva, com efeito, não somente a uma interconexão dos

30. Uma operação com apelo público à poupança supõe a elaboração de uma nota informativa tendo por destinatários os investidores e para a qual a COB deve passar um visto.

31. Hervé Gastinel e Eric Bernard, *Les Marchés Boursiers dans le Monde, Situation et Évolution*, Montchrestien, Paris, 1996.

32. Cf. Alain Gauvin, "Brèves reflexions sur le droit financier", em *Banque et Droit* 61, set.-out. 1998, pp. 22 e ss.

33. Cf. Trevor Brown e Richard Parolai, "L'analyse juridique de l'activité de conservation globale", em *Banque et Droit* 41, mai.-jun. 1995, pp. 27 e ss.

mercados financeiros nacionais, que cria um direito internacional dos mercados financeiros,[34] mas, sobretudo, no seguimento do desenvolvimento de operações financeiras transnacionais, que não levam em consideração as fronteiras estatais, à aparição de um espaço financeiro global e único. "Transnacionalização" não é uma palavra escrita aqui de modo ligeiro. É possível, a bem dizer, fazer referência aos "sistemas internacionais" os mercados *off shore*. Evocamos, com exatidão, estas novas formas de organização de mercados que, graças a novas tecnologias, permitiram criar mercados de caso a caso, desviando uma parte das negociações para fora dos mercados organizados graças a uma vantagem concorrencial relacionada com a sua falta de regulação. Mas por quê qualificá-los de "internacionais"?[35] Trata-se de um espaço financeiro globalizado onde as "nações" e as relações entre as nações (inter-nacionais) não têm, por definição — é precisamente aqui que se situa o interesse da operação — lugar, ou têm só pouco lugar.

Neste espaço financeiro global circulam os fluxos de capitais; eles circulam menos de um Estado a outro e mais à margem dos Estados. Estas trocas não dependem exatamente nem do direito nacional, nem do direito internacional. Os Estados, na medida em que participam nestas transações características da globalização financeira, não são mais senão atores entre outros atores deste mercado, tal como o são os investidores e os que recorrem a empréstimos. Os Estados participam nas regras de concorrência do mercado financeiro globalizado tal como as bolsas nacionais. Efeito paradoxal: a potência das bolsas nacionais é, por vezes, um dos fatores que permite aos Estados exprimir a sua soberania.

Existem acordos de cooperação entre as grandes praças financeiras, que foram tecendo progressivamente um sistema global de transações eletrônicas. Tomemos o exemplo dos mercados organizados[36] dos instrumentos financeiros a termo.[37] No mercado londrino Liffe[38] os intervenientes tratam os contratos T-bond[39] do CBoT

34. Cf. Béatrice Taevernier, "Internationalisation des marchés, des produits et des intermédiaires dans le cadre européen", em *Banque et Droit* 41, mai.-jun. 1995, pp. 21 e ss. No âmbito deste estudo, o autor tem razão em utilizar o qualificativo "internacional" para falar dos atores e dos mercados considerados no âmbito de uma regulamentação entre Estados.

35. Pierre Clauzel tem igualmente razão ao falar de uma internacionalização dos mercados financeiros quando fala de "chamar a atenção dos emissores, dos investidores e dos intermediários estrangeiros" ("Le cadre juridique de la mondialisation des marchés financiers", em *Banque et Droit* 41, mai.-jun. 1995, p. 19, § 2.1); mas tratar-se-ia mais de transnacionalização quando o mesmo autor evoca a criação, fora dos mercados existentes, de sistemas que ele qualifica de "internacionais" (*eod. loc. in* § 2.2).

36. Os mercados financeiros podem ser mais ou menos organizados. A Diretiva Européia sobre os Serviços de Investimento (DSI) distingue os mercados regulamentados dos mercados de caso a caso; são considerados como mercados de caso a caso todos os mercados que não são regulamentados. Os mercados regulamentados baseiam-se na intervenção de uma terceira parte, que tem por missão essencial garantir o êxito da operação. Na França, um mercado regulamentado é aquele que foi inscrito como tal na lista dos mercados regulamentados do Ministério da Economia, sob proposta do CMF e após parecer da COB (arts. 41-45 da Lei 96-597, de 2.6.1996, da modernização das atividades financeiras, chamada a Lei MAF, no *JO* de 4.7.1996, pp. 10.063-10.084). Enquanto que um mercado caso a caso pode formar-se desde que um comprador e um vendedor se ponham de acordo sobre as condições de uma transação.

37. Os instrumentos financeiros a termo são definidos no art. 3 da Lei MAF citada aqui acima. Estes instrumentos financeiros são correntemente chamados "produtos derivados", porque eles são construídos com base num outro instrumento financeiro chamado o "subjacente". Os subjacentes são muitas vezes produtos financeiros clássicos: ações, obrigações, matéria-prima. Existem também produtos derivados complexos nos quais o subjacente é ele próprio um produto derivado, ou um subjacente abstrato, tal como um risco de crédito no caso de um derivado de crédito.

38. London International Financial Futures Exchange, criado em 1982, fusionado em 1992 com o LTOM (London Derivate Exchange), é o primeiro mercado europeu de instrumentos financeiros a termo.

39. Treasury bond, título do tesouro americano.

(Chicago Board of Trade),[40] enquanto que em Chicago, são tratados os contratos Bund du Liffe. CBoT e o Liffe não são os únicos a recorrer ao sistema de transação eletrônico: a DTB alemã,[41] o Matif[42] e o CME[43] participam também nesta rede eletrônica. A integração produz-se, assim, naturalmente, como que por si própria. Quando dizemos que a globalização financeira é um fator de integração, esta afirmação abrange variados pontos de vista: uma integração das técnicas de comunicação,[44] de modo a facilitar as idas e vindas na rede, e ao mesmo nível, e no que nos diz respeito, uma integração dos sistemas jurídicos nacionais.

Os mercados a termo de instrumentos financeiros não são os únicos exemplos específicos de uma globalização nesta matéria. Os acordos de parceria florescem entre as principais praças financeiras, que tendem a harmonizar as condições de admissão e as regras de negociação dos instrumentos financeiros. Assim, o Novo Mercado, o mercado francês dos valores de crescimento, criado em 1996, foi concebido — tudo se inclui num sistema — sobre as bases tecnológicas do mercado de Bruxelas, de modo a criar uma rede respondendo a uma lógica comum de mercado.

Para além dos mercados bolsistas organizados com uma base nacional, a aliança entre a informática e as redes de telecomunicações permitiram o aparecimento dos mercados *off shore* que já evocamos acima. As empresas especializadas,[45] originalmente trabalhando em áreas específicas, tais como a difusão das informações da bolsa ou a coleta de ordens de operação, desenvolveram diferentes funções tais como o encaminhamento, a confrontação de ordens e organização de negociações, criando, assim, mercados de caso a caso. Estes mercados favorecem a adesão direta dos investidores, e têm a vantagem, muito concorrencial, da ausência de regulação. Estes mercados virtuais de redes informáticas à escala mundial escapam facilmente ao controle por parte das autoridades bolsistas nacionais. Alguns analistas anglo-saxões não hesitaram em qualificar estes mercados de "monstros": Markets-Oriented New Systems Terrifying Exchanges and Regulators (Monsters).[46]

Trata-se realmente de transnacionalização, visto os Estados-nações ficarem marginalizados, quando não são postos em curto-circuito.[47] Este fenômeno conduz à uni-

40. É o mais antigo e também o mais importante mercado a termo do mundo em volume de transações.

41. Deutsche Terminbörse, o mercado a termo de instrumentos financeiros de Frankfurt.

42. Matif SA (Mercado a Termo Internacional de França) gere o conjunto dos mercados a termo de instrumentos financeiros da praça de Paris.

43. Chicago Mercantile Exchange é o segundo mercado a termo de Chicago.

44. O sistema NSC-VF (Novo Sistema de Cotação — Versão Futuro) é o sistema de negociação eletrônica que substituiu Globex, em 1998. Este último tinha sido lançado no início dos anos 90, pelos mercados americanos, como rede internacional de negociações eletrônicas por confrontação geral das ofertas e das procuras, assegurando uma cotação permanente, de vinte e quatro horas sobre vinte e quatro horas.

45. Um dos pioneiros chama-se Instinet (Institutional Networks Inc.). Comprado por Reuters, em 1986, oferece serviços de corretor eletrônico; os intervenientes do mercado tratam diretamente entre eles, com baixos custos de transação, beneficiando do anonimato. Posteriormente outras plataformas eletrônicas surgiram tal como Posit (Portefolio System for International Trading), Tradepoint, Euro MTS etc.

46. Relativamente ao desenvolvimento das trocas de instrumentos financeiros através da rede Internet, que facilita de modo considerável as transações de qualquer espécie e confere ao risco que se corre um efeito de desmultiplicação já vertiginoso e cujas conseqüências são ainda difíceis de avaliar mesmo num futuro próximo, cf., por exemplo, *Boletim COB* 329, nov. 1998: "Recomendação relativa à difusão pela Internet de informações financeiras, pelas sociedades cujos títulos são admitidos no mercado regulamentado".

47. Alguns autores não hesitam em utilizar a idéia: "A utilização transfronteiriça dos títulos no quadro da União econômica e monetária", em *Option Finance* 487, 16.2.1998, pp. 29 e ss. E, numa outra espécie de conseqüência que convém não subestimar, cf. Daniel Cunningham e Thomas Werten, "Cross-border insolvencies in search of a global remedy", em *International Financial Law Review*, dez. 1996, pp. 51 e ss.

versalização das regras do mercado em condições técnicas consideradas as mais otimizadas possível. Assim a difusão instantânea, pelos quatro cantos do mundo, da mesma informação conduz à constituição de um preço quase único, em todo o planeta, para um mesmo tipo de ativo financeiro.

Este espaço financeiro, incluindo as vertentes nacional, internacional e transnacional, exerce um verdadeiro domínio global, no sentido mais profundo do termo. Um tal ascendente manifesta-se muito além do campo geopolítico; ele não se reduz ao triunfo de um Estado ou de um bloco de Estados sobre os outros. A globalização tende, efetivamente, a transcender a lógica de um sistema interestatal que é substituído pela lógica de redes transnacionais[48] e pela lógica de mercado universal.

1.2 Sobre a emergência do critério de eficiência quando da substituição dos atores

A globalização, apesar de se referir à utopia dos economistas neoclássicos que tinham como ideal a concorrência pura e perfeita sobre a qual se baseia a crença da superioridade do mercado e a teoria da autoregulação, supõe, no entanto, suprimir da concorrência a imperfeição que tende ao estabelecimento de situações de monopólio.[49] O modelo concorrencial global usará a articulação entre o local e o global, de maneira a fazer emergir os atores mais eficientes.

Assim, no processo de globalização financeira, os atores mais poderosos vão progressivamente ditar o seu comportamento aos outros. Um mercado deve ser próspero; e ele tem chances de o ser se ele for atrativo, eficiente. E o mercado detêm estas qualidades em parte quando a sua regulação é de modo a que ela assegure e favoreça as transações. Neste contexto, são as grandes praças financeiras que ditam as suas regras. Os que não respondem às normas dos grandes, são, como já fizemos notar, excluídos do mercado global. Uma grande parte da dificuldade de uma regulação global dos mercados financeiros reside, precisamente, na articulação entre o local e o global. O não sucesso da negociação do AMI (Acordo Multilateral sobre os Investimentos) permite conjeturar que a realização da liberação dos movimentos de capital está longe de ser uma formalidade.

1.2.1 O ator estatal na lógica da eficiência

É verdade que, de acordo com vários profissionais, "a predominância de quadros jurídicos nacionais apresenta inconvenientes reais ao exercício das atividades e à sua regulação".[50] Se um mercado nacional quer ficar no mercado financeiro global é necessário que ele possa oferecer os mesmos serviços nas mesmas condições, ser tão atrativo como os seus concorrentes. Mas um quadro jurídico e fiscal nacional, favorável ao desenvolvimento do mercado financeiro, apresentará aos olhos dos investidores um trunfo não passível de ser ignorado: o direito torna-se, assim, um instrumento de concorrência.

O setor financeiro constitui muitas vezes uma parte estratégica da atividade de um país. A salvaguarda ou o desenvolvimento desta atividade representa ganhos macroeconômicos importantes em termos de crescimento, de empregos, de financiamento público mesmo se o custo de uma concentração excessiva não deva ser desprezado.[51] Em algumas praças, como, p. ex., Hong Kong[52]

48. Jacques Adda, *A Mundialização da Economia*, Ed. A descoberta, col. Repéres, 1996, T1 Génese.

49. Joan Robinson, *L'Économie de la Concurrence Impargaite* (1933), trad. francesa nas Ed. Dunod, Paris, 1975.

50. Pierre Clauzel, *loc. cit.*

51. Hubert de Vauplane, "Protection nationale de l'épargne et concurrence entre places boursières", *Banca e Direito* 41, mai.-jun. 1995.

52. É sem duvida por esta razão que Hong Kong se tornou uma Região Administrativa Especial quando do seu retorno à República Popular da Chi-

ou Luxemburgo,[53] o mercado financeiro é o principal setor econômico do país ou da região.

Convém não esquecer, para além disso, o reforço progressivo das regiões globais, cada vez mais numerosas (UE; MERCOSUL; ALENA/NAFTA; CARICOM; ASEAN etc.). No que diz respeito à União Européia, esta desenvolveu-se em grande parte graças à globalização financeira. A implementação em 1989 para as atividades bancárias do passaporte europeu[54] foi seguida da Diretiva Européia sobre os Serviços de Investimento,[55] em 1993, relativamente às atividades do mercado financeiro. A instauração do princípio de livre prestação de serviços acentua, à escala européia, o crescimento da concorrência entre os intermediários financeiros. Por outro lado, o início em janeiro da terceira fase da União Monetária e a conversão dos mercados financeiros ao Euro não fazem senão acelerar o movimento da globalização financeira. Hoje em dia trava-se uma nova batalha pela supremacia num novo espaço financeiro europeu.[56] Este mercado unificado representa, com efeito, 1/4 da capitalização mundial das obrigações e algo como 12% do mercado das ações.

Num tal contexto de concorrência e de integração, a margem de manobra do legislador nacional é muito reduzida. Ele deve proteger aqueles que poupam e aqueles que investem, evitando encarecer o custo da intermediação. Tratando-se de intermediários, p. ex., as operações regidas pelo direito francês puderam atingir custos de intervenção similares àqueles dos seus concorrentes estrangeiros, estando, no entanto, protegidas contra o risco de falta de cumprimento das contra-partes. A jurisprudência e, seguidamente, a lei, introduziram progressivamente na França o mecanismo de *close-out netting*. A influência do direito anglo-saxônico é clara, nem que seja do ponto de vista terminológico: trata-se de rescisão antecipada de alguns contratos financeiros em caso de retificação ou de liquidação judiciária (*close-out*), e da compensação das dívidas recíprocas das partes (*netting*).[57]

na, em 1997, criando assim o regime único de "um país, dois regimes". O dispositivo legal anterior de Hong Kong, em matéria comercial e financeira, será mantido no seu estado atual durante cinqüenta anos.

53. O Luxemburgo dotou-se igualmente de um sistema jurídico muito favorável à atividade financeira do país. O Grão Duque publicou um decreto (decreto fiduciário) permitindo a transferência fiduciária dos ativos financeiros para permitir à Cedel Bank de criar o GCSS (Global Credit Support System).

54. Diretiva 89/646/CEE, de 15.12.1989, que visa a coordenação das disposições legislativas, regulamentares e administrativas respeitantes ao acesso à atividade dos estabelecimentos de crédito e ao seu exercício, e modificando a Diretiva 77/780/CEE.

55. Diretiva 93/22/CEE, do Conselho de 10.5.1993, relativa aos serviços de investimento no setor dos valores mobiliários.

56. Paul Desbordes, "Bourse de Paris en pied de guerre", *Enjeux des Ecos*, mar. 1998.

57. De modo a diminuir o risco de contrapartida nas operações de mercados, as grandes praças financeiras dotaram-se de mecanismos de *close-out netting*. A resilição (*close-out*) e a compensação (*netting*) das operações não obedecem às regras dos processos coletivos que são de ordem pública na maior parte dos direitos nacionais. Após a compensação, se o saldo da resilição fica a favor da parte que não está em falta de cumprimento, esta declara o seu crédito junto do representante dos credores; em caso contrário, ela paga-lhe o montante devido. No direito francês, existem três situações nas quais o *close-out netting* pode ser acionado. Trata-se de operações de pensão (a Lei de 31.12.1993, completada pelo DDEOEF de 1994: cf. Jean Michel Bossin e Denis Lefranc, "Le regime juridique des operations de pension", *Banca e Direito* 41, mai.-jun. 1995); operações de empréstimo de títulos (o art. 104-3º da Lei de 2.7.1996 juntou um art. 33 às disposições da Lei 87-416, de 17.6.1987, relativa ao empréstimo de títulos); e as operações sobre instrumentos financeiros descritos no art. 52 da Lei de 2.7.1996 (cf. Franck Auckenthaler, "Compensação, entrega sob garantia, cessão: o novo regime dos créditos aferentes às operações sobre instrumento financeiro", artigo sobre o art. 52 da Lei de 2.7.1996). A aplicação da compensação do art. 52 está subordinada à constatação de que as operações em questão são ou efetuadas no quadro do Regulamento Geral do Conselho dos mercados financeiros, ou então regidas por uma convenção-quadro, de praça nacional ou internacional, organizando as relações entre as duas partes donde uma é pelo menos ou prestadora de serviços de investimento, ou uma instituição ou empresa beneficiária

A globalização intensifica a concorrência,[58] nomeadamente depois do projeto de acordo difundido pela OMC no mês de dezembro de 1997, sobre a abertura dos serviços financeiros à concorrência, saudada como "uma contribuição positiva à liberalização do comércio mundial".[59] Houve longos meses de negociações em 1998, no quadro da Organização de Cooperação e Desenvolvimento Econômicos (OCDE). O projeto, que deveria coroar a liberalização dos investimentos diretos, estipulando que os investidores estrangeiros deviam receber o tratamento nacional (ou seja, o tratamento concedido aos investidores nacionais), e serem tratados de acordo com o princípio da cláusula da nação mais favorecida (significa que se concede a todos aquilo que se concedeu a um dentre eles). Mesmo estando previstas algumas exceções, particularmente a exceção que permite à União Européia conservar o princípio da preferência comunitária e a exceção cultural, o projeto deparou-se com uma viva hostilidade da opinião pública. A OCDE indicou num comunicado de 4.12.1998 que as negociações não tinham mais razão de ser.

Para além disto, o desenvolvimento dos mercados financeiros foi marcado por uma concorrência mais forte do que nunca entre as praças financeiras, nomeadamente depois dos anos de 1990, tendo sido igualmente marcado, e com alguma importância, por uma tendência para o protecionismo designadamente na perspectiva da proteção da poupança pública.[60] Existe aqui um retorno em força do Estado e do seu direito como ator maior neste papel de última fortaleza contra os efeitos nocivos de uma concorrência desenfreada.[61] Sem contar com o que toca, p. ex., a França, uma marcada dependência social e cultural relativamente ao Estado, considerado sempre visceralmente como o ator primordial.

1.2.2 O ressurgimento da sociedade civil

O velho pacto que ligava a sociedade civil ao seu Estado, seguindo a filosofia "moderna" do Estado e do direito, tinha sido elaborada a partir do século XV para as necessidades de uma sociedade comerciante ocidental emergente. Desde essa época, muitas transformações ocorreram, nomeadamente durante o século XIX; mas o direito conseguia sempre "adaptar-se". Depois de algumas décadas, uma sociedade nova emerge por seu lado, mas o velho tipo de contrato social é claramente posto em causa. A um Estado onipotente, detentor de todo o poder de regular a sociedade, mestre absoluto da produção e da implementação das normas, sucede progressivamente um contexto onde se desenvolvem os poderes normativos privados. Isto pode-se constatar no caso das associações profissionais. Deste ponto de vista, a observação das transformações da regulação jurídica demonstram o corporativismo e o neocorporativismo.[62] Uma deontologia é instaurada, por auto-disciplina, nas atividades financeiras.[63] Os códigos de bom comportamento

das disposições do art. 25 da lei, ou um estabelecimento não residente que tenha um estatuto comparável.

58. Cf. Virginie Canu e Bertrand de Saint Mars, "Intermediations financière et droit des procédures colletives", na *Revue de Droit Bancaire et de la Bourse* 68, jul.-ago. 1998, p. 123.

59. *Les Echos*, 15.12.1997, p. 8.

60. Cf. Hubert de Vauplane, "Protection nationale de l'épargne et concurrence entre places boursières", em *Banca e Direito* 41, mai.-jun. 1995, nomeadamente pp. 42 e ss.

61. Cf. Jean Arnaud, "La régulation par le droit dans un contexte globalisé", *op. cit.*, pp. 162 e ss.

62. Cf. Raphael Romi, "Corporativismo, neocorporativismo e regulações em mutação", em Jean Clam e Gilles Martin (sob a dir.), *As Transformações da Regulação Jurídica*, *op. cit.*, pp. 85 e ss.

63. Cf. Charley Hannoun, "La déontologie des activités financières: contributions aux recherches actuelles sur le néo-corporatisme", em *Revue Trimestrielle de Droit Commercial* 42(3), jul.-set. 1989, nomeadamente pp. 442 e ss. Cf., igualmente, Spilios Mousoulas, "Autoregulation, deontologie professionelle e education de l'investisseur", em *Bulletin Joly*, Chronique — Bourse et Produits Financiers, mai.-jun. 1998, pp. 217-165 e ss.

tornam-se a regra[64] chegando mesmo até aos mercados caso a caso.[65]

Por outro lado podemos constatar um certo número de outras manifestações do retorno da importância da sociedade civil: evocamos noutro contexto, as autoridades administrativas independentes — estas esforçam-se por conciliar as duas lógicas do mercado e do serviço público. Vemos florescer as cartas de mediação (como a da COB[66]), pelas quais se regem os mediadores cujas intervenções não cessam de se multiplicar. Outros corpos constituem-se em autoridades e editam e aplicam sanções[67] etc. Em resumo o Estado e os seus juízes, as autoridades administrativas independentes, os organismos paritários, outras entidades, agrupamentos ou instituições da sociedade civil concorrem hoje em dia, num espírito muitas vezes não desprovido de concorrência — mas por vezes cooperando uns com os outros — na produção, implementação e sanção de normas que, até então, dependiam exclusivamente da competência do direito estatal.

2. *Traços paradigmáticos das formas contemporâneas de regulação dos mercados financeiros*

Desta constatação de uma renovação efetiva dos atores pelo esmorecimento do papel do Estado e do seu direito, convem agora extrair os traços paradigmáticos que caracterizam as formas contemporâneas de regulação dos mercados financeiros. Iremos reter três paradigmas principais, que permitem criar um modelo de uma restruturação do direito dos mercados financeiros tal como ele se apresenta hoje em dia: o pragmatismo, a irracionalidade, a complexidade.

2.1 Sobre o pragmatismo requerido na regulação dos mercados financeiros

Enquanto que o direito que nos é ensinado na Universidade coloca o sujeito no centro do mundo, o indivíduo no coração do direito, os mercados financeiros aparecem-nos caracterizados pelo pragmatismo. O indivíduo existe, certamente. Mas são os investidores, os intermediários, todos os prestadores de serviço, em resumo, todos os que aparecem como *atores* do mercado que tomaram a dianteira no seio de um sistema de direito em formação. Eles participam todos do sistema no qual eles trabalham, mas nenhum é considerado, no direito dos mercados, em razão das suas qualidades como *indivíduo*. Existem também os investidores, os poupadores, os consumidores. Aqui o Estado mostra a preocupação de zelar mais sobre eles — tanto quanto possível —, proteger os indivíduos, os seus pertencentes, graças ao seu direito. No entanto, tudo isto não passa de uma exceção, face ao volume de transações: em termos concretos, é sobretudo o pragmatismo que se impõe.

Quando os autores denunciam que "as regras substantivas, demasiado rígidas e difíceis de pôr em pratica, tendem a ser suplantadas por regras processuais",[68] isto

64. Questões abordadas por Gérard Farjat e Geneviéve Koubi, em Jean Clam e Gilles Martin (sob a dir.), *Les Transformations de la Regulation Juridique*, *op. cit.*, pp. 151 e ss. e 165 e ss.

65. Cf. Associação Francesa dos Tesoureiros de Empresa e Associação do Forex e dos Tesoureiros da Banca, *Código de Bom Comportamento. Operações sobre Instrumentos Financeiros de Taxas e de Câmbios Concluídas sobre os Mercados de Caso a Caso*, 1998. Este código de bom comportamento vem substituir aquele que antigamente havia sido publicado pela AFTB, o Forex, e AFTE em 1991.

66. *Boletim COB* 316, set. 1997.

67. As empresas de mercado (como a SBF, Bolsa de Paris, o Novo Mercado, Matif, MONEP), sociedades anônimas ou a COB, autoridade administrativa independente têm os poderes de investigação e de sanção, tal como a SEC nos Estados Unidos e a SIB e a SFA na Grã-Bretanha.

68. Jean-Pierre Allégret e René Sandretto, "Revenir à l'*esprit des lois* de Bretton Woods", *op. cit.*, p. V. Cf., também, Mireille Delmas-Marty, quando esta evoca o risco da instrumentalização do direito ao serviço do mercado: o direito acabaria por se tornar ele próprio um instrumento financeiro ("La mondialisation du droit: chances et risques", Dalloz, 1999, Chronique p. 44. Este artigo prolonga de ma-

deve-se em grande parte a uma preocupação de pragmatismo. Eles estão certos ao precisar que "estas últimas, contrariamente às precedentes, não definem *a priori* as normas, mas assentam sobre a elaboração em contínuo do processo de negociação entre os Estados. Estas regras destinam-se a aproximar os comportamentos dos Estados e dos agentes privados, e a reforçar a sua compatibilidade".[69]

Toda a gente reconhece: juntamente com o rigor é o pragmatismo que se requer do jurista do mercado: "Os juristas do mercado situam-se nas antípodas da imagem de Épinal que desenha os profissionais do direito sentados a uma secretária por detrás de pilhas de códigos. Em ligação estreita com as salas de mercado, eles devem trabalhar rapidamente assegurando uma perfeita segurança jurídica ao banco. Esta profissão requer diversas qualidades visto os novos produtos financeiros surgirem quase quotidianamente".[70] Nesta passagem lapidar, podemos apreciar a novidade da profissão de jurista de mercado, aparecida na França durante os anos 1980. Eis um personagem do qual se exige que seja jurista, mas ao mesmo tempo também um conhecedor perfeito das atividades do mercado; de quem se espera que esteja ao corrente do direito francês e do direito internacional, mas igualmente da regulamentação de novos produtos, cuja maior parte são de origem anglo-saxônica, regidos, à partida, por princípios muito distintos daqueles que regem os direitos continentais; do qual se espera que seja suficientemente conhecedor do direito e das diferentes regulamentações bancárias de modo a bem apreender as mutações que intervêm no ambiente dos mercados financeiros.

Através da transformação da imagem do profissional, podemos fazer uma idéia do pragmatismo que invadiu este espaço. Nós já evocamos a dificuldade que existe em delimitar a fronteira que separa a regulamentação de certos mercados desta regulação permeável que caracteriza outros. O conhecimento perfeito das práticas do mercado, dos hábitos, dos princípios gerais da praça com a qual se trabalha é indispensável e, no entanto, não é suficiente. Com efeito, o aumento da tecnicidade dos produtos, a complexidade das montagens fazem deste direito não só um direito de prática, mas também um direito de peritos.[71]

Mais ainda: os magistrados e os que aplicam a prática estão entregues ao pragmatismo em uma matéria em que o legislador lhes dá grande liberdade. Este último, com efeito, tende a só intervir para confirmar — quando tal parece necessário — a prática jurisprudencial, a prática dos costumes, a prática dos contratos internacionais. Assim o art. 52 da Lei MAF (de 2.7.1996) foi redigido para este efeito de modo a não penalizar o mercado financeiro francês, e de modo a dotá-lo dos instrumentos jurídicos dos quais beneficiam as grandes praças financeiras estrangeiras.[72]

Mas já há muito tempo que o pragmatismo entrou nos costumes dos juristas continentais, sobretudo no dos juristas do mundo do comércio e dos negócios, mesmo se estes continuam visceralmente muito ligados a uma ciência jurídica fundada sobre os conceitos. Provavelmente, o que mais os perturba é a impressão de irracionalidade que eles sentem quando são confrontados com uma disciplina tal como a do direito dos mercados financeiros.

2.2 *Pluralidade de atores, pluralidade de lógicas*

Ao falarmos de irracionalidade, convém esclarecer um pouco. Trata-se de fa-

neira muito satisfatória a obra do mesmo autor e que apareceu nas Edições du Seuil no ano precedente com o título *Trois Défis pour un Droit Mondial*).

69. *Ibid., eod. loc.*

70. Joël Morio, "Le juriste de marché: riguer et pragmatisme", em *Banca e Direito*, set. 1998.

71. Cf. Marie-Anne Roche, *op. cit.*

72. Cf., respectivamente, as considerações sobre o *close-out netting* e as entregas sob garantia e as suas transferências para propriedade plena (tam-

zer valer a multiplicidade dos fatores imponderáveis que, a partir do ambiente, perturbam toda a lógica? Ou será que o que queremos dizer é que a lógica, observada no campo em questão, parece irracional a espíritos formados segundo um outro tipo de racionalidade?

É verdade que o risco,[73] nesta matéria, é levado ao seu auge.[74] Na prática do direito financeiro, podemos tentar encontrar um máximo de segurança, mas na verdade raras são as operações desprovidas de todo o risco jurídico. Numa operação, numa determinada montagem, é preciso levar em consideração, claro está, o direito do contrato (ou dos contratos, quando existe um grupo de contratos), do direito dos contratantes, do direito ao qual são submetidos os ativos financeiros (estes ativos, muitas vezes desmaterializados,[75] circulam por transferência de inscrição na conta, por meios telemáticos de um lugar para outro do globo, de modo instantâneo). Mas uma tal operação ou uma tal montagem contem, muitas vezes, elementos que lhes são estranhos, e com os quais é necessário contar igualmente. É sempre possível assegurar, da melhor maneira possível, a segurança da operação tendo em conta um direito, uma autoridade de mercado, mas é difícil tal acontecer relativamente a todos os direitos, todas as autoridades de regulações implicadas numa operação transfronteiriça. Mesmo o profissional que trabalha a maior parte do tempo sobre os mercados de caso a caso, deve sempre considerar as leis de polícia, tal como as leis da falência, as regras de proteção da poupança. Já referimos que o mercado caso a caso não é um mercado não regulado.[76]

Quanto ao impacto dos riscos do mercado, em primeiro lugar estes últimos não deixam de não exercer influência sobre o direito dos mercados financeiros, pois toda a crise faz surgir lugares de "não-regra" onde convem, para evitar a volta de tais perigos, prever uma regulação.[77] Em segundo lugar, acontece que nesta matéria, en-

bém denominada o "colateral" — um mecanismo aparentado com a fidúcia) por Franck Auckenthaler, "Compensation, remise en garantie, cession ...", *op. cit.*, e Patrick Stephan (a propósito da situação da compensação antes da Lei de 1996) no *Boletim Joly*, Chronique, Bourse et Produits Financiers, jan.-fev. 1994, pp. 5-27.

73. Não entraremos no problema que consiste em saber se, como alguns pretendem, o irracional, o imprevisível, a álea são suscetíveis de ser calculados pelos matemáticos.

74. É preciso também levar em consideração o "risco utilização": cf. Pierre-Yves Chabert, "Dérivés et spéculation: le risque utilisateur", em *Marchés et Techniques Financières* 61, mai.-jun. 1994, pp. 54-56.

75. Cf. Conselho Nacional do Crédito e dos Títulos, "Les problèmes juridiques liés à la dématérialisation des moyens de payement et des titres", em *Les Notes Bleues de Bercy* 126, jan. 1998 (prefácio de um relatório aparecido em set. 1997).

76. Cf. ainda Marie-Anne Frison-Roche, *op. cit.*; *ead.* e Maurice Nussenbaum, *op. cit.* Ver também Hubert de Vauplane, "Sécurité et responsabilité des opérations sur produits dérivés", em *Revue de droit bancaire*, nov.-dez. 1995; Jean Saint-Geours, intervenção sobre o tema "Le regulateur face à la complexité des grands marchés modernes", no *Boletim COB* 289, mar. 1995, ponto 5.

77. Cf. Peter Joy, "Managing legal risk", em *Corporate Counsel* 1 , 1997, pp. 20 e ss. Podemos alargar ao nosso domínio — a edição de normas preventivas — e ao conjunto das crises que afetamos mercados financeiros, esta frase de Pierre Haas: "A crise asiática é a ocasião de refletir sobre a importância das antecipações na formação dos movimentos especulativos" (*Les Echos*, 8.6.1998, p. 60). Philip S. Golub lembra claramente que "as técnicas tradicionais de gestão de crise (...) não foram de ajuda nenhuma" na crise asiática (*op. cit.*, em *Le Monde Diplomatique*, jan. 1999). Ora, as estratégias implementadas não o podem ser fora de todos os quadros, fora de todas as regras, fora das instâncias de poder e de controle. Se existe aqui aquilo que chamamos de "direito", então trata-se de reinventar toda a nossa concepção do jurídico, visto as flutuações, as incertezas, a insegurança serem tão grandes nesta matéria. As medicinas tradicionais propostas para o refazer do sistema financeiro internacional, com efeito, se é que elas podem ter um efeito superior ao efeito de um cáustico sobre uma perna de pau — o que seria essencial para a própria credibilidade do legislador — não poderiam, no entanto, regular tudo por elas próprias (é verdade que a sociedade civil pode ter um certo peso nesta luta contra o liberalismo desenfreado face às repetidas crises financeiras e bolsistas: Susan George, "A la racine du mal", no *Monde Diplomatique*, jan. 1999).

contramo-nos perante riscos sistêmicos.[78] Ora como já foi descrito, "a definição dos meios permitindo assegurar (a) prevenção (deste risco sistêmico) não pode decorrer unicamente das autoridades nacionais".[79] Tudo o que o Comitê de Bâle — Comitê sobre o Controle Bancário — preconizou, influenciou bastante as regras comunitárias de controle interno dos estabelecimentos financeiros.[80] Os trabalhos do Comitê de Bâle não têm valor, certamente senão como recomendações... mas nós sabemos o que é uma recomendação de peritos junto dos governantes nacionais cuja autoridade é, neste domínio, extremamente reduzida à impotência. A legitimidade da edição de regras, no entanto, continua nas mãos dos Estados.

No entanto, o direito positivo apresenta, inevitavelmente, inúmeras lacunas; p. ex., não poderia antecipar a regulação dos mercados financeiros, sempre em movimento e, muitas vezes, imprevisíveis. Assim, as regras do local, a deontologia, o costume internacional e muitas outras fontes normativas concorrem para a produção e interpretação do direito dos mercados financeiros. Daí resulta uma transformação da racionalidade que animava, e anima ainda, o direito dos negócios. O direito dos mercados financeiros encontra-se à proa de uma pluralidade de racionalidades em evolução.

É por isso que é necessário ser prudente quando se fala de irracionalidade do direito dos mercados financeiros. Num sistema existe sempre uma razão em atividade. Se ela não é aparente, isto não significa que ela não exista ainda, mas sim que ela ainda nos é estranha demais, para que nós possamos ter reparado nela e a possamos ter definido. Aqui seriamos tentados a colocar no coração da regulamentação do direito dos mercados financeiros a famosa "lei do mercado",[81] com toda a supremacia que lhe é concedida ordinariamente e de boa vontade. Parece, no entanto, nesta matéria, que a própria lei do mercado não seja unívoca. Nesta matéria deveríamos em vez disso falar das leis do mercado. Estas últimas refletem as estruturas sociais, as relações de força que criam tensões entre os diferentes grupos sociais. Aqui, poderíamos ter a tentação de evocar uma certa irracionalidade: particularmente quando se visam as reações de tal ou tal grupo. Mas isto não tem nada a ver com a própria racionalidade do direito dos mercados financeiros, que não é de todo irracional.

A regulação de uma matéria não é senão o reflexo da própria matéria. Ora como já foi escrito: "Para a opinião pública, o mundo dos mercados é fantasioso, enquanto que o mercado da política econômica é 'racional'. A realidade é bem diferente".[82] A própria lógica financeira é muito particular e não se pode pedir ao direito dos mercados financeiros o estar animado desta

78. Definição em Virginie Canu e Bertrand de Saint Mars, "Intermediation financière et le droit des procédures collectives", *op. cit.*, p. 124.

79. *Ibid.*, *eod. loc.* Sobre o risco sistêmico, cf. ainda a intervenção de Jean Saint-Geours sobre o tema "O regulador face à complexidade dos grandes mercados modernos", *op. cit.*

80. Cf. *ratio* Cooke, Diretiva 96/10/CE, de 21.3.1996, modificando a Diretiva 89/647 e o regulamento de transposição CRB 96-09, de 24.5.1996. Cf. "Os trabalhos recentes levados a cabo pelo Comitê de Bâle", no *Boletim da Comissão Bancária*, 18.4.1998, pp. 81-87.

81. Os economistas liberais vêm na globalização uma melhor adaptação da oferta e da procura dos capitais, e uma utilização otimizada da poupança mundial. Friedrich von Hayek, ao retomar a famosa metáfora da "mão invisível", prega a regulação pelo mercado: "a moral do mercado conduz-nos a agir de um modo benéfico em relação aos outros, não porque esta seja a nossa intenção, mas porque o mercado nos faz agir de um modo que terá precisamente este efeito" (*La Présomption Fatale*, com o subtítulo "Les erreurs du socialisme", 1988, trad. francesa, PUF, Paris, 1992). Convém não esquecer que o mesmo autor exclui dos serviços legitimamente concedidos pelo Estado o monopólio da moeda (*Droit, Législation et Liberté*, v. 3 (1979), PUF, Paris, 1983 e col. Quadrige, 1995, pp. 67); cf. André-Jean Arnaud, *Entre Modernité et Globalisation*, *op. cit.*, pp. 118 e ss.

82. Nicolas Bouleau, "Marches financiers et economie: un combat à l'issue incertaine", em *Les Echos*, 17.3.1996, p. 60.

racionalidade "moderna" à qual estão acostumados aqueles que passaram pelas Faculdades de Direito continentais, aquela que era a base do direito elaborado no Ocidente a partir do século XV, e sobretudo nos séculos XVII e XVIII. Nós não nos encontramos perante uma regulação que responde a uma lógica única — e sobretudo não do tipo piramidal kelseniano — nem perante um direito "simples".[83]

Relativamente ao primeiro ponto, convem primeiramente notar que o processo de globalização tendo sido prioritariamente compreendido e analisado nos Estados Unidos, a lógica do direito dos mercados é uma lógica que corresponderia mais à lógica jurídica do tipo anglo-saxão do que à lógica jurídica da tradição romano-canônica.

Para além disso é necessário acrescentar o fato que foi possível evocar o caráter autopoiético da lógica do mercado financeiro. Uma precaução oratória impõe-se: é necessário, no entanto, não confundir o caráter "sistêmico" das crises que evocamos mais acima, com o fato do mercado financeiro, tal como o seu direito, constituir um sistema autônomo produzindo e reproduzindo a sua própria regulação. Se admitimos a teoria de Hayek que, ao reduzir os laços sociais unicamente à dimensão econômica, contribuiu para desenvolver — nem que seja sem o saber — uma aproximação autopoiética da sociedade, esta última é, então, efetivamente, auto-organizada. Ela o é — fazendo uma pequena caricatura, mas só uma pequena — segundo o princípio do deixar-fazer. Neste contexto, não é de admirar, tal como fizemos referência acima, que o indivíduo, colocado tradicionalmente pelo direito no seu centro, desapareça como tal: "O indivíduo de quem nos fala Hayek não tem consistência, é apenas uma inteligência ou um cérebro".[84]

Como já dissemos ele foi substituído pelo ator.

O mercado financeiro, portanto, reproduz-se a ele próprio. E tal seria o caso também relativamente às regras que o regem, ou seja, em parte, do direito dos mercados financeiros. É com efeito o mercado financeiro que o produz, em larga escala, de modo a atingir o seu objetivo, que é a eficiência do mercado. Como já fizemos notar, na prática, uma praça financeira importante tem tendência a impor as suas regras a uma outra, e isto produz os efeitos em cadeia do mercado que por seu lado arrastam consigo efeitos em cadeia de produção normativa (evocamos o *close-out netting* destinado a reduzir o risco sistêmico).

Esta questão da autonomia do mercado financeiro constitui uma das preocupações maiores dos economistas,[85] a globalização do mercado financeiro arrasta consigo a autonomia da esfera financeira relativamente à produção, à economia real. O fato é de tal modo importante que, para designar este processo, os especialistas estão

83. Sobre a simplicidade, cf. André-Jean Arnaud, *Entre Modernité et Mondialisation, op. cit.*, pp. 163-164.

84. Denis Clerc, *Déchiffrer les Grands Auteurs de l'Économie et de la Sociologie*, Syros, Paris, 1997.

85. Alguns economistas observam que a globalização perpetua os desequilíbrios nacionais e que a liberalização fragiliza os estabelecimentos financeiros, incitando-os a tomar riscos crescentes, arrastando os riscos sistêmicos que já descrevemos acima. As crises financeiras seriam um erro do neoliberalismo (Denis Clerc, "La rançon de l'euphorie financière, contrecoups d'une déréglementation globale", em *Le Monde Diplomatique*, 14.1.1992). Outros, como Gunnar Myrdal, consideram, pelo contrário, que o mercado não é auto-regulador porque ele produz efeitos cumulativos: "o sistema, por ele próprio, não evolui de todo no sentido de uma espécie de equilíbrio de forças; ele não cessa pelo contrário de se afastar de uma tal posição. Em situações normais uma modificação chama, não alterações compensadoras, mas alterações adicionais, que arrastam o sistema na mesma direção, mais longe do que a primeira. Em função desta causalidade circular, um processo social tende a tomar um caráter cumulativo e a ganhar velocidade a um ritmo acelerado" (*Theorie Économique et Pays sous Dévelopés*, Ed. Présence Africaine, Paris, 1959). Gunnar Myrdal, sociólogo e economista sueco, recebeu o Prêmio Nobel das Ciências Econômicas, em 1974, ao mesmo tempo que Friedrich von Hayek.

à procura de expressões apropriadas. Fala-se, p. ex., como de um *unleashing global capitalism*.[86] O fenômeno ao qual chamamos a "bolha financeira" poderia igualmente ilustrar, pelo menos em parte esta autonomia do mercado financeiro.[87] Mas esta autoprodução de regras está longe de ser absoluta. Na realidade, há sempre autoridades para controlar a regulação e as normas que a enquadram, mesmo se os Estados, na sua qualidade de Estados, perderam parte da sua soberania nesta área. O que aparece como um sistema largamente incontrolável é a realidade, a dinâmica, a vida dos mercados financeiros e não o próprio direito financeiro.

Então qual é a lógica para o direito dos mercados financeiros? Na medida em que não se trata unicamente de um direito que se autoproduz e na medida em que as autoridades que o editam não são animadas pela mesma racionalidade, nem mesmo por uma racionalidade única, torna-se necessário concluir — sob reserva de uma procura mais ampla — que a sua racionalidade responde a uma lógica plural.

Quanto ao segundo ponto, a ausência de simplicidade da regulação normativa dos mercados financeiros, abordaremos aqui a questão da sua complexidade no sentido estrito.

2.3 *Sobre a complexidade inacabada dos mercados financeiros*

A complexidade avalia-se pela possibilidade de distinguir, num sistema jurídico, níveis específicos distintos, recursividades entre estes níveis e a procura de um objetivo no quadro de uma teleologia clara.[88] A complexidade constata-se pela transformação permanente dos níveis assinalados em conseqüência das recursividades que se operam entre eles. Estes três critérios fundamentais são facilmente identificáveis no direito dos mercados financeiros.[89]

O objetivo é claro: contra a vontade dos especuladores — nem que seja a especulação que tem lugar às custas da eficiência do mercado — contra o rebentar das bolhas financeiras, para antecipar e, tanto quanto possível, evitar as crises sistêmicas financeiras e bolsistas, é necessário enquadrar o mercado financeiro através de uma regulamentação que se constate eficaz, sem iniciar um processo de regressão num mundo que pode ganhar numa abertura controlada das fronteiras nacionais. O conjunto dos atores que tem um papel ou um poder normativo ou de controle são unânimes relativamente a este ponto.

Quem são eles? Podemos distinguir vários níveis — sem a idéia de hierarquia. Por um lado, existem todos os atores que têm um poder de regulamentação, de controle, de sanção. É necessário incluir aí os Estados e as regiões globais (também chamadas "entendimentos regionais"), com o poder legislativo e de coação, as suas ordens judiciárias? Encontramo-nos aqui perante um primeiro grau de complexidade, interna ao esquema complexo que estamos neste momento a esboçar. Com efeito, num certo sentido, os Estados tornaram-se, nes-

86. Lowell Bryan e Diana Farrell, *Market Unbound, Unleasing Global Capitalism*, John Wiley & Sons, New York, 1996.

87. A bolha financeira provém de um desemparelhamento entre as atividades financeiras e a economia real (cf. Dominique Plihon, "Les enjeux de la globalisation financière", *op. cit.*, nomeadamente p. 75: a finança desconectada da produção).

88. Cf. André-Jean Arnaud, "Modelisation de la décision complexe en droit. Quelques pistes de recherche", em *Penser la Justice*, sob a dir. de Laurent Counarie e Pascal Dupond, Toulouse, MAFPEN/CRDP (col. Savoir et Faire), 1998, pp. 229-250.

89. Não se trata aqui, como é evidente, da complexidade no seu sentido trivial, irmã da complicação extrema, e da qual se fala, p. ex., no *dossier* "Le régulateur face à la complexité des grands marchés modernes", em *Boletim COB* 289, mar. 1995. O que aqui se refere está relacionado com a teoria sistêmica da complexidade (cf. iniciação e bibliografia fundamental em André-Jean Arnaud e M. José Fariñas Dulce, *Introductions à l'Analyse Sociologique des Systèmes Juridiques*, Bruylant, Bruxelles, 1998).

ta matéria, e já fizemos referência, atores nem mais nem menos específicos que os outros atores normativos dos mercados financeiros. Mas por outro lado, como demonstra ainda o acórdão acima citado da *Cour de Cassation* (Superior Tribunal de Justiça) de 5.2.1999, a ordem judiciária estatal — e em conseqüência o Estado — não tem um lugar assim tão desprezível como algumas Cassandras gostariam de fazer crer. Podemos, portanto, considerar que o Estado não é um ator assimilável aos outros atores que detêm um poder normativo, de controle e de sanção; mas que existe entre o Estado e os outros atores recursividades permanentes que não são isentas de conseqüências suscetíveis de afetar, ou mesmo de transformar, a estrutura de uns e de outros.

Estado Regiões globais Instituições internacionais e as suas jurisdições	....	AAI e outras instâncias detentoras de poder normativo, de controle e de sanção

Isto posto e tendo em conta o sistema complexo para o qual tentamos construir uma modelização, todos os atores, inclusive o Estado, constituem um mesmo nível.

Um outro nível é constituído por todos os juristas de empresa, os juristas de bancos, os profissionais de direito das diversas instâncias para-judiciárias, e de um modo genérico, todos aqueles que concorrem para a implementação e a interpretação do direito financeiro num sentido lato.

O conjunto de atores que não respondem aos critérios precedentes mas que fazem parte da lógica dos mercados financeiros formam um nível diferente. Colocaremos aí, p. ex., e sob reserva das nuanças já acima referidas, os atores dos mercados caso a caso. Colocaremos aí igualmente todos os atores que intervêm à margem das instâncias precedentes... a menos que seja necessário considerar que estes pertencem a um nível diferente.

Estado Regiões globais Instituições internacionais	....	AAI e outras instâncias detentoras de poder normativo, de controle e de sanções

Profissionais dos mercados financeiros: ISDA, AFB, BBA, ISNA, PSA...*	....	Outros atores dos mercados financeiros: investidores não especializados, poupadores, grupos de pressão...

* ISDA: International Swap and Derivatives Association
AFB: Association Française des Banques
BBA: British Bankers Association
ISNA: International Securities Market Association
PSA: Public Securities Association (USA)

A complexidade não advem somente do fato de existir uma teleologia, níveis diferenciados, recursividades entre níveis, mas do que estas recursividades transformam os níveis pelo efeito do seu dinamismo. Certamente, de forma aparente, o direito dos mercados financeiros é o mesmo, antes e após uma crise dos mercados financeiros, com algumas regras pré-inventadas para cobrir as zonas, após o acontecimento e por experiência, zonas, até então, de não direito. Certamente, de forma aparente, o direito dos mercados financeiros é o mesmo antes e após uma decisão que vem precisar o papel de tal ou tal ator. Na realidade nenhum dos atores é exatamente o mesmo antes e depois da crise, antes e depois da dita decisão. A edição das regras e a sua interpretação, o modo de controle, as sanções, por mais evidentes que estas possam parecer *a posteriori*, revelariam, quando analisadas, uma estruturação diferente. É assim que, de um modo trivial, se diz do Estado que este ganha — ou perde — terreno. É assim que a COB — ou outras AAI — são supostas deter mais, ou menos, poder normativo, poder de controle, poder de sanção, poder de jurisdição.

No seguimento da nova ordem, que não cessa de nascer na seqüência da desordem dos mercados,[90] os atores transformam-se, e com eles, os seus instrumentos — ao que nós chamamos, na parte que nos diz respeito, o direito dos mercados financeiros. Mas este esquema seria demasiado incorreto se não tomássemos o cuidado de lhe introduzir nuanças. É necessário levar em consideração, p. ex., a concorrência das grandes praças financeiras, a existência de um quase monopólio por parte das grandes praças, Nova York, Londres, Frankfurt... Os "direitos financeiros" locais que as regem têm tendência a se impor aos outros, sob pena de serem excluídos do mercado global. Eis pois mais um contributo para a complexidade, o que torna ainda mais aleatório o modelo acima esboçado.

Mas, sobretudo, é necessário admitir que as recursividades são muitas vezes indeterminadas, ou mesmo inexistentes — o que representamos na figura acima, através de flechas pontilhadas. Em resumo, poderíamos dizer do direito dos mercados financeiros, que este não se acomoda de todo com a epistemologia positivista[91] que confere a caracterização "moderno" aos nossos códigos, que a sua produção e a sua implementação resultam claramente de uma estrutura complexa, mas que este direito dos mercados ainda não estava completamente realizado numa complexidade finalizada.

***

O direito dos mercados financeiros entre modernidade e globalização: a questão que foi posta, era a de saber se o direito dos mercados financeiros no contexto globalizado que conhecemos pode ou não ser qualificado de "pós-moderno". O exame, em conclusão, de uma tal proposta supõe que tenham sido resolvidas duas questões diferentes e complementares:

1º) O direito dos mercados financeiros é exemplo da pós-modernidade no direito? Ou, por outras palavras, podemos nos servir dele para fazer o julgamento sobre a pós-modernidade do direito contemporâneo? Esta era a hipótese que tínhamos levantado no início. Ela parece confirmada por tudo aquilo que desenvolvemos a este respeito.

2º) O direito dos mercados financeiros é um exemplo da pós-modernidade no direito? Na resposta a esta questão, convém ser muito prudente e analisar de modo

90. Algumas páginas premonitórias em Georges Balandier, *Le Désordre*, Fayard, Paris, 1988, sobretudo na terceira parte "A desordem na modernidade".

91. Cf. André Arnaud, *Le Droit Trahi par la Sociologie*, LGDJ, Paris, 1998, pp. 103 e ss.: "Epistemologia positivista ou a tutela dos profissionais de direito", e pp. 108 e ss.: "Sobre a crítica às epistemologias constitutivas: homens da prática e pesquisadores na função de construtores".

diferenciado. Tratando-se efetivamente não só da aparição de cada vez mais atores detendo um poder normativo, um poder de controle, um poder de sanção, mas igualmente do seu papel respectivo e das relações que estes desenvolvem entre si, nós não encontramos uma resposta unívoca.

Por um lado, a realidade é que o direito dos mercados financeiros parece resolutamente empenhado numa via que se situa em contraponto, relativamente a muitos aspectos, do modernismo.[92]

Assistimos assim à implementação de uma ordem pública com duas velocidades: "uma ordem pública estatal protetora do interesse nacional e uma ordem pública profissional suscitada e orientada mais do que imposta pelo Estado. Este último teria uma vocação internacional pois ele determina a fiabilidade do mercado francês sobre a praça financeira internacional".[93] Encontramonos aqui a quilômetros de distância dos fundamentos do contrato social celebrado na época "moderna".

É igualmente verdade que, relativamente a muitos pontos, a soberania parece expressar-se pelo "mercado". Mas, de fato, já demonstramos largamente que o Estado desempenha um papel importante e que não está próximo de perdê-lo[94] e ainda que o direito estatal serve, de certa maneira, de travão à atração do modelo concorrencial.[95] E se a globalização põe em causa o Estado nacional tal como este nos foi legado, arrastando ao mesmo tempo o declínio da proteção tranquilizadora do direito estatal, no mínimo, o mercado demonstra ser impossível sem o poder público soberano.[96]

Se seguirmos os critérios colocados quando de um estudo anterior, não podemos concluir sobre a pós-modernidade real do direito dos mercados financeiros.[97] No máximo podemos ver nele um modelo de direito diferente daquele que nos foi transmitido pela tradição continental. Se nos orientarmos de acordo com o inventário elaborado por Jacques Chevalier, a pós-modernidade poderia qualificar o direito dos mercados financeiros, "como processo de adaptação do direito moderno ao novo contexto das sociedades contemporâneas (...) como ativação de dimensões já presentes no cerne da modernidade".[98] Tratar-se-ia então daquilo que é chamado "*hyper*-modernidade".

Não foi inocentemente que escolhemos, desde o início deste estudo, centrar a nossa atenção sobre os atores. Pensávamos, ao dirigirmo-nos a sociólogos, confrontar os resultados desta análise com os resultados da análise que Anthony Giddens faz da "modernidade avançada". Uma das propostas principais da sua teoria da estruturação[99] consiste na afirmação segundo a qual as regras e as suas fontes utilizadas pelos atores na produção e na reprodução das suas ações são ao mesmo tempo os meios de reprodução do sistema em questão,[100] a competência dos atores encontra-se, no entanto, sem cessar, limitada pelas condições não reconhecidas e pelas conseqüências não intencionais da

92. Sempre no sentido do que resulta da filosofia do Estado e do direito forjado entre o século XV e o século XIX.

93. Charley Hannon, *op. cit.*, p. 429.

94. Estado muralha, Estado polícia, Estado estrategista: cf. André-Jean Arnaud, "La régulation par le droit en contexte globalisé", *op. cit.*

95. Marie-Anne Frison-Roche, "Le cadre juridique de la mondialisation des marchés financiers", *op. cit.*, nomeadamente §§ 4 e 14. *Ead.*, "La redécouverte des 'piliers du droit': le contrat et la responsabiliité — Introduction", em *As Transformações da Regulação Jurídica, op. cit.*, pp. 279-292.

96. Christophe Leroy, "Les relations contemporaines entre l État et le marché...", *op. cit.*

97. André-Jean Arnaud, *Entre Modernité et Mondialisation, op. cit.*, Lição 5: "Da globalização ao pós-modernismo no direito".

98. Jacques Chevallier, "Vers un droit postmoderne?", em *As Transformações da Regulação Jurídica, op. cit.*, p. 40.

99. Referimo-nos aqui muito particularmente aos desenvolvimentos que encontramos no seu livro *The Constitution of Society*, Polity Press, Cambridge, 1984; trad. francesa, *La Constitution de la Société*, PUF, Paris, 1987. As referências dizem respeito à edição francesa.

100. *Ibid.*, p. 68.

ação. Não é isto, mais ou menos, que nos foi permitido observar?

Exigir-se-á, chegado a este ponto, que nos pronunciemos sobre os numerosos chamados a favor de um retorno da política e do ético e contra os excessos da globalização? Vale a pena? O simples fato de reconhecer que o direito dos mercados financeiros não é pós-moderno remete para as conclusões às quais nós já tínhamos chegado alhures: que se fosse necessário escolher entre a globalização e o pós-modernismo, nós optaríamos pelo segundo. No entanto, ainda há um caminho a percorrer de modo a que as exigências sejam preenchidas.

Atualidades

A EMPRESA, OS MINORITÁRIOS E O MERCADO DE CAPITAIS

ALFREDO LAMY FILHO

A preocupação de expandir nosso modesto mercado tem inspirado a apresentação, no Congresso Nacional, de projetos visando a acrescentar garantias e vantagens a acionistas minoritários e/ou preferenciais a exemplo do que faz a Lei 9.547/97. Esses projetos – como ocorreu com a Lei 9.547/97 – em que pese a louvável intenção que os inspira, produzirão, a nosso ver, efeito contrário ao pretendido.

É incontestável que a legislação comercial deve buscar atualização permanente.

A dinâmica do mundo de negócios não se compadece com a estratificação, ou o imobilismo, que logo significam obsolescência. Cumpre, pois, modernizar as leis envelhecidas, e estar atento às exigências do mercado.

Mas, também, imprescindível ponderar que o comércio nasceu e evoluiu costumeiramente, que o excesso de leis, ou de alterações, criam a insegurança e se refletem em retração da atividade empresarial, vale dizer na vida da empresa que é a protagonista inconteste da economia moderna.

Reproduzindo as expressões de Francis P. Benoît (*Connaissance Politique*, p. 6) "a empresa é a instituição essencial de toda a sociedade; porque é a empresa que assegura a produção dos bens necessários à satisfação das necessidades dos homens; é na empresa que se exprime a força vital da nação, e sua capacidade de adaptação em face dos problemas nascidos da evolução das técnicas e das mentalidades; é o estatuto e a modalidade de funcionamento das empresas que determinam os resultados, e deles, o nível de vida de cada um. É, pois, da empresa que depende toda a sociedade e a liberdade real dos cidadãos".

Ora, a moldura jurídica da empresa pode revestir várias formas do comerciante individual, à de sociedade de qualquer tipo.

Ocorre que, das possíveis formas jurídicas que pode assumir a empresa, a que de mais perto interessa à economia do país (em todo o mundo) é a sociedade anônima – que foi, e continua a ser –, o principal instrumento de criação da grande empresa privada. É ela que, através do mercado, obtém recursos para maiores realizações e, correlatamente, alimenta o mercado com os valores que emite e, dessa forma, mobiliza os fundos e técnicas necessários às gigantescas realizações que caracterizam os tempo modernos – que Ripert chamou, com propriedade, de "a era das sociedades por ações". E Ascarelli, ao comentar as leis de anônimas afirmou representarem elas "o direito constitucional da atividade econômica".

A sociedade anônima, por força do grande número de pessoas e de capitais que mobiliza em seu funcionamento, evoluiu de uma administração oligárquica, estabelecida rigidamente em sua constituição, para a adoção do princípio majoritário.

Esta, sem dúvida, uma etapa fundamental na evolução das anônimas, quando foi abandonada a regra universal de interpretação e execução dos contratos – de que é lei entre as partes, pelo que só com a anuência de todos os signatários poderia ele ser alterado – para aceitar o princípio de que a maioria (por definição a maior interessada no negócio) poderia deliberar mudanças no pacto original.

Não há negar-se que exigir unanimidade de sócios, que negociam seus títulos em bolsa, que nunca se conheceram, nem têm interesse em fazê-lo (dada a inexistência da *affectio societatis*) seria impossibilitar o funcionamento da instituição, destinada a durar por prazo ilimitado, proibi-la de deliberar alterações que a vida econômica, em constante mutação, exigia. A adoção do princípio majoritário tornou-se, por isso, um imperativo do melhor funcionamento da companhia e da empresa que constitui seu objeto.

Mas a adoção do princípio majoritário deu origem a uma enorme gama de problemas que passou a constituir o desafio dos legisladores de todo o mundo: como definir e conciliar poderes e direitos da maioria e da minoria, como ajustar os interesses em jogo, especialmente quanto ao comando da sociedade, de forma a não imobilizar o empresário geralmente majoritário, que tem o maior risco no negócio e, muitas vezes, é a razão do sucesso ou insucesso da empresa. De outro lado, a minoria que subscreve ou adquire ações, que confia seu dinheiro à administração do controlador, que se dispõe a correr os riscos empresariais, exige proteção porque sem segurança ninguém quererá ser minoria – e, sem ela, não haverá mercado de capitais nem sociedade aberta.

Tem razão, por tudo isso, Clive Schimitoff – atualizador do clássico inglês *Palmer's Company Law* – quando, escrevendo sobre o tema "The rule of the majority and the Protection of the minority", afirma que "o equilíbrio entre maioria e minoria é a pedra de toque de toda lei de companhias".

A lei brasileira procurou equacionar o delicado problema estabelecendo normas específicas sobre a matéria. Assim, introduziu, inovadoramente, a figura do "acionista controlador" e definiu deveres e responsabilidades que lhe poderiam ser cobrados, tanto em relação à própria companhia (para alcançar seus fins), como em relação à empresa que comandava e que tem uma função social a desempenhar (arts. 116 e 117). Quanto aos minoritários, manteve os direitos essenciais que as leis, em geral, lhes reconhecem (art. 109) e acrescentou direitos a certas minorias qualificadas, como o de participar da administração através do voto múltiplo (art. 141) e do Conselho Fiscal (art. 161, § 4º, *a*) que teve sua competência ampliada.

Observe-se, em relação ao Conselho Fiscal, que a lei havia introduzido a auditagem externa obrigatória para as empresas abertas, pelo que tornou o Conselho de instalação facultativa embora obrigatório se solicitado pela minoria, mas o manteve como órgão de deliberação colegiada, com a presença da maioria: – é que são notórias as vulnerabilidades a que fica sujeita a empresa, e seus segredos profissionais, quando submetida a poder ilimitado de fiscalização de minorias concorrentes, ou desejosas de criar dificuldades para obter lucros indevidos. Leiam-se, a título de exemplo, as observações de Jean Bergier (*L'Abus de Majorité dans les S.A.*, Lausane, p. 41 e Dominique Schimidt (*Les Droits de La Minorité dans la S.A.*, Paris, pp. 103 e 155).

Em verdade, a maior proteção do minoritário decorre da obrigação de informar, da divulgação dos fatos essenciais na vida da empresa, e da punição da informação privilegiada usada em detrimento do minoritário que desconhece os fatos: esta, sem dúvida, a grande evolução que a lei vigente consagrou, instituindo o dever de informar (art. 157), punindo o administrador em conflito de interesse com a companhia (art. 156), e os que a ele se associem (art. 158, § 5º).

Para exercer a fiscalização da observância de todas essa normas relativas à conduta de controladores e administradores e, do mercado, em geral, a lei criou uma entidade especialmente votada ao desempenho da tarefa – a Comissão de Valores Mobiliários.

Por outro lado, fixou normas estritas para elaboração de balanços e demonstrações financeiras, estabeleceu regras mais rigorosas para a fusão ou incorporação de subsidiárias (em que interesses diversos são representados pelo mesmo controlador no art. 264).

No rol dos obstáculos que criam resistências à abertura do capital, e, mesmo, à adoção da forma anônima, cite-se, inicialmente, o direito de recesso que a lei manteve e ampliou (talvez exageradamente). Embora pareça justo facultar-se ao acionista retirar-se da sociedade em face de certas resoluções majoritárias, na prática revelou-se danoso à empresa, que se viu impossibilitada de tomar certas deliberações do interesse de sua sobrevivência ou expansão porque o recesso poderia destruí-la. É que o valor de patrimônio líquido, sendo, na quase totalidade dos casos, superior ao valor de bolsa, induz ao exercício do reembolso. E a Itália – que criou o direito de recesso, com aplauso geral dos comentaristas, inclusive Vivante, no Código Comercial de 1877 – restringiu seu exercício a apenas duas hipóteses (alteração de nacionalidade e mudança do objeto, ou seja, do risco econômico) como se lê no art. 2.437 do vigente Código Civil. E o valor do reembolso é igual à média da cotação do último semestre se a ação está na bolsa, ou, em caso contrário ao patrimônio líquido – o que favorece as empresas abertas.

Mas, sem dúvida, o que mais concorreu para criar resistências das empresas em abrir o capital, e provocou o fechamento das que tinham o capital aberto, foi a chamada "Emenda Lehmann", do Senado, que resultou no art. 254 da Lei (o texto submetia a alienação do controle da companhia aberta à prévia autorização da CVM, e determinava fosse feita oferta pública de aquisição das ações dos minoritários por preço igual ao das ações de controle).

Como as ações integrantes do controle (*et pour cause*) têm, em geral, preços superiores aos da cotação em bolsa, os minoritários – e, especialmente os fundos administradores de recursos alheios – eram induzidos a alienar as ações que detinham. Assim, o adquirente do controle terminava por comprar todo o capital, com o fechamento de fato das empresas. Esta, sem dúvida, uma das causas da "concentração de capital", a que se referem as reportagens dos jornais especializados (v. *Gazeta Mercantil* de 17 de julho corrente).

Esse art. 254 foi revogado pela Lei 9.547/97, quando se cogitou de vender as empresas mistas e públicas, mas, ao que se lê nos jornais, existe emenda para revigorá-lo.

Esses problemas requerem solução para impedir que resultem no engessamento da sociedade anônima, como ocorreu na Alemanha, segundo informa Angel Rojo (v. *Il Diritto delle Società per Azioni: problemi, esperienze, progetti*, Milão, 1993, p. 4) o que levou à fuga da forma anonimária e motivou a criação das sociedades limitadas.

Observe-se, ainda, que a busca da atualização ou modernização das leis de companhias é preocupação dos legisladores em toda parte do mundo e tem provocado grande número de estudos dedicados à matéria, como se lê nas revistas especializadas.

Veja-se o exemplo da Inglaterra que tem uma das mais elogiadas leis de companhias, e que mantém comissões especialmente destinadas a estudar a matéria, presididas por juristas ilustres e magistrados como o "Jenkins' Committee", ou o "Cohen Committee", que se lhe seguiu, incumbidos de formular representações ou "reports" ao Parlamento com sugestões que orientam os legisladores. Os Estados Unidos, além de suas leis estaduais, possui, sempre atualizado, o "Model Business Corporation Act", modelo elaborado e sempre revisado pelo "Committee on Corporate Law", instituído pelo órgão profissional dos advogados ("American Bar Association") que inspira as modificações que vão sendo introduzidas nesse campo de direito.

Mas, certamente, onde o problema tem sido mais discutido é nos países europeus, interessados em atualizar suas leis com observância das Diretivas que o Mercado Comum vem editando.

A Espanha promoveu uma "Ley de Reforma Parcial y Adaptación de la Legislación Española a las Diretivas de la CEE", em 25.7.1989; a França introduziu a sociedade anônima simplificada (Lei 94-1) e procedeu ao reexame de todo o assunto pertinente às sociedades através de Comissão nomeada pelo Primeiro-Ministro, e presidida por Philippe Marini, como se lê no relatório "La Modernisation du Droit des Sociétés", Paris, 1996, no qual advoga maior liberdade para as sociedades francesas, em sua constituição e no seu funcionamento, e questiona se o interesse social acusado de transcender ao interesse dos acionistas "não teria se tornado um álibi de um novo 'despotismo esclarecido'".

Todavia, os estudos mais acurados têm vindo da Itália, como nos dá conta o último número da *Rivista Delle Societá* (ano 2000, fasc. 1) no qual o Ministro da Justiça, Giovanni Maria Flick, divulga uma apreciação sobre o problema, juntamente com o relatório da Comissão de Juristas que nomeou e o anteprojeto elaborado.

Em sua exposição, salienta o Ministro, que o debate sobre a reforma das sociedades comerciais se insere num contexto maior da "relação lei *X* empresa", no qual se deve enviar o duplo risco (igualmente danoso) do excesso de regras supérfluas ou excessivamente rigorosas, quando não impossíveis de observar, e, de outro lado, a ausência de regras necessárias. E, num resumo, que vale transcrever:

"É um quadro que, em última análise, deve garantir efetivamente transparência e correção da ação da empresa, mas evitar a sensação de empresa 'em liberdade provisória', com a multiplicação de exigências burocráticas e controles formais externos, na ilusão de ser possível suprir a adesão consciente a regras compatíveis ou aceitáveis".

O trabalho da Comissão italiana abrange sociedades limitadas, cooperativas e sociedades anônimas, e introduz uma detalhada proposta relativa à disciplina penal das sociedades mercantis, que merece ser lida e meditada.

Ao tratar dos princípios gerais que devem reger as sociedades de capital, o Relatório dá ênfase especial ao favorecimento do crescimento e da competitividade da empresa, de forma a valorizar o caráter empresarial da sociedade mercantil, a simplificar sua disciplina deixando espaço para a autonomia da vontade no Estatuto Social. Nessa ordem de pensamento, propõe a introdução das ações sem valor nominal, do acordo de acionistas, do que, aliás, ora também cogitam outras reformas de lei como a alemã.

A notícia do que ocorreu, e vem ocorrendo na experiência nossa e na de outros países, deixa evidenciada a importância e complexidade da matéria, sempre objeto de estudos, seguidos de debates e críticas, por parte dos estudiosos, dos interessados e dos legisladores antes da adoção das soluções sugeridas.

Mais ainda, torna óbvio que o enrijecimento da lei, a criação de normas que se propõem a alterar a equação financeira da empresa anteriormente contratada (como ocorreu com a Lei 9.547/97, em relação aos acionistas preferenciais) ou a ruptura da relação "maioria *X* minoria", que ora se pretende, resulta no fechamento da empresa aberta, na fuga do tipo societário anônimo por parte dos empresários, no clima de insegurança que se instala, com sacrifício final do mercado de capitais e da atividades empresarial do país.

O DIREITO DA CONCORRÊNCIA E SEUS FUNDAMENTOS[1]

Racionalidade e legitimidade na aplicação da Lei 8.884/94

LUIS FERNANDO SCHUARTZ

I — Considerações preliminares. II — As razões do Direito da Concorrência: II — 1. Valorização do capital, assimetrias e incerteza; II — 2. Justiça social, racionalidade e Direito da Concorrência.

I — Considerações preliminares

Esta conferência tem como título: "O Direito da Concorrência e seus fundamentos", e como subtítulo: "Racionalidade e legitimidade na aplicação da Lei 8.884/94". Eu pretendo iniciá-la com uma justificativa, ou melhor, uma explicação a respeito do sentido em que ambos devem ser compreendidos, bem como da forma pela qual eles se relacionam sistematicamente. Isto nada tem a ver com uma estratégia, por assim dizer, pedagógica, mas, sim, com o fato de por detrás da escolha das expressões utilizadas em um como em outro esconderem-se opções teóricas e metodológicas que eu quero tornar, desde já, explícitas.[2]

Quando um jurista se dispõe a discorrer perante outros juristas sobre os "fundamentos" de uma dada norma ou de um dado conjunto de normas, ele normalmente evoca no seu auditório uma série de associações consolidadas no senso comum da profissão, e que podem ser expressas pela seguinte pergunta: a partir de qual *norma jurídica* a norma ou o conjunto de normas sobre cujos fundamentos se está a indagar pode ser materialmente inferida? Na medida em que esta questão específica — ou uma questão semelhante — estrutura o discurso acerca dos fundamentos de uma norma jurídica ou de um conjunto de normas jurídicas e sua compreensão, a perspectiva que orienta as partes envolvidas é estritamente *interna* ao Direito entendido como *sistema* de normas jurídicas. O problema dos fundamentos deve então ser solucionado única e exclusivamente *no interior* de um ordenamento jurídico previamente individualizado no tempo e no espaço.

Isto significa, para a pergunta antes formulada, que as inferências que solucionam o problema dos fundamentos de normas ou de conjuntos de normas jurídicas devem necessariamente apresentar, como pontos de chegada, ou seja, como premissas, normas jurídicas. Neste sentido, pois, o fundamento de uma norma jurídica é sempre uma outra norma jurídica. A expressão "fundamento" é aqui implicitamente equiparada a "fundamento de validade", e o termo "validade", por sua vez, reduzido a sua dimensão *formal*: validade é uma relação entre normas, mais especificamente, uma relação entre normas de *hierarquias* distin-

1. Este artigo apresenta o texto base para aula ministrada no II Curso de Defesa da Concorrência, organizado pelo CADE e realizado no segundo semestre de 1999, em Brasília.

2. Ao leitor menos interessado em questões filosóficas e metodológicas, eu sugiro que comece a leitura a partir da seção II.

tas no interior de um mesmo ordenamento jurídico, de modo que a norma superior é considerada o "fundamento de validade" da norma hierarquicamente inferior.

Não é este o espaço para abordar internamente, isto é, com os meios da teoria geral e da filosofia do direito, as — hoje bem conhecidas — dificuldades associadas à decisão metateórica de trabalhar com este conceito reducionista de validade.[3] Tampouco cabe aqui discutir as razões pelas quais a tentativa de enriquecê-lo de uma dimensão *semântica* (no sentido de incluir as condições de eficácia) não é suficiente do ponto de vista de uma consciência científica preocupada em manter a sintonia com o debate contemporâneo na filosofia da linguagem. Ao invés disto, o presente texto toma como ponto de partida um conceito de validade jurídica em cujas determinações estão presentes, ainda que de um modo implícito, os resultados salientes de possíveis "processos de aprendizado" que caracterizam as histórias da filosofia analítica e da teoria das sociedades modernas.[4]

Para os fins da discussão seguinte, ao termo "validade jurídica" atribui-se um sentido eminentemente *pragmático*: a validade de uma norma jurídica é algo que se *constitui* numa relação intersubjetiva, mais especificamente, uma relação que surge tipicamente[5] por meio por uma "oferta" qualificada de um conteúdo significativo para um conjunto especificável de destinatários, cuja "aceitação" *determina* (no sentido de: torna efetiva) a constituição da relação. Em termos mais simples, isto equivale a dizer que uma norma jurídica *existe* e é *válida* quando os sujeitos participantes na práxis de interpretação e aplicação dos conteúdos semânticos envolvidos *os tratarem explícita ou implicitamente como* conteúdos semânticos *de* normas jurídicas válidas.[6] Desloca-se, deste modo, a análise para a determinação das condições necessárias e suficientes para o tratamento *adequado* de uma dada objetivação simbólica (p. ex., um texto escrito) *como* uma norma jurídica e, em caso positivo, *como* norma jurídica válida.

Com efeito, se não há norma jurídica alguma por detrás ou para além da *práxis* de tratamento de textos *como* normas jurídicas (o mesmo aplicando-se para a relação de validade), isto não quer dizer que *anything goes* em termos da evolução dos critérios explícitos ou implícitos vigentes para a identificação de um *speech act* (ou sua objetivação sob a forma de texto) como uma norma jurídica. Daí a ênfase nas con-

3. Tal abordagem, como é sabido, amplamente dominante na dogmática jurídica e nas auto-interpretações dos operadores jurídicos participantes da práxis da aplicação do direito, remete à *Teoria Pura do Direito*, de Hans Kelsen, *locus* clássico do referido conceito formal de validade, construído a partir de uma radicalização da irredutibilidade metodológica entre ser e dever-ser e de uma tentativa de purificação ideológica da ciência do direito. Para uma análise da tensa relação entre os conceitos de validade e eficácia em Kelsen, cf. Dreier, *Sein und Sollen. Bemerkungen zur Reine Rechtslehre Kelsens*, in R. Dreier, *Recht — Moral — Ideologie*, Suhrkamp, 1981, pp. 207-240.

4. Referências importantes neste contexto são os trabalhos de Robert Brandom (*Making it Explicit. Reasoning, Representing and Discursive Commitment*, 1994) e de Jürgen Habermas (*Faktizität und Geltung. Beiträge zur Diskurstheorie des Rechts und des demokratischen Rechtsstaats*, 1992). Para uma interpretação e crítica da Teoria da Ação Comunicativa de Habermas a partir do papel nela desempenhado pelo sistema jurídico, cf. L. F. Schuartz, *Die Hoffnung auf radikale Demokratie. Fragen an die Theorie des kommunikativen Handelns*, Dissertação, Frankfurt am Main, 1999.

5. "Tipicamente", mas não *necessariamente*, uma vez que existem situações em que a interpretação correta do sentido pragmático de um determinado conteúdo significativo pode ser diretamente extraído do seu uso na práxis, não sendo possível a identificação de quaisquer sujeitos (ou mesmo instituições) aos quais atribuir a "oferta" do conteúdo em questão. Sobre os desdobramentos deste fato para a análise do conceito pragmático de norma jurídica, bem como para o significado *institucional* dos direitos fundamentais, cf. Schuartz, ob. cit., Cap. VI.

6. O leitor familiarizado com a teoria kelseniana terá notado que os termos "existência" e "validade" são aqui apresentados não apenas como não idênticos, mas também, como logicamente independentes entre si, o que contrasta com a posição de Kelsen, para o qual os termos "validade" e "existência de uma norma jurídica" denotam o mesmo.

dições para um tratamento *correto* ou adequado de algo como norma jurídica (ou como norma jurídica válida); daí também, em conseqüência, o caráter não-arbitrário da definição destas condições que o presente texto propõe. Estas resultam, ao contrário, de um processo evolutivo — não inteiramente indeterminado — da *forma* pela qual o sistema jurídico realiza as suas *funções sociais* de estabilização de expectativas normativas bem como de garantia de consenso a respeito dos fundamentos normativos da vida social, processo este que por assim dizer vai convergir, nas sociedades modernas, em conceitos específicos de norma e validade jurídica,[7] cujo *sentido pragmático* cabe agora precisar.[8]

Vamos tomar então, simplificadamente,[9] como condição necessária para a *existência* de uma norma jurídica, a publicação de um texto como resultado de um procedimento instituído por uma norma jurídica superior (o que implica obviamente, para a norma suprema, um problema de auto-referencialidade, o qual nós iremos desconsiderar no presente contexto). Esta, note-se bem, é uma condição necessária mas não *suficiente*. Diante do exposto acima, um texto publicado como resultado de um procedimento juridicamente reconhecido é, num sentido pragmático, apenas uma "oferta" de norma jurídica com um dado conteúdo significativo.

Trata-se, mais especificamente, de uma "oferta" em relação a qual os correspondentes destinatários *poderão ou não* atribuir — de forma implícita ou explícita — ao "ofertante" um *commitment* definido pelas implicações materiais do conteúdo semântico enunciado, consistindo justamente no modo *específico* deste *commitment* a natureza do texto publicado *como* uma norma jurídica. Este *commitment* específico, cujo sentido moderno é produto de uma evolução sociocultural, consiste no compromisso assumido pelo "ofertante" de um texto (com pretensões de valer como norma jurídica) de satisfazer duas obrigações de natureza distinta — e até mesmo oposta:[10] de um lado, a obrigação discursiva de demonstrar a *legitimidade* da proposta normativa veiculada no texto, em última instância mediante o recurso a argumentos intersubjetivamente válidos; de outro lado, a obrigação de garantir a *vigência* do padrão de comportamento prescrito, em última instância mediante o recurso à força. Um texto publicado para valer como norma jurídica apresenta, portanto, com a sua pu-

7. O que significa dizer que também as relações subjacentes — e, portanto, os conceitos a elas correspondentes — são historicamente mutáveis. Sobre o tema das relações entre formas de integração social e evolução jurídica, cf. o trabalho clássico de Émile Durkheim, *La Division du Travail Social*, e especialmente Habermas, ob. cit., Cap. II, bem como o ensaio *Überlegungen zum evolutionären Stellenwert des modernen Rechts*, in, do mesmo autor, *Zur Rekonstruktion des historischen Materialismus*, Suhrkamp, 1976, pp. 260-267. Para uma interpretação, cf. Schuartz, ob. cit., Cap. II.c.

8. É preciso ter presente que uma aplicação metodologicamente responsável do modelo pragmático de análise, concebido originalmente no âmbito da teoria do significado de expressões lingüísticas, deve enfrentar-se com alguns problemas de adaptação ao ser utilizado para compreender a práxis formalmente institucionalizada de emitir, interpretar e aplicar normas jurídicas, uma vez que tal modelo funciona normalmente no contexto de interações "face a face" entre pessoas concretas. Tais problemas são, diga-se desde logo, solúveis, na medida em que os papéis comunicacionais de "falante" e "ouvinte" são traduzidos em termos de sistemas de ação, de um lado, e conjuntos de destinatários, de outro (que podem ser sistemas de ação ou não). Assim, no caso de uma sentença judicial, p. ex., o "falante" não é uma pessoa concreta, mas o papel institucionalizado do juiz competente, bem como o sistema de autorizações e argumentos que permitem uma justificativa racional da decisão e o aparato administrativo disponível para garantir a execução da sentença nos termos em que foi proferida.

9. Em sentido estrito, a condição a seguir apresentada não é necessária, o que vai significar a possibilidade de existência de normas jurídicas "implícitas" (mas não no sentido em que a dogmática constitucional costuma entender a expressão). Cf. Schuartz, ob. cit., Cap. VI.

10. Cf. Habermas, *Faktizität und Geltung*, Cap. I. A proposta habermasiana de conceito de validade jurídica (a partir do qual o correspondente conceito de norma jurídica pode ser reconstruído) é uma tradução pragmática do conceito kantiano.

blicação, uma pretensão de "legitimidade" *e* uma pretensão de "poder", de maneira que todo texto publicado que *não puder ser adequadamente tratado* como apresentando esta *dupla* pretensão *não deve ser tratado como expressão de norma jurídica* (o oposto sendo também verdadeiro).[11]

Para efeitos da discussão sobre as condições necessárias para o correto tratamento de um texto como norma jurídica interessam, na realidade, apenas as condições vinculadas à pretensão de "poder", mais precisamente, aquelas condições relativas à possibilidade de *efetivação* do comportamento prescrito, seja em razão de fatores ligados à *verdade* do respectivo conteúdo semântico ou seus pressupostos ontológicos, seja em razão de fatores ligados à *seriedade* dos sujeitos institucionalmente responsáveis por tal efetivação. De fato, um texto não pode ser *adequadamente* tratado como *apresentando* uma pretensão de "poder" no caso de prescrever um comportamento irrealizável, ou para cuja efetivação social sejam necessárias intervenções de um aparato institucional flagrantemente cínico com respeito à realizabilidade do conteúdo enunciado; o seu sentido *pragmático* (no sentido de *commitments* atribuíveis) não é o de uma norma jurídica, mas sim, de algo diverso, como, p. ex., um desejo bem-intencionado.[12]

Ora, as condições necessárias e suficientes para o tratamento adequado de um texto como *apresentando* uma dupla pretensão de "legitimidade" e de "poder" (i.e., condições pragmáticas de *compreensão* de um texto como uma norma jurídica) não são idênticas às condições necessárias e suficientes para a *satisfação* das obrigações correspondentes a esta dupla pretensão, embora estejam com as primeiras numa óbvia relação interna. Como visto acima, só faz sentido indagar acerca da referida satisfação sob a pressuposição de que se está diante de um texto que deve ser tratado como uma norma jurídica, o que requer o cumprimento das respectivas condições pragmáticas. *Existente*, logo, a norma jurídica, a questão sobre a possibilidade de satisfação de sua dupla pretensão é uma questão sobre a presença de argumentos intersubjetivamente válidos para satisfação de sua pretensão de "legitimidade", de um lado,[13] e da questão sobre a vigência ou aceitabilidade social do comportamento prescrito, de outro. Uma norma jurídica *válida* será então uma norma em relação a cuja pretensão de "legitimidade" dever-se-á responder afirmativamente a primeira questão; uma norma jurídica *eficaz*, por sua vez, será uma norma em relação a cuja pretensão de "poder" dever-se-á responder de modo afirmativo a segunda questão enunciada.

A separação analítica entre a questão da validade (referente à satisfação da pretensão de "legitimidade" apresentada por um texto que deve ser tratado como norma) e a questão da eficácia (referente à satisfação da pretensão de "poder" apresentada pelo mesmo) não significa que as *respostas* a uma e outra questão não se comuniquem ou devam comunicar-se. Ao contrário, é muito provável que entre os *argumentos* mobilizados para justificar ou criticar uma dada proposta de norma jurídica encontrem-se

11. Cf. Schuartz, ob. cit., Cap. IV.

12. Isto tem uma implicação muito interessante com respeito ao reconhecimento concreto de normas jurídicas "implícitas" (cf. nota 7). Com efeito, um texto publicado como resultado de um procedimento juridicamente institucionalizado tem sempre *alguma* eficácia no mundo real. O que merece realce é que, nos casos de textos os quais, em virtude de ausência de condições para a sua efetivação, não devam ser tratados pragmaticamente como normas jurídicas, a descrição *daquilo* que é efetivado *não coincide* com a descrição correspondente ao seu conteúdo significativo. Em outras palavras, a publicação do texto em questão introduziu, de fato, uma norma jurídica no mundo social, mas uma norma jurídica com um *conteúdo significativo diferente* daquele *expresso* no mencionado texto.

13. Isto não tem absolutamente nada a ver com as tentativas, hoje nada convincentes, de julgar o direito a partir de uma perspectiva externa. A questão da legitimidade, como já demostrou Habermas, pode ser levantada e respondida de uma perspectiva estritamente interna ao direito positivo. Cf., a respeito, *Faktizität und Geltung*, Caps. I e III.

alguns *relativos* às condições de eficácia do comportamento cuja prescrição se cogita; por outro lado, é bem razoável a suposição sociológica de que o *fato* de existirem bons argumentos para justificar uma dada proposta de norma jurídica possa ser contado *entre* as condições de sua vigência ou aceitabilidade social (tal suposição tornando-se extremamente plausível no momento em que passamos a considerar não mais uma norma jurídica isolada, mas sim, um dado *ordenamento jurídico* em seu conjunto).

Especialmente relevante para o tema objeto do presente artigo é o tipo de inter-relação mencionado em primeiro lugar, referente às contribuições que argumentos relativos às condições de eficácia de uma norma oferecem para o fortalecimento ou enfraquecimento dos argumentos disponíveis para a defesa da sua validade. Note-se que não se afirma, neste contexto, que uma norma jurídica ineficaz é uma norma inválida (ou seja, que a eficácia é *condição* de validade); nem tampouco, como antecipado, que para determinar se uma dada norma é válida ou inválida é necessário recorrer a um ponto de vista situado *acima* do direito positivo. A hipótese, proposta por Habermas e aceita neste contexto é bem outra, a saber, que a questão da legitimidade (enquanto busca dos fundamentos racionais de normas jurídicas) é *imanente* ao direito positivo, e que tal imanência manifesta-se sob a forma de uma indagação a respeito da conformidade das normas postas aos *procedimentos* para a sua instituição, sob a importante ressalva de que estes procedimentos possam ser "reconstruídos" como formas juridicamente institucionalizadas de *arranjos discursivos*, nos quais bons argumentos são selecionados e "filtrados" num processo aberto de aprendizado.

Vê-se, assim, a proximidade desta abordagem ao modo de tratamento da questão da validade típico à teoria geral do direito convencional, mas também, a diferença essencial. A análise recai, em um e outro caso, na verificação da conformidade de uma norma com as normas a ela superiores (procedimentais e não procedimentais); a diferença está no *significado* atribuído, aqui e ali, a tal conformidade: para o jurista convencional, a dita conformidade — enquanto possa ser racionalmente reconstruída como implicação material apresentando como premissas normas procedimentais e não procedimentais caracterizadas como superiores — *esgota* o significado da relação de validade. O fundamento racional de uma norma — entendido como a existência de argumentos válidos para a satisfação da sua pretensão de "legitimidade" — é, apesar de relevante e não sem um certo desdém, relegado a uma perspectiva *externa* à estritamente jurídica, seja ela a da moral, a da ética ou a das estratégias políticas. Segundo a abordagem aqui defendida, ao contrário, o fato de uma norma jurídica ter sido posta de acordo com as regras procedimentais representa uma *presunção* de legitimidade no sentido da existência de um estoque de argumentos — cuja natureza vai obviamente variar em função do objeto de regulação — passíveis de mobilização para a justificação racional da norma posta. Novamente, uma tal interpretação está condicionada à possibilidade de um tratamento teórico de procedimentos jurídicos como *discursivamente estruturados* (ainda que com restrições específicas, se comparados aos vários discursos institucionalizados no âmbito da ciência, p. ex.),[14]

14. Cf. Habermas, ob. cit., Cap. IV, no qual o "encontro" de procedimentos argumentativos com procedimentos juridicamente institucionalizados é explicitamente tematizado sob o ponto de vista das restrições impostas aos primeiros, as quais, de uma perspectiva normativa, não podem ir tão longe a ponto de afetar a "lógica interna" dos referidos processos de argumentação. Habermas refere-se a esta expectativa de modo impreciso, ao dizer que os pressupostos pragmáticos de processos genuinamente discursivos devem ser "na medida do possível" institucionalizados juridicamente. Em minha opinião, esta imprecisão está em parte autorizada pela natureza do objeto, mas é também em parte explicável em razão de dificuldades relacionadas a decisões metateóricas referentes à Teoria da Ação Comunicativa como proposta de uma teoria *crítica* das sociedades modernas. Cf. a respeito Schuartz, ob. cit., Cap. IV.

o que, dependendo da posição teórica adotada com respeito principalmente ao conceito de racionalidade subjacente, vai requerer uma tomada afirmativa de posição a respeito da presença efetiva ou potencial de condições empíricas — sobretudo econômicas — mais ou menos restritivas, entre as quais poderíamos destacar, a título ilustrativo e a partir da posição adotada por Habermas, as condições necessárias e suficientes para a *universalização* dos pressupostos para a instituição jurídica e estabilização de arranjos discursivos — entendidos como procedimentos formais de constituição de opiniões e de uma vontade política capazes de gozar de uma presunção de racionalidade *comunicativa*[15] — sob forma específica de um *sistema de direitos subjetivos.*[16]

Seja qual for a posição adotada em relação a este último ponto, parece-me, em geral, correto afirmar que nas análises sociológicas de procedimentos jurídicos típicos para a instituição e a aplicação de normas jurídicas não pode faltar a inclusão da sua dimensão *argumentativa* como *constitutiva* do objeto a ser descrito (ainda que, como eu, se conteste a tese, defendida por Habermas, de que tais procedimentos jurídicos podem ser, sob condições de comunicação ideais, *racionalmente reconstruídos* como arranjos genuinamente discursivos no sentido proposto pela *Diskurstheorie*). Tal caráter constitutivo da dimensão argumentativa nos procedimentos de criação e aplicação de normas jurídicas, resultante em última instância do sentido pragmático *moderno* deste tipo de norma (que retira o fundamento de legitimidade de uma norma da tradição e o coloca em procedimentos formais de justificação racional), é o que justifica a mencionada presunção de que uma norma ou decisão que surge como *output* de procedimentos desta natureza é legítima no sentido exposto, qual seja, o de contar com um estoque específico de bons argumentos para a sua justificação racional.

Desta relação *interna* entre a validade de uma norma e a possibilidade de sua justificação racional por meio de argumentos, decorre uma implicação relevante para a *dinâmica jurídica*, na medida em que esta venha a ser afetada por processos de aprendizado que incidam sobre a base de argumentos sobre a qual a validade de uma norma ou conjunto de normas se apoia. Processos de erosão desta base transformam-se, assim, em um motor *imanente* de mudanças institucionais que incorporam *acúmulos de racionalidade*, condicionadas pela presença de um ambiente social e político favorável. O importante no presente contexto é destacar que estes processos de racionalização institucional podem assumir formas distintas, a mais saliente das quais, evidentemente, encontra-se na promulgação de uma nova Constituição que altera a estrutura normativa de uma sociedade ou, talvez de modo mais prosaico, em alterações legislativas no corpo de leis ordinárias vigentes em um dado ordenamento jurídico, mas que incluem também — e isto é particularmente essencial para a discussão seguinte — modificações subcutâneas dos *conteúdos semânticos de normas vigentes* via *inovações juridicamente eficazes relativas à interpretação* das mesmas. Novas interpretações de normas jurídicas sintonizadas com avanços nas ciências das quais depende o maior ou menor grau de plausibilidade das correspondentes pretensões de legitimidade, tornam-se, *se* utilizadas de forma inteligente nos procedimentos formais de *aplicação* dessas normas, veículos importantes de racionalização institucional.

Nestas últimas afirmações está contido, enfim, o gancho lógico para a contextualização dos problemas — demasiado abstratos — discutidos acima no âmbito de uma investigação científica do Direito da Concorrência. Para o salto mortal que esta ope-

15. Para o conceito da "racionalidade comunicativa", cf. Habermas, *Theorie des kommunikativen Handelns*, I, Suhrkamp, 1981.

16. Cf. Habermas, ob. cit., Cap. III, bem como, para uma crítica interna, Schuartz, ob. cit., Caps. IV a VI.

ração significa eu peço o perdão do leitor que me seguiu até aqui, aduzindo em minha defesa que os parágrafos precedentes não foram motivados pelo triste hábito — tão comum entre nós — de colocar idéias fora de lugar, mas sim, pelo desejo de revelar a complexidade potencial por detrás do tema aqui tratado.

A referida complexidade potencial resulta, por sua vez, da mencionada relação interna existente entre validade de uma norma e aceitabilidade racional de sua pretensão de "legitimidade". Isto implica para *aquele que afirma* — ou nega — a validade de uma norma o *dever argumentativo* de mostrar as razões pelas quais a norma em questão é válida — ou inválida —, isto é, de apresentar os seus *fundamentos de validade*, o que pressupõe, como visto, a disponibilidade de *argumentos* — e a capacidade de mobilizá-los — definidos como aceitáveis do ponto de vista de uma defesa coerente da racionalidade — ou da irracionalidade — da norma cuja validade se afirma — ou se nega. Ademais, de uma perspetiva estritamente interna à dogmática jurídica convencional (para a qual "validade" é simplificadamente equacionada à conformidade da norma concreta a normas superiores), o escamoteamento deste dever argumentativo somente é eficaz na medida em que se o deixa reaparecer sob a forma de *propostas interpretativas* de uma norma cuja validade vai então ser *pressuposta*. Seja como for, propor uma interpretação ou afirmar a validade de uma norma implica assumir para si mesmo o dever de apresentar argumentos que a justifiquem objetivamente, ou seja, tornem o conteúdo semântico que a norma jurídica institui racionalmente aceitável[17] (naturalmente, enquanto o conteúdo significativo *de* uma norma jurídica).

Diante, logo, de um pedido de justificação, estará o jurista convencional que se curva à interpretação dominante de uma norma tão obrigado a fornecer argumentos substantivos como o teórico interessado na reconstrução racional dos fundamentos de validade — no sentido forte acima indicado — da norma em questão. Na medida, porém, em que o presente texto assume explicitamente a posição de que o Direito da Concorrência vigente *pode* ser reconstruído de um modo racional, i.e., que para a defesa da validade das normas que integram o Direito Concorrencial existem bons argumentos que garantem a sua aceitação racional, fica claro que a apresentação destes bons argumentos pode funcionar, no terreno não teórico das disputas dogmáticas, como proposta hermenêutica. Esta leitura, perfeitamente legítima do ponto de vista prático, seria até mesmo preferida por mim, uma vez que o tema da discussão que segue estará centrado não tanto na questão da validade (que, como anteriormente visto, está sendo assumida), mas sim, na questão da racionalidade e legitimidade na *aplicação* do Direito da Concorrência, questão obviamente inseparável da existência de critérios para uma distinção entre aplicações racionais (legítimas) e irracionais (ilegítimas), a qual, por seu turno, não pode ser respondida sem a posse de argumentos que sustentem uma interpretação, consistente e operacionalizável, deste ramo do direito.

Há, por fim, uma observação importante de ser feita ainda no âmbito destas considerações preliminares. Nos parágra-

17. Como dito de forma geral no início do presente texto, o dever argumentativo referido somente constitui-se no interior de uma comunidade específica cuja *práxis* consista no *tratamento* de sujeitos que realizam ações de afirmar ou negar algo *como* obrigados a dar argumentos para a justificação racional daquilo que afirmam ou negam. Se um dado *Sprachspiel*, no qual aparentemente se trocam asserções, *atualiza* ou não esta estrutura argumentativa, ou então simplesmente a imita num nível caricatural ou farsesco, é um problema empírico. Infelizmente, como sabemos, a realidade institucional brasileira está repleta de jogos de linguagem nos quais "argumentos" tem uma função não de convencer e motivar racionalmente, mas sim, de adornar esquemas de comunicação meramente retóricos nos quais falta ou o bom argumento ou a capacidade de mobilizá-lo (ou ambos).

fos precedentes, as expressões "legitimidade" e "racionalidade" foram tratadas como sinônimas. Dizer que normas ou decisões são legítimas significa, pois, dizer que são mobilizáveis argumentos que garantam, num e noutro caso, a sua aceitabilidade racional. Nada ou muito pouco foi dito, no entanto, acerca do sentido em que o termo "racionalidade" está sendo aqui empregado. Para aqueles familiarizados com as diversas concepções de racionalidade filosoficamente disponíveis, isto exige evidentemente uma tomada explícita de posição. Esta justa exigência será satisfeita ao longo deste artigo. A razão pela qual a explicitação da minha opção será postergada para o contexto apropriado está no fato de que constitui elemento essencial da parte *crítica* deste texto a destruição da pretensão cientificista de que é possível — e até mesmo necessário — espremer o Direito da Concorrência no restrito molde de uma racionalidade teleológica-instrumental maximizadora de eficiência ou de "bem-estar social". Apenas uma descrição metodologicamente consciente do objeto de regulação poderá sensibilizar-nos para o caráter ilusório e potencialmente autoritário desta pretensão, abrindo, ao mesmo tempo, caminho para a proposta de um conceito de racionalidade mais compreensivo, especialmente adaptado para aplicações sobre fenômenos *normativos* baseados — no tocante aos pressupostos ontológicos — em hipóteses sobre eventos *incertos*.

A referência à necessidade da passagem prévia por uma descrição das propriedades estruturais do objeto de regulação (no caso, o poder de mercado e a dinâmica da concorrência intercapitalista), como condição indispensável para criticar coerentemente a pretensão cientificista indicada, objetiva afastar desde já uma confusão de conseqüências desastrosas para os fins do presente artigo, qual seja, a de supor que eu estaria propondo uma crítica à dominância crescente, também entre nós, do argumento *econômico* no âmbito da aplicação do Direito Concorrencial. Nada mais falso. Como antes afirmei,[18] o Direito da Concorrência, tal como praticado onde levado a sério, é predominantemente microeconomia aplicada dentro do contexto de um contencioso administrativo ou judicial.

A forte resistência entre nós observável a tal padrão argumentativo (que está fundado, por assim dizer, na natureza do próprio objeto), é uma coisa que, efetivamente, só poderia ocorrer onde não o melhor argumento, mas a vaidade pessoal é o motor invisível da realidade das instituições. Este artigo propõe, desta forma, uma dupla crítica aos motivos e às implicações subterrâneas das falsas dicotomias entre o "jurídico" e o "econômico", as quais, infelizmente, já se tornaram preconceitos institucionalizados: de um lado, ao economicismo daqueles que pretendem ver no Direito Concorrencial mera oportunidade para aplicar, tecnocraticamente, teses selecionadas de manuais de microeconomia neoclássica; de outro, ao bacharelismo daqueles que pretendem ver neste ramo do direito mera oportunidade para exercitar uma improdutiva oratória como meio de *marketing* de si mesmos.

II — As razões do Direito da Concorrência

Ao falar das "razões do Direito da Concorrência" refiro-me, antes de mais nada, aos argumentos substantivos que podem ser apresentados perante um público racional para a defesa da legitimidade das normas que integram o seu âmbito. Como anteriormente exposto, isto significa exatamente o mesmo que mostrar, de modo justificado, os "fundamentos de validade" deste ramo do direito. É claro que ao apresentar os argumentos que, a meu ver, devem ser tratados como suficientes para assegurar a racionalidade das normas jurídicas referidas, não se está dizendo que a consideração pretérita destas razões por quem

18. Cf. Schuartz, "Dogmática jurídica e Lei 8.884/94", in *RDM* 107.

quer que seja deva ser tratada como um fator explicativo central — ou até mesmo secundário — para a *gênese histórica* do Direito Concorrencial vigente. A hipóteses aqui é outra, a saber, que é possível por assim dizer "contar uma estória" ou então "construir uma narrativa" a respeito do desenvolvimento do Direito da Concorrência *como se* as normas vigentes fossem o resultado de um processo de aprendizado racional, em que a etapa atual — incarnada no direito vigente — representaria a solução de problemas não solucionados na etapa a ela anterior.

Por outro lado, tampouco está implicada numa tentativa de "reconstruir racionalmente" o Direito da Concorrência vigente a obrigação de sustentar que o mesmo não pode ser melhorado. Deve-se ter presente, pelo contrário, que, além do fato óbvio de "a estória continuar", os argumentos a seguir elencados referem-se à *estrutura* do direito *material* vigente, não cobrindo nem aspectos processuais (relevantíssimos, saliente-se), nem detalhes de menor importância. Quanto aos primeiros, cabe ressaltar que ainda há muito o que fazer, inclusive como garantia efetiva das condições de racionalidade de pareceres e decisões dos órgãos de defesa da concorrência.[19]

No terreno da dogmática jurídica, já foi dito antes, as referidas razões cristalizam-se como fundamentação de uma proposta hermenêutica alternativa à — se é que isto hoje existe — dominante. Novamente, trata-se de uma prestação de contas espontânea de uma obrigação argumentativa que deveria valer para todos, mas que, dada a baixa qualidade média do discurso, não é nem mesmo tematizada explicitamente. Como obrigações somente surgem quando pessoas passam a ser tratadas como obrigadas por outras pessoas, a esperança é que o presente texto possa contribuir para uma tomada de consciência mais ampla em relação aquilo que alguns "especialistas" em Direito da Concorrência estão — sem o saber — *pressupondo* quando se põem a discorrer sobre o assunto nesta ou naquela direção.

Pois bem, qualquer tentativa de interpretação minimamente racional de partes constitutivas importantes do Direito Concorrencial (seja o princípio da livre concorrência ou o da livre iniciativa, sejam os arts. 20 ou 54 da Lei 8.884/94) vai implicar necessariamente uma tomada de posição implícita do candidato a intérprete em relação a um conjunto finito de *descrições* do objeto de regulação e a um conjunto também finito de correspondentes *implicações normativas* em termos de opções políticas e jurídicas. Para utilizar um termo em voga, poderíamos dizer que as referidas interpretações (realizadas seja por profissionais do direito, seja por autoridades no processo de aplicação) estão sendo, ainda que inconscientemente, orientadas por um *paradigma jurídico*, ou seja, uma espécie de "visão" sobre o funcionamento de uma economia capitalista moderna e das relações possíveis entre esta e os sistemas político e jurídico,[20] *tendo em vista* o processo histórico de concretização de princípios jurídicos vagos em face de — sempre cambiantes — desafios e oportunidades de ação.

É, portanto, a *inevitabilidade* de "visões" deste tipo como *pressupostos lógicos* de interpretações propostas ao nível dogmático ou, ainda, da aplicação das normas do Direito da Concorrência aos casos concretos, o que justifica a iniciativa aqui empreendida de tornar uma dada "visão" *explícita*, sujeita, logo, e de forma visível, a críticas construtivas ou destrutivas, mas também e ao mesmo tempo, a converter-se em candidata a um termo de comparação e, conseqüentemente, de crítica de visões — implícitas ou explícitas — *alternativas*. Se afirmar algo sob circunstâncias específicas é atribuir a si mesmo o ônus de defender o afirmado racionalmente, isto é, mediante o

19. Cf. abaixo, item II — 2.

20. Sobre o conceito de "paradigma jurídico", cf. Habermas, ob. cit., Cap. IX. A expressão é, no presente texto, apresentada num sentido algo distinto.

recurso a argumentos que podem "contar" no contexto, então é necessário especificar, em termos bem gerais, quais os repositórios de argumentos válidos (neste sentido mínimo) de onde sacar os insumos para uma defesa racional de interpretações concretas do Direito da Concorrência. Como acaba de ser dito, são três os repositórios de argumentos válidos em relação aos quais tais interpretações devem prestar contas, a saber: a *dogmática jurídica*, em especial a referente às normas relativas à Ordem Econômica constitucional; a *ciência econômica*, em especial a microeconomia e as teorias de organização industrial; e a *política econômica*, entendida — num sentido restritivo — como conjunto de proposições economicamente fundadas que conectam meios a fins definidos no âmbito do sistema político.

É claro que os referidos repositórios de saber não devem ser tratados como compartimentos isolados. Na realidade, as inter-relações argumentativas entre as proposições pertencentes a cada um destes três conjuntos saltam aos olhos: na Ordem Econômica constitucional estão premissas *normativas* para a definição de finalidades político-econômicas; a ciência econômica assegura as premissas para a interpretação *racional* da Ordem Econômica constitucional; e as proposições mediadoras da política econômica conferem premissas para a *contextualização* da ciência econômica no âmbito de procedimentos jurídicos (administrativos e judiciais) e do discurso dogmático. A funcionalidade no uso do termo "paradigma jurídico" para efeitos de uma análise de interpretações propostas do Direito da Concorrência está justamente no fato de que tal termo permite a captação destas implicações recíprocas num único lance, ou seja: paradigmas jurídicos distintos significam distintas escolhas num universo de conjunções possíveis entre proposições dogmáticas, de ciência econômica e de política econômica.

Note-se que, para efeitos de um debate esclarecido, o interesse não está apenas nas *possíveis* conjunções entre proposições de tipos variados, mas sim, naquelas conjunções possíveis entre proposições dogmáticas, econômicas e de política econômica que sejam *defensáveis racionalmente*. A qualidade de uma interpretação ou da práxis de aplicação de normas do Direito Concorrencial é assim uma função direta do grau de racionalidade dos argumentos disponíveis para suportá-las. Para este ramo específico do direito, por sua vez, este grau de racionalidade é determinado basicamente pela consistência dos argumentos de *ciência econômica* que podem ser mobilizados para bancar uma interpretação *sistemática* da legislação e uma formulação *realista* de objetivos de política econômica.

Dito de forma elementar, isto significa que somente depois de possuir uma "visão" mais ou menos racionalizada da estrutura e do funcionamento do objeto de regulação normativa, é possível interpretar de um modo realista — e, portanto, racional — as normas que compõem a regulação, bem como identificar os pontos de frustração das expectativas normativas previamente interpretadas *vis-à-vis* da "realidade" processualmente construída em cada caso concreto.

Ainda que paradigmas jurídicos não devam ser confundidos com teorias científicas (na medida em que são "visões" da realidade social funcionando *no contexto* da práxis de interpretação e aplicação do direito), o maior ou menor grau de racionalidade de paradigmas jurídicos concorrentes depende do maior ou menor grau de porosidade dos mesmos a proposições científicas válidas, as quais podem constituir-se em *elementos* daqueles. A ciência, assim, relaciona-se com o direito de forma *mediada*, na medida em que fornece *inputs* para a construção de paradigmas jurídicos com ela sintonizados. No caso do Direito da Concorrência tal como praticado convencionalmente nos ordenamentos dos países desenvolvidos, os *inputs* têm sido fornecidos predominantemente pela microeconomia *neoclássica*. Os modelos neoclássicos têm disponibilizado os insumos teóricos para a elaboração de "visões" da economia capitalista que vão orientar respostas a perguntas não apenas dos *policy makers* no âmbito da formulação de uma política da concorrência, mas também, das autoridades administrativas e judiciais (e dos advogados) no âmbito da interpretação e da aplicação dos textos normativos.

Em outras palavras, são estas "visões" da estrutura e do funcionamento de uma moderna economia capitalista, elaboradas a partir da contextualização dos postulados, teoremas e hipóteses da teoria neoclássica levada a efeito nos respectivos processos decisórios por *policy makers* e profissionais do direito treinados em microeconomia, que vão servir de guia para a definição racional dos *antitrust goals* e, a partir daí, para a montagem dos conceitos dogmáticos básicos bem como a sua operacionalização nos casos concretos. É fascinante seguir a forma pela qual a microeconomia neoclássica foi progressivamente penetrando na práxis de interpretação e aplicação do Direito Antitruste nos Estados Unidos[21] e — ainda que de um modo menos aberto e radical — na União Européia, tornando-as mais sensíveis aos resultados de discussões acadêmicas e, portanto, mais defensáveis racionalmente. Esta saudável circunstância não é, entretanto, suficiente para converter a microeconomia neoclássica em corpo teórico *exclusivo* do qual extrair elementos para a construção de paradigmas jurídicos, como se, de fato, os termos "microeconomia neoclássica aplicada no contexto de análises antitruste" e "economia antitruste" fossem simplesmente sinônimos.

Não cabe discutir no âmbito deste texto as razões *econômicas* pelas quais esta posição exclusiva da economia neoclássica pode e deve ser questionada. Eu vou limitar-me, na subseção seguinte, a apresentar elementos para uma "visão" alternativa da realidade das modernas economias capitalistas capaz de funcionar como um paradigma jurídico cuja recepção na práxis de interpretação e de aplicação do Direito da Concorrência possa ser reconstruída como um *processo de aprendizado*, isto é, um *acúmulo* de racionalidade[22] em relação à mobilização do paradigma predominante.[23] Antes de fazê-lo, porém, são necessárias duas observações.

Em *primeiro* lugar, mesmo uma hipotética aceitação total do paradigma a seguir exposto não implicaria em absoluto a desqualificação de argumentos *de origem* neoclássica *no contexto* dos contenciosos administrativo e judicial. Isto porque, *neste* contexto específico, os argumentos não estão unicamente (ou mesmo, do ponto de vista das *partes*, predominantemente) a serviço da busca discursiva e cooperativa da verdade, mas sim, do ataque e da defesa de agentes estrategicamente envolvidos num jogo de soma zero, regulado por normas

21. Sobre a questão da "permeabilidade" dos processos de aplicação à teoria econômica nos Estados Unidos, cf. as interessantes passagens em Gellhorn & Kovacic, *Antitrust Law and Economics*, 1994, pp. 30-37, sobretudo a importância da estrutura judicial descentralizada como estímulo à diversidade de canais receptores de *inputs* teóricos alternativos.

22. Para que não pairem mal-entendidos, é importante repetir que o paradigma dominante representa notáveis avanços em relação à situação que prevalecia anteriormente. A proposta de um novo paradigma surge assim como uma tentativa de dar *mais* um passo adiante. Neste sentido, a situação nos EUA e na União Européia é incomparável àquela existente em países como o Brasil, onde a má retórica ainda prevalece sobre o discurso técnico. Em casos como este, a incorporação *institucional* da microeconomia neoclássica representaria um ganho brutal de racionalidade.

23. Neste ponto a minha dívida em relação a meu amigo, o Prof. Mario Possas, não poderia ser superestimada. Cf. os seguintes textos deste autor: "Para uma releitura teórica da Teoria Geral", in *Pesquisa e Planejamento Econômico* 16 (2), 1986, pp. 295-308; *A Dinâmica da Economia Capitalista. Uma Abordagem Teórica*, 1987, Brasiliense; "Racionalidade e regularidades: rumo a uma integração micro-macrodinâmica", in *Economia e Sociedade* 2/59-80, 1993; *Dinâmica e Concorrência Capitalista. Uma Interpretação a partir de Marx*, 1989, Hucitec; "Competitividade: fatores sistêmicos e política industrial", in Castro, Possas, Proença (orgs.), 1996, Forense, pp. 71-117.

procedimentais fixas e submetido à necessidade de produzir decisões vinculantes. É, assim, somente ao nível mais abstrato das discussões teóricas e metadogmáticas que se faz sentir realmente a *incompatibilidade lógica* entre os paradigmas de teoria econômica concorrentes, e entre os correspondentes paradigmas jurídicos.

Em *segundo* lugar, a proposta de um paradigma jurídico alternativo ao neoclássico dominante não pode perder de vista que a recepção e o abandono de paradigmas jurídicos são fases de um processo que é *político* e *jurídico* por natureza. O sistema político-jurídico, por sua vez, opera num ritmo próprio e sob restrições/condições distintas daquelas peculiares ao sistema científico. A eficácia dinâmica de bons argumentos, que neste último tem função essencial, não se torna, é verdade, obrigatoriamente irrelevante naquele, mas adquire um papel subordinado aos imperativos de gerar decisões vinculantes e estabilizar expectativas normativas, tudo isto no contexto da concretização da "idéia" de Estado Democrático de Direito. Além, logo, da superioridade dos argumentos, a recepção consistente de um novo paradigma vai sempre requerer apoio ao nível de interesses de políticos e operadores jurídicos por vezes habituados a caminhar, despreocupadamente, na contramão da razão. Neste âmbito não se dão saltos sobre a própria sombra.

II — 1. Valorização do capital, assimetrias e incerteza

Como foi acima exposto, falar de paradigmas jurídicos no contexto da interpretação e aplicação do Direito da Concorrência implica fazer referência a "visões" acerca do funcionamento do capitalismo contemporâneo, as quais são construídas e utilizadas num âmbito prático específico, que pode ser mais ou menos poroso a bons argumentos oriundos de debates acadêmicos. Em outras palavras, trata-se da necessidade de recorrer — ainda que implicitamente — a tais "visões" *no momento* em que se interpreta ou aplica este ramo do direito desta ou daquela maneira. A decisão de tornar explícito este recurso significa aqui, assim, que a "visão" a seguir apresentada já foi previamente contextualizada tendo em vista um determinado conjunto de normas que constituem pontos de referência fixos (embora, como antecipado, o *conteúdo semântico* das mesmas possa variar dentro de certos limites, como função de pressões no sentido de torná-las mais racionais).

Como o Direito da Concorrência deve, por coerência hermenêutica, ser interpretado a partir das normas gerais da Ordem Econômica Constitucional, o ponto de partida do processo interpretativo está no art. 170 da CF, que fixa os fundamentos e a finalidade desta ordem. No presente contexto eu destacaria apenas o fato de o referido artigo prescrever como fim da Ordem Econômica o "bem de todos" segundo critérios de justiça social (na mesma direção vai o art. 1º, IV, da CF, que define como um dos fundamentos do Estado Democrático de Direito os *valores sociais* da livre iniciativa). A diretiva geral implicada por estes textos está no *dever* atribuído aos poderes públicos de agir no sentido de, preservando a estrutura normativa básica do sistema capitalista, influenciar a sua trajetória tendo em vista a realização de justiça social. Um tal dever, por outro lado, não faria sentido no contexto de uma descrição do capitalismo que associasse a realização desta finalidade ao seu funcionamento *não regulado*. É justamente em função da *pressuposição* de que o capitalismo não produz, por si próprio, uma ordem social justa, que a definição *normativa* da finalidade da Ordem Econômica no sentido da realização deste ideal adquire um significado consistente com as normas constitucionais que definem positivamente âmbitos de regulação estatal da economia.

Esta conclusão, entretanto, nada implica, por enquanto, relativamente à *possibilidade* de realização do referido ideal *tal como* nominalmente escrito no texto constitucional. Em outras palavras, da negação das virtudes sociais do *laissez faire* oligopolista não se segue a afirmação da possibilidade político-econômica da regulação da economia capitalista no sentido da universalização de condições materiais para uma vida minimamente digna. Pressupondo aqui, porém, a falta de conhecimento científico para afirmações da *impossibilidade* de uma tal regulação, a referida conclusão implica que *tentativas* de realização do ideal normativamente definido *devem ser*, apesar das incertezas e riscos às mesmas associados, levadas a cabo.

É claro, de outra parte, que a diretriz normativa geral contida no art. 170 da CF não é suficiente (por ser demasiado abstrata) para solucionar os problemas específicos relacionados à interpretação e aplicação do Direito da Concorrência; além disto, a "visão" do capitalismo como sistema que requer regulação estatal como condição de justiça social é tosca e incompleta demais para permitir um grau de diferenciação conceitual que satisfaça — no sentido de: "não ser incompatível" — os critérios de racionalidade próprios à discussão científico-econômica atual. É preciso, em outras palavras, trocar em miúdos a afirmação da necessidade de regulação estatal da economia como meio para a realização de um estado social justo, e isto até o ponto de permitir interpretar o Direito Concorrencial vigente como *um* instrumento regulatório *racional* para a busca deste ideal.

Uma forma de fazer isto é apresentar fragmentos selecionados de uma teoria da dinâmica capitalista ligados sistematicamente entre si a partir de duas perspectivas metodológicas complementares.[24] Ao nível mais geral, trata-se de captar aquelas estruturas constitutivas fundamentais do sistema capitalista que se impõem como forças objetivas aos agentes econômicos individuais. Neste primeiro nível de abstração, cabe destacar o caráter *intrinsecamente* dinâmico do capital como dinheiro em busca de autovalorização (ou G-G', na chamada "fórmula geral do capital" abreviada, de Marx). Esta necessidade imanente ao capital de valorizar-se aparece então para o agente capitalista individual como a necessidade, mediada pela concorrência intercapitalista, de aumentar o valor total de um *portfólio* de ativos que pode ser extremamente heterogêneo quanto a sua composição.

Do lado *produtivo*, então, esta "lei" estrutural básica vai desembocar, sob as condições históricas do século dezenove, na "lei" do desenvolvimento das forças produtivas como a forma dominante de acumulação, concentração e centralização do capital e o fator potencializador do progresso técnico; sobre este *insight*, como é sabido, Joseph Schumpeter vai construir a sua "teoria do desenvolvimento econômico", na qual as inovações *lato sensu* (*Durchsetzung neuer Kombinationen*) têm papel determinante nas estratégias de valorização do capital dos agentes econômicos. Inovar significa, neste contexto, gerar para si mesmo vantagens competitivas passíveis de apropriação privada sob forma de lucros supracompetitivos. A "*concorrência via introdução de inovações*" assume, assim, função explanatória essencial no que toca às determinações da dinâmica capitalista. O sistema capitalista é — vai dizer Schumpeter na esteira de Marx — *essencialmente* dinâmico,[25] uma vez que é a própria busca do lucro (portanto, uma propriedade intrínseca básica do sistema) a mover o capitalista a inovar e, no limite (dependendo da natureza e do nível de agregação dos efeitos associados à inovação em questão), revolucionar estruturas produtivas preexistentes, possibilitando *substanciais* — e não marginais — aumentos de produtividade e reduções de preços, bem como a melhoria da qualidade dos produtos. Neste sentido, sob o dinamismo entendido como mudança estrutural está o dinamismo mais "fundamental" associado às propriedades cons-

24. Esta é a idéia básica de Possas, encampada incondicionalmente neste contexto.

25. Cf. Schumpeter, *Kapitalismus, Sozialismus und Demokratie*, 1950, especialmente o Cap. 7.

titutivas do próprio capital, o qual, segundo a idéia básica de Marx, *é* movimento (G-G').[26]

Esta concepção, como é óbvio, tem uma implicação imediata para um tratamento cientificamente consistente do conceito de concorrência no âmbito do *Direito Concorrencial.*[27] A concorrência deixa de ser entendida como um mecanismo *passivo* de ajustamento de variáveis econômicas a um equilíbrio com propriedades de eficiência paretiana; ao contrário, a concorrência passa a ser vista como um *processo dinâmico* de geração, estabilização e equalização de *assimetrias* entre agentes econômicos em busca de lucros extraordinários. Neste contexto, a relação entre concorrência e *eficiência* (definida em termos de ganhos de "bem-estar" social) não se dá espontaneamente, mas pressupõe a mediação de *pressões competitivas* suficientes para transformar as *inovações* em fatores determinantes de criação de vantagens comparativas e apropriação de ganhos extraordinários, mas também, de redução do tempo necessário para a contestação destas vantagens e a diluição de — ou socialização dos benefícios associados a — tais ganhos.

Num sentido normativamente relevante, então, a "defesa" institucional da concorrência vai orientar as suas ações para a criação e a reprodução de um ambiente competitivo no qual as referidas pressões atuantes sobre os agentes (e os seus mercados) sejam mantidas num nível tal que permita presumir que o motor efetivo daquele processo dinâmico em que assimetrias competitivas são criadas, estabilizadas, incrementadas ou neutralizadas (como resultado natural do processo de valorização do capital) está na introdução de inovações, e que o efeito colateral mais importante deste processo dinâmico está numa *rápida e ampla difusão* dos ganhos de eficiência associados a estas inovações. Nestes termos, a expressão "ganhos de eficiência" sofre uma redução no seu campo de aplicabilidade normativo, na medida em que *não há* "virtudes sociais" nas economias capitalistas de mercado que vão além de uma capacidade brutal e sem precedentes de gerar continuamente e de selecionar, via mecanismos de mercado — *ex post* —, inovações com impactos substanciais sobre custos, preços e qualidade dos bens e serviços ofertados. Se é verdade, na feliz expressão de Richard Nelson, que o capitalismo é uma *engine of progress*, não é menos verdade que a realização desta função por esta "máquina" não pode dar-se sem deixar atrás de si um enorme rastro de "ineficiências" alocativas e sobretudo distributivas, e isto não apenas como subproduto, mas também como *condição de possibilidade*.[28]

Para os fins de construção de uma "visão" da economia capitalista que seja adequada do ponto de vista da sua operacionalização no contexto de uma justificativa racional do Direito da Concorrência, a incorporação de elementos desta matriz teórica representa um claro avanço em termos de racionalidade e de consistência científica. Para quem esteja suficientemente familia-

26. Eu espero que a *referência* feita a Marx neste contexto não leve os leitores com hábitos de pensamento mais rígidos a simplesmente desqualificar *a priori* a minha argumentação como "marxista" ou então "de esquerda". Isto seria um tosco preconceito, na medida em que os mesmos argumentos podem ser encontrados num autor ideologicamente tão insuspeito como Schumpeter. Trata-se, em outras palavras, de fazer justiça a Marx como pensador econômico que tratou do capitalismo de forma científica profunda e original (embora, é óbvio, nem sempre correta).

27. Cf. a respeito Luis F. Schuartz, "Dogmática jurídica e Lei 8.884/94", in *RDM* 107, bem como *infra*.

28. Este *trade-off* torna-se, certamente, uma fonte estrutural de problemas no momento de interpretar as normas do Direito da Concorrência relativas ao controle de estruturas de mercado no âmbito de atos de concentração econômica, na medida em que afeta *tanto* a orientação usual baseada na regra da "soma" dos excedentes do produtor e do consumidor, *como* uma orientação com um viés mais "distributivista", preocupada em prevenir possíveis transferências de renda dos consumidores para os produtores, viabilizadas por posições dominantes. Cf. *infra*.

rizado com os debates metodológico nas ciências sociais, e epistemológico na filosofia da ciência, o ideal neoclássico de ciência, internamente ligado ao ideal cartesiano de método, é completamente anacrônico. Ao modelar-se na física oitocentista e converter a matematização da realidade econômica em fim em si mesmo, o *mainstream* neoclássico é forçado a eliminar dos seus modelos aspectos desta mesma realidade que lhe são *essenciais*. O modelo, assim, deixa de simplificar a realidade para falseá-la, o que transparece de uma maneira particularmente irritante nos supostos comportamentais da teoria e no fetichismo anticientífico do equilíbrio.

Ocorre, porém, que se, de um lado, a predominância do neoclassicismo nas instituições *culturais* (universidades, institutos de pesquisa, associações de profissionais etc.) é objetivamente injustificável, a sua força nas instituições *jurídicas* responsáveis pela contextualização da economia na interpretação e aplicação do *Direito da Concorrência* não é algo que, de outro lado, possa ser, sem mais, explicado por categorias ideológico-políticas ou psicológicas. Isto porque, *neste* contexto, a recepção do discurso científico está subordinada às funções sociais próprias ao sistema jurídico, a mais saliente delas consistindo na generalização social e temporal de expectativas normativas a partir de uma esquematização binária das possibilidades de decisão.[29] O que interessa, nestes termos, para o sistema jurídico, é a capacidade de projetar num futuro incerto um esquema simples de decisão previamente definido nas suas possibilidades de atualização, de modo que o caráter contingente do direito positivo possa ser parcialmente controlado: as normas podem mudar e mudam incessantemente (de acordo com procedimentos institucionalizados), mas uma conduta *X* será sempre *ou* conforme ao direito vigente, *ou* não. O sistema jurídico, em outras palavras, repele ambigüidades relativas à definição dos critérios de distinção entre condutas lícitas e ilícitas, permitidas e não permitidas, preestruturando desta forma o universo de contatos possíveis entre si mesmo e os paradigmas concorrentes nas ciências.

A vantagem da economia neoclássica no âmbito da aplicação do Direito da Concorrência está, então, no fato de ela oferecer a autoridades, advogados e empresas critérios *unívocos* de classificação de fatos processuais para fins de posterior esquematização jurídica. Assim, p. ex., atos de concentração econômica terão impactos unívocos (a) positivos, (b) neutros ou (c) negativos sobre o bem-estar social (definido aqui como a "soma" entre os excedentes do produtor e do consumidor), podendo o sistema jurídico esquematizar tais atos também univocamente como (a) autorizados (duas primeiras hipóteses) ou (b) não autorizados (na última hipótese). Na "visão" concorrente apresentada até aqui, contudo, a realidade é muito mais complexa. Arranjos institucionais (no sentido mais amplo possível) adotados como estratégias de valorização do capital por agentes racionais podem ter efeitos econômicos *indeterminados* e, em conseqüência, juridicamente *ambíguos*. Ao incorporar como um elemento constitutivo do objeto de regulação a *instabilidade estrutural*, isto é, o fato de o sistema econômico capitalista gerar de uma maneira imanente modificações descontínuas e abruptas — por meio de inovações nos produtos, nos processos e nas formas organizacionais — nos próprios *parâmetros*, e ao associar tal fato de modo *simultâneo* à geração e ao fortalecimento de *assimetrias* de vários tipos entre os agentes, de um lado, e a processos de *desenvolvimento* econômico, de outro, esta "visão" alternativa do capitalismo põe a si mesma um problema de vida ou morte: Como separar, no fluxo contínuo de condutas e estratégias dos agentes capitalistas destinadas a valorizar os respectivos capitais, as lícitas das ilícitas, as autorizadas das não autorizadas? Se, como argumenta Schum-

29. Cf. a respeito Luhmann, *Das Recht der Gesellschaft*, Suhrkamp, 1995.

peter no Cap. 8 de *Kapitalismus, Sozialismus und Demokratie*, práticas tipicamente vistas como restritivas pelo economista — neoclássico — convencional devem ser postas num contexto interpretativo mais amplo que leve em consideração a instabilidade estrutural do capitalismo, no qual elas podem[30] até mesmo *trocar de sinal*, convertendo-se em *condições necessárias de aumento de eficiência dinâmica*, então como decidir em concreto se uma dada prática é restritiva ou não em termos de eficiência?

Esta questão é séria demais para ser varrida para debaixo do tapete. Que se trata de uma questão de *vida ou morte*, resulta do fato muito desconfortável de a justificação *racional* do Direito Concorrencial depender de uma resposta positiva à mesma. Se Schumpeter tem razão — e acreditamos que o tenha! — ao recorrer ao aparente paradoxo de que "carros andam mais rápido *porque* têm freios" para explicar a relação de dependência entre práticas "monopolísticas" e geração de eficiências, então como justificar racionalmente instituições que, em nome dessas eficiências, *limitam* o uso de "freios"? É claro que esta forma de colocar o problema prejulga a resposta. Alguém poderia argumentar neste contexto que existem práticas restritivas que são favoráveis ao incremento de eficiências dinâmicas e outras que não o são. Isto é correto, mas a questão está em como separar umas das outras "sob condições de revolução permanente". Posta a questão de modo mais radical: se a forma mais eficiente de selecionar esforços inovativos é via mercado (ou *ex post*), então qual é o fundamento que justifica em termos de racionalidade a atividade *ex ante* das autoridades? Uma possível resposta apontaria para a relação entre virtudes seletivas do mercado e *pressões competitivas* para afirmar que o papel das autoridades deve ser o de zelar por um nível suficiente de pressões competitivas sobre os agentes e seus mercados de atuação. Também isto é essencialmente correto, mas como saber o que é "suficiente" em cada caso concreto? Ademais, como ter certeza de que estas pressões competitivas (supondo resolvida a questão acerca dos critérios de suficiência), definidas como mera potencialidade *a partir* de características estruturais dos mercados em questão, *precisam* ser atualizadas nas hipóteses normativas relevantes, se, por pressuposto, a própria estrutura dos mercados torna-se descontínua e inexoravelmente *variável* em virtude das *condutas* dos agentes (sobre as que, enfim, se pretende emitir juízos normativos relativos ao seu caráter restritivo)?

Diante de dificuldades desta monta, parece ao menos plausível sugerir uma estratégia no sentido de encaminhar a discussão para um desfecho menos dramático. Trata-se de recorrer aos diferentes "tempos" próprios aos sistemas jurídico e científico, e de converter o caráter *indeterminado* dos prognósticos científicos relativos à natureza dos efeitos associados a práticas estratégicas de agentes econômicos num período de tempo que seja *analiticamente* relevante, no caráter *probabilisticamente determinável* dos prognósticos "cientificamente orientados" sobre a natureza destes mesmos efeitos num período de tempo que seja *juridicamente* relevante. Isto poderia ser entendido, em última instância, como a tentativa de "encurtar" o período de tempo relevante para a aplicação do Direito Concorrencial de maneira a fazê-lo coincidir com o "curto prazo", definido, por sua vez, como o período em que as estruturas produtivas estão *dadas*. Esta sugestão, embora, em princípio, verdadeiramente útil sob aspectos que ainda examinaremos, não é suficiente para eliminar as dificuldades com as quais nos defrontamos ao nível de abstração em que se move a discussão até aqui, e ela não é suficiente por duas razões básicas que vale a pena mencionar a seguir.

30. Schumpeter não diz evidentemente que *todas* as práticas tidas como restritivas mostram-se, "sob condições da revolução permanente", funcionais para o desenvolvimento econômico, mas ele apenas afirma a diferença, sem fornecer critérios para operacionalizá-la *in concreto*. Cf. o citado Cap. 8 de *Kapitalismus, Sozialismus und Demokratie*.

Em *primeiro* lugar, a cisão estratégica entre o tempo jurídico e o tempo científico, metodologicamente justificável e teoricamente necessária tendo em vista as suas diferentes funções sociais, somente pode ser considerada legítima (no contexto da tentativa, aqui empreendida, de fundamentar *racionalmente* o Direito Concorrencial), quando não possa levar a resultados *sistematicamente incompatíveis* com aqueles resultantes da atividade teórica dos economistas (o que não significa que os fundamentos da racionalidade dos resultados, num e noutro caso, sejam exatamente os mesmos). A desconsideração da relação de determinação: condutas (estratégias) ——► estrutura, como feita por exemplo nos modelos estrutura ——► conduta ——► desempenho aplicados às análises antitruste, apresenta o inconveniente de possibilitar esta incompatibilidade sistemática. A simplificação para fins de operacionalização leva, portanto, a um falseamento das propriedades do objeto de regulação, inviabilizando um juízo justificado a propósito da racionalidade do Direito da Concorrência *como* meio necessário para o aproveitamento social de eficiências. Sem um tal juízo, no entanto, não há mais nada a opor a um argumento que reduza o discurso das autoridades e o dos especialistas a uma mera tentativa ideológica de racionalizar (no sentido psicanalítico) as próprias incapacidade cognitiva e impotência social em face do processo de "destruição criativa" imanente ao sistema capitalista. Daí para a afirmação de que o Direito da Concorrência é um custo socialmente inútil e que deve ser suprimido como condição de estímulo ao investimento produtivo vai apenas um passo.

Em *segundo* lugar, a expectativa de que, para o "curto prazo", possam ser estimadas probabilidades para juízos implícitos em decisões de autoridades que relacionem entre si estratégias (ou atos de concentração), impactos sobre o nível de pressões competitivas e efeitos econômicos esperados em termos de difusão de eficiências dinâmicas se mostra, quando vista mais de perto, como falsa. A questão aqui não está numa suposta falta de capacidade cognitiva para fins de cálculo das probabilidades relevantes, nem tampouco na proibitividade do custo de obtenção das informações necessárias, mas sim, no caráter *incerto* dos eventos aos quais aqueles juízos se referem, caráter este que é propriedade *objetiva* do *ambiente* econômico. As decisões das autoridades são, em termos técnicos, decisões sob condições de incerteza forte, e não de risco (passível de cálculo probabilístico).[31]

Este ponto é fundamental para o restante da argumentação. Trata-se, de fato, de verdadeiro ponto de inflexão, na medida em que parece nos obrigar a concluir que uma tentativa de justificar de modo cientificamente consistente o Direito Concorrencial é completamente ilusória, mas do qual resultará, como veremos a seguir, a linha de argumentação para a solução dos problemas que nos meteram na situação de xeque na qual nos encontramos no momento. Para compreender como esta inflexão é possível, é necessário recuar à descrição do capital como movimento de valorização de ativos de qualquer natureza. Foi visto que, sob o aspecto produtivo, esta "imposição" estrutural vai desembocar historicamente na "lei" do desenvolvimento das forças produtivas e, por esta via, na instabilidade estrutural que é característica do capitalismo plenamente desenvolvido. Mas o processo de valorização do capital pode ser visto também sob uma ótica estritamente *mone-*

31. O problema, aparentemente, é mais de "conteúdo" desse tempo, ou seja, da determinabilidade "provisória" e "*ceteris paribus*" de resultados esperados teoricamente de estruturas e condutas, do que de sua *duração*. Nesse sentido, ele afeta *qualquer* esquema teórico, neoclássico (estático) ou schumpeteriano (dinâmico), porque no âmbito antitruste *sempre* se trata de avaliar efeitos resultantes *esperados* de estruturas e condutas. Uma teoria estática dificilmente teria mais facilidade em fazer prognósticos confiáveis; acontece apenas — e isso não é insignificante — que ela leva em conta *menos* variáveis e suas interrelações no tempo, o que a torna menos complexa e de resultados mais acessíveis e suscetíveis à aplicação legal (eu devo este comentário a M. Possas).

tária, ou seja, como movido por decisões que visam à preservação e ampliação de um estoque particular de riqueza, medido ou expresso em unidades monetárias. Desta perspectiva, o objetivo do agente capitalista está no aumento do valor em dinheiro de um conjunto particular de ativos, sendo em princípio irrelevante, para o agente, a composição específica do *portfólio* cuja valorização em termos monetários se objetiva. Do ponto de vista teórico e no contexto do presente texto, há duas implicações importantes associadas a este fato.

Em *primeiro* lugar, a valorização do capital é um processo; não é algo que se dá de modo instantâneo, mas sim, que se estende no tempo. Decisões presentes de aplicar capital objetivam a obtenção de ganhos futuros. Os ativos nos quais os agentes decidem aplicar seus capitais apresentam, ademais, perfis temporais diferentes; os retornos associados a cada um distribuem-se de forma distinta no tempo futuro. Em *segundo* lugar, a abordagem da valorização do capital sob o ângulo monetário é, num sentido teórico relevante, mais geral do que aquela referente ao aspecto produtivo. Com efeito, esta apenas concretiza o referido processo de valorização para um caso particular – embora decisivo do ponto de vista dinâmico – de ativos, a saber, os ativos produtivos. O ponto a ser destacado aqui é que a intercambialidade funcional dos ativos com respeito às decisões dos agentes capitalistas referentes ao aumento do valor monetário dos respectivos *portfólios* (assegurada, é óbvio, a mesma rentabilidade), tem papel determinante no que diz respeito às diferentes trajetórias das principais variáveis econômicas.

Estas duas implicações, por sua vez, estão ligadas entre si de um modo sistemático e extremamente rico em conseqüências. Coube a Keynes o mérito de ter descoberto e explorado de forma brilhante este veio teórico tão decisivo para o desenvolvimento do pensamento econômico — heterodoxo — no século XX. Para não me alongar em demasia,[32] há pelo menos um ponto de seleção e menção obrigatórias na *Teoria Geral* de Keynes para os fins da discussão mais específica que é objeto do presente texto, qual seja, o caráter determinante das expectativas *subjetivas* dos agentes quanto a eventos futuros e incertos no que diz respeito à *constituição* e à *reprodução* — em níveis relevantes da dinâmica capitalista — das *estruturas* responsáveis pela *objetividade* no movimento deste sistema econômico. Em outras palavras, o fato desta objetividade depender em grande medida das decisões de agentes capitalistas individuais tomadas com base em expectativas subjetivas quanto a eventos futuros e incertos. Vejamos o que isto significa.

Ponto de partida da análise de Keynes na *Teoria Geral* é o *princípio da demanda efetiva*. Numa formulação geral, trata-se de um princípio válido para qualquer economia *mercantil*, de modo que a sua definição está situada em um nível mais abstrato do que o relativo à análise das economia capitalistas. Este princípio enuncia o fato de haver, numa transação mercantil, uma assimetria em relação às condições necessárias para a sua constituição. Isto porque uma transação mercantil somente constitui-se a partir da decisão autônoma do *comprador* de gastar uma quantia determinada de dinheiro na aquisição do produto oferecido à venda.[33] É claro que a decisão de vender também funciona como uma condição necessária para a realização da transação, mas é a decisão de gastar a aparecer como *determinante* para tal realização: são as decisões de gasto que *determinam* a ren-

32. Para uma reconstrução sistemática e original dos aspectos centrais da *Teoria Geral*, cf. os textos citados de Mario L. Possas, os quais ademais, aqui como antes, estarão funcionando como os guias da exposição e sendo seletivamente por mim resumidos.

33. No Cap. 3 da *Teoria Geral*, Keynes introduz o princípio da demanda efetiva no contexto da sua discussão das decisões de produzir, mas há argumentos sistemáticos, como mostrou Possas, para generalizar a validade do referido princípio.

da e não o contrário, como supõe o senso comum. Concretizado para as relações de produção capitalistas, este princípio abstrato vai ser, no contexto da determinação teórica do comportamento das variáveis micro e macroeconômicas, enriquecido de *dimensões temporais* específicas.[34] Os agentes capitalistas tomam decisões de aplicar capital na busca de uma rentabilidade que ocorrerá apenas no futuro. Esta rentabilidade, por sua vez, dependerá das decisões de gasto dos demais agentes econômicos (capitalistas, consumidores e governo) e de outras condições de valorização dos ativos que independem em maior ou menor medida do seu controle e sobre as quais seu conhecimento é incompleto.

As decisões de produzir e de investir dos capitalistas são, neste sentido, decisões baseadas em expectativas sobre eventos incertos. O importante a ser destacado aqui é que "incerteza" é um conceito totalmente distinto do conceito de "risco", tal como entendido convencionalmente pelos economistas. Neste último caso, as premissas das inferências que fundamentam as decisões dos agentes de produzir e de investir referem-se a eventos sobre os quais cálculos de probabilidade são *possíveis*. A cada nova "jogada" do capitalista no âmbito de suas interações com os seus rivais nos seus mercados de atuação abre-se a possibilidade de *aprendizado* das probabilidades associadas a cada evento, de modo que, ao longo do tempo, o asseguramento de tal conhecimento viabiliza a tomada de decisões orientadas pelo critério da maximização dos lucros. No caso das decisões tomadas sob incerteza "forte", ao contrário, este processo de aprendizado não ocorre, uma vez que as informações necessárias para calcular probabilidades simplesmente *não existem* no momento da decisão. Para além da *complexidade* relativa aos processos decisórios dos agentes econômicos (a qual diz respeito às dificuldades associadas com a coleta e o processamento de informações), a *incerteza* tem a ver com a *inexistência* destas informações no instante da tomada de decisão, na medida em que decisões dos demais agentes (incluindo consumidores e governo) podem interferir de um modo *irreversível e não antecipável* sobre o próprio *ambiente econômico* que condiciona os seus resultados.[35]

Do ponto de vista epistemológico, a conseqüência relevante que decorre da circunstância de as decisões capitalistas basearem-se, necessariamente, em expectativas *subjetivas* relativas a eventos futuros e incertos, está no abandono da *maximização dos lucros* como o critério de racionalidade das decisões. Isto não quer dizer, por outro lado, que estas decisões devam ser qualificadas como *irracionais*. A inevitabilidade de um componente expectacional e subjetivo no processo decisório dos agentes (especialmente no que se refere às decisões de produzir e de investir) não significa a inexistência de critérios que permitam a revisão *crítica* de expectativas e estratégias formuladas no passado, seja pelo próprio agente, seja por um observador neutro (condição necessária para que possamos falar da presença, num sentido minimamente aceitável, de "critério de racionalidade"); ela significa, isto sim, uma renúncia ao caráter *unívoco* dos critérios de racionalidade aplicáveis. Sob condições de incerteza "forte", deixa de ser racional orientar os processos de formação de expectativas e tomada de decisões pela busca *da* decisão correta. Na medida em que sob estas condições os erros de previsão são freqüentes

34. Cf. a respeito, Possas, *A Dinâmica da Economia Capitalista. Uma Abordagem Teórica*, 1987, Brasiliense. No âmbito deste texto interessa apenas a dimensão "teórica" do conceito de tempo econômico desenvolvido por Possas, e, relativamente a esta dimensão, apenas a influência exercida pelo futuro esperado sobre as decisões presentes.

35. Possas, "Racionalidade e regularidades: rumo a uma integração micro-macrodinâmica", p. 73: "Incerteza nos processos de decisão, em síntese, supõe premissas *incompletas* (não inverídicas, ou improváveis), levando os agentes a substituir, para completá-las, 'conhecimento' por 'imaginação' como base para estabelecer as premissas adicionais".

e os custos associados a revisões bruscas — quando perceptíveis os erros —, geralmente elevados, torna-se *racional* para os agentes econômicos o recurso a mecanismos *convencionais* para a formação de expectativas e a definição, sobre a sua base, de estratégias de ação: "Mas que hipóteses adotar para preferir alguma expectativa a qualquer outra, se todas são igualmente imprevisíveis? Aqui surge uma das idéias mais originais da *Teoria Geral* de Keynes: se a incerteza é compartilhada pelos agentes e não pode ser suprimida por mais informação, e se os efeitos das decisões dos agentes afetam a todos — especialmente os que atuam no mesmo mercado —, é lógico que se busque conhecer a opinião média dos participantes do mercado a respeito de suas perspectivas futuras; se tal média for bastante representativa, (...) estará indicando uma convergência, e portanto uma tendência provável do mercado em termos das variáveis consideradas. A este procedimento coletivo e interativo de formação de expectativas Keynes denominou *convenção*".[36] É a função *estabilizadora* das convenções que vai permitir, então, a constituição de *regularidades* em vários níveis da dinâmica capitalista (inclusive no nível das mudanças estruturais), tornando possível, no dizer de Possas, a conversão da "anarquia" nos processos decisórios em instabilidade potencial, e não em caos.

É claro que a racionalidade de um procedimento consistente em guiar-se por convenções (ou "rotinas", ou seja, máximas de ação *individuais*), depende da inexistência de "razões específicas" para esperar mudanças no contexto que tornem os comportamentos aos quais se referem "inadequados" tendo em vista a realização das correspondentes finalidades. E é justamente a necessidade de operacionalizar a diferenciação, pressuposta neste contexto, entre "adequado" e "inadequado", a requerer a existência de um critério de racionalidade, isto é, um *standard* de julgamento *objetivo* o suficiente para permitir ao agente que decide ou a um terceiro, a interpretação de fatos *como* "razões específicas" no sentido apontado. Sem uma tal objetividade não há critério de racionalidade, e sem este último não há perspectiva a partir da qual julgar se uma dada decisão é ou não racional, ou então construir previsões no sentido daquilo que *deveria* ser a conduta de um agente racional. Como foi acima antecipado, entretanto, o reconhecimento teórico da incerteza como atributo do ambiente econômico e, desta forma, a sua presença em *todos* os processos decisórios no capitalismo (inclusive as decisões de consumo), não exclui a definição de uma perspectiva objetiva como a condição mínima para que possamos falar em racionalidade, mas impõe o abandono do conceito de racionalidade *substantiva* da economia neoclássica e a sua troca por um outro mais "abrangente", e nesta abrangência *não unívoco*.

Ao nível do *agente* que formula expectativas e toma decisões, esta falta de univocidade reflete-se no fato de o critério substantivo da maximização (no sentido matemático estrito) de uma função-objetivo ser substituído por regras práticas de decisão (ou "procedimentos") valorados e hierarquizados segundo as correspondentes contribuições para a consecução de resultados econômicos "satisfatórios". Perda de univocidade significa aqui, então, que se, no modelo neoclássico, há apenas, para cada

36. Possas, ob. cit., p. 69. Logo em seguida, porém (p. 70), acrescenta este autor: "É importante observar, no entanto, que o comportamento convencional *não* esgota as possibilidades de exercer procedimentos racionais na formação de expectativas sob incerteza", apontando para procedimentos "defensivos" quando for instável o contexto no qual devem formar-se as expectativas. Nesta hipótese, "tende a perder-se o padrão convencional antes vigente, ou mesmo este não chega a se formar; em suma, o critério convencional deixa de existir e a racionalidade terá de ser exercida de outro modo — via de regra, ainda por mecanismos defensivos, mesmo que não necessariamente coletivos, até que nova convenção possa vir a ser adotada, mesmo sob algum grau de instabilidade, ou a convenção anterior possa ser restituída, se desaparecer a instabilidade".

momento e configuração de circunstâncias, *uma única* decisão maximizadora, resultados "satisfatórios" podem ser obtidos por meio de *mais de uma* via ou estratégia de ação. Daí decorrem implicações importantes para as pretensões de validade da *ciência econômica*, de um lado, e da *política econômica*, de outro. Isto porque tanto o cientista que observa e analisa, como o político que regula e intervém, estão *estruturalmente* metidos numa posição *análoga* à do capitalista que formula expectativas e decide com vistas a valorizar seu capital investido. Em todos estes casos estão envolvidas inferências (em decisões de aplicação, na formulação de hipóteses analíticas e descritivas e em decisões de regulação), em cujas bases estão premissas que se referem a eventos *incertos*; em todos e cada um destes casos há, portanto, em maior ou menor medida, elementos de "imaginação" a preencher as lacunas de conhecimento devidas à *natureza do próprio objeto*; e em todos estes casos há espaço para processos genuínos de aprendizado consistentes na substituição de pretensões ilusórias de racionalidade por outras mais afinadas com a estrutura do objeto a que as respectivas premissas se referem: nos processos de decisão dos agentes econômicos, a citada substituição da racionalidade maximizadora pela *procedural* (Herbert Simon), que conecta *estrategicamente* meios a fins; na ciência econômica, a substituição das pretensões de previsibilidade rigorosa modeladas nas ciências físicas pela explicitação teórica de relações abstratas de determinação, baseadas em padrões de regularidade na trajetória do sistema econômico;[37] e, finalmente, na política econômica, a substituição da pretensão *tecnocrática* de *controlar*[38] as trajetórias do sistema econômico pela pretensão de regulá-lo também de acordo com um tipo procedural de racionalidade que, ao invés de *puramente* estratégica, saiba combinar, de modo *normativamente* adequado, conhecimentos científicos (inclusive quanto aos seus limites) com a consideração imparcial dos interesses e aspirações das partes afetadas pela sua implementação.[39]

Voltemos agora, de posse desses elementos, para a tentativa de construir uma "visão" mais rica e consistente da realidade econômica, tendo em vista a necessidade de justificar racionalmente o Direito Concorrencial. O problema com o qual nos defrontávamos dizia respeito a uma aparente e desconfortável discrepância entre os processos de interpretação e de aplicação desse ramo do direito, de um lado, e a obrigação — pressuposta no contexto — de prestar contas à razão científico-econômica como condição de justificação racional, de outro lado. A constatação da instabilidade estrutural imanente ao capitalismo e do caráter indeterminado das suas trajetórias temporais nos levou a pensar numa estratégia de cisão do tempo de análise para fins de defesa da concorrência em "curto"

37. Cf. Possas, ob. cit., pp. 59-60.

38. O termo "controle" tem aqui um significado extremamente amplo, abarcando desde tentativas — hoje quase esquecidas — de planificar a economia tendo em vista um objetivo estratégico, como as políticas regulatórias, se *não* esclarecidas a respeito dos limites relativos à possibilidade de previsão e influência sobre as trajetórias do sistema econômico

39. Há, contudo, uma assimetria entre os diferentes papéis que o economista pode assumir em face da realidade econômica. O economista *teórico* não está obrigado a enunciar proposições não cobertas por argumentos que expressem "conhecimento"; ao contrário, ao formular uma teoria ele está implicitamente afirmando, para cada hipótese enunciada, uma pretensão de conhecimento. Assim, as afirmações de que "a incerteza é um atributo do ambiente econômico" e de que "as trajetórias do sistema são indeterminadas" somente gozam de estatuto teórico na medida em que existem argumentos intersubjetivamente válidos que as suportam. Igualmente, dizer que as previsões econômicas dos agentes (e dos próprios economistas) sobre o futuro do sistema apresentam inevitavelmente (em maior ou menor medida) elementos de "imaginação", é objeto de um *conhecimento*. Por outro lado, a atividade dos economistas no contexto de análises de situações econômicas concretas e previsões (em especial as quantitativas) a respeito do comportamento no tempo real de variáveis econômicas é um misto de saber e fantasia.

e "longo" prazos. Esta estratégia, entretanto, mostrou-se ilusória, uma vez que a incerteza, que é elemento constitutivo do sistema, penetra em todas as regiões do tempo real em que os agentes formulam expectativas, tomam e implementam as suas decisões. A implicação relevante é que a omnipresença da incerteza nos processos decisórios no capitalismo, ao invés de sepultar de vez nossas esperanças de encontrar um fundamento racional para o Direito da Concorrência, ilumina o caminho onde o mesmo pode ser localizado, uma vez que nos obriga a *deflacionar* as nossas expectativas em relação aos resultados da ciência econômica e da política econômica cientificamente esclarecida, as quais, por sua vez, vão fornecer, em última instância, os *critérios* para decidir se a existência mesma, bem como a aplicação deste ramo do direito é ou não racional.

Em outras palavras, o reconhecimento explícito do caráter relativamente indeterminado da trajetória do sistema econômico (seja para o capitalista, seja para o economista, seja para a autoridade governamental ou administrativa), é apenas problemático sobre o pano de fundo de um ideal *ilusório* de ciência e de política econômica; somente quando medida a partir de falsos conceitos de racionalidade científica (que equaciona cientificidade e poder preditivo), e de racionalidade política (que equaciona atividade estatal com o poder de regular, instrumentalmente, os processos sociais), é que o reconhecimento da *falta* de poder preditivo em face do futuro econômico e do poder regulatório, tendo em vista a formatação consciente deste futuro, pode surgir como um *problema* de fundamentação para o Direito Concorrencial. Não será justamente *porque* nós tão pouco sabemos a respeito do futuro econômico que a existência de *normas e procedimentos jurídicos*, estabelecidos como tentativa de "domesticá-lo" ao menos parcial e normativamente, pode ser fundamentada, ou seja, justificada racionalmente?

II — 2. Justiça social, racionalidade e Direito da Concorrência

Posta nestes termos, a questão formulada no último parágrafo da seção anterior é, se lida como asserção, trivialmente falsa. Deixemo-nos, entretanto, levar pela sua força de sugestão retórica e pensemos um instante. Vimos que o ponto de partida para responder à pergunta acerca das "razões" do Direito da Concorrência está no art. 170 da CF, o qual estabelece como finalidade da Ordem Econômica o "bem de todos" segundo critérios de justiça social. Foi visto também que o significado eminentemente *normativo* deste artigo tem sua razão de ser no fato de o funcionamento livre das economias capitalistas gerar e fortalecer continuamente, e em vários níveis, assimetrias entre os agentes, de modo que seus efeitos em termos distributivos são claramente concentradores. Neste sentido, a viabilização real do conteúdo prescrito no mencionado texto constitucional requer, em princípio, uma política econômica ativa no que toca à dinâmica do sistema econômico. Se, no entanto, nós sabemos que o sistema econômico não gera, por si mesmo, um estado social justo, nós *não* sabemos teoricamente *se* um estado social justo é, ou não, realizável sob condições de uma economia capitalista moderna. Deixando de lado os clamores obviamente ilusórios de "ética" no capitalismo, o problema diz respeito à possibilidade de gerar e estabilizar, via política econômica, as condições materiais para que o "bem de todos" segundo critérios de justiça social seja possível. Trata-se, em suma, de um problema genuinamente econômico, em face do qual esta ciência pouco tem a dizer. Como nós tampouco sabemos, por outro lado, se este ideal é *impossível*, a obrigatoriedade de definir e implementar ao menos *tentativas* no sentido de sua efetiva realização pode ser inferida sem grandes problemas do art. 170.

A questão que se põe imediatamente em seguida tem a ver, então, com a *racionalidade* destas tentativas, mais especificamente, com a possibilidade de se encontrar, para uma *política* da concorrência e um *Direito* da Concorrência interpretado e aplicado sobre as suas bases, bons argumentos que estabeleçam relações de determinação entre ambos e a finalidade definida normativamente. Novamente, a natureza destes argumentos é claramente econômica, sendo no contexto da busca esclarecida destes argumentos que cabe entender o recurso a "visões" a respeito das estruturas constitutivas e as propriedades dinâmicas das economias capitalistas modernas. Com efeito, é somente de posse de uma "visão" deste tipo que seja cientificamente consistente, que se torna possível determinar, com um grau mínimo de realismo — e portanto, de racionalidade —, aquilo que *podemos esperar* das políticas públicas direcionadas à regulação do sistema no sentido normativamente relevante. As considerações explicitadas a respeito da natureza do processo concorrencial e da omnipresença da incerteza nos processos decisórios dos agentes econômicos objetivaram, neste sentido, demonstrar que não apenas a justiça distributiva, mas *tampouco a eficiência alocativa* (ou estática) devem ser postuladas como estados ideais associáveis à "livre" concorrência. Isto nada tem a ver com questões jurídicas (isto é, se tal ou qual *antitrust goal* foi ou não proclamado sob a forma de texto jurídico), mas sim, com fortes razões de teoria econômica.[40] O legislador, as autoridades ou os "especialistas" podem dizer o que quiserem: somente aqueles resultados sociais que o melhor argumento econômico definir como *possíveis* de realizar por meio da implementação de uma política esclarecida da concorrência — sob a forma de normas jurídicas — é que caberão ser defendidos *racionalmente*. O resto é ideologia.

Dizer que justiça distributiva e eficiência alocativa estática não devem ser vistas como objetivos *imediatos* de uma política racional da concorrência (no sentido geral que inclui a definição de normas jurídicas e sua aplicação), não implica contradizer-se em relação ao que foi dito antes sobre a necessária *compatibilização* desta política com o disposto no art. 170 da CF, ou seja, com a finalidade da Ordem Econômica constitucional consistente na busca do bem de todos os cidadãos segundo critérios de justiça social, nem tampouco, que os referidos ideais não possam penetrar, ainda que de modo *subordinado*, na construção e aplicação dos conceitos básicos do Direito Concorrencial na práxis. O que precisa ser diferenciado cuidadosamente no presente contexto é, de um lado, aquilo que pode ser racionalmente definido como *objetivo* de uma política da concorrência formulada em sintonia com a economia e, de outro, a *contribuição* que a realização *deste objetivo* pode dar em termos das *tentativas* de tornar real a finalidade prescrita no mencionado art. 170. Como exposto acima, apesar da clara identidade da referência num e noutro caso, a resposta à última questão funciona como *fundamento racional* para responder à primeira. De fato, se a *única* contribuição que uma política da concorrência esclarecida pode dar às tentativas de realização de uma ordem social mais justa é *garantir e aumentar pressões competitivas* para possibilitar e acelerar o aproveitamento social dos ganhos das atividades inovativas dos agentes capitalistas, segue-se que os *objetivos imediatos* desta política devem recair justamente na garantia e no incremento de tais pressões. Preocupações distributivas e com a eficiência estática também podem ter espaço aqui, mas como momentos *subordinados* na busca dos referidos objetivos imediatos (e jamais como fins em si mesmos, colocados um ao lado do outro, hipótese em que dariam ori-

40. Como exposto na seção I deste texto, o problema da proclamação nominal, sob forma de norma jurídica, de conteúdos semânticos cuja realização baseia-se em hipóteses falsas, é também, num sentido mais profundo, um problema jurídico, na medida em que o permanente desdém da realidade pelo sentido gramatical do texto nominalmente proclamado acaba por alterar o conteúdo significativo que foi efetivamente *institucionalizado* juridicamente.

gem a complexos problemas de consistência legal).[41]

Deste modo, é possível construir uma rede de argumentos racionais que tenha o art. 170 da CF como seu ponto de partida e que desemboque numa política da concorrência e nas normas do Direito da Concorrência sobre a sua base interpretadas e aplicadas. Para isto é necessário, em primeiro lugar, ter em mente a função e os efeitos da concorrência num sistema econômico que apresenta a estrutura e as propriedades de uma economia capitalista moderna, tal como antes mencionado resumidamente. Uma política pública que procure estimular a concorrência nos mercados não pode perder de vista que estimular a concorrência é, ao mesmo tempo, sancionar, em vários níveis e entre vários tipos de agentes, a constituição de assimetrias em regra cumulativas, *e* apostar na realização de eficiências seletivas *a partir* deste processo de constituição de assimetrias. Nenhuma tentativa economicamente esclarecida de concretizar o dever constitucional — dirigido aos poderes públicos — de zelar pela difusão das condições materiais para uma vida digna pode ignorar esta ambigüidade que é *inerente* ao processo concorrencial no capitalismo. Nestes termos, justificar, tendo em vista o ideal constitucional de justiça social, uma política de defesa e de estímulo da concorrência, é, em última instância, apontar para a relação de determinação existente entre eficiência seletiva e *desenvolvimento econômico* (no sentido schumpeteriano), este último, por sua vez, como *condição básica* para a realização de mudanças *estruturais* no perfil da distribuição de recursos e renda entre os agentes que sejam justas, ou seja, aceitáveis racionalmente por todos.

A estreita, tortuosa e perigosa via — imaginária? — que conecta estímulo à concorrência e realização de justiça social está sinalizada, assim, por pontos de referência teoricamente identificáveis num nível abstrato. Uma política de estímulo à concorrência preocupada em aumentar as pressões competitivas existentes sobre os agentes e seus mercados é um importante instrumento para assegurar o cumprimento eficiente, pelos mercados, da função de selecionar os esforços inovativos empreendidos pelos agentes em busca da valorização dos respectivos capitais; este cumprimento eficiente, por sua vez, é uma condição necessária para impulsionar e retroalimentar os processos de crescimento que vão garantir, ao final, os recursos para possibilitar as modificações estruturais acima referidas.

O problema da legitimidade (entendida esta última como possibilidade de justificação racional) do Direito Concorrencial não surge, portanto, ao nível — parafraseando Nelson e Winter — do desenho abstrato de um *road map*; mas sim, na formulação explícita de um código de leitura dos sinais abstratamente identificados que seja concreta o suficiente para permitir a tomada de decisões *racionalmente justificáveis* diante de obstáculos de percurso específicos.[42] Ora, supondo que a estabilização de uma situação generalizada de justiça social sob condições de uma economia capitalista moderna é um ideal factível, então o referido problema pode ser agora, em conformidade com o exposto na seção anterior, posto nos seguintes termos: como distinguir *in concreto*, no fluxo da dinâmica capitalista e do ponto de vista de um nível considerado suficiente de pressões competitivas, os arranjos institucionais com efei-

41. Esta questão, que é essencial, distingue a proposta teórica e operacional do presente texto daquela realizada por Ingo Schmidt em seu ilustrativo trabalho *Wettbewerbspolitik und Kartellrecht*, Fischer, Stuttgart, 1993, o qual também parte de um conceito dinâmico de concorrência, mas erra, a meu ver, ao associar à concorrência "efetiva" a realização simultânea — e até onde eu posso ver, não hierarquizada — de uma distribuição justa de renda, soberania do consumidor, alocação ótima de fatores, flexibilidade dos agentes a mudanças ambientais e progresso técnico (p. 28).

42. Cf. Richard R. Nelson e Sidney G. Winter, *An Evolutionary Theory of Economic Change*, Harvard, 1982, Cap. VI.

tos líquidos positivos (ou neutros) daqueles com impactos líquidos negativos, *dado que* o ambiente econômico no interior do qual esta dinâmica se desenrola possui propriedades constitutivas de instabilidade estrutural e incerteza? Como *justificar* decisões de autoridades com força vinculante — e, logo, com efeitos econômicos sobre a dinâmica dos mercados aos quais elas se referem — a partir da constatação em certo sentido paradoxal de que nós *sabemos* que não sabemos exatamente que impactos deverão ser associados aos arranjos institucionais concretos adotados pelos agentes econômicos como estratégias de valorização, e nem tampouco que efeitos deverão ser associados a estas decisões mesmas? Noutras palavras, *em qual sentido* falar de fundamento *racional* do Direito da Concorrência e da sua aplicação, se nós sabemos que as correspondentes decisões estão baseadas em misturas de conhecimento e imaginação, e que esta última não raro supera em muito o primeiro?

Trata-se de um modo mais concreto de formular as questões que já nos preocuparam na seção anterior, só que desta vez de posse de conhecimentos a respeito da omnipresença da incerteza nos processos decisórios dos agentes no capitalismo e conscientes da necessidade daí resultante (em razão da situação estruturalmente análoga de observadores e políticos em face deste sistema) de deflacionar expectativas relativas à previsibilidade e ao controle da trajetória das variáveis econômicas relevantes. Sobre um tal pano de fundo, as questões referidas adquirem um caráter bem menos dramático, mas nem por isto com implicações menos interessantes. Com efeito, abandonar uma certa noção de racionalidade em virtude de uma descrição consistente do objeto ao qual ela se aplica, não significa que uma *outra* noção de racionalidade mais afinada com as características do objeto esteja à disposição e que, em caso positivo, a sua aplicação não traga consigo operações tão complexas que acabem por torná-la, no contexto do contencioso administrativo e/ou judicial, pura e simplesmente imprestável.

Pois bem, partiu-se implicitamente, nos argumentos postos no final da seção anterior, da hipótese de que o primeiro problema é passível de solução positiva. Naquele contexto dissemos que a expectativa tecnocrática de regular mercados instrumentalmente a partir de critérios unívocos de racionalidade e com vistas à realização bem controlada de objetivos de política econômica é ilusória, devendo ser substituída por uma expectativa bem menos pretensiosa, qual seja, a de decidir de modo a excluir a possibilidade de incompatibilidades *sistemáticas* entre as premissas sobre as quais estas decisões se baseiam e as proposições da ciência econômica, garantindo um tratamento *normativamente* adequado aos interesses das partes envolvidas. No que segue cabe aprofundar esta noção ainda tosca de racionalidade, bem como mostrar como ela pode servir para fundamentar as normas fundamentais do Direito da Concorrência e guiar sua aplicação prática.

Na referida noção de racionalidade deve-se ressaltar, primeiramente, o fato de ela aplicar-se ao âmbito dos fenômenos *normativos*. Noutras palavras, aquilo que nós devemos julgar, neste contexto, como racional ou irracional, não são as nossas intervenções sobre o mundo dos objetos materiais, ou então os nossos enunciados sobre este tipo de objetos; o que nos interessa aqui é saber se determinadas *normas*, ou então ações baseadas ou referidas a normas, são racionais ou irracionais. As diferenças de "consistência ontológica" entre ambos tipos de "objetos" estão na base das diferenças associadas aos modos a que recorremos para julgar se um ato ou um enunciado são ou não racionais, a começar pelo fato de que, no "mundo" das normas, dos próprios *objetos* pode ser predicada maior ou menor racionalidade.

Isto não quer dizer, em absoluto, que os critérios a partir dos quais nós julgamos se, p. ex., uma certa "proposta normativa" é ou não racional, não mantenham uma relação de *dependência* diante dos *standards* disponíveis para determinar se nossos "juízos de fato" são racionais ou irracionais. Para captar as relações *internas* existentes entre ambos, com efeito, é necessário partir de um conceito — no mínimo[43] — *bidimensional* de racionalidade, ao qual possamos recorrer para predicar de irracionais toda "proposta normativa" que, apesar de aparentemente legítima segundo algum critério especificado, esteja baseada — no que diz respeito ao seu cumprimento — em premissas claramente falsas; da mesma forma que nos permita classificar de irracionais enunciados eventualmente verdadeiros proferidos em flagrante desacordo com as normas que definem o contexto da interação social em que a enunciação efetivamente ocorreu.

Isto posto, se nós estamos interessados em saber como é possível, diante da instabilidade estrutural e incerteza forte que caracterizam essencialmente a dinâmica das economias capitalistas contemporâneas, a justificação racional de decisões vinculantes das autoridades antitruste, então nós devemos tentar determinar quais seriam as condições formais de sucesso de uma prestação de contas dessas autoridades em face de uma razão bidimensional que conectasse de um modo interno o legítimo ao verdadeiro e o verdadeiro ao legítimo, *mas* fazendo-o — sendo racional — a partir do *conhecimento* de que as suas decisões estarão *sempre e inexoravelmente* baseando-se em elementos de "imaginação" no que toca ao comportamento futuro de variáveis econômicas selecionadas, e isto no que diz respeito tanto aos juízos sobre impactos associados a condutas e atos de concentração sob exame, quanto àqueles sobre os efeitos associados a estas decisões mesmas.

As referidas "condições formais de sucesso" podem ser especificadas se nós tivermos em mente que o conceito de racionalidade tem a ver, num nível elementar, com os modos de aquisição e uso de *conhecimento*. Indivíduos são racionais quando agem (lingüisticamente ou instrumentalmente) de uma forma *justificável* em face de um conhecimento válido, ou seja, em última instância, de *argumentos intersubjetivamente válidos*. Racionalidade é capacidade de dar bons argumentos (isto é, justificativas que possam "contar" ou "ser tratadas" *como* bons argumentos *no contexto* de uma interação específica) no sentido de *fundamentar* ações (incluindo a de dar bons argumentos), bem como, de *agir* de acordo com bons argumentos. Neste sentido elementar, racionalidade é um conceito *normativo*. Como diz Robert Brandom, ser racional é submeter-se à "força peculiar do melhor argumento": "This force is a species of *normative* force, a rational 'ought'. Being rational is being bound or constrained by these norms, being subject to the authority of reasons".[44]

Por outro lado, predicar de algo ou de alguém que é racional implica especificar um sistema de referência *no interior do qual* os bons argumentos possam ser diferenciados dos maus, isto é, no qual possa ser eventualmente decidida a questão acerca do *quê* "conta" efetivamente como bom argumento. Tal sistema de referência deve conter não apenas os *critérios formais* segundo os quais argumentos possam ser identificados e hierarquizados, mas também, estoques de *argumentos concretos* mobilizáveis sob a forma de conhecimento válido a cada instante dado, que vão servir como as premissas e implicações das *inferências materiais* a cuja aceitação estaremos, como sujeitos racionais, *obrigados*.[45] Assim, p. ex., se eu pronuncio a frase: "*X* é verde", eu me obrigo (*rational 'ought'*) a aceitar as premissas e implicações que possam ser, através das inferências materiais válidas na comu-

43. A noção habermasiana da *racionalidade comunicativa*, p. ex., inclui, além da dimensão instrumental e da normativa, também uma dimensão "expressiva".

44. *Making it Explicit. Reasoning, Representing and Discursive Commitment*, p. 5.

45. O termo "inferência material" é empregado aqui no sentido proposto por Wilfrid Sellars e adotado por R. Brandom. Trata-se das inferências cuja validade depende do conteúdo dos termos não-lógi-

nidade lingüística[46] a que eu pertenço, conectadas a esta frase, como p. ex.: "*X* é uma cor", ou então: "*X* não é preto", e assim por diante.[47]

Se, juntando agora os argumentos propostos nos últimos parágrafos, nós entendermos o conceito de racionalidade nesta acepção de uma capacidade de discriminar inferências materiais corretas e incorretas, e se afirmarmos que estas inferências devem ser perseguidas ao longo de duas *direções* (premissas e conseqüências daquilo que dizemos e fazemos) e duas *dimensões* (validade normativa *stricto sensu* e verdade), então a pergunta acerca das condições de racionalidade dos processos de aplicação da legislação antitruste poderia ser posta como uma questão acerca da existência — ou não — de critérios *objetivos* (isto é, intersubjetivamente válidos) para a reconstrução de argumentos que permitissem, sistematicamente, a leitura do *conteúdo semântico* e do *sentido pragmático* das decisões específicas das autoridades *como* elos de inferências materiais *ou* válidas *ou* inválidas, e isto no que toca ao cumprimento tanto das suas condições de verdade, como das suas condições de validade normativa *stricto sensu*. Em outras palavras, a identificação de um possível *standard* de racionalidade, aplicável às decisões normativas das autoridades antitruste, tem por pressuposto um sistema de referências racionalmente aceitável no qual um *consenso* possa ser *racionalmente esperado* acerca da validade *ou* invalidade das inferências materiais (ou seja, em regra: das cadeias de razões) no interior das quais as mencionadas decisões aparecem como conclusões ou premissas. Sem isto não há controle objetivo (intersubjetivo) de correção de inferências e, portanto, racionalidade.

Uma maneira didática de testar, num nível suficientemente abstrato e de modo a satisfazer os critérios de racionalidade acima resumidos, as pretensões de racionalidade (e de legitimidade) dos processos de aplicação do Direito da Concorrência, é tentar reconstruir um argumento consistente para responder às objeções de um crítico hipotético quanto à possibilidade geral de decisões das autoridades que sejam controláveis intersubjetivamente do ponto de vista da sua correção material. Neste experimento, supõe-se que tanto o crítico como a autoridade que com ele argumenta *sabem* que os processos decisórios se dão inexoravelmente sob condições de incerteza forte, seja no que toca aos efeitos competitivos da conduta ou estratégia analisada, seja quanto aos efeitos sobre o nível de "bem-estar" social associados à decisão mesma. Sob tais condições, vai dizer o crítico, existem *várias* decisões possíveis, igualmente defensáveis. Supondo ainda, para levar o argumento ao limite, que decisões contraditórias podem ser justificadas com bons argumentos (variando obviamente a parte das premissas que se refere a eventos futuros e incertos e que deve, portanto, ser preenchida por elementos de "imaginação"), como esperar o surgimento, para as partes envolvidas (e para os terceiros potencialmente interessados), daquele peculiar "estar obrigado" (*rational 'ought'*) que é *constitutivo* do conceito de racionalidade? Como *pressupor* a possibilidade de um consenso entre sujeitos racionais se tanto aqueles que decidem como aqueles que criticam as decisões encontram-se *estruturalmente* forçados a reconhecer que uma parte maior ou

cos que aparecem em suas premissas e conclusões. Elas se distinguem, portanto, das inferências formais, cuja validade depende apenas da sua forma lógica.

46. Como mostrou R. Brandom, esta linha de argumentação não desemboca no relativismo lingüístico tão em voga hoje em dia em diversas áreas das ciências humanas (cf. ob. cit., Cap. VIII).

47. Cf. Brandom, ob. cit., especialmente os Caps. I e II. Novamente, esta obrigação só existe de fato quando nós nos *tratamos* reciprocamente *como* obrigados a aceitar premissas e conseqüências articuladas àquilo que dizemos e fazemos por meio de inferências materiais, na medida em que somos cobrados a justificar nossos atos perante os outros mediante o recurso a argumentos válidos. Sociologicamente, portanto, nada impede que identifiquemos "jogos de linguagem" nos quais a troca de palavras entre seus participantes apenas simule, de modo caricatural, processos genuinamente discursivos.

menor das premissas que apoiam as suas conclusões não são redutíveis a um *conhecimento válido*, e que, pressionados a justificar suas decisões e críticas, ver-se-ão mais cedo ou mais tarde compelidos a erguer os ombros e dizer: "Eu não sei"?

É importante lembrar, neste contexto, que o sistema jurídico absorve, na maioria dos casos, a complexidade e a incerteza associadas a previsões sobre o comportamento futuro dos objetos sobre os quais as normas jurídicas incidem, de forma relativamente tranqüila. A pressuposição de um consenso acerca da *verdade* de um dado enunciado a respeito dos efeitos futuros associados a uma dada conduta ou decisão não é, guardados limites muito largos, uma condição necessária para garantir a racionalidade da decisão correspondente, na medida em que o sistema jurídico funciona *neutralizando* a questão da incerteza e da complexidade por meio da projeção, no futuro, de esquematismos binários de decisão do tipo lícito/ilícito, válido/inválido etc., bem como da definição, nas próprias normas jurídicas, de critérios de classificação dos comportamentos — como lícitos ou ilícitos, válidos ou inválidos etc. — logicamente *independentes* de uma análise acerca dos correspondentes efeitos. Ora, ocorre que no Direito da Concorrência este modo de lidar com objetos complexos e incertos não pode ser aceito, uma vez que neste âmbito o *critério* para classificarmos uma dada conduta como lícita ou ilícita, um determinado ato de concentração como autorizado ou não autorizado, está justamente na *natureza dos efeitos futuros* associados àquela ou a este. Noutras palavras, a racionalidade dos processos de aplicação do Direito da Concorrência e, em última análise, deste ramo do direito mesmo, depende da existência de critérios que permitam o surgimento sistemático de consensos racionais sobre a correção ou incorreção material das decisões, o que não se logra sem a possibilidade de consensos racionais sobre a natureza dos efeitos futuros associáveis a condutas e atos de concentração; por outro lado, a busca dessa possibilidade esbarra numa incerteza *imanente ao objeto* de regulação, condenando, em maior ou menor medida, as tentativas de prever esses efeitos a converterem-se em expressões da imaginação — mais ou menos fértil, bem como mais ou menos auto-esclarecida — daqueles que as empreendem.

A solução deste aparente dilema passa necessariamente, a meu ver, pela proposta de um conceito mais amplo de racionalidade que inclua entre os seus momentos uma reflexão sobre os limites da transição da teoria para a práxis, no nosso caso, da teoria econômica para a práxis de aplicação do Direito da Concorrência. No âmbito *desta* práxis, a garantia de que às decisões tomadas contínua e inexoravelmente pelas autoridades corresponderá um *standard* de racionalidade suficientemente amplo para cobrir o *mérito* das mesmas, advém do reconhecimento refletido de que estas decisões baseiam-se em expectativas subjetivas para as quais, não obstante, é possível vislumbrar um procedimento de *aceitabilidade generalizada*, alcançando tanto as partes como os potenciais interessados.

A idéia básica por detrás desta afirmação consiste no reconhecimento da possibilidade de conceber o *procedimento de aplicação* das normas do Direito Concorrencial como um *mecanismo de generalização e portanto objetivação de expectativas subjetivas*. Trata-se, *grosso modo*, da transposição do *insight* de Keynes acerca das condições de racionalidade de processos decisórios dos agentes capitalistas sob incerteza, para o âmbito dos processos decisórios das autoridades no contexto do contencioso antitruste, de modo a tornar aceitáveis racionalmente as decisões dessas autoridades baseadas em expectativas acerca de eventos futuros e incertos estruturalmente irredutíveis a um conhecimento válido. Com efeito, se nós *sabemos* — ou deveríamos saber — que *não sabemos* exatamente quais os efeitos que deverão ser associados a condutas ou atos de concentração submetidos para análise, e se, não obstante, nós temos que tomar decisões que dependem necessariamente de uma tomada explícita de posição acerca justamente desses efeitos, então a *aceitabilidade racional* das decisões *efetivamente tomadas* pode ser em princípio garantida pela institucionalização de um procedimento de aplicação do direito que satisfaça num grau adequado certos requisitos *normativos* referentes à *inclusão* dos potenciais interessados no que toca à apresentação das respectivas expectativas quanto ao futuro. Em outras palavras, trata-se de institucionalizar um procedimento jurídico que seja suficientemente inclusivo e poroso à troca de argumentos entre as partes e os potenciais interessados, a ponto de justificar a *presunção* de que as decisões que dele resultarem incorporam, entre as suas premissas, *aquelas* expectativas mais robustas quanto a sua capacidade de resistir a críticas e ao confronto com expectativas alternativas.[48]

Note-se que a referência é feita à necessidade de *institucionalização* de um procedimento para a tomada de decisões que *justifique* a sua reconstrução como um mecanismo de generalização (ou difusão) de expectativas subjetivas. O termo "institucionalização", neste contexto, é empregado no seu significado estritamente *sociológico*, ou seja, como a constituição e/ou a estabilização de expectativas normativas enquanto comportamento social observável no tempo e no espaço, e não, como exteriorização de um desejo bem-intencionado. Para que a interpretação de um dado procedimento de aplicação do direito como um mecanismo de generalização de expectativas subjetivas e de promoção da aceitabilidade *racional* das decisões que as incorporem seja intelectualmente defensável, não é suficiente, como acontece habitualmente no Brasil, mandar publicar um texto travestido de norma jurídica; é preciso, ao contrário, que o texto *funcione* como norma jurídica, isto é, que os comportamentos previstos nominalmente nos textos encontrem correspondência empírica em termos de expectativas normativas estabilizadas, cuja frustração impulsione uma reação no sentido de um efetivo cumprimento daquilo que o conteúdo do texto manda fazer.

Assim, para que modificações nos textos que definem nominalmente os rumos do procedimento de aplicação das normas de defesa da concorrência (seja o procedimento relativo a infrações, seja o procedimento reativo aos atos especificados no art. 54) *institucionalizem* procedimentos que possam ser racionalmente interpretados como mecanismos de generalização e objetivação de expectativas subjetivas relativas a eventos futuros e incertos, ou seja, como mecanismos discursivamente estruturados e com capacidade de filtrar aquelas expectativas subjetivas que sejam as mais consistentes do ponto de vista de sua fundamentação racional, é necessário que os envolvidos *efetivamente se comportem*, em algum grau mínimo, de modo a autorizar essa interpretação. É necessário, em última instância, que os sujeitos envolvidos (as autoridades, as partes e os terceiros interessados) efetivamente se comportem como sujeitos racionais, que fornecem e cobram argumentos relativamente àquilo que dizem, escrevem, ouvem e lêem.

A linha divisória que separa uma práxis racional de aplicação do Direito Anti-

48. A idéia de que a institucionalização de um procedimento interpretável como arranjo discursivo é condição necessária para a aceitabilidade racional — e, portanto, legitimidade — de decisões políticas e jurídicas é, como se sabe, um dos traços característicos da filosofia política e jurídica de Habermas. A diferença essencial entre a proposta deste autor e a apresentada brevemente neste artigo diz respeito ao *tipo de racionalidade* que pode ser incorporada a procedimentos de decisão variados, *ainda* que solucionadas as questões empíricas acerca da racionalidade dos *participantes* desses procedimentos e da garantia efetiva das *condições pragmáticas ideais* pressupostas pelos mesmos ao interagirem argumentativamente uns com os outros. No contexto deste texto e ao contrário do defendido por Habermas, a institucionalização de procedimentos discursivos não significa que as correspondentes decisões incorporem — e seja a título de presunção — uma racionalidade *comunicativa*. Cf. a respeito Schuartz, ob. cit., Cap. VI.

truste (e, portanto, a racionalidade mesma desse ramo do direito) de uma farsa institucionalizada, está, justamente, na existência *palpável* de um padrão de interações de acordo com o qual aquele que afirma ou nega alguma coisa é responsável perante todos os outros, ou seja, é *mantido* responsável perante os outros *pelos* outros. Desta forma, procedimentos institucionalizados nos quais seja razoável supor a vitória do melhor argumento são, evidentemente, apenas idéias reguladoras, mas idéias reguladoras que adquirem concreção no âmbito de uma práxis em que pessoas de carne e osso *orientam* suas condutas a partir da *pressuposição* de que a sua realização, num grau satisfatório, é possível. A passagem para o farsesco surge justamente no momento em que nada mais de real (a nível de orientação de condutas) corresponde a essa pressuposição, de modo que o cinismo ilustrado acaba por se converter no padrão de conduta mais racional do ponto de vista individual.

O ponto que a argumentação precedente pretende evidenciar consiste na natureza eminentemente *pragmática* das condições formais de racionalidade do Direito da Concorrência. É apenas a institucionalização de uma *práxis* em relação a cuja dinâmica seja plausível esperar uma separação entre argumentos mais ou menos consistentes e uma "filtragem" das proposições que expressem expectativas racionalmente aceitáveis por todos *apesar* de irredutíveis a um conhecimento válido, que pode garantir as ditas condições formais. É claro, de outra parte, que uma tal institucionalização não é suficiente para garantir, por si mesma, uma "qualidade ótima" do discurso, mas ela autoriza a supor que os espaços nos quais são possíveis aumentos de conhecimento serão utilizados para fins de aprendizados institucionais, ou seja, de acúmulos de racionalidade que possam ser *incorporados em normas jurídicas* efetivamente existentes. A "qualidade ótima" do discurso pode funcionar, neste contexto, também como idéia reguladora, isto é, como norma a guiar as interações argumentativas dos sujeitos envolvidos em fazer e pensar o Direito Concorrencial, obrigando-os a rever criticamente os parâmetros do discurso à medida em que surjam novas e melhores idéias que os ponham em xeque. O desafio de qualquer práxis de aplicação do Direito da Concorrência está justamente em saber fluir de modo a justificar, de tempos em tempos, a sua reconstrução em termos de progresso, o que só é possível sob a condição de que os operadores dessa práxis aprendam a se mover na fértil intersecção entre ciência econômica, dogmática jurídica e política econômica

Atualidades

INDEXAÇÃO E PARIDADE CAMBIAL; "LEASING" CONTRATADO COM CLÁUSULA DE PARIDADE CAMBIAL

EROS ROBERTO GRAU

Introdução. Nominalismo e indexação. Cláusula de paridade cambial. Os contratos em questão. Teorias da base do negócio jurídico e da imprevisão e Código de Defesa do Consumidor. Conclusão.

Introdução

1. A crise cambial que suportamos em janeiro de 1999 ensejou disputas judiciais em torno dos contratos de *leasing* avençados sob cláusula de paridade cambial, o que, por sua vez, tem dado lugar a algumas contribuições doutrinárias ao debate.

A leitura de algumas dessas "contribuições", contudo, não obstante bem intencionadas, conduz o iniciante nos estudos de direito — e mesmo o leitor já iniciado, mas não atento — a tropeços, equívocos e erros imperdoáveis.

Não desejo de nenhum modo menosprezar o esforço intelectual deste ou daquele estudioso que tenha se detido sobre a matéria, até porque conheço e admiro a inteligência de alguns. Mas é bem certo que, com relação ao tema da paridade cambial, aplica-se qual u'a luva a observação de Cesare Vivante à qual adiante farei alusão.

Nominalismo e indexação

2. Não se confundem indexação e paridade cambial.

As relações quantitativas que se expressam no mundo jurídico são traduzidas em montantes de moeda, em enunciados nominais da unidade monetária como tal definida pelo direito positivo. A moeda encerra a medida básica de valor aplicável às relações jurídicas.

O direito positivo brasileiro — arts. 947, *caput* e 195, respectivamente do Código Civil e do Código Comercial — adota o nominalismo. A regra da prevalência do valor nominal dos créditos é reafirmada inicialmente na suspensão da vigência e, ao depois, na revogação, pelo art. 17 da Medida Provisória 1.053, de 30.6.1995 (reiteradamente reeditada, visto que até a presente data aquela não foi convertida em lei!!!), dos §§ 1º e 2º do art. 947 do Código Civil, que admitiam amplitude na estipulação da moeda de pagamento, bem como a *option de change* pelo devedor, possibilitando a existência, ou não, de ágio na liquidação de determinado débito.

3. O nominalismo implica a prevalência do enunciado quantitativo na moeda que, em virtude de lei, é o padrão de valor, tendo, portanto, curso legal quando da constituição da obrigação.

Daí se segue que, entre nós, prevalece o enunciado do valor monetário, salvo, excepcionalmente, no que tange a negócios jurídicos submetidos a regime específico ou em relação a situações jurídicas também especial e particularmente reguladas pelo direito positivo.

A sistemática ampliação das hipóteses nas quais se admite a indexação tem, contudo, em épocas de inflação exacerbada, conduzido a afirmações, precipitadas, de que o nominalismo já não mais prevalece no ordenamento jurídico nacional.

Ocorre, no entanto, exatamente o contrário disso. O acolhimento indiscriminado de mecanismos de reajuste monetário, tanto em negócios privados como em textos de direito positivo, apenas evidencia, face a instabilidade do poder de compra de moeda, que os operadores econômicos temem o nominalismo. Mais ainda: a admissibilidade de soluções de reajuste sob critérios referidos a prazo, objeto, situação peculiar das partes, entre outros, em cada modalidade de negócio jurídico, antes confirma e reforça do que compromete o predomínio do nominalismo. O desacato a qualquer das normas permissivas dessas soluções acarreta a nulidade da cláusula, remanescendo o enunciado nominal do débito.

Note-se bem: a admissibilidade do recurso à indexação resulta estritamente da lei, nos precisos e restritos termos contemplados pelo texto de direito positivo que expressamente a preveja.

Diga-se pois bem alto, sonoramente, para que todos ouçam: as coisas assim se passam, em matéria de indexação, precisamente porque ela, a indexação, implica a derrogação do princípio geral do nominalismo expressamente acolhido, repita-se, pelo direito positivo brasileiro.

Repito: a indexação implica a exclusão do nominalismo.

4. É indispensável, para que possamos compreender o significado das cláusulas de indexação e de paridade cambial, no quanto importa à preservação do seu conteúdo de valor, a prévia compreensão do significado da função de poder de compra da moeda.

Esta se manifesta quando do exercício de direitos subjetivos pelo titular das disponibilidades monetárias; esse exercício é quantificado pelo volume de bens e serviços que podem ser adquiridos pelo sujeito de direito.

Denomina-se poder de compra à relação quantitativa que assim se instaura, entre uma unidade monetária e a possibilidade do exercício de direitos enquadrados, *grosso modo*, nas categorias de consumo e investimento.

5. O poder exercido pelo titular de moeda corresponde a um desdobramento de parcela do poder do Estado, emissor da moeda.

Esse poder estará sempre referido ao conjunto dos bens e serviços disponíveis na sociedade e, em seu sentido mais amplo, à totalidade de moeda emitida pelo Estado. Vale dizer: o conjunto de todos os pagamentos que se realizam tendo em vista a produção desses mesmos bens e serviços — que podemos denominar *renda* — expressa, em linguagem monetária (logo necessariamente uniforme), o multiforme conjunto dos bens produzidos e dos serviços prestados.

Apura-se, por essa via, uma relação quantitativa que naturalmente não é uniforme — geográfica, social e economicamente — em relação às diferentes espécies de bens e serviços. Mas essa relação permite a identificação da existência, ou não existência, de oscilação no conteúdo de poder (isto é: do poder de compra) de cada unidade: incremento ou decréscimo.

Verificado o decréscimo, diz-se estar a moeda a sofrer processo inflacionário. Vale dizer: para a manutenção de um mesmo nível de exercício ou de possibilidade de exercício de direitos subjetivos, com base em certa quantidade de unidades monetárias, apurado num momento anterior, maior será o número de unidades exigido no momento posterior.

Daí terem, os mecanismos identificados como *escala móvel* e *indexação*, o propósito único de funcionar como corretores dos enunciados nominais das obrigações de pagamento em moeda, a partir de um determinado nível de possibilidade de exercício de direitos que deriva da titularidade de certa quantia de moeda.

A indexação implica, pois, a reenunciação do valor do crédito; o valor nominal prevalecente no momento da constituição do vínculo jurídico cede lugar ao valor (re)enunciado no momento da incidência do índice, se e quando assim expressamente admitido por texto expresso de direito positivo.

6. A consciência — antecipada na acurada percepção do inconsciente social, já ao tempo da moeda mercadoria — de que esta deveria conservar valor, ser reserva de valor, constitui descobrimento da ciência econômica.

Para afastar, no entanto, falaciosas exposições sobre o conteúdo de valor da moeda, cumpre-nos tomá-lo desde a perspectiva jurídica; aí o plano mais adequado — autêntico leito de Procusto — para o estudo da moeda.

A singela exposição de Von Ihering[1] a respeito das formas de troca, apresentadas como forma inferior e forma superior de troca, é preciosa. Os parceiros, na forma inferior de troca, se satisfazem, direta e simultaneamente, no ato de troca em si mesmo considerado, não havendo o diferimento da satisfação de um deles; já na forma superior, intermediada por moeda, à satisfação presente de um que se desapossa de moeda sucede, diferida, a satisfação do que prestou serviço ou entregou bens ao outro.

A circunstância de a moeda consubstanciar reserva de valor interfere diretamente em sua função de padrão de valor, função que preenche o conteúdo das relações de crédito e débito que nela se expressam e só nela se podem expressar. É neste contexto que a disciplina da indexação é cultivada, direcionada à tutela do curso legal da moeda enquanto padrão de valor.

Note-se bem: a oscilação do poder de compra afeta a moeda em sua função de instrumento de pagamento e a seguir alcança a função de padrão de valor, atingindo o conteúdo das obrigações. Este, por sua vez, será estável ou instável, estando ou não protegido por mecanismos juridicamente válidos e eficazes de escala móvel ou de indexação.

7. Vê-se bem, assim, que a indexação decorre da relação jurídico-quantitativa entre unidade de moeda e possibilidade de exercício de direitos subjetivos, estes atinentes aos bens e serviços produzidos no contexto em que a moeda pode desempenhar suas funções.

Em outras palavras: dada a instabilidade, normalmente caracterizada pela majoração dos preços de bens e serviços, do poder de compra da moeda, recorre-se ao índice admitido pela lei para refletir esses reajustes, de forma que o reenunciado da expressão monetária formalmente assegure a possibilidade de exercício da mesma quantidade de direitos ínsitos numa unidade monetária ao tempo da constituição da obrigação de pagamento.

Cláusula de paridade cambial

8. Tudo se passa de modo diverso, todavia, com a cláusula de paridade cambial, que se deve analisar desde a perspectiva da moeda enquanto padrão de valor.

Aqui a moeda (= padrão de valor) toma por referência do enunciado nominal através do qual se deva expressar determinado crédito uma soma de moeda de outro Estado; a apuração do montante a ser expresso derivará da paridade entre ambos os instrumentos monetários. Prevalece então a relação quantitativa entre duas moedas e não a possibilidade de exercício de direitos subjetivos relacionada a certo estoque de bens e serviços numa determinada sociedade — o que seria colhido mediante convenção de indexação ou escala móvel.

Ora, essa relação quantitativa nada tem necessariamente a ver com a oscilação do

1. *Der Zweck im Recht*, Erster Band, Zweite Umgearbeite Auflage, Druck und Verlag von Breitkopf & Härte, Leipzig, 1884, pp. 127 e ss.

poder de compra da moeda em que se expresse determinada obrigação de pagamento.

Isto porque a paridade cambial é informada por diferentes variáveis, atinentes:

- à política econômica do Estado (importação, exportação, atração de capitais estrangeiros, entre outros);

- à política monetária do Estado (contenção ou não da liquidez na base de emissão primária de moeda, seja mediante prática de juros elevados, seja mediante captação de recursos pela via de lançamento de títulos de curto, médio ou longo prazos, ou, ainda, até mesmo com "previsão" de paridade cambial — intervenções com o uso de disponibilidades de moeda estrangeira do Tesouro — entre outros);

- à oscilação do poder de compra da moeda, inclusive, mas sempre em harmonia com a política econômica e necessariamente tomando por base os desígnios desta e as diretrizes da política monetária.

9. A cláusula de paridade cambial, diferentemente do que ocorre no que tange à indexação, é plenamente adequada ao nominalismo.

Sua contratação, quando admitida, importa em constituição válida de um crédito que se expressa nominalmente em *moeda que não é instrumento de pagamento em determinado país* — no Brasil, no caso — mas que, em razão de *expressa permissão legal*, cumpre a função de *padrão de valor*, nas restritas hipóteses contempladas pelo direito positivo.

Repetirei para deixar este ponto bem vincado: a enunciação do valor da obrigação em moeda estrangeira, quando isso seja expressamente previsto em lei — enunciação válida, portanto — faz-se sem qualquer incompatibilidade com o nominalismo, princípio de nosso direito (arts. 947 do Código Civil e 195 Código Comercial brasileiro).

10. Vê-se para logo que indexação e paridade cambial, embora se manifestem ao nível da função padrão de valor do instrumento monetário, resultam de diferentes planos: a primeira, da função poder de compra da moeda, razão pela qual implica o afastamento do princípio do valor nominal; a segunda, de variadas relações e proporções que podem até mesmo considerar, mas não necessariamente o poder de compra da moeda, cuja adoção é plenamente compatível com o princípio do valor nominal.

11. É precisamente esta razão que explica situações nas quais, em determinada sociedade estatal, apesar de níveis elevados de inflação, manifesta-se a sistemática estabilidade da paridade da moeda em relação a outra ou outras moedas; e vice-versa.

Exemplo eloqüente disso encontramos, entre nós, nos dias que se seguiram a janeiro de 1999. A moeda nacional vinha exibindo extraordinária estabilidade em seu poder de compra, a ponto, mesmo, de resultar incrementado mercê de sistemática queda no nível geral de preços. Ou seja: em tese, mais direitos podiam ser exercidos pelo titular de uma unidade monetária nacional (o Real), em relação ao estoque de bens disponíveis.

Pois bem: mesmo em um quadro de aumento do poder de compra da moeda nacional a paridade cambial sofreu alterações, rápida e profundamente.

12. Isso se explica porque a paridade cambial expressa o confronto entre unidades monetárias, unidades nominais de medida juridicamente válidas.

A correlação entre a disponibilidade e a procura, cada qual, maior ou menor de unidades monetárias estrangeiras passíveis de instrumentar pagamentos em mercados do exterior define a relação quantitativa dita *paridade*: quantas unidades nominais da moeda nacional são necessárias para adquirir-se uma unidade da moeda estrangeira em questão, segundo o comportamento do mercado.

13. É importante sublinhar, nesse ponto, que essa relação quantitativa, a paridade, manifesta-se em todas as direções nas quais se dá o relacionamento entre a moeda nacional e a estrangeira. Tanto os viajantes, como os investidores, como os tomadores de empréstimo viabilizado mediante o uso de recursos vindos do exterior, todos, absolutamente todos que devem transformar disponibilidades de moeda estrangeira em moeda nacional, e vice-versa, arcarão com a relação paritária que o curso do câmbio determina. No caso, sob a decisiva influência do governo.

A paridade cambial, como se vê, nada tem a ver, senão de forma episódica e indireta, com a perda do poder de compra da moeda nacional.[2]

Os contratos em questão

14. Os contratos de *leasing* de que se trata consubstanciam contratos de arrendamento mercantil, tendo origem, os recursos utilizados pelo arrendador para implementar as operações de arrendamento, em contratos de empréstimo externo, bem como em contratos de repasse de empréstimo estrangeiro contratados junto a bancos no país, nos termos da Lei 4.131, de 3.9.1962, e da Resolução 63 do Banco Central do Brasil.

A possibilidade de as companhias de arrendamento mercantil lançarem mão da captação de recursos em moeda estrangeira está amparada em expressa autorização regulamentar do Banco Central do Brasil.

A contratação de arrendamento mercantil com base em recursos oriundos do exterior assim se estrutura:

1º. a empresa de arrendamento mercantil torna-se diretamente devedora, junto a bancos no exterior, de empréstimo em moeda estrangeira, obrigando-se ao pagamento do montante correspondente, logo se sujeitando à paridade cambial; o contrato estipula pagamento em moeda estrangeira ao amparo do art. 2º, IV, do Decreto-lei 857/69; a liquidação do pagamento se faz de conformidade com a legislação cambial, mediante a contratação de câmbio junto às instituições para tanto habilitadas, em razão do que a devedora, companhia de arrendamento mercantil, adquire a quantia de moeda estrangeira devida, pagando-a com o equivalente valor em moeda nacional à instituição vendedora, suportando, pois, a paridade cambial; ou

2º. a empresa de arrendamento mercantil torna-se devedora junto a bancos no país, os quais originariamente contrataram empréstimo junto a bancos no exterior; mercê da operação de repasse de empréstimo externo (Resolução 63), os bancos no país repassam à arrendadora o montante em moeda nacional correspondente àquele em moeda estrangeira obtido junto aos bancos no exterior, para o fim específico de adquirir os bens a serem arrendados, segundo solicitação dos arrendatários; o débito é, no contrato celebrado entre a empresa de arrendamento devedora e o banco no país, estipulado em moeda estrangeira, ao amparo do art. 2º, V, do Decreto-lei 857/69; o pagamento é realizado em moeda nacional pelo montante equivalente ao valor nominal do débito, em moeda estrangeira;

3º. o arrendatário contrata o arrendamento com a empresa arrendadora, estabelecendo-se no contrato que a operação é realizada com recursos de origem externa (uma das alternativas descritas nos itens 1º e 2º, acima), estipulando-se a cláusula de paridade cambial ao amparo do art. 2º, V, do Decreto-lei 857/69, dada a transferência da utilização dos recursos que se opera em favor do arrendatário; o débito resultante do arrendamento fica assim sujeito à cláusula de paridade cambial, sendo o pagamento obviamente feito em moeda nacional, pelo montante equivalente ao valor nominal do débito em moeda estrangeira.

15. Segue-se, pois, que, em qualquer das hipóteses, para poder realizar a operação com recursos em moeda estrangeira, a companhia arrendadora suportará débito de

2. Ademais relembre-se, ainda a título de ilustração, o quadro prevalecente ao tempo do chamado "Plano Cruzado", no qual, já a inflação atingindo patamares significativos, manteve-se congelada a taxa de câmbio por decisão formal do governo.

igual montante, seja para com um credor diretamente, seja para com um banco nacional, o qual, por sua vez, também será devedor de um credor no exterior.

Não há dúvida, destarte, quanto ao fato de o negócio jurídico de arrendamento mercantil realizado com recursos oriundos do exterior constituir negócio jurídico decorrente do empréstimo externo, direta ou, quando os recursos sejam originários do repasse do empréstimo externo, indiretamente.

Há acessoriedade, no caso, porque está ínsito, nas operações de arrendamento mercantil, o efeito de financiamento.

A doutrina dominante classifica o arrendamento mercantil — também por ela referido como *leasing* — no quadro da teoria geral dos contratos, como contrato misto em sua estrutura.[3] No quanto pertine aos efeitos, ele consubstancia um negócio indireto, já que evidente o fim de financiamento que através dele o arrendatário alcança.

A propósito assim se expressou Mauro Brandão Lopes:[4] "Há negócio indireto quando as partes recorrem, em determinado caso concreto, a um contrato típico, nominado, para conseguir, por meio dele, não somente os seus efeitos normais, mas também fim diverso daquele que decorreria de sua estrutura peculiar. É exatamente o caso do *leasing*: os efeitos normais de todo contrato de arrendamento são desejados pelas partes e por meio dele, como fim indireto, querem também o financiamento, que é a razão de ser do negócio indireto".

16. No que toca aos efeitos de financiamento que indisfarçadamente defluem do contrato de arrendamento mercantil, logrados, como visto, mediante a utilização de recursos oriundos de empréstimo externo, trata-se de negócio decorrente de um outro, que tem, quanto à utilização de moeda estrangeira como padrão de valor, naquele, sua *causa*, causa de juridicidade.

O contrato que tenha como fundamento outro contrato, já aperfeiçoado, deste decorrendo, embora mantendo autonomia nos direitos e obrigações que encerra, inclui-se, na teoria geral dos contratos, na categoria dos *contratos derivados*.

É próprio ao *contrato derivado* situar-se nos limites do contrato de que se origina e do qual é acessório. Aquele, o contrato derivado, supõe este último como sua premissa, que condiciona a sua *existência*, a sua *validade* e a sua *eficácia*. Nada obsta, todavia, que o segundo (o contrato derivado) comporte desenvolvimento próprio e tenha duração diversa (mais curta) da do primeiro, sem que isso o afete; a relação de acessoriedade manifesta-se em um único sentido: o contrato principal reflete-se no acessório, não o inverso.

17. Aos traços enunciados, que informam a definição da situação jurídica das partes nos ajustes da espécie, agregue-se o princípio do equilíbrio econômico-financeiro dos contratos.

Isso porque a arquitetura dos negócios jurídicos encontra seus alicerces nesse princípio também no capítulo dos subcontratos, ou contratos derivados, nos quais as obrigações de uma parte consubstanciam o fundamento da constituição do direito de crédito dela mesma.

18. Em razão de tudo isso resulta inteiramente descabida a alusão a lucro ou prejuízo, para a empresa de arrendamento, decorrente dos efeitos da cláusula de paridade cambial.

Ao crédito da empresa arrendadora corresponde, exata e precisamente, um débito de igual valor decorrente da operação de crédito originária, de cujos efeitos é o arrendamento derivado. Crédito e débito se alteram, para mais ou para menos, exatamente na mesma proporção cada vez que a paridade se altera.

3. Orlando Gomes, *Contratos*, 6ª ed., Rio de Janeiro, Forense, 1977, p. 567; Fran Martins, *Contratos e Obrigações Comerciais*, 5ª ed., Rio de Janeiro, Forense, 1977, p. 559.

4. "Natureza jurídica do *leasing*", in *RDM* 14/38.

Não há, pois, como aludir-se, na hipótese, a lucro ou a prejuízo para qualquer das partes no negócio jurídico.

Teorias da base do negócio jurídico e da imprevisão e Código de Defesa do Consumidor

19. Por isso resulta inteiramente despropositada a argumentação, adotada pelos que dão a sua "contribuição" ao debate, estruturada sobre as teorias da base do negócio jurídico e da imprevisão.

Posso com grande facilidade demonstrá-lo. Cumpre para tanto verificarmos se a majoração da paridade Real/Dólar perpetrou alteração na base objetiva do negócio jurídico de arrendamento mercantil contratado sob cláusula de paridade cambial e, mais, se as recentes alterações na política cambial brasileira podem caracterizar fato abarcado pela teoria da imprevisão.

20. Refiro-me, no primeiro momento, à *teoria da base objetiva do negócio jurídico*, formulada por Larenz, acolhida no direito comum brasileiro por força da incidência do *princípio da boa-fé objetiva* e, em certas relações jurídicas de direito especial, mediante expressa disposição legislativa.

Larenz sustenta que o conceito da *base objetiva do negócio* vincula-se à finalidade real do contrato, que estaria obstada em razão da modificação objetiva da base sobre a qual pactuado:[5] "Cada contrato crea o regula determinadas relaciones entre las partes, relaciones que, a su vez, son, en mayor o menor medida, una manifestación de las circunstancias sociales existentes y, hasta cierto grado, las presuponen. El que concluye un contrato piensa y obra partiendo de una situación dada, que no es preciso que se represente claramente, que, tal vez, ni siquiera estaba en condiciones de abarcar, pero cuyos sedimentos penetran en el contrato en forma de presuposiciones inmanentes. La interpretación de un contrato no depende, pues, exclusivamente de las palabras usadas y de su significación inteligible para las partes, sino también de las circunstancias en las que fué concluído y a las que aquéllas se acomodaron. Si posteriormente se realiza una *transformación fundamental de las circunstancias*, posibilidad en que no habían pensado las partes contratantes y que de ningún modo habían tenido en cuenta al *ponderar sus intereses y al distribuir los riesgos*, puede ocurrir que lo contrato, de ejecutarse en las mismas condiciones, pierda por completo su sentido originario y tenga consecuencias totalmente distintas de las que las partes habían proyectado o debieran razonablemente proyectar".[6]

A longa transcrição se justifica porque nela estão expostos os fundamentos e o alcance da teoria: não se trata, como se vê, de recorrer à mera *base subjetiva* (Oertmann), isto é, apenas à representação mental das expectativas das partes no momento da conclusão do negócio, sequer a um vago juízo de equidade contratual, mas à hipótese em que a modificação jurídica produzida *fundamenta-se no próprio contrato*: as circunstâncias puramente pessoais do devedor não entram em conta, considerando-se, ao contrário, *as circunstâncias objetivas à vista das quais o negócio foi concluído e a sua finalidade econômico-social.*

Por isso Larenz define a base do negócio como "el conjunto de circunstancias y el estado general de cosas cuya existencia o subsistencia es objectivamente necesaria para que el contrato, según el significado de las intenciones de ambos contratantes, pueda subsistir como regulación dotada de sentido".[7]

Ora, nenhum dos elementos que compunha, no caso, a base do negócio se alterou. O quadro conformado pela utilidade do bem arrendado, pela possibilidade de o arrendatário ter a sua posse mediante o pa-

5. *Base del Negocio Jurídico y Cumplimiento de los Contratos*, Madri, Ed. Revista de Derecho Privado, 1956, pp. 97 e ss.

6. Idem, pp. 97 e 98.

7. Idem, p. 224.

gamento das contraprestações do arrendamento conforme um determinado padrão de valor (o Dólar) e de o negócio jurídico de arrendamento produzir os efeitos de parte a parte, tal como se verificava ao tempo da contratação, permanecem inalterados.

Repito: para quem sabe do que está falando é evidente que aquele quadro não sofreu alteração.

21. Já a imprevisão que dá causa à exoneração da parte relativamente a certas obrigações é justificada como resultante da superveniência de conjuntura nova que torna economicamente impossível o cumprimento de cláusulas pelas quais se obrigou a parte.

Decorre não do risco normal do negócio, que já estava ínsito quando da contratação, mas de fatos novos, alheios às variáveis que conformam o negócio jurídico. Embora se possa superpor situações de alteração da base objetiva do negócio jurídico e de imprevisão, ilustram essa última hipótese a exacerbação repentina da taxa de inflação monetária, como ocorreu na década dos cinqüenta no Brasil; a impossibilidade de importar certos insumos em função de restrições impostas pela autoridade pública; o inesperado aumento da escassez de certo bem (que seja o objeto do negócio jurídico ou que seja decisivo para a realização do seu objeto), qual ocorreu quando da crise do petróleo.

Em todos esses casos deu-se a superveniência de circunstâncias que não podiam ser razoavelmente previstas e que afetam sensivelmente a possibilidade de a parte cumprir sua obrigação.

É bom que se diga que a teoria da imprevisão não se presta a eliminar o risco que de ordinário cerca a parte em determinado negócio jurídico, por isso mesmo não se aplicando a hipóteses de risco que normalmente integram a relação negocial. Considere-se, para exemplificar, a contratação do fornecimento de certo bem a preço que, com o surgimento de novo fornecedor, torna-se muito alto para o beneficiário, e vice-versa; ou certos negócios de prestação de serviços, dependentes da utilização do trabalho com vínculo empregatício, quando se verifica nova negociação de salário que amplie ou reduza os custos do prestador de serviços; ou, ainda, o caso do devedor de empréstimo a juros flutuantes que, mercê de modificações no mercado financeiro, vê multiplicados os encargos devidos.

Estaremos, nesses casos, todos eles, diante de variáveis próprias dos negócios jurídicos considerados; em outras palavras, em todos eles se verifica o risco que é a cada qual inerente. Estaria a instalar a insegurança total dos negócios jurídicos quem pretendesse aplicar a teoria da imprevisão a esses casos. Prestar-se-ia o direito, então — e de modo inteiramente adverso aos seus fins — a prestigiar o inadimplemento, caso verificada a variável de risco ordinário do negócio.

É necessário lembrarmos que a aplicação, aos negócios jurídicos, de qualquer das teorias construídas a partir da impossibilidade econômica apenas se justifica quando se imponha a um dos integrantes do vínculo álea extraordinária, álea que *desborde o risco normal do negócio.*

22. Retornando porém às operações de arrendamento mercantil sujeitas à cláusula de paridade cambial, cumpre ainda observarmos que:

(a) a moeda estrangeira compõe-se na base objetiva dessas contratações, até porque é nela que se enuncia, validamente (art. 2º, V, do Decreto-lei 857/69), a expressão do valor nominal do débito;[8]

(b) a moeda estrangeira, expressão do valor nominal do débito, padrão de valor validamente utilizado de acordo o art. 2º, V, do Decreto-lei 857/69, não sofreu qualquer alteração;[9]

8. O arrendatário deverá ter formalizado com a empresa de arrendamento instrumento contratual no qual tenha sido claramente estipulado tratar-se de operação realizada com recursos em moeda estrangeira.

9. Verificar-se-ia alteração na base objetiva do negócio se, p. ex., o governo do Estado emissor da

(c) poder-se-ia admitir a hipótese de imprevisão caso a moeda estrangeira com base na qual é apurado o débito do arrendatário sofresse alterações profundas em razão de decisões meramente de política monetária do governo do Estado que a emite, ou mesmo de manobras de outros governos, que pudessem afetar significativamente sua paridade com a moeda nacional;[10]

(d) além de, no caso, ser juridicamente válida a contratação da cláusula de paridade cambial — como suficientemente demonstrado — ela é indispensável, e por isso obrigatória, para que se assegure o equilíbrio econômico-financeiro do contrato; repita-se: a arrendadora é ao mesmo tempo credora do arrendatário e devedora de bancos brasileiros, ou do exterior, sob cláusula de variação cambial;

(e) a variação da paridade cambial, ainda que abrupta, não consubstancia risco extraordinário, senão ordinário, para quem se obriga a cumpri-la;

(f) a cláusula de paridade cambial nas operações de arrendamento mercantil não resulta de mera decisão especulativa da companhia arrendadora, mas do exercício, de parte a parte, do direito de contratar e de como contratar, tendo por ela livremente optado também o arrendatário (isto é, o *consumidor*).

23. Lembro, a esta altura, o conselho de Vivante[11] aos estudiosos de Direito Comercial: "Jamais se aventurem a qualquer elaboração jurídica sem conhecerem a fundo a estrutura técnica e a função econômica do instituto objeto de seus estudos (...). É deslealdade científica, é falta de probidade, falar de um instituto para fixar-lhe a disciplina jurídica, sem conhecê-lo a fundo na sua realidade".

Ora, somente a ignorância dos conceitos jurídicos de moeda, indexação e paridade cambial pode explicar a pretensão de substituição do padrão de valor contratado por este ou aquele outro índice.

Aliás, os argumentos brandidos para justificar essa substituição — *v.g.*, o de que a parte não suporta o risco (ainda que risco ordinário do negócio jurídico de arrendamento mercantil lastreado em moeda estrangeira) quando "achar que é muito grande" o resultado de sua verificação, valendo a cláusula desde que o efeito do risco ordinário seja de "pequena monta" — dão a medida do desvario ao qual pode conduzir a falta de reflexão.

Deveriam saber, os que discorrem sobre o tema a partir desses argumentos, que, a prevalecerem os mesmos, o credor do arrendatário (que é devedor, sob a mesma cláusula de paridade cambial, junto a bancos no país ou no exterior) suportará perda sem causa (portanto, perda ilegítima), atribuindo-se ao devedor, injustificadamente exonerado, aí sim, enriquecimento sem *causa*, na medida em que ele deixará de arcar com o risco ordinário do negócio contratado em detrimento da parte à qual o mesmo risco não incumbia.

24. No que toca à tutela do Código de Defesa do Consumidor, consubstancia verdadeira inconseqüência a pretensão de nela encontrar-se guarida para o enriquecimento sem causa do *consumidor* (= o arrendatário dos contratos de arrendamento sob cláusula de paridade cambial).

A tutela dos interesses difusos buscada na invocação do referido Código evidentemente não promove, em que pese a novidade processual que encerra, qualquer alteração nos princípios jurídicos e, menos ainda, na estrutura dos negócios jurídicos, tal como deduzida no plano da teoria geral das obrigações e dos contratos.

moeda estrangeira a extinguisse ou restringisse a sua circulação, alterando sua disponibilidade nos mercados; modificar-se-ia, em conseqüência disso, elemento fundamental da base objetiva do negócio.

10. A propósito, relembre-se a atuação do governo francês no início da década dos setenta, que colocou o dólar em escanteio, levando o governo americano a extinguir a sua convertibilidade em ouro.

11. *Trattato di Diritto Commerciale*, v. I, 5ª ed., Milão, Casa Editrice Francesco Vallardi, 1929, pp. IX/X; tomo o trecho na tradução de Sylvio Marcondes, *Questões de Direito Mercantil*, São Paulo, Saraiva, 1977, pp. 149-150.

Pretende-se, no caso, mediante aplicação do disposto no inciso V do art. 6º da Lei 8.078, de 11.9.1990 — Código de Proteção e Defesa do Consumidor — modificar a cláusula de paridade cambial a que estão sujeitas as operações de arrendamento mercantil de que estamos tratar.

Diz o preceito: "Art. 6º. São direitos básicos do consumidor: (...) V — a modificação das cláusulas contratuais que estabeleçam prestações desproporcionais ou sua revisão em razão de fatos supervenientes que as tornem excessivamente onerosas".

É na parte final do texto transcrito — "em razão de fatos supervenientes que as tornem excessivamente onerosas" — que se pretende encontrar o apoio a justificar a alteração da cláusula de paridade cambial.

Afaste-se, antes do mais, a equivocada suposição, nutrida por muitos, de que o CDC está ancorado em um paternalismo patrocinado pelo Estado e atuado através do Poder Judiciário.

As novidades introduzidas pelo CDC respeitam à imposição de deveres a quantos participem das relações de consumo, como vendedores, fornecedores ou prestadores de serviço, de forma a impedir que se desrespeite o equilíbrio da relação jurídica. Evidentemente não são afastados, em virtude de sua invocação, os princípios gerais do direito e, menos ainda, as regras que conformam o regime jurídico das diferentes modalidades negociais.

25. Como já longamente demonstrado, a mudança da paridade entre a moeda nacional e a moeda estrangeira experimentada a partir de janeiro de 1999 não era estranha ao contrato; ao contrário, todos quantos se vincularam por essa cláusula assumiram o risco — risco ordinário, diga-se bem alto — de majoração ou redução naquela relação quantitativa: tanto os credores originários dos fundos utilizados na operação (bancos no exterior), quanto os devedores (destinatários finais, entre eles os arrendatários, dos recursos tomados por empréstimo no exterior), todos assumiram esse risco, da essência do avençado. Em outros termos: sem que esse risco tivesse sido assumido a cláusula de paridade não estaria efetivamente sendo contratada.

De mais a mais, é nítido como a luz solar passando através de um cristal (bem polido) que a alteração da paridade só pode ser *superveniente* ao contrato!

Até por isso é que tem existência e é contratada a cláusula de paridade cambial. Assim não fosse e ela seria desnecessária; e a disposição legal que dela cuida (art. 2º do Decreto-lei 857/69), além de desnecessária conteria, então, *palavras inúteis*!

Em síntese: as regras do Código de Proteção e Defesa do Consumidor, em especial o seu art. 6º, V, não podem conduzir à alteração da estrutura do negócio jurídico; esse art. 6º apenas e tão-somente explicita a prevalência da teoria da imprevisão e, esta, como vimos, presta-se exclusivamente a exonerar o devedor de riscos extraordinários suportados por uma das partes no negócio jurídico; ora, a variação na relação paritária entre a moeda nacional e a moeda estrangeira, em negócio jurídico contratado sob cláusula de paridade cambial, obviamente consubstancia risco ordinário, próprio e indissociável da avença contratada.

26. A onerosidade excessiva — eis o significado da própria locução — há de a ela aportar elemento que não é próprio da relação negocial e que imponha a uma das partes encargo originariamente inexistente. Diversamente disso, no caso dos negócios de que cogitamos a paridade cambial, com os riscos que acarreta, compunha a relação negocial. É juridicamente irrelevante, no caso, a circunstância de o valor da obrigação, mercê da aplicação dos critérios adotados para sua apuração, ser "muito grande", "médio" ou "pequeno"; a onerosidade excessiva decorre da sujeição da parte a elemento, externo à relação negocial, que finda por beneficiar apenas a contraparte.

A excessiva onerosidade que pode ensejar a revisão ou modificação de cláusula, como previsto no CDC, é variável que se situa fora dos elementos estruturais do negócio jurídico. Fatos supervenientes, p. ex., seriam os que ocorreram ao longo dos últimos anos, quando, em razão de absoluta desproporcionalidade entre os parâmetros da política salarial (eliminação de qualquer majoração de salário, agravada a situação mercê da política recessiva) e as regras de reajuste das prestações dos financiamentos para aquisição da casa própria (TR), rompeu-se, imprevisivelmente, a equivalência entre o salário dos devedores e as prestações devidas, que era o fundamento do contrato de financiamento.

Relembre-se: a paridade cambial, além de configurar elemento que se funda no princípio do valor nominal, é a coluna que sustenta o equilíbrio econômico-financeiro dos negócios jurídicos nos quais validamente pode ser estipulada. Sua eliminação importaria em que se colocasse às avessas o princípio geral de vedação do enriquecimento sem causa.

Conclusão

27. A conclusão alcançada nas "contribuições" a que venho me referindo, contrária à preservação da cláusula de paridade cambial — em especial se ela tomar essa cláusula como expressiva da adoção de um indexador[12] — é inteiramente descabida.

Note-se bem que, se adotada, importará em alteração da estrutura do negócio jurídico, visto que a cláusula de paridade cambial é, de uma parte, inteiramente adequada ao nominalismo, excepcionado pela indexação; de outra, confere operacionalidade ao princípio do equilíbrio econômico-financeiro do negócio jurídico de arrendamento mercantil realizado com fundos oriundos de empréstimos do exterior, rompido quando se impõe a uma das partes a substituição do padrão de valor originariamente avençado.

A supressão dessa cláusula (*a*) importará na imposição de um gravame estranho aos elementos negociais pelos quais se vinculou o arrendador — a ele não incumbia assumir a variação cambial, risco do arrendatário, que é o beneficiário da utilização dos recursos; (*b*) importará ainda, injustificadamente, em enriquecimento sem causa do arrendatário, decorrente da transferência de patrimônio do arrendador em favor de alguns que celebraram o arrendamento mercantil sob a cláusula de paridade cambial. Isso tudo, de resto, em flagrante detrimento de outros arrendatários que, por não terem assumido obrigação em moeda estrangeira, suportam as altas taxas de juros incidentes sobre fundos em moeda nacional.

28. Não pretendia, ao tratar do tema da indexação e da paridade cambial, assumir ares professorais,[13] mas apenas corrigir erros que não se pode deixar sem emenda, a fim de que não se multipliquem como praga.

Não temos dedicado a devida atenção à moeda como objeto de estudo no âmbito do direito. Salvo a tese de doutoramento do Prof. José Tadeu de Chiara,[14] não publicada por excesso de autocrítica do autor, mas que não pode deixar de ser lida por quem pretenda cogitar dessa matéria, pouco ou nada produzimos. Por isso não me contenho ao perceber que parte do pouco que se publica é inteiramente equivocado — a confusão entre indexação e paridade cambial é primária demais para que eu me cale...

12. Relembre-se a longa demonstração sobre a estrutura, os fundamentos e o funcionamento de cada qual.

13. Não seria absurdo, de todo modo, assumi-los, dado que de professor é o meu ofício.

14. *Moeda e Ordem Jurídica*, tese apresentada à Faculdade de Direito da USP, 1986.

NOTAS SOBRE PRIVATIZAÇÃO

RACHEL SZTAJN

Privatização é, antes de mais nada, um programa que pressupõe conjunto de medidas que devem ter por escopo o aumento do social mediante a reestruturação das atividades do Estado no plano econômico.

Porém, qualquer programa voltado ao aperfeiçoamento do bem-estar social está intrinsecamente associado a decisão política anterior que deve optar ou por modelo econômico centralizado, de economia planificada, ou pela economia de mercado. Dessa decisão prévia é que resultam as questões legais quanto à forma de intervenção do Estado no domínio econômico, exercendo, ou não, atividades empresariais. Assim, o modelo político escolhido é que serve como divisor de águas e por ele se define, se desenha, o papel do Estado no plano econômico.

A visceral ligação subjacente entre bem-estar geral e atividade econômica do Estado é o que faz com que qualquer discussão sobre privatização venha carregada de forte conteúdo emocional, apaixonada e apaixonante, desvendando as posições político-ideológicas dos interlocutores ou debatedores.

Segundo o ideário que cada um aceita e adota, justifica-se e deseja-se o exercício da atividade econômica diretamente pelo Estado ou, ao contrário, entende-se que ela deva ser completamente banida, limitando-se qualquer intervenção do Estado nas operações econômicas, no máximo, à fiscalização dos agentes privados. Caberia ao Estado exercer apenas suas atividades típicas como, por exemplo, segurança interna e de fronteiras, distribuição da justiça, definição de políticas sociais como educação (no mínimo até certo nível de escolaridade), saúde e previdência ou seguridade social, podendo estas ser exercidas por particulares e complementadas pelo Estado.

Ensino e saúde são exemplos claros de dever do Estado, que vêm sendo complementado por particulares. O número de escolas públicas, em todos os graus, insuficiente para atender a todos os interessados, leva à aceitação do aumento do número de escolas privadas; os hospitais públicos têm aceito convênios com planos de assistência à saúde privados a fim de aumentar os recursos necessários ao bom desempenho de sua função, e isto nada obstante o direito à educação e à saúde estejam contemplados na Carta de 1988, como direitos sociais, juntamente com os direitos a lazer, segurança, previdência social e assistência aos desamparados (art. 6º).

Essa incapacidade do Estado de atender adequadamente — para não dizer minimamente — aos direitos sociais é um dos fatores que levam a repensar sua intervenção no domínio econômico como agente direto, concorrendo com particulares.

A par disso, fatores endógenos, como distribuição demográfica da população e modificações do mercado de trabalho, ou hexógenos, como os provocados pela globalização dos mercados, por exemplo, também interferem na formulação de políticas nacionais internas, com reflexos nas demandas sociais, afetando igualmente o ideário sócio-econômico nacional.

Deixando de parte quaisquer ideários ditos liberais ou neoliberais, é preciso lembrar que a privatização não é fenômeno brasileiro, nem sequer que se dá apenas nos regimes de economias ditas de mercado, designação que costuma vir acompanhada de sentido negativo. Também nos casos de regimes socialistas, social-democráticos, e até conservadores corporativos há discussões e procedimentos que pretendem reduzir o tamanho do Estado-empresário.

Tanto é assim que, após a queda do Muro de Berlim e o esfacelamento da União das Repúblicas Socialistas Soviéticas (URSS) — sem que os países integrantes daquele bloco passassem a ser considerados economias de mercado —, foram privatizadas empresas estatais lá existentes, transferidas para particulares, casos que mereceram análise e discussão de estudiosos de distintas áreas do conhecimento como, por exemplo, políticos, sociólogos, economistas e juristas.

Se as privatizações inglesas, levadas a cabo no período em que foi Primeira-Ministra Margareth Thatcher, não causam surpresa, dado o fato de que politicamente o partido conservador entendia que o Estado não deveria exercer atividades econômicas, quando se passa à Europa continental, chegando à França socialista de Mitterand, à Alemanha social-democrata, e aos países do Leste Europeu, como a Polônia, Rússia, Repúblicas Checa e Eslovaca, parece importante reconhecer que deve haver alguma razão para que programas de privatização das empresas, ante controladas pelo Estado, tenham tamanha área de abrangência e interesse.

E o mais curioso é que embora nos vários países da Europa do Leste o fenômeno tenha sido comprovado, a definição das formas, os modelos desenhados, pelos quais a privatização foi conduzida, são diferentes. Não é de estranhar haver distintas maneiras de privatizar pois é necessário ter presente as resistências e interesses vestidos a vencer, a forma de ganhar o apoio da população, a necessidade de gerar recursos para o tesouro, proteger os empregos, entre outros, assim como estabelecer sistemas de controle dos resultados após a privatização.

Dessas diferenças e dos interesses específicos, em cada país, resultam efeitos distintos que atingem tanto a velocidade de execução dos programas, quanto o modo de formação de grupos ou blocos de controle de sociedades privatizadas.

Algumas razões práticas que justificariam privatizações podem ser a necessidade de investimentos em áreas estratégicas, típicas de atuação do Estado, e dificuldade de obtenção de recursos financeiros, especialmente quando a taxa de poupança interna é pequena, situação em que empréstimos domésticos podem ser inviáveis. A dependência de mútuo vindo do exterior, outra alternativa, nem sempre será factível; emitir moeda sem contrapartida de bens e serviços produz inflação, com as conseqüências conhecidas, e é por isso que, nessas situações, a venda pelo Estado de bens, ou a transferência de serviços nos setores em que se admite a alienação a particulares mediante privatização, tem sido o caminho escolhido por políticos das mais distintas tendências ideológicas nestes últimos anos.

A privatização pode, ainda, operar a abertura da economia, facilitando a entrada de bens, serviços e recursos externos, estimulando, às vezes, o desenvolvimento sócio-econômico, com o conseqüente aumento do bem-estar geral, meta social do processo. Outro efeito importante alcançado com as privatizações, este de caráter organizacional, é a redução do poder exercido por grupos de pressão atuantes junto aos órgãos governamentais responsáveis pelas empresas estatais ou sociedades de economia mista.

O aumento da eficiência produtiva, cuja conseqüência é oferecer incentivos aos administradores das sociedades privatizadas segundo seu desempenho, pode ser também fator relevante para a comparação dos resultados produzidos por sociedades privadas e públicas. É que nas empresas públicas há constrangimentos orçamentários e operacionais que caracterizam a prática administrativa, constrangimentos esses que inexistem, com igual intensidade, no setor privado.

A fiscalização da gestão nas sociedades privadas é, em geral, mais eficiente do que nas públicas, por isso que um dos efeitos da privatização é o aperfeiçoamento das técnicas administrativas (ao menos em muitas situações), impondo padrões comportamentais que se aproximam daqueles exigidos de administradores privados, a antigos funcionários públicos que permaneçam vinculados à sociedade.

Parece estar implícita na decisão política de privatizar a idéia de que empresas estatais precisam ser reestruturadas para se manter operando no mercado, garantindo empregos, produtos e/ou serviços, em economias submetidas à concorrência. Outra evidência é de que a decisão política de abrir o mercado e fomentar a concorrência precede o desenho dos instrumentos jurídicos.

É sabido, em qualquer tipo de atividade, pública ou privada, que a dissociação entre administração e propriedade exige a criação de estímulos adequados para que os administradores não resistam a modificações ou reorganizações empresariais. As questões são amplamente debatidas pela denominada teoria de *agency*. Também é sabido que nas empresas públicas a remuneração e a criação de estímulos são limitados, de sorte que aquela teoria não encontra espaço para produzir os efeitos necessários.

Ademais disso, quando se discute criação de valor, tanto para acionistas quanto para terceiros interessados nos resultados das sociedades, a existência de blocos acionários mantidos por instituições ou grupos fortes facilita o exercício de controles sobre os administradores, otimizando os resultados da atividade (se o ex-deputado Roberto Campos tiver razão, as empresas estatais criam valor para os funcionários, na ativa ou não, mas não para o titular do controle, o Estado).

A idéia de criação de valor complementa aquela da função social das empresas: criação de empregos, preservação do meio ambiente, manutenção da oferta de bens e serviços no mercado de modo a satisfazer aos consumidores, pontos importantes a serem considerados nas decisões quanto à forma de efetuar as privatizações.

Por isso, qualquer programa coerente e bem-sucedido de privatização deve reduzir os efeitos negativos provocados pelos grupos de pressão, internos ou externos — aí incluídos empregados, sindicatos, empresários — que agem egoisticamente, visando a obtenção de benefícios especiais para certas classes, e deve promover, de forma eficiente, a reestruturação das atividades econômicas do Estado, liberando recursos para investimentos na área social.

Vendo-se a privatização como movimento inverso ao da nacionalização, fica patente que, se no primeiro caso aplicam-se recursos públicos no pagamento dos bens (salvo hipóteses de confisco), é razoável que no movimento oposto ingressem recursos financeiros no caixa do Estado.

O emprego desse recurso deve visar ou ao pagamento da dívida do setor público, com isso reduzindo-se tanto seu estoque quanto as despesas com juros, de forma a estimular-se a poupança nacional, ou aplicação social, razão primeira das privatizações. O emprego dos recursos no pagamento da dívida deverá levar à liberação de fundos para investimento em programas sociais, ainda que a médio prazo, de forma a se fazer o resgate da dívida social existente na economia. O que não se pode admitir é a privatização para usar os recursos no pagamento de despesas de custeio da administração pública, provocando a perda de ativos sem redução do passivo.

Duas são as vertentes em que se pode privatizar. A primeira é a transferência de domínio de bens do patrimônio público e a segunda é a cessão da administração de bens e/ou serviços públicos a particulares. Pela segunda transfere-se a particulares o exercício de atividade ou a prestação de serviços públicos, ou ainda o gerenciamento ou gestão de bem ou atividade públicos (em 1996 o governo do Estado do Rio de Janeiro entregou a administração do Banerj ao Banco Bozano Simonsen em procedimento de privatização da administração). Tal transferência se justifica especialmente por permitir: a) a redução de custos impostos por força das pressões de *lobistas*, que agregam bem-estar a certas camadas da população, mas não a todos; e b) o aumento dos benefícios para a sociedade em geral.

A decisão de privatizar, porém, não afasta o reconhecimento de que alguns bens, serviços e funções do Estado são intransferíveis e, portanto, não podem ser objeto de qualquer forma de disposição, seja a que título for. A privatização deve recair sobre aqueles bens e atividades que, sem prejuízo para as funções do Estado, podem passar quer ao domínio privado, quanto aos primeiros, ou ser exercidas por particulares, sob supervisão do Estado quanto aos últimos.

Fica evidente que privatizar, como programa, significa enfrentar a reforma ou reestruturação patrimonial ou administrativa do Estado, a fim de ampliar o bem-estar da sociedade. Não chegar a tal resultado implica reconhecer que o programa de privatização fracassou. E, muitas vezes, novamente por força da pressão exercida por grupos de interesses, que vêm ameaçadas suas posições com a implantação do programa, as privatizações fracassam ou chega-se a resultados pífios. O meio caminho é a pior de todas as alternativas. O Estado aliena bens, não resgata as dívidas social e financeira e empobrece a todos.

A esse propósito, sobre a discussão da privatização dos serviços de telefonia no Brasil, vem-se à lembrança comentário de Elio Gaspari publicado, recentemente, no jornal *O Globo*. O articulista, que em geral é cáustico na análise dos programas do governo federal quanto à privatização das companhias telefônicas, diz que, ao menos no Estado de Minas Gerais, ela produziu resultados positivos para os usuários. Explica que além de aumentar a oferta de linhas de telefone o preço das chamadas caiu, graças à competição entre operadores de serviços de telefonia.

Também, nessa mesma linha, editorial do jornal *O Estado de S. Paulo* chama a atenção para o fato de que tanto a Secretaria de Desenvolvimento Econômico (SDE) quanto a Agência Nacional de Telecomunicações (Anatel) terem aplicado vultosas multas à Telesp e Telerj, duas das operadoras estaduais privatizadas. Essas multas tiveram por base reclamações de usuários e titulares de planos de expansão que não foram atendidos ou que se sentiram prejudicados com a prestação dos serviços após a privatização. O editorial do jornal paulista acentuava que, no mínimo, algum benefício existira após a privatização já que no período do monopólio estatal as reclamações não teriam produzido qualquer resultado desse tipo, de imposição de pena pecuniária.

Nem sempre os resultados das privatizações são alvissareiros, como Minas Gerais, pois lá a concorrência entre operadoras produziu a redução das tarifas, para alegria dos usuários de serviços de telefonia, exatamente o que se diz que deva ser o efeito de qualquer modelo concorrencial. Gerar a disputa, pelo consumidor, com o aperfeiçoamento da qualidade dos produtos e a redução do preço.

A batalha entre Estado ou mercado, como propulsores do desenvolvimento sócio-econômico, de aumento do geral, até o momento, vem sendo vencida, por larga margem, pelo mercado. Não necessariamente o mercado completamente desregulado, é certo, não sendo desejável a não intervenção absoluta do Estado na economia. Tanto a fiscalização das práticas desenvolvidas pelos particulares, quanto estímulos a setores da atividade econômica, fazem parte do processo de garantia do máximo bem-estar social.

Na Itália, por exemplo, instituições como o IRI, o ENI, e outras, investem em atividades que o Estado considera importante criar ou estimular, por períodos variáveis, dependendo dos resultados. Tais investimentos são, posteriormente, transferidos, mediante pagamento, a particulares, e os recursos resultantes dessas transferências empregados para estimular outros setores/atividades, em processo no qual a intervenção do Estado na economia se move de uma para outra área de atividade. É forma de privatização que poderia ser vista como a relocação de fundos públicos em diferentes setores da economia, em sistema de rotatividade programada.

O que se pode perceber, em perspectiva histórica, é que, ao longo dos anos na história dos povos, em movimento pendular, mas não de igual intensidade, o Estado se faz presente na atividade econômica, por vezes atuando pouco, outras interferindo de modo direto, como agente na organização da atividade econômica.

Veja-se o que ocorreu durante o período do absolutismo. A presença do Estado era máxima, a ponto de Luiz XIV, de França, dizer: *L'État c'est moi.* Com a Independência Norte-Americana, em 1778, e a Revolução Francesa, de 1789, dois marcos libertários, a presença do Estado na sociedade se reduz de forma drástica. Nem por outra razão se diz que após esse período o liberalismo imperou. *Laissez faire, laissez passer* é o mote da época. O Estado aparece como partícipe de menor importância nas relações entre particulares, cabendo-lhe, sobretudo, ministrar justiça, assegurar a ordem interna e defender as fronteiras nacionais.

Além das duas guerras mundiais é preciso lembrar que a Revolução Russa, de 1917, cria novo modelo de atuação do Estado, em que ele assume o papel de grande proprietário dos bens de produção e da propriedade. A idéia de apropriação privada da riqueza, fica, nesse sistema, afastada, com ênfase e relevância aos ganhos resultantes do trabalho individual, e não à propriedade de bens, móveis ou imóveis, típica dos modelos capitalistas.

Passadas duas guerras, resolvidas eventuais dificuldades derivadas de mudanças políticas e econômicas decorrentes quer da revolução industrial e do capitalismo selvagem, quer da estatização exacerbada da atividade econômica, não nessa ordem cronológica ou, sequer, nessa ordem de importância, fica evidente que as relações entre particulares e o Estado como agente econômico não se apresenta sempre de forma eqüitativa, e que é necessária atuação específica, seja na regulação e controle das atividades, seja, ainda, na intervenção do Estado como instrumento propulsor do desenvolvimento econômico e social.

A determinação das regras de propriedade, sua apropriação por particulares, as regras relativas à distribuição da riqueza entre particulares e Estado, constituem a base jurídica da decisão política quanto ao sistema de governo e da participação massiva do Estado no setor econômico, ou não.

A Revolução Marxista, de 1917, implantou o modelo que não reconhece a propriedade privada dos bens de produção: distribuiu as terras entre os camponeses para que, sob instruções do Estado, passassem a produzir os alimentos que eram oferecidos à população pelo Estado, proprietário das terras. Esse mesmo modelo de produção estatal foi implantado em Cuba, após a Revolução Castrista e perdurou na Europa do Leste até a Queda do Muro de Berlim, marco do início da mudança do regime comunista na Europa Oriental.

Fato comum de afirmar-se é que, durante a vigência daquele regime, embora o Estado fosse o proprietário dos bens, sua apropriação pelos membros da *nomenklatura*, por membros da administração pública era regra, o que explica a imensa pressão exercida para obter vantagens pessoais, provocando transferência de riqueza entre classes sociais distintas, os membros do partido e funcionários graduados e o restante da população, de forma não imaginada pelos ideólogos.

Há quem afirme que a privatização levada a cabo nos países do leste europeu teve, entre outros objetivos, os de: a) reestruturar as empresas públicas visando a reduzir ou eliminar a pressão de certos estamentos sociais; b) incentivar os administradores a exercer de forma mais eficiente suas funções; e c) evitar furtos de ativos pertencentes às empresas por eles administradas. Sendo distintos os escopos visados não é de estranhar que os modelos de privatização adotados estivessem voltados para chegar, ao menos, a um desses resultados. Subjacente à reestruturação do Estado poderia figurar o reconhecimento de que sem estímulos a eficácia produtiva e alocativa é baixa ou nula.

Sem chegar ao extremo de desconhecer a propriedade privada de ativos produtivos de forma absoluta, por iniciativa do grupo cepalino liderado pelo economista Raúl Prebisch, na América Latina, firmou-se doutrina que entende que o Estado deve ter forte presença na condução do desenvolvimento. As razões esposadas por essa doutrina podem ser encontradas na inexpressividade da poupança interna, insuficiente, portanto, para a implantação de grandes empresas privadas nacionais. A impotência dos particulares no empreender atividades necessárias para a criação de riquezas e garantir às populações o desejado do decorrente desenvolvimento sócio-econômico, levariam o Estado a tomar para si a tarefa de, diretamente ou mediante a organização de instituições específicas, impulsionar as atividades.

É a partir dessa doutrina que os países latino-americanos passam a intervir, de modo sistemático e maciçamente, no domínio econômico, tornando-se empresários e não meros reguladores das atividades exercidas por particulares. Tal política econômica combinada com a doutrina da segurança nacional, que ganha força institucional após 1964, contribuiu, no Brasil, para que o Estado não só atuasse diretamente na atividade econômica, como também para que fossem criadas barreiras à entrada de investimentos estrangeiros destinados a certas atividades, ditas estratégicas, que ou ficam em mãos do próprio Estado, ou de nacionais escolhidos pelos governantes no poder.

O estímulo oficial, que aparece na renúncia fiscal mediante a concessão de incentivos, a criação de barreiras tarifárias e não tarifárias à importação, acaba por criar certo vínculo, compromisso "moral" das autoridades que impele a socorrer as empresas em crise, garantindo-lhes a sobrevivência (a injeção de recursos públicos em atividades empresariais — muitas vezes por pressão exercida por amigos dos poderosos, tal como na Europa Oriental —, resultou em transferência de recursos e oportunidades públicos para particulares), sem que se temesse qualquer concorrência, estimula o exercício de atividade econômica sem os constrangimentos típicos para situações de imprevidência, a saber, concordata e falência.

Socorrer empresas em crise não parece ser função típica de Estado, porém basta levantar alguns dados para verificar que houve, por muitos anos, no BNDE (antiga denominação do BNDES) área denominada *hospital de empresas* cuja função era promover empréstimos subsidiados a empresas nacionais que tinham sido estimuladas a produzir bens ou a participar de setores de tecnologia de ponta e para os quais tanto investimentos, quanto mercado, eram reduzidos. O BNDE socorria as sociedades e recebia como garantia participações societárias, por força das quais, mais de uma vez, o BNDE passou a ser titular de sociedades que receberam auxílio financeiro, aumentando, dessa maneira, a intervenção do Estado no domínio econômico, já que o BNDE é banco de fomento e desenvolvimento estatal.

Há quem afirme que a dificuldade maior das empreses estatais é sua ineficência e, para obter ganhos nesse campo, nada melhor do que privatizá-las, pois como se disse antes, pode-se mais facilmente oferecer estímulos aos administradores no setor privado. É claro que quando se compara eficiência dos setores público e privado, no plano empresarial, é preciso ter presente a desigualdade de constrangimentos que afetam um e outro, já que muitas vezes as empresas públicas são ineficientes porque o governo deseja e não pela ausência de adequados incentivos dos administradores.

Creio que durante muito tempo imaginou-se que as empresas públicas, por deverem exercer função social, a elas não se lhes exigiria produzissem lucros. Não produzir lucros, é claro, não significa gerar perdas, mas, como perda é o oposto de lucro, fácil confundir função social com não produzir lucro mas sim perdas, impondo-se a tais empresas privadas, por exemplo. Não que os preços de produtos ou serviços oferecidos pelas empresas públicas nunca fossem aumentados. É que ao invés de aumentar a produtividade era mais fácil, notadamente no caso dos monopólios, aumentar preço ou aceitar prejuízo. Afinal a falência não assusta administradores de estatais. A irresponsabilidade sem risco é estimulada e acaba por se institucionalizar como prática gerencial.

Esse entendimento de que função social justifica perdas nas estatais não tem apoio doutrinário. Atualmente é pacífico o entendimento de que se não precisam produzir lucros, as estatais não devem gerar prejuízos, pois eles que acabam sendo pagos com o resultado de arrecadação tributária que é desviada de projetos de caráter social. Só esse argumento seria suficiente para impor aos Estados maior disciplina no exercício de atividades empresariais evitando que as estatais fossem fontes de perda financeira.

A globalização das relações econômicas provoca a revisão de muitas práticas sendo a desestatização uma delas. Os modelos teóricos-práticos de privatização assumem diversas modalidades, distinguindo-se, entre outros, o espontâneo ou darwiniano, o automático e o discricionário; o oneroso e o gratuito; o igualitário, o gradualista e o rápido; aquele em massa e restritivo, do bloco controlador.

Modelo darwiniano, ou não construtivista nem discricionário, é o resultado da passagem de uma ideologia planificadora e centralizada, construtora do socialismo, para uma economia de livre concorrência, em que o mercado é forma natural de organização da economia. Nesse caso a facilitação para a entrada de empresas privadas em setores em que anteriormente havia monopólio estatal, constitui forma interessante de privatização "espontânea", sem que se faça a efetiva transição na titularidade dos bens públicos. O processo é lento, mas encontra menor resistência do que o rápido, que exige a definição de políticas conscientes e determinadas, portanto, de um procedimento que poderia ser designado construtivista. É, ao que se sabe, o modelo empregado pela China que atrai investimento de empresas estrangeiras sem, porém, alienar qualquer das estatais.

O modelo não discricionário trata de realizar leilões amplos para a venda de ativos públicos buscando a garantia de que todos os eventuais interessados tenham acesso ao leilão. O problema com esse processo, como o de qualquer leilão, aliás, é que o resultado ótimo, quanto a concorrência de lances, depende da natureza dos ativos oferecidos e da existência de mercado. Qualquer falha de informação ou pequeno número de interessados distorce o leilão (veja-se, a propósito, as exigências de leilão na venda de lotes de ações de companhias abertas que a CVM faz — data e horário pré-determinados e ampla publicidade). Imagina-se que no leilão, havendo disputa, os bens serão arrematados por aqueles que estejam dispostos a pagar o maior preço, por entenderem farão deles o melhor uso (a alocação será mais eficiente).

Processo discricionário é aquele em que políticos (o Congresso, por exemplo) e administradores públicos decidem, caso a caso, a privatização de empresas. Exemplo clássico é o do *Treuhand*, da Alemanha. Sob controle da *Treuhand* a venda das companhias existentes na Alemanha Oriental, após a unificação, se processou rapidamente, mas com resultados econômicos parcos para o governo alemão.

O *Treuhand*, talvez por força da mudança do quadro institucional, agiu de forma tão rápida no processo de privatização das empresas públicas da Alemanha Oriental que acabou por depreciar o preço dos ativos alienados. Também, dada a rapidez, não se garantiu que os ativos fossem alocados de forma eficiente, em mãos daqueles que poderiam fazer o melhor uso deles e, pior, não só os resultados financeiros para o governo foram negativos, como há suspeitas de que houve inconsistência em muitas decisões, com favorecimento de grupos, segundo notícias divulgadas.

Para evitar eventual favorecimento de grupos, decorrente de alienação discricionária com interferência de políticos e funcionários da administração pública, pensa-se em processo não discricionário que pode resultar na trnsferência de participações, a título gratuito ou oneroso, aos empregados das companhias. Esse modelo não leva recursos para o Estado, ou se o faz, o montante é desprezível, servindo apenas para reduzir a resistência de interessados na manutenção da situação; foi bastante discutido na Polônia. Pretende-se assemelhá-lo à doação de glebas aos camponeses após a queda do regime comunista.

A crítica que se faz é que, no caso, não se trata de propriedade divisível, e corpórea, como a terra, mas sim de estabelecer tipo de condomínio sobre bens sociais. Ora, se todas as companhias tivessem mesmo patrimônio e potencial de lucratividade, far-se-ia atribuição justa com a repartição dos bens do Estado. Dadas as diferenças entre sociedades quanto ao valor de patrimônio líquido, a perspectivas de lucros futuros, aos bens que produzem para o mercado, é certo que alguns empregados receberiam valores superiores a outros. E, numa eventual falência da empresa privatizada, não apenas haveria perda de postos de trabalho como perda de substância do patrimônio do empregado que tivesse recebido participação naquela sociedade.

Se a privatização não discricionária tem aspecto negativo, também a discricionária apresenta aspecto sensível em razão da interferência de políticos e funcionários da administração pública no procedimento de alocação dos bens. É que pode incentivar a corrupção, dada a tendência a pressão que venha ser exercida sobre quem decide, visando se favoreçam certos agentes. Os riscos dessa prática são grandes e provocam desvios alocacionais sérios.

A forma de evitar qualquer suspeita de corrupção tendente a proteger agentes é estipular regras gerais tão claras que se reduza ao mínimo o poder discricionário dos operadores envolvidos no processo. A celeuma provocada por escutas clandestinas quando da privatização das empresas de telefonia no país, é exemplo do que se afirma. Sem pré-julgamento e admitindo não ter havido favorecimento a consórcios vencedores, a suspeita de tentativa de favorecer, ou de prejudicar, concorrentes corrobora a tese.

Algumas vezes passa-se à privatização em massa, com a distribuição, gratuita ou por valor insignificante, para toda a população. O método é demorado e, administrativamente, oneroso pela dificuldade de fazer a atribuição sem levar em conta grau de instrução, posição sócio-econômica ou outros fatores. O resultado econômico para o Estado é nulo e a extrema dispersão da base acionária pode, salvo se existir mercado secundário para as ações, dificultar o controle da administração.

Se a idéia do programa de privatização for a de criar larga e dispersa base acionária, como as das companhias norte-americanas, a opção será pela venda ou distribuição ao público em geral, isto é, a pessoas naturais e, por isso, pacotes de ações, a se cogitar de algum tipo de controle definido e estável, devem ser oferecidos em leiloes especiais.

A experiência demonstra que a melhor alternativa é a venda de participações societárias segundo uma das seguintes modalidades: venda a investidores estratégicos, ou a determinados e específicos interessados, ou a uma combinação das duas. A escolha de qualquer dessas modalidades depende dos objetivos finais de política econômica.

Para garantir a formação de bloco(s) de controle, expediente aceitável será impor restrições à circulação das ações de companhias privatizadas, por certo lapso temporal, levando à formalização de grupos de controle e dando a neófitos no mercado acionário tempo para aprenderem a lidar com um ativo de risco.

Impossibilitada a privatização dos ativos, recorre-se à privatização de sua administração. Uma das formas para chegar a esse resultado é, por exemplo, dar aos administradores amplo poder decisório quanto aos negócios sociais, obrigando-os a responder pela saúde financeira da empresa. Enquanto o Estado mantem o controle sobre o ativo, essa alternativa só é viável se as ações pertencentes ao Estado, no caso de sociedades, não tiverem direito de voto, o que parece muito complicado para o sistema brasileiro.

Em 1993 a Comissão Conjunta Húngaro-Internacional Blue Ribbon, propôs resolver essa dificuldade de manter as ações como propriedade do Estado e transferir a administração a particulares mediante contratos de administração pelos quais o exercício do direito de propriedade seria transferido, total ou parcialmente, e por prazo definido, a agente fiduciário, ou a sociedade de economia mista, que seria a controladora da estatal, evitando que o Estado exercesse o direito de voto. O recurso a sociedade em que haja capitais públicos e privados procura dar a imagem de ser privado o controle. Uma última alternativa que se sugere, e que não tem amparo no direito pátrio, seria manter toda a participação do Estado representada por ações sem direito de voto.

Como é que na Europa do Leste resolveu-se a questão da privatização? Destaca-se, inicialmente, o programa russo. Segundo estudiosos, esse programa é o mais coerente de todos os praticados na região, tendo ocorrido de forma mais rápida do que em outros países integrantes da antiga União Soviética.

O programa teve início em 1992, quando o governo russo começou distribuir títulos com valor de face igual a $10.000 rublos aos cidadãos. Os titulares desses papéis puderam escolher entre utilizá-los diretamente em leilões de ações, ou aplicá-los em fundos de investimento privados que compareciam aos leilões. Também se permitiu que os portadores dos títulos pudessem cedê-los por dinheiro, gerando mercados líquidos de títulos de privatização em muitas das cidades russas.

Contra o argumento de quem entendia que os títulos não deveriam ser transferidos em mercados secundários, verificou-se que tal restrição impediria a quem interessasse manter posições societárias mais expressivas de fazê-lo.

Duas razões poderia explicar a facilidade admitida na cessão dos títulos ou direitos de privatização: 1) interesse em estimular o controle externo sobre os administradores das companhias privatizadas; e, 2) evitar o aparecimento de mercado paralelo de títulos se não se garantisse sua circulabilidade de forma legítima. O mercado paralelo estimularia a corrupção e a propina, o que era totalmente indesejável para o sucesso do programa.

Na Polônia, que iniciou o programa mais cedo, uma das opções de privatização foi a integração dos empregados das companhias a serem privatizadas no processo. Os pacotes acionários das companhias privatizáveis foram divididos em dois blocos. Um deles, representando 60% do total, oferecido a investidores estratégicos (20 intermediários financeiros). Desses 60%, 33% das ações é destinada a um só dos fundos cuja função é a de supervisionar e reestruturar a empresa; e os 27% restantes são distribuídos aos demais.

Para fiscalizar a administração dos fundos, são administradores entre bancos de investimentos, fundos internacionais e empresas de consultoria, que atuando por meio de contratos de administração e com remunerações vinculadas ao resultado dos fundos, que assumem a responsabilidade pela reestruturação da companhia. Essa é a maneira usual, nas companhias abertas, de tratar problemas de *agency*, de conflitos de interesses e *lobby*, nos países de economias capitalistas.

Idéia que aflora dessa opção é que os fundos devem impor rigoroso controle gerencial às empresas privatizadas, pois passado um ano de operação das empresas privatizadas sob supervisão dos fundos, são distribuídos certificados de investimento à população. Os títulos assim distribuídos garantirão aos portadores o direito a participação em algum fundo que tem parcela do capital social. Esse procedimento se destina a eliminar ou reduzir o número de opositores da privatização e aumentar a velocidade do processo.

Qual é o panorama das privatizações no Brasil até o presente? O desgaste do modelo do Estado como empresário é patente. Matéria veiculada na *Gazeta Mercantil*, de 17.3.1999, no caderno "The Wall Street Journal Americas — Espelho das Américas", vem com a seguinte chamada: "Livre mercado avança no placar". A atuação do Estado no domínio econômico agindo como empresário, e que se apropriando dos fatores da produção, deveria indicar, também, que o Estado-empresário teria as preocupações, no plano econômico-financeiro, iguais às que têm os empresários privados, sujeitos às regras de direito falimentar, o que, portanto, deveria levar o Estado a gerir as empresas de forma eficiente, em busca de lucros, ou, no mínimo, sem provocar prejuízos que recaem sobre o erário.

A estatização da economia deveria produzir um empresário que tivesse cuidado na aplicação dos recursos públicos e que buscasse remunerá-los de alguma forma. Quando o empreendimento fosse voltado à solução de questões sociais, se adotada forma empresarial, deveria ficar claro que o de certa comunidade não poderia ser obtido à custa do sacrifício de toda a população.

Ora, segundo a reportagem já citada, 67% dos brasileiros acredita que a economia de mercado é a mais conveniente do que a estatizada; 50% aprova a saída do Estado do setor produtivo; 62% entende que os preços devem ser determinados pela livre concorrência.

Ao que parece, tal como em outros países que adotaram o modelo desenvolvimentista baseado na economia planificada, o esgotamento dos recursos públicos e a dificuldade crescente da obtenção de empréstimos, por força do ônus crescente seja da dívida seja dos juros, impôs a revisão do processo de atuação do Estado na economia também aqui.

Quando o governo (União Federal, Estados ou Municípios), por si ou órgão da administração indireta, exerce atividade econômica, é de se esperar que o controle sobre os recursos destinados à atividade, investimento inicial e/ou de custeio, obedeça aos mesmos critérios daqueles empregados por qualquer empresário. Porém, a falta de mecanismos de controle permite aos administradores, em geral indicados por exercício de pressão política junto ao poder público, atuem com maior liberdade e, dada a idéia de que as empresas públicas não têm titular, o comando administrativo pode tornar-se arbitrário. Isto sem considerar que muitas vezes algumas decisões gerenciais desses administradores indicados por forças políticas não seguem boas práticas administrativas.

A verdade é que noções de eficiência gerencial, separação entre público e privado, conflitos de interesse, largamente explicados pela teoria de *agency*, e, mais recentemente, pela discussão de *corporate governance*, passaram longe da preocupação de administradores e administrados durante o período em que, no Brasil, o Estado agiu como agente econômico atuando direta e indiretamente na atividade em vários setores.

O que se seguiu a esse descompasso entre as boas práticas administrativas e os grupos de pressão organizados ou próximos ao poder, é que benefícios sociais e assistenciais foram garantidos a empregados das empresas públicas, benefícios esses que não encontram reflexo no modelo de administração do setor privado. Os fundos de previdência complementar destinados a funcionários públicos de algumas sociedades de economia mista ou empresas públicas e autarquias — Petrus, Centrus, Telus etc. — são alguns exemplos.

No Brasil, o processo de privatização está previsto no Programa Nacional de Desestatização, Lei 9.491/97, que dispõe sobre a transferência, para a iniciativa privada, de atividades anteriormente exploradas pelo setor público. Há, portanto, que relacionar o programa com o disposto na Constituição Federal, art. 173, que determina que a exploração de atividade econômica, diretamente pelo Estado, só deve ser permitida quando se tratar de caso de segurança nacional ou relevante interesse coletivo, definidos em lei. Vale dizer que o Estado atuará, no exercício da atividade econômica, de forma supletiva, devendo, segundo a lógica, retirar-se do exercício de atividades econômicas que não preencham aquelas condições mediante processo de privatização.

Suporte para programas de privatização das empresas públicas e para a cessão do controle das sociedades de economia mista encontram-se, ainda, nos limites determinados pelo art. 20 da Constituição Federal e arts. 65 e ss. do Código Civil, que dispõem sobre bens públicos.

A Carta Magna trata dos bens pertencentes à União Federal, Estados e Municípios, enquanto que a lei civil se ocupa da determinação, dentre os bens públicos, quais os de uso comum do povo e, portanto, não apropriáveis por qualquer particular, e aqueles que, embora pertencentes a entes públicos podem ser privatizados (art. 66 do Código Civil: "São bens públicos: I — os de uso comum do povo, tais como os mares, rios, estradas, ruas, praças; II — os de uso especial, tais como os edifícios ou terrenos aplicados a serviço ou estabelecimento federal, estadual ou municipal; III — os dominicais, isto é, os que constituem patrimônio da União, dos Estados, ou dos Municípios, como objeto de direito pessoal, ou real de cada uma dessas entidades").

Caracterizam-se os bens públicos, que denominarei "públicos em sentido estrito", pela inalienabilidade que os grava; os demais bens públicos, segundo a regra do Código Civil, denominados dominicais, nos limites da lei, podem ser objeto de privatização. Também podem ser objeto de privatização bens públicos de uso especial em alguns casos.

No que tange a exercício de atividades econômicas, e tendo em vista a separação entre propriedade e controle, já de longa data explicada por Berle e Means, separa-se a privatização, também no Brasil, em venda de bens e transferência de controle da privatização de administração dos bens e das empresas. Volto a recordar o caso do Banerj cuja administração foi transferida ao Banco Bozano Simonsen.

Ruas, praças, estradas, são bens públicos de uso comum insuscetíveis de privatização. Atividades como segurança, interna e externa, justiça, são atividades que também não podem ser privatizadas. Já no que concerne aos monopólios constitucionais, entretanto, se não se pode transferir o domínio, pode-se permitir a exploração, num dos regimes adiante referidos, segundo previsão constitucional, para que particulares administrem, sob supervisão do Estado, com o que se faz a privatização da gestão.

A distinção quanto aos modelos de privatização que recaem sobre bens ou serviços está ligada ao tipo de bem de que se trate. Os bens da União incluem terras necessárias à defesa das fronteiras, vias de comunicação, lagos e rios que banhem mais de um Estado da Federação, terrenos de marinha, potenciais de energia hidráulica, recursos minerais. Alguns desses bens são insuscetíveis de qualquer tipo de privatização, por envolverem atividades típicas de Estado como segurança. Outros podem ser objeto de exploração por particulares sob supervisão da União.

Serviços prestados sob forma empresarial, ou não, mas indelegáveis, isto é, não privatizáveis, são os constantes do art. 21 da Constituição: serviços postais e correio aéreo nacional, distribuição de justiça e segurança pública, incluindo polícia de fronteiras. Serviços postais concorrentes aos públicos têm sido permitidos, como é o caso da DHL, Federal Express, TNT, que operam malotes ou serviços de entrega rápida. As franquias de agências postais pode ser entendida como forma de privatização darwiniana do correio nacional, ainda mais se analisada em conjunto com os serviços de malotes referido.

Outras atividades de competência do Estado podem ser exercidas por particulares mediante autorização, concessão ou permissão, entre elas, telecomunicações, radiodifusão sonora e de sons e imagens, instalação de energia elétrica e aproveitamento energético dos cursos de água, navegação aeronáutica.

A exploração econômica desses bens de propriedade da União constitui monopólio seu, mas a transferência a particulares é legalmente aceita, constituindo privatização, não da administração. Instrumentos das transferências são a licitação e o leilão. A primeira mais antiga, o segundo recente, tem sido utilizado na alienação de participações acionárias em bolsas de valores. Aplica-se a regra de leilão especial, com data definida e em que os interessados comparecem ao pregão para apresentar suas ofertas que podem ser abertas ou fechadas.

Do ângulo de análise da eficiência alocativa é de supor que os lances mais elevados serão oferecidos por aqueles que acreditam poder obter os maiores benefícios com a arrematação do bem leiloado. Os leilões são, portanto, benéficos como incentivadores da alocação de recursos, mas para isso é preciso que haja disseminação das informações quanto aos ativos, aos procedimentos e exigências posteriores a serem cumpridas pelo adquirente, e que haja mercado comprador, repita-se.

Estudos demonstram que essa forma, embora seja interessante, apresenta problemas dada a exigência que traz de recursos próprios, ou financiamentos bancários. Esse limitante poderá excluir qualquer tipo de discricionariedade quanto ao adquirente que será aquele que, preenchendo todos os requisitos previstos no edital, oferecer o maior lance, mas não necessariamente levará à eficiência alocativa desejável. Falhas no edital causarão desvios que podem ser nocivos para o programa.

A discussão da privatização das empresas públicas e sociedades de economia mista envolve, além da reorganização operacional do Estado, também, em larga medida, sua reorganização patrimonial.

Para o comercialista, quando se fala em reorganização patrimonial, vêm à mente as hipóteses de fusão, cisão ou incorporação de sociedades, de um lado, ou de falência ou dissolução e liquidação, de outro. Nos primeiros casos, somam-se ou dividem-se patrimônios de sociedades, transferindo as atividades anteriormente existentes em cada uma delas para outra(s). No segundo, o efeito final é a cessação da atividade empresária, com a conseqüente perda de empregos, redução da oferta de bens e serviços no mercado, o desaparecimento da empresa.

As empresas públicas estão livres da pena, que é a falência, a qual só se aplica às sociedades de economia mista. Ausente a pena, a administração pode atuar de forma menos cuidadosa no trato das questões econômicas já que a saída do mercado, por extinção inexiste, assim como não há a outra punição que é a impossibilidade de buscar fundos no mercado, quando se trata de empresa pública.

Pior que isso, nos monopólios estatais a fixação do preço do bem ou serviço que deveria atender a critérios sociais para justificar o monopólio e sua manutenção, foi muitas vezes reprimida pelo governo. Quando, porém, os monopólios estatais agem como os privados, fixando preços, falece o amparo para que o Estado exerça atividade econômica, já que a sociedade transfere renda para o monopolista, que muitas vezes provoca a exclusão social de contingentes populacionais importantes.

A exclusão social pode ter muito a ver com políticas do Estado-empresário que não foram controladas pela sociedade. Com a privatização opera-se intensa transformação no mercado que, de monopolista público pode passar, num primeiro momento, a monopolista privado para, em seguida, buscar-se estimular a concorrência com a criação de empresas privadas que operem naqueles mercados, segundo se percebe das alternativas acima apresentadas.

Em mercados concorrenciais, nada obstante imperfeições, as eficiências, alocativa e produtiva, são exigências para a continuidade das empresas no mercado. Assim, na decisão de privatizar qualquer empresa ou atividade que venha sendo exercida pelo Estado, após determinar-se a transferibilidade, é preciso definir preço justo e razoável, básico ou mínimo, analisar a viabilidade da concorrência, evitar ônus excessivos aos eventuais adquirentes a fim de estimular a disputa. A distorção de qualquer desses parâmetros desestimula-se a competição entre potenciais interessados e a falta de competição significa ter oferta sem demanda, o que deprime o preço final do bem.

Por fim, a privatização deve garantir o atendimento de objetivos de política social. Se os serviços são prestados pelo Estado são, em geral, de acesso universal, e isso deve ser assegurado após sua passagem para o domínio privado; a área geográfica anteriormente atendida deve ser respeitada e o preço dos serviços ou bens não deve aumentar de forma a inviabilizar a demanda. O que importa, porém, é que os benefícios sociais sejam amplificados e que os recursos provenientes da venda de ativos sejam utilizados de forma a obter máximo benefício social.

Pode-se verificar, da experiência com privatização levada a cabo em outros países, que muitos benefícios auferidos ou experimentados pelas sociedades decorreram da concorrência no mercado e, principalmente, da eficácia da aplicação de ações de responsabilidade aos particulares adquirentes das empresas, ou aos administradores de serviços e/ou de empresas públicos. A punição concretamente considerada constitui instrumento indutor de condutas.

Talvez o mais complexo elemento na discussão das privatizações nacionais sejam a participação dos fundos de previdência de empresas estatais, que ironicamente são credores do Estado, e do BNDES, que financiou alguns dos consórcios de sociedades que participaram das disputas. Terá havido real privatização ou serão recursos públicos que, de outra forma, retornam às empresas privadas? Gustavo Loyola, ex-presidente do Banco Central do Brasil, entende que se a indústria nacional cresceu por conta de investimentos públicos e/ou de empréstimos públicos concedidos a alguns empresários em condições muito favorecidas (juros negativos e longos prazos para pagamento), durante o período do governo Geisel.

As fontes privadas de fundos para aplicação em privatizações são capitais estrangeiros e bancos nacionais, ficando o restante dos recursos por conta de fundos públicos que ou participam dos consórcios com empresas privadas nacionais — os fundos de pensão —, ou de empréstimos concedidos pelo BNDES, que agora cobra juros mais condizentes com os de mercado, embora ainda favorecidos. Mas e se os tomadores de recursos se tornarem inadimplentes? Voltam as ações das empresas estatais privatizadas às mãos do BNDES? A composição entre os integrantes do consórcio Telemar, que adquiriu, em leilão de 29.6.1998, uma das operadoras de telefonia, definirá o modelo brasileiro de intervenção estatal nas privatizações.

Se o BNDES e fundos de previdência — de pensão — de estatais, cujos recursos provêm do governo, são atores importantes no programa brasileiro, será que há de fato privatização de empresas públicas? A proporção em que as fontes de recursos são combinadas é que determina a privatização real ou virtual, se assim se pode denominá-la, das estatais brasileiras.

Lembra o economista retromencionado que qualquer programa de privatização deveria pressupor mercado de capitais bem desenvolvido e organizado, estímulos à poupança privada para investimentos em atividades de risco e afastamento do poder discricionário de políticos e funcionários públicos para recorrer a fundos de instituições financeiras estatais a fim de estimular a concorrência nos leilões de privatização.

As recentes alterações da lei do anonimato, que visou facilitar as privatizações, teve efeito nefasto na tutela de acionistas minoritários que se não era boa ficou pior. Doutrinadores são uniformes na crítica à reforma da lei, tanto é que já se fala em novas alterações. Do ponto de vista fiscal a fúria arrecadadora da União desestimula qualquer tipo de poupança.

Também é de acentuar que, no caso, brasileiro, o governo deu prioridade à rapidez e ao valor a ser apurado com a venda das empresas sem atentar para o fato de, talvez, não fosse essa a melhor forma estratégica de transferir bens públicos para a iniciativa privada; decisões estratégicas quanto a balanço de pagamentos — no caso dos investidores estrangeiros que adquiriram estatais, e que estão, portanto, legitimados a remeter dividendos —, podem provocar, mais adiante, forte impacto negativo no estoque de divisas. As participações cruzadas ou a concentração de ações de diferentes empresas privatizadas por alguns poucos, pode, futuramente, levar a viés operacional que precisará de nova intervenção do Estado para corrigir defeitos graves de mercado.

O que deve ser pesado, diante de todas as justificativas que louvam a privatização, é que se busca o aumento do bem-estar geral, do resgate da dívida social. A questão da solução de passivos sociais no Brasil permanece aberta. As exclusões sociais, seja por escolaridade deficiente, seja por modificação da estrutura do mercado de trabalho, seja pela extração fiscal que se destina a pagar dívida financeira, provocam dúvidas quanto aos reais efeitos e à eficácia do Programa de Privatização Nacional. Que triste final!

Atualidades

UM TÍTULO DE CRÉDITO RECENTE: A CÉDULA DE PRODUTO RURAL

JOÃO LUIZ COELHO DA ROCHA

A — Os títulos de crédito e seus princípios básicos. B — A taxatividade legal dos títulos de crédito. C — A cédula de produto rural como título de crédito. D — As particularidades da CPR.

A — Os títulos de crédito e seus princípios básicos

Como é de conhecimento jurídico generalizado, os documentos que se aglutinam sob a denominação de "títulos de crédito" (notas promissórias, duplicatas, letra de câmbio etc.) não se distinguem dos demais instrumentos obrigacionais que espelhem dívidas líquidas e certas (escrituras públicas, contrato particular formalizado, com a presença de 2 (duas) testemunhas etc.) por uma força executória diferenciada.

Realmente, sob o prisma da eficácia executória, tanto uma duplicata, ou um cheque ou uma promissória, desfrutam do mesmo e idêntico grau conferido pela Lei Processual Civil (art. 582) aos outros instrumentos que espelhem dívidas líquidas e certas.

São todos, em nível idêntico, títulos executivos extrajudiciais, ensejando a seu credor impago igual procedimento em juízo com a teórica força da penhora de bens do devedor, se caso este não pagar em 24 horas, ou depositar em juízo, o débito reclamado.

A distinção entre um simples título obrigacional de dívida líquida e certa e um título de crédito no sentido técnico e estrito, *é que este último desfruta de 3 (três) qualidades jurídicas que inexistem naquele outro.*

A promissória, a duplicata e qualquer um dos demais títulos de crédito se qualificam pelo princípio da autonomia, querendo este dizer que na circulação do título, na sua transferência pelo seu credor titular para outro credor titular, cria-se entre este último e o devedor uma relação autônoma, desvinculada da relação do devedor com o credor original.

Enfim, ao comprar, adquirir de terceiro uma promissória, um título de crédito qualquer que lhe é assim endossado, a pessoa pode ficar tranqüila que o devedor do título não lhe poderá opor exceções ou embargos à satisfação do débito sob o argumento de que o anterior dono do título já lhe havia quitado ou perdoado o débito, ou que lhe devia mais que o valor do título etc.

É essa a característica marcante dos títulos de crédito preservando a integridade do débito corporificado no curso da circulação do documento, de modo que o credor atual não tenha que recear problemas pessoais entre credores anteriores e o devedor.

Corolários dessa "sacralidade autônoma" do título de crédito são os dois princípios complementares que o caracterizam: o da titularidade (ou literalidade), traduzindo que só aquilo que contem o título é relevante para qualificar as obrigações ali assumidas, sendo desprezíveis, no campo cambiário, os acertos laterais ainda que documentados e, ainda, o princípio da cartularidade, no que a demanda material do título, da cártula, é de essência da exigência cambiária, por que se tem o crédito como ali corporificado; a inexistência da cártula provoca a inexistência da obrigação cambiária.

Síntese feliz e acurada desses princípios qualificadores se encontra na clássica definição de Cesare Vivante (*Trattato di Diritto Commerciale*, v. III, 5ª ed., p. 123): "Título de crédito é o documento necessário para o exercício do direito, literal e autônomo, nele mencionado".

B — A taxatividade legal dos títulos de crédito

Verifica-se ainda um outro princípio importantíssimo no estudo dos títulos de crédito e que podemos ver como decorrência dessa radicalidade do instituto, dessa importante diferenciação perante os demais documentos obrigacionais.

Estamos falando da *formalidade extrema* dos títulos de crédito. Cada título de crédito experimenta nas suas diversas leis de criação uma série de requisitos de formas essenciais à sua qualificação como tal.

As duplicatas, por exemplo, tem no art. 2º de sua lei reguladora (Lei 5.474/68), a listagem de 9 (nove) elementos formais necessários ao título. O cheque sofre o mesmo tratamento no art. 1º da Lei 7.357/85, e assim por diante.

Salvo hipóteses expressas referidas nas próprias leis reguladoras, a falta de qualquer das demandas formais retira do documento a força e o efeito de um título de crédito. Vale dizer, as relações daí derivadas não serão autônomas, o direito ali espelhado pode ter sua exigência alterada por ajustes à parte (seqüela da perda da literalidade) e, enfim, corre o credor ainda o risco de perder a força executória, valendo o papel (que talvez não atenda às formas demandadas no CPC para a execução forçada) apenas como prova inicial para uma ação monitória.

Não se costuma exigir da lei que seja ela, como peça normativa, dotada de caráter didático ou conceitual, daí porque não há de ser sempre encontrável a definição do papel ali tratado, como sendo um título de crédito. Tal qualidade vai defluir dos termos qualificatórios empregados no trato constitutivo legal do documento, e daí a jurisprudência e a doutrina retirarão ou não a etiqueta de título de crédito.

Para se ter um exemplo, apesar da importância das cartas de crédito à exportação, não vemos até agora acolhidos tais papéis no âmbito — e com os efeitos legais —, dos títulos de crédito.

C — A cédula de produto rural como título de crédito

Agora, em data relativamente recente (22.8.1994), a Lei 8.929 criou um documento próprio ao financiamento das atividades rurais, agrícolas, a "Cédula de Produto Rural", ou CPR.

E a lei em apreço foi bem clara ao determinar (art. 10) que se aplicassem, no que fossem cabíveis, ao novo título, "as normas de direito cambial", o que na ordem jurídica brasileira significa a invocação da chamada Lei Cambial (Lei 2.044) e, ainda, a Lei Uniforme de Genebra sobre Letras de Câmbio e Notas Promissórias.

Enfim, já aqui não se tem dúvidas de que as Cédulas de Produto Rural são títulos de crédito para permitir alavancagem creditícia de produtores rurais, com requisitos formais próprios listados no art. 3º daquela lei. Ao contrário da grande generalidade dos títulos de crédito, como as promissórias, as duplicadas — e mesmo os títulos comuns de financiamento rural ("cédula de crédito rural", notas de crédito rural, duplicatas rurais etc.) —, a cédula de produto rural não exprime uma obrigação de pagamento em dinheiro *mas uma obrigação de dar coisa incerta.* O art. 4º da Lei 8.929 declara que a CPR é "título líquido e certo" exigível pela qualidade e quantidade de produto nela previsto.

Trata-se, portanto, de um título de crédito que traduz não um creditamento em dinheiro, senão um compromisso de entrega de certa qualidade de produtos rurais, em uma determinada quantidade.

O Prof. Arnoldo Wald, em artigo chamado "Do regime legal da cédula de produto rural (CPR)", publicado na *Revista Forense* (n. 342, de 1998, p. 171), confirma: "Desta forma, o emitente não se obriga a pagar determinada quantia, mas a entregar uma certa quantidade de produtos conforme a descrição constante do título".

Na nova ordem jurídica raros são os títulos de crédito com tal objetivação, podendo aí se citar os conhecimentos de frete ou de transporte e os conhecimentos de depósito, que de semelhante maneira representam um crédito pela entrega de mercadorias e não de dinheiro.

Desde 1967, com o Decreto-lei 167, as atividades agrícolas já se beneficiavam com a possibilidade de títulos de crédito especiais recém-emitidos na circulação econômica dos produtos pecuários e de lavoura.

Ali se instituíram as cédulas de crédito rural (pignoratícias, hipotecárias, mistas) as notas de crédito rural, as duplicatas rurais, as promissórias rurais.

Todos esses títulos falam, contudo, em obrigações de pagamento em dinheiro pelo ruralista mutuário, sejam elas com garantias cedulares constituídas, ou mesmo sem garantias próprias mas dotadas de privilégio genérico sobre os bens não gravados do devedor.

Mesmo nos títulos que inexigiam a participação credora de instituições financeiras ou de cooperativas, como as promissórias e duplicatas rurais, o devedor assume o compromisso de pagamento em dinheiro.

Agora não. A CPR representa, formaliza, um desdobramento cartular da operação comercial/creditícia onde o devedor sabe que se libera da obrigação mediante a entrega de bens, ao que se impõe, por lógico, de bens (cereais, gado etc.) que ele produz na sua lavoura ou criação.

Naquele valioso estudo acima (ob. cit., p. 173) Arnoldo Wald observa: "Diante das oscilações do mercado e da eventual defasagem dos produtos agrícolas e da inflação, o produtor rural não se sente confortável em contrair uma obrigação de tantos mil reais, o risco da qual, lhe é de difícil dimensionamento; uma obrigação de entregar tantas sacas de seu produto, por sua vez, lhe parece muito mais próxima e palpável, e muito menos arriscada".

Não há restrições próprias na Lei 8.929, entendendo-se então que qualquer tipo de produto rural — agrícola ou pecuário — pode ser tratado nas CPRs, devendo-se estipular na cártula a quantidade de produto comprometida, assim como a qualidade do mesmo (tantas sacas de café, ou de açúcar, de certo tipo; tantas cabeças de gado de certa raça etc.).

D — As particularidades da CPR

Por evolução na ordem jurídica, a partir da lei criadora dos título de financiamento rural (Decreto-lei 167/67), a Lei 8.929 agregou a garantia cedular da alienação fiduciária àquelas do penhor e da hipoteca já previstas nos títulos rurais anteriores.

Na verdade, à época da Decreto-lei 167/67, a alienação fiduciária já estava acolhida na legislação brasileira (pelo art. 66 da Lei 4.728/65), mas ainda não de todo sedimentada, em seus quadrantes. O Decreto-lei 413, de 1969, ao criar os títulos de financiamento industrial, modelados tal e qual os de financiamento rural, já incorporou a garantia cedular da alienação em fidúcia.

Agora, com trinta anos de atraso, a Lei 8.929, ao criar esses novos títulos, as CPRs, provocando o compromisso líquido e certo de entrega de mercadorias, ainda proporciona o uso daquela garantia cedular, com a expressão do meio mais rápido e eficaz (a busca e apreensão, leilão antecipado) de satisfazer o credor impago.

Título de crédito que é, permite que o inadimplemento da obrigação provoque a execução judicial forçada, mas a característica de seu objeto material (produto fungível especificado e quantificado e não dinheiro) faz com que o rito executório cabível seja (art. 15) a "execução para entrega de coisa incerta".

Ainda, como é conseqüente, as CPR gozarão, nas obrigações ali contidas, dos atributos de autonomia, cartularidade e literalidade, próprios aos títulos de crédito, como lembramos no início deste estudo.

Tal como suas antecessoras, as cédulas de crédito rural — e mesmo as cédulas de crédito industrial —, as CPRs vêm alguma exceção ao princípio da titularidade, como se nota nos arts. 3º, §§ 2º e 3º, e 9º, da Lei 8.929, porque já os bens vinculados em garantia podem ser descritos em documentos à parte, referidos na cédula, já aditivos ao compromisso cedular podem ser também procedidos, desde que emitente e credor os assinem e assim declarem no corpo da CPR.

As CDRs, aquilatadas no mesmo molde das cédulas rurais anteriores (as do Decreto-lei 167), também dispensam o protesto cambial como requisito para exercício de direito de regresso contra avalistas (art. 10, III), mas não contra os endossantes, aqui não referidos tal como o são na legislação dos títulos originais de financiamento rural (art. 60 do Decreto-lei 167).

Como temos agora uma obrigaçao principal referida a entrega de bens, e sendo o avalista equiparado ao avalizado (Lei Uniforme, art. 32) anota muito propriamente o Prof. Paulo Salvador Frontini (*RDM* 99/121) que a obrigação daquele garantidor do emitente, se demandado ele, seria a de entregar a acertada qualidade e quantidade do produto, tal como é a *obligatio* do emitente.

Lembramos nós que igual princípio ocorre com os garantes avalistas dos emitentes do conhecimento de depósito, ou dos conhecimentos de frete.

Já os endossantes não asseguram a entrega do produto, mas afirmam a existência da obrigação (art. 10, II). Se chamados, cremos, respondem pela contrapartida monetária do débito.

É importante notar que, diante do objeto material todo peculiar do crédito titulado, a nova lei (art. 11) afasta a alegação de caso fortuito ou força maior como excludente de responsabilidade, bem como obriga o devedor a responder pela evicção.

Faz sentido que o promitente de produtos fungíveis extraídos em glebas rurais, produtos por essência sazonais e sujeitos em sua maior ou menor apuração às influências climáticas (e, ainda, produtos de gênero sem individuação fácil), não possa se acobertar com desculpas de atos da natureza, ou de confusão com o domínio de terceiros, para fugir à sua *obligatio.*

Não concordamos com o Prof. Paulo Salvador Frontini quando, no seu de resto consistente e pioneiro artigo sobre a matéria (ob cit., p. 121), afirma ser a CPR título "representativo de mercadoria futura, ainda inexistente no momento de criação do documento".

Será perfeitamente admissível, cremos, que o devedor ruralista já disponha da mercadoria (não necessariamente perecível) e assuma, na contrapartida creditícia, a entrega a futuro daquele bem rural já existente.

Finalmente, como bem lembra Waldirio Bulgarelli (*O Novo Direito Empresarial*, Renovar, 1999, p. 433) a CPR vem se alinhar *entre os valores mobiliários no Direito brasileiro*, como espécime toda especial de título de crédito.

Realmente, de um modo geral, subdivide-se em doutrina os títulos de crédito em (*a*) *effects de commerce*, como as promissórias, duplicatas, letra de câmbio que circulam no circuito fechado das trocas e do crédito comercial; e (*b*) *valores mobiliários*, como as ações, debêntures etc., que são títulos de crédito nascidos para circulação no mercado de capitais de modo aberto a todos e, por isso, ligados em geral, mas não necessariamente, às sociedades anônimas, as grandes células da alavancagem empresarial.

Pois as Cédulas de Produto Rural vem por criação da Lei 8.929 (art. 19) integrar-se ao mercado de valores mobiliários, desde que assim deseje seu responsável, e para tal fim os registros públicos legais pertinentes, no Banco Central (via entidade autorizada, art. 19, § 1º) e na Comissão de Valores Mobiliários (art. 19 da Lei 6.385/76), serão necessários.

Novidade que é, não se deve estranhar, contudo, na tendência sofisticada do mercado de valores, que débitos em mercadorias sejam assim democratizados e colocados na ciranda circuladora tal como os títulos exigíveis em dinheiro (debêntures, ações).

LAVAGEM DE DINHEIRO NO DIREITO COMPARADO: A EXPERIÊNCIA AMERICANA

JAIRO SADDI

1. Antecedentes históricos. 2. Os diplomas legais. 3. As entidades e instituições. 4. Conclusão.

Este artigo pretende contribuir para o debate do novo cabedal legislativo de lavagem de dinheiro que, entre nós, iniciou-se com a Lei 9.613, de 3.3.1998.

Como foi amplamente divulgado, nossa legislação inspira-se na Convenção de Viena de 1988, da qual o Brasil é signatário e cujo tratado foi ratificado em 1991, pelo Decreto 154/91.[1] No entanto, não há como negar a grande influência dos Estados Unidos no processo de combate ao crime da lavagem de dinheiro. Segundo estimativas mais conservadoras, lá se encontra o maior mercado para tal crime: são cerca de 500 bilhões de dólares "lavados" anualmente.[2] Assim, mesmo que nossa tradição de direito romano possa seguir modelos de sistematização legiferantes europeus, foram os americanos quem exerceram pressão para que nosso Congresso emanasse aquele diploma legal.[3]

Por meio deste artigo, pretende-se dar uma visão atualizada dos mecanismos legais que existem no direito norte-americano sobre o assunto. Para tanto, será dividido em três partes, a saber: a história da lavagem de dinheiro nos Estados Unidos, o surgimento do termo e o contexto histórico; os vários diplomas legais existentes que dão forma jurídica ao combate a tal crime e, finalmente, quais as entidades e instituições existentes relacionadas com o tema e o seu envolvimento com a prevenção e a repressão ao crime em questão, sempre sob o prisma americano.

A própria expressão *lavagem* advém do direito americano, já que, em Portugal, se utiliza a terminologia *branqueamento de dinheiro*, evitada pelo nosso legislador porque, segundo ele, continha denotações racistas (*sic*).[4]

1. Anotem-se os seguintes países com legislações nacionais que sofreram a mesma influência: Alemanha (§ 261 do Código Penal); Bélgica (§ 4 do art. 505 do Código Penal, introduzido pela Lei de 17.7.1990); França (arts. 222-38 e 324-I do Código Penal, redigidos pela Lei 96.392, de 13.5.1996); México (art. 400 do Código Penal, alterado em 13.5.1996); Portugal (alínea *b*) do item I do art. 2 do Decreto-lei 325, de 2.12.1995) e, finalmente, Suíça (art. 305, do Código Penal, introduzido pela Lei de 23.3.1990). Fonte: Marco Antônio de Barros, *Lavagem de Dinheiro*, Oliveira Mendes, 1998.

2. Fonte: *The Economist*, "Cleaning up dirty money", 12.5.1997.

3. A Exposição de Motivos foi subscrita pelos Ministros Nelson Jobim (Justiça), Pedro Malan (Fazenda), Luiz Felipe Lampréia (Relações Exteriores) e Alberto Mendes Cardoso (Casa Militar). O projeto original foi relatado pelo então deputado Nelson Jobim (PMDB-RS).

4. Nelson Jobim, em palestra pronunciada, afirmou: "Um impedimento político de se usar a expres-

Luiz Flávio Gomes estabelece uma diferenciação importante, talvez a principal distinção entre nosso diploma e o arcabouço jurídico americano. Ele escreve: "Em termos político-criminais o que se pode questionar é a distinção que se faz (desde a Convenção de Viena) entre o 'dinheiro sujo' e o 'dinheiro negro': este decorre da sonegação fiscal, da economia paralela; aquele deriva de outros ilícitos penais. Cabe observar, desde logo, que a lei brasileira acabou não criminalizando a lavagem do dinheiro 'negro', o que é politicamente criticável".[5]

No plano do direito internacional, muitas foram as iniciativas para combater a lavagem de dinheiro. Após a Convenção de Viena, destacamos os seguintes tratados, declarações ou convenções celebrados entre as nações: Declaração Conjunta dos Sete Países mais Industrializados (Paris, 1989); Declaração de Ministros de Estado (Londres, 1990); Programa de Ação Global da ONU (1983); Recomendação R-80 do Conselho Europeu da Comunidade Econômica Européia (1980); Convenção dos Bancos Suíços (1987); Declaração dos Princípios da Basiléia (1988); Convenção e Diretiva da União Européia (1991); Declaração de Ixtapa (México, 1990); Recomendação da OEA (1990); Declaração de Caracas (1990); Declaração de Cartagena (1991), apenas para citar algumas entre tantas.[6]

Nunca é demais situar o direito comparado em relação ao nosso. O intuito de nosso legislador ao elaborar a Lei 9.613 foi incluir o Brasil entre as nações que seguiram a já citada Convenção de Viena. Segundo Adrienne de Senna, presidente do Coaf, conselho governamental criado em cumprimento a essa lei, "vamos montar uma central de inteligência no Brasil, e, para isso, contamos com uma das mais modernas legislações do mundo".[7] Muito se tem falado (e criticado) a lei em foco — que de fato é bastante imperfeita —, mas talvez poucos tenham se debruçado sobre o estudo de quais sejam as "mais modernas legislações do mundo".

A legislação americana, como veremos adiante, certamente não é — se é que há algo assim — uma legislação moderna. Neste caso, o Direito sempre acompanha mal os fatos sociais e não existe a menor possibilidade de uma legislação contra lavagem de dinheiro não se tornar anacrônica num curto período de tempo. Enfim, é o que resta. É útil, porém, mostrar que as influências recebidas pela lei americana não são "modernas" e elas mesmas sofrem de uma avassaladora carga de críticas.

1. Antecedentes históricos

Há muito que lavagem de dinheiro se relaciona intrinsecamente com tráfico de drogas. Segundo o penalista Luiz Flávio Gomes, a atividade ilícita manobra cerca de 1 trilhão de dólares e a criminalização de sua conduta constitui uma necessidade imperiosa. Diz o emérito jurista: "Para o controle do crime organizado é fundamental a criminalização da conduta de quem 'lava' (regulariza, legaliza ou legitima) o dinheiro obtido com as atividades da organização criminosa. Sem a possibilidade de legalização desse dinheiro haveria maior chance de controle das associações criminosas".[8]

Em Nápoles, em 1994, a ONU destacou o assunto nos seguintes termos: "A identificação dos grupos empresariais que aplicam o dinheiro do crime, um acordo para identificar as pessoas que movimentam mi-

são 'branqueamento de dinheiro' o que seria, tendo em vista, do nosso ponto de vista e a reação foi imediata quando eu suscitei o problema, de que a expressão 'branqueamento' tem seguramente um conteúdo racista, porque na expressão de que o dinheiro é sujo, portanto, branqueamento de dinheiro".

5. Luiz Flávio Gomes, *Lei 9.613/98. Lei de Lavagem de Capitais*, Consultor Jurídico, 1998.

6. Idem, ibidem.

7. Declaração de Adrienne de Senna, presidente do COAF —Conselho de Controle de Atividades Financeiras, *Gazeta Mercantil*, "Normas contra lavagem de dinheiro começam hoje", 2.8.1999.

8. Luiz Flávio Gomes, ob. cit., p. 4.

lhões de dólares sem ter como justificar, o seqüestro dos bens adquiridos com o dinheiro do crime e o congelamento das fortunas conseguidas pelos criminosos são alguns pontos que necessitam de tratamento legal".[9]

No plano internacional, em geral se classificam as leis de lavagem de dinheiro em três grandes gerações: nas de primeira geração, o único crime antecedente é o crime do narcotráfico. Se for de qualquer outra natureza, será outro ilícito penal — a receptação: receber dolosa ou culposamente valores oriundos de qualquer tipo de crime. Já a segunda geração prevê como crimes antecedentes não somente o narcotráfico, mas também outros delitos graves que a lei elenca. De acordo com Joseph Beckford, o modelo de penalização instituído pela Convenção de Viena é de primeira geração, enquanto o regulamento do modelo da OEA, a Cicad (Conselho Internacional de Disposições sobre Drogas), de segunda geração. Entre os países que dispõem de legislações de primeira geração, ainda de acordo com Beckford, temos a Argentina (1989), e de segunda, Alemanha, Espanha (1993) e Portugal (1995).

Finalmente, as legislações de terceira geração se caracterizam pela universalidade. Neste caso, a lavagem de dinheiro abarca todo e qualquer tipo de ilícito, ou seja, os ilícitos antecedentes da lavagem são todos e quaisquer que tenham produzido recursos, transmutados ou não em fins lícitos. Eis alguns países que adotaram tal abordagem: Bélgica (1995), França (1996), Itália (1993), México (1990) e os Estados Unidos, objeto deste ensaio.[10]

Os antecedentes da lavagem de dinheiro datam de 1930. Meyer Lansky, contador de Al Capone, é citado como o precursor das técnicas de lavagem. Em outubro de 1931, Al Capone se deixa prender e é enviado para Alcatraz por uma razão excessivamente óbvia: evasão fiscal.[11] Ele desenvolve então um raciocínio simplista, que seria mais tarde a base da lavagem de dinheiro: tudo aquilo que estivesse fora da jurisdição do IRS (*Internal Revenue Service*, a Receita Federal americana) era, por definição, ativos sobre os quais jamais incidiriam nenhum tipo de imposto. O historiador T. Clark afirma que foi Lansky quem financiou Fulgêncio Batista, apenas para se enganar posteriormente sobre a estabilidade política da pequena ilha que vinha servindo de refúgio para o dinheiro da Máfia.[12]

No desenrolar da Segunda Guerra Mundial deu-se um grande desenvolvimento, por assim dizer, primitivo, das técnicas de lavagem de dinheiro. Sabe-se hoje, com certo grau de certeza, que foi a Máfia que obteve permissão para o desembarque das tropas aliadas na Itália, assegurando a vitória sobre os países do Eixo. Igualmente se sabe que a Máfia americana expandiu em grande escala seus negócios — até então concentrados em atividades que surgiram em face da Lei Seca — e que passou a ter maior demanda por produtos voltados à lavagem de dinheiro.[13]

De toda forma, a própria expressão *lavagem de dinheiro* surge no cotidiano americano, segundo o *Oxford English Dictionary*, com o escândalo de Watergate. Em fevereiro de 1972, John Mitchell, chefe da CRP — Comitê para a Reeleição do Presidente — e ex-sócio de Richard Nixon, consegue uma doação ilícita por parte da American Airlines e é obrigado a utilizar-se de mecanismos de lavagem de dinheiro para o financiamento da campanha e a invasão do prédio do Partido Democrata, mais tarde revelados pelo *Washington Post*, fatos que culminaram com a renúncia do Presidente Nixon.[14]

9. Idem, ibidem.

10. Joseph Beckford, *Bank Compliance Law*, 1985.

11. Jeffrey Robinson, *The Laudrymen*, Pocket Books, 1998.

12. T. Clark, *Dirty Money*, Millington, 1975.

13. Jean Maillard, *Un Monde sans Loi*, 1968.

14. Para um relato vivo do escândalo de Watergate, v. Bob Woodward, *Watergate*, Radom Press, 1982.

Curiosamente, inexistiam leis de lavagem específicas salvo o *Bank Secrecy Act*, cuja origem datava da obrigação do *disclosure* de origens de recursos — com finalidades tributárias muito mais do que penais. De qualquer forma, foi com base nessa lei e em razão do episódio de Watergate que o assunto se tornou importante nos Estados Unidos.[15]

A evolução histórica da lavagem de dinheiro forçou a organização criminosa a cruzar fronteiras e utilizar-se dos paraísos fiscais — onde há sigilo registral para as sociedades anônimas e sigilo bancário razoavelmente intransponível — a fim de criar complexas estruturas de modo a transmutar recursos de origem ilícita em operações financeiras lícitas. Por se tratar de crime transnacional, portanto, sob forte inspiração americana, reuniram-se em Viena, em 1988, delegados da ONU para elaborar o que seria mais tarde o marco institucional da cooperação internacional no que diz respeito à lavagem de dinheiro: a Convenção de Viena.

A parte nominativa da referida Convenção se divide em 32 artigos que se agrupam da seguinte forma:

I — Definição e alcance da Convenção (art. 1º e 2º);

II — Delitos e sanções (art. 3º);

III — Normas de competência ou jurisdição nacional (art. 4º);

IV — Normas referentes ao confisco (art. 5º);

V — Normas referentes à cooperação internacional:

a) extradição (art. 6º);

b) assistência judiciária recíproca (art. 7º);

c) normas de caráter penal (art. 8º);

d) outras formas de cooperação e competência (art. 9º);

e) cooperação internacional e assistência em trânsito (art. 10);

f) restituição vigiada (art. 11);

VI — Normas relacionadas com o sigilo bancário;

VII — Medidas de combate à lavagem de dinheiro.

Raul Cérvini assevera que uma das maiores contribuições da Convenção de Viena foi o estabelecimento da obrigatoriedade de ratificar a Convenção, bem como da necessidade de emanar diplomas legais em cada um dos países participantes, visto que de pouca valia seria tal esforço se os países-membros da ONU não pudessem internalizar em seus ordenamentos jurídicos igual iniciativa — e que tivesse coadunância com a Convenção.[16] Foram os Estados Unidos que se empenharam na tarefa.

2. *Os diplomas legais*

Para combater o crime de lavagem de dinheiro, os Estados Unidos se empenharam na obtenção de um arsenal de diplomas legais e regulamentos que, de modo geral, são confusos e repetidos, segundo Marsha Rosenbaum.[17]

Faz-se necessário estabelecer aqui uma distinção entre controles internos nas instituições financeiras (*compliance*) e controle de lavagem de dinheiro. Nos Estados

15. Jeffrey Robinson, ob. cit., p. 10, relata: "Like any great thriller, the story is filled with ironies. One is that Nixon had been so far ahead in the polls, and his opponent, George McGovern, politically so far out in space, that CRP didn't need to solicit illegal funds. Nixon quite literally, could have stayed in the Oval Office, never once made a speech, never once kissed a baby, never once hit the campaign trail, and still have won in a landslide. A second is that, in the wake of Watergate, Congress took direct action to prohibit government intrusion into the lives of ordinary citizens. One of the laws that was passed virtually enjoined financial investigators not to compare notes, which has turned out to be a boon for the laundrymen. A third irony is that, in those days, money laundering was not yet a crime anywhere in the world".

16. Raul Cérvini, *Lei de Lavagem de Capitais*, p. 134.

17. Marsha Rosenabaum, *Just Say What? An Alternative View on Solving America's Drug Problem.*

Unidos, tais noções acabam se mesclando, obrigando as instituições financeiras a um elevado volume de registros. Hoje, tal preocupação, como veremos, é evidente, forçando uma aproximação da política "conheça o seu cliente" como principal instrumento ativo contra a lavagem de dinheiro.

Em outubro de 1970, como resposta às crescentes denúncias de indivíduos que traziam grandes quantidades de moeda em espécie, obtidas ilegalmente, para ser depositadas nos bancos locais, o Congresso Americano editou o diploma legal mais conhecido do combate à lavagem de dinheiro — o *Bank Secrecy Act* (BSA). Tecnicamente, o BSA está oficializado nos Títulos I e II da publicação 5091518, assim como foi emendado. O Título II também é conhecido como *Foreign Transaction Reporting Act*.

O BSA é composto por dois grandes grupos de provisões que autorizam um certo número de ações e que estão em prática de fiscalização por implementar alguns tipos de regulamentação. Primeiro, esse diploma autoriza a Secretaria do Tesouro, em alguns casos em conjunto com o *Federal Reserve Board*, o Banco Central americano, a requisitar a bancos e outras instituições financeiras, com o objetivo de informar operações de modo a assegurar os detalhes das transações financeiras realizadas; assim, seu rastro pode ser perseguido, se necessário. Em segundo lugar, há um grande grupo de provisões que autoriza o Secretário do Tesouro a requisitar às instituições financeiras (em alguns casos outros tipos de pessoas, inclusive cidadãos, pessoas físicas) informações acerca das transações financeiras de determinados tipos. O mais importante é aquele conhecido como CTR (*Currency Transaction Report*), naqueles casos de moeda em espécie acima de 10 mil dólares. Não somente moeda em espécie, como também outros instrumentos ao portador, por exemplo cheques de viagem — meios de pagamento que estão entrando ou saindo dos Estados Unidos —, são obrigados a reportar tais transações mediante um relatório denominado *Report of International Transportation of Currency or Monetary Instruments* (CMIR).

Alguns grupos ligados a liberdades civis já discutiram a constitucionalidade do BSA. Numa determinada ação judicial, *Califórnia Bankers Association v. Shultz* (43US21/74), a Corte Suprema dos Estados Unidos rejeitou vários requerimentos de parte do BSA, alegando que tais provisões violavam o devido processo legal, princípio universal consagrado na Constituição americana, além da quarta emenda, que protege o cidadão contra buscas e apreensões sem um grau de dúvida razoável. Nessa mesma histórica sentença, a Suprema Corte invocou a defesa do privilégio da quinta emenda contra a auto-incriminação, enfatizando que a informação que estava sendo revelada levava em consideração os bancos como intermediários e não como parte, enquanto, na verdade, os bancos eram, eles mesmos, parte nas transações.

Numa outra decisão histórica, *US x Mueller* (US435/76), a Suprema Corte pacificou a questão levantada anteriormente na ação da Califórnia Bankers Association, determinando que os clientes de banco não possuem sigilo de privacidade, protegidos pela quarta emenda, à medida que seus negócios geridos pelos bancos possam apresentar algum tipo de suspeição.

Foi apenas em 1976 que a problemática de lavagem de dinheiro, e não *compliance* com o BSA, como corretamente observou De Pina, levou à elaboração do *Money Laundering Control Act* de 86 (BL 99570), estatuto que fez ou passou a definir a lavagem de dinheiro como um crime em si mesmo, fortalecendo o BSA em muitos aspectos. E, mais importante do que esse fortalecimento, adicionou-se a proibição ao BSA contra transações estruturadas para que se pudesse fugir à regra geral da violação da privacidade. Assim, operações complexas que pudessem dar indício à lavagem de dinheiro — por exemplo, operações em bolsa — passaram a ser incluídas no *Money Laundering Control Act*.

Em 1977, o Congresso Americano editou a lei de corrupção *Racketing and Corruption Control Act* que, entre suas especificações, exigia controles internos nas corporações americanas com o objetivo de limitar atos de corrupção, e não de lavagem de dinheiro, quer nos Estados Unidos, quer em outros países onde essas corporações mantinham filiais.

Alguns anos mais tarde, segundo Carlos Daniel Coradi, foi designada pelo Senado Americano uma nova comissão — a *Cohen Comission* —, formada com vistas a estudar as responsabilidades das empresas de auditoria americana, já que se estavam permitindo atos de corrupção ocultados nas demonstrações financeiras publicadas pelas companhias nas quais realizavam auditorias. Foi essa mesma *Cohen Comission* que, em 1979, inspirou a Agência Americana de Controles Sobre Valores Mobiliários a editar e propor ações sobre as companhias americanas, exigindo relatórios sobre o estado dos controles internos, entendidos e conotados como responsabilidade de seus administradores. Os dirigentes das empresas americanas passaram a ser responsabilizados pela qualidade de seus controles e os auditores, obrigados a informar em seus pareceres, segundo Coradi, se esses controles estavam funcionando.[18]

Da mesma forma, em 1985, uma comissão nacional para estudar demonstrações financeiras fraudulentas — a *Tradeway Comission* — deu origem a um comitê multidisciplinar que reunia entidades de classe, auditores, contadores, financistas e advogados para a organização de um comitê visando ao controle da aplicação do BSA. Chamado de *BSA Advisory Commitee*, dedicava-se a especificar políticas e procedimentos de controles internos em grandes corporações e bancos. Nos anos 90, essa mesma comissão editou quatro manuais que detalham princípios de montagem de controles internos e que influenciaram sobremaneira o Acordo da Basiléia.

Em 1992, foi reeditado o *Annunzio-Wylie Money Laundering Act*, que emendou o BSA em muitos aspectos. Talvez o mais importante desses aspectos seja o fato de autorizar a Secretaria do Tesouro a requisitar a todo tipo de instituição financeira, bem como a seus executivos, diretores e empregados, o dever de reportar qualquer atividade suspeita e que poderia levar a uma violação da lei ou do regulamento. Com esse diploma legal criou-se a denúncia de boa-fé, a fim de proteger as instituições financeiras, especialmente em denúncias não fundadas, assim como de determinar ao sistema financeiro o registro de certas operações contábeis com o intuito de montar um banco de dados para avaliar o histórico de clientes com base no tripé "atividade econômica/capacidade financeira/habitualidade de transações". Por fim, o *Annunzio-Wylie Act* estabeleceu como crime a atividade intermediária da remessa de fundos com fins de lavagem de dinheiro, podendo culminar com o reexame do credenciamento das instituições autorizadas federalmente, ou das instituições de poupança.

Em 1994, o *Money Laundering Act* foi emendado pelo *Money Laundering Suppression Act*, segundo o qual alguns sujeitos intermediários estariam dispensados de apresentar comunicados sobre transações. O objetivo declarado desse ato era reduzir em 30% os *Currency Transaction Reports* (CTRs).

Finalmente, cabe uma observação sobre o produto final desses diplomas legais. No direito americano, como se sabe, as definições e aplicações de como se entendem alguns termos, objetos ou mesmo instituições são vitais para o conhecimento da lei. Por exemplo, a Seção 5.312 define e dá aplicação de como devem ser entendidos alguns sujeitos da lei, fazendo com que a interpretação seja bastante reduzida e se dê de forma muita restritiva. Há, por exemplo, até mesmo a definição do que seja um cassino, do ponto de vista econômico, enquan-

18. Carlos Coradi, "Controles internos em Bancos e o caso Watergate", GM, 25.8.1999.

to um estabelecimento de jogo de azar, com receitas anuais maiores do que 1 milhão de dólares, e que está licenciado por qualquer tipo de subdivisão administrativa de qualquer Estado. Define, também, instrumentos monetários, agentes financeiros domésticos, agentes financeiros internacionais, fornecendo inclusive outros tipos de definição para que não pairem dúvida sobres a lei. Logo, o grau de dúvida que pode haver sobre a aplicabilidade da norma é pequeno; porém, se isso é verdade, é um fato incontestável de que a lei possui uma abrangência grande: lavador de dinheiro é quem transforma recursos de origem ilícita em lícita, dando pouca margem a excluir qualquer ator ou intermediário do processo.

Os principais formulários que as instituições financeiras devem preencher são:

1. *Currency Transaction Report*;

2. *Suspicious Activity Report*;

3. *Report of Cash Payments Over $ 10.000 Received in a Trade or Business*;

4. *Report of Foreign Bank and Financial Accounts*;

5. *Report of International Transport of Currency or Monetary Instruments*;

6. *Designation of Exempt Person*.

É importante tecer um comentário sobre a "burocracia" envolvendo o preenchimento de tantos formulários. Em 1997, editou-se o *Paperwork Reduction Act Notice*, obrigando cada agência regulatória a citar, nas instruções gerais, a razão do formulário, os dispositivos legais (geralmente, do *United States Code* — USC) que tornam obrigatório o preenchimento de determinado formulário, bem como o tempo estimado a ser despendido em cada um deles. Desnecessário afirmar que o esforço de tantos formulários é seriamente criticado. Charles Rosengarten, presidente do State Bank of Bern, em Kansas, afirma: "Somos um banco com 50 milhões de ativos. Conhecemos nossos clientes e as origens de seus recursos. Qualquer coisa anormal apareceria imediatamente. Por favor, deixem-nos fazer o nosso trabalho e deixem-nos em paz".[19]

Um segundo comentário que parece relevante é quanto ao aspecto descritivo do direito americano para todos os campos que devem ser preenchidos naqueles formulários. Explica-se: pelo direito costumeiro, qualquer termo legal deve ser definido *in totum*, da maneira mais precisa que se possa expressar. Ou seja, define-se até mesmo o que venha a ser um "dia de expediente bancário".[20] Dessas definições mais importantes, transcrevemos a seguir o que venha a ser uma "atividade suspeita" para fins de preenchimento de relatórios, de acordo com o direito americano: "Sempre que a instituição financeira detectar qualquer das violações criminais tipificadas, ou um modelo de violações criminais cometidas ou mesmo com transações financeiras cujo objetivo é transgredir a lei", passando a classificar, não ações específicas, mas limites financeiros que dão ensejo a suspeita do crime de lavagem de dinheiro:

a) informações privilegiadas que denotam abuso de confiança;

b) transações que violem a lei acima de U$ 5,000,00 em que um suspeito possa ser identificado;

c) violações criminais acima de $ 25,000,00, mesmo sem nenhum indício de um suspeito;

d) transações acima de $ 5,000,00 que envolvam lavagem de dinheiro e que possam ferir o *Bank Secrecy Act*.

3. As entidades e instituições

O sistema americano de combate e controle da lavagem de dinheiro é confuso

19. Money Laundering Alert, *Know your Customer*, mai. 1999.

20. O formulário 4789 (CTR) define: "For a bank, a business day is the day on which transactions are routinely posted to customer's accounts, as normally communicated to depositary customers. For all other financial institutions, a business day is a calendar day".

e sobreposto por vários regulamentadores e sistemas, quais sejam:

a) FinCen — *Financial Crimes Enforcement Network*;

b) OCC — *Office of the Comptroller of the Currency*;

c) OFAC — *Office of Foreign Asset Control*;

d) FAFT — *Financial Action Task Force*.

Nesta seção, dedicaremos nosso estudo a essas entidades e instituições.

Em 1990, o FinCen foi criado pela Secretaria do Tesouro, através da Ordem do Tesouro Americano 10.508, e a sua nova organização deveria focar a detecção de crimes financeiros, além de prover suporte analítico para as investigações. Em 1994, essa mesma agência receberia as responsabilidades regulatórias previstas no *Bank Secrecy Act*, tornando-se, assim, a principal central de inteligência de lavagem de dinheiro nos Estados Unidos. Naquele mesmo ano, aconteceria a fusão do FinCen com a *Office of Financial Enforcement* (OFE). Até então responsável pela aplicação da lei, a OFE era um departamento do Tesouro americano e entendeu-se que deveria haver um único centro de combate à lavagem de dinheiro de modo a unificar as funções de regulamentação, inteligência e aplicação da lei. Tal era a abrangência do FinCen que passou também a ser o coordenador do processo de combate àquele crime.

No entanto, como logo se descobriu, não existe crime de lavagem de dinheiro sem o sistema financeiro. Institucionalmente, o *Federal Reserve System* só está ligado a questões referentes a moeda e, apesar de colaborar com freqüência com as outras agências governamentais, não é de sua responsabilidade a supervisão do sistema financeiro, tampouco do sistema de seguros de depósitos, criado para administrar o risco das insolvências bancárias. É o *Office of the Comptroller of the Currency* — OCC, ligado ao Tesouro, que garante a fiscalização do sistema financeiro, assim como o *Federal Deposit Insurance Company*, FDIC, é que age como seguradora. Ambas as agências são autônomas em relação ao *Federal Reserve System* e, evidentemente, ao FinCen. Portanto, como lavagem de dinheiro dentro do sistema financeiro envolve aspectos da fiscalização bancária, é óbvio que o OCC deva participar intensamente de toda regulamentação que diz respeito aos bancos e ao sistema financeiro como um todo.

Além das regulamentações do FinCen e da OCC, existe também, no caso dos bancos que possuem ativos fora dos Estados Unidos, o OFAC — *Office of Foreign Assets Control* —, ligado ao Tesouro americano. Portanto, qualquer filial de banco americano em qualquer lugar fora dos Estados Unidos deve também se reportar ao OFAC, ao OCC e também ao próprio FinCen, se bem que muitos assuntos são conduzidos pelas matrizes de cada instituição.

Finalmente, no âmbito do FinCen há a *Financial Action Task Force*, que deve, junto com outros grupos de estudo, dos quais se sobressai o *BSA Advisory Group*, órgão composto por trinta pessoas ligadas à comunidade financeira e a órgãos reguladores, operacionalizar o processo de combate à lavagem de dinheiro. A redução dos formulários e da burocracia imposta ao sistema financeiro pelos reguladores é uma das principais contribuições desse grupo.

O entendimento do FinCen e da OCC é de que as instituições financeiras são a primeira linha de defesa contra lavadores de dinheiro e que tal atividade criminosa aparece em primeiro lugar nos bancos. Portanto, o Tesouro, em conjunto com sua agência autônoma, a OCC, passou a enfatizar o trabalho de parceria com bancos e com outras políticas e reguladores para prevenir e detectar o crime em questão. Em 1994, buscaram-se a liberalização de algumas regras de isenção das comunicações ao FinCen de transações financeiras e um esforço para reduzir o número dos formulários em pelo menos 30%. Além disso, o Tesouro estava autorizado a designar uma simples agência para receber reportes de todas as atividades suspeitas e requisitar todas as transações transmitidas. Por conseguinte, os objetivos do FinCen alteram-se e passam a ter ênfase na simplificação das obrigações do *Bank Secrecy Act*, ao mesmo tempo tentando fazer com que o sistema de reporte se tornasse mais útil para procedimentos de aplicação da lei.

Existe superposição entre tantas agências regulatórias? É evidente que sim. Williamson estudou a briga pelo espaço regulamentar como prerrogativa de poder, e sua conclusão é de que, quanto mais agências reguladoras existirem para normatizar um mesmo assunto, maior será a disputa para "cooptar" os regulados para os seus padrões.[21] Logo, no caso da lavagem, há uma gama de relatórios a ser preenchidos e remetidos a diversas agências distintas e é claro que, entre elas, mesmo com um grau de cooperação formal, há um conflito intrínseco de objetivos: enquanto a OCC quer fiscalizar bancos nos moldes do Acordo da Basiléia, o FinCen quer detectar crimes nos quais os bancos foram envolvidos. Pode parecer que se trata de objetivos complementares mas, na verdade, são focos completamente diferentes, que requerem esforços e recursos diferentes. Tal situação é visível quando da elaboração de relatórios e conclusões: cada agência possui o seu próprio, e não raras vezes — até para omitir o verdadeiro culpado pela falta de fiscalização adequada — apresentam conclusões distintas.

No entanto, é o FinCen o principal colaborador com as Promotorias Públicas a fim de que as suspeitas, depois de investigadas, possam instruir processos penais para apuração e sentença da Corte, através de seus jurados.

4. Conclusão

Como vimos, a legislação e o sistema de combate à lavagem de dinheiro são complexos e requerem a participação de inúmeros atores no processo. No entanto, à guisa de conclusão, como resultado concreto da legislação, poucos ainda são os casos de lavagem de dinheiro sentenciados nos Estados Unidos: em 1997, pouco menos de 130 casos foram registrados.[22] Sobressaem os casos mais célebres, como os de Raul Salinas, Banca Cofia e Carlos Gomez — curiosamente todos do México, país-membro da Alca, união comum do continente norte-americano, onde a ingerência americana certamente deve ser mais fácil.

O resultado, portanto, nada tem em comum nem com a qualidade da lei, nem com a eficiência regulatória; tem, sim, com a vontade política de investigar e descobrir culpados. Do ponto de vista das instituições financeiras, é verdade, o tema está dentro de um guarda-chuva maior — o *compliance*. Esse é o caminho indicado pelos países modernos. O termo está em inglês porque não existe uma tradução adequada para o português; significa originalmente *obedecer a uma regra, responder a uma demanda, concordar em ceder, de maneira espontânea, a uma vontade alheia*. No caso, *compliance* significa *fazer uso de uma técnica de administração de informações baseada no princípio "conheça a fundo o seu cliente"*. Significa também que o banqueiro deve constantemente receber dados atualizados sobre os negócios de seus clientes e manter um alto grau de transparência com eles. É a forma que restou para evitar a lavagem de dinheiro: infelizmente, não constitui uma regra inspirada do direito americano, mas do universal, e onipresente, mercado.

21. Oliver Williamson, *Institutions and regulators*, p. 212.

22. *Business Week*, "The city that slept", 2.11.1998.

O NOVO PROJETO DE RECUPERAÇÃO DA EMPRESA

PAULO PENALVA SANTOS

"Em matéria de falência não há previsões legislativas que bastem nem reformas que muito durem. Por um lado, a extrema mobilidade e susceptibilidade do crédito, cuja segurança a lei de falência se propõe tutelar, desorientam e amesquinham as mais completas e adequadas providências e obrigam o legislador a seguir nas suas constantes transformações os caprichosos movimentos desse maravilhoso Proteu. Por outro lado, a astúcia dos interesses penetra e desconcerta as mais finas malhas da urdidura legislativa, e o dolo e a fraude, tantas vezes auxiliados pelo desleixo ou complacências dos próprios executores da lei, a breve trecho fazem do descrédito desta o pedestal dos seus triunfos" *(Exposição de Motivos, de 26 de julho de 1889, do Ministro da Justiça Conselheiro Borges Cabral apresentando ao Rei de Portugal o Código de Falências).*

1. Introdução. 2. A evolução histórica das leis falimentares. 3. A obsolescência do atual modelo falimentar. 4. O conceito de empresa recuperável. 5. A reforma deve ser ampla. 6. Outras falhas graves do Projeto de Lei 4.376/93. 7. Conclusão.

1. Introdução

Elaborar uma lei falimentar sempre foi uma tarefa árdua — lembrava Carvalho de Mendonça —, pois em sistemas como esses todos experimentam algum tipo de prejuízo, sendo que "a sabedoria consiste não em impedir sacrifícios inevitáveis, mas em medi-los e coordená-los".[1]

Na seara do Direito Falimentar, uma das maiores preocupações dos juristas sempre foi com relação aos meios para evitar a quebra. Essas formas preventivas testaram vários sistemas, mas sempre sob a ótica estreita dos interesses do devedor ou dos credores.[2]

Somente nas últimas décadas é que se chegou à conclusão de que era importante adotar o procedimento de reorganização da empresa, diferente dos modelos até então existentes, para evitar o seu desaparecimento quando houvesse um interesse social relevante.

Além das gigantescas dificuldades na elaboração de leis falimentares, pois elas se desgastam rapidamente com a fraude, no caso de recuperação de empresas o trabalho é ainda de maior magnitude, pois a experiência já demonstrou que uma norma que permitisse a aplicação generalizada do princípio da conservação da empresa, ao invés de diminuir, na verdade, pode aumentar os custos sociais que se pretende evitar.

Qualquer projeto que ignore essa constatação, transformando a recuperação da

1. *Tratado De Direito Comercial Brasileiro*, v. VII, Freitas Bastos, 1946, p. 57.

2. Fábio Konder Comparato, in *Aspectos Jurídicos da Macro-Empresa*, Ed. RT, 1970, p. 98.

empresa em uma panacéia, provocará clamores gerais contra essa lei, levando a descrédito um instituto de tal relevância para o Direito Concursal.

Lamentavelmente, o Projeto de Lei 4.376/93, mesmo com a Emenda Global do deputado Luís Roberto Pontes, é bastante ingênuo, pois, ao desprezar essa experiência história, estará sendo condenado a revivê-la.

2. *A evolução histórica das leis falimentares*

Conforme já assinalado, o Projeto, da forma como está redigido, corre o grave risco de desmoralizar um instituto tão importante como o da recuperação econômica da empresa, pois fracassaram todos os modelos que permitiram a sua *aplicação indiscriminada*, sem que houvesse, ao menos, um critério objetivo para se identificar a empresa recuperável.

Porém, antes de analisar o instituto da recuperação, deve-se atentar para algumas lições tiradas das legislações anteriores, cujos erros lamentavelmente estão se repetindo no Projeto.

Inicialmente, o Código Comercial de 1850 instituiu um processo falimentar lento e complicado, que importava sempre na ruína do devedor e no sacrifício de seus credores.

Isso se deveu a vários fatores, mas principalmente pela excessiva importância dada aos interesses dos credores.

Os juristas também criticavam o Código Comercial por conceder demasiada autonomia aos credores, na organização falimentar, restando ao juiz apenas o papel de homologar as decisões dos credores, tomadas nas assembléias-gerais. Neste sentido, o art. 898 do Código Comercial condicionava a concessão da moratória à concordância de dois terços dos credores quirografários, com ampla liberdade para inclusive decidirem sobre a decretação da falência.

Note-se que a supremacia do interesse dos credores foi certamente uma das causas do insucesso do Decreto 917, de 1890, denominada Lei Carlos de Carvalho.

Na realidade, este é um dos pontos mais delicados em sede falimentar. Como já se disse, um processo elaborado no interesse primordial dos credores ou do devedor (que não se confundem necessariamente com o interesse social) pode levá-lo a uma distorção grave.

De um lado, não é mais possível manter um processo falimentar, como o atual, que trata a falência como uma simples questão patrimonial, pela má utilização do crédito, e sendo ainda a concordata um mero favor legal, onde o interesse dos credores e o social são irrelevantes. Mas também, de outro lado, não se pode desprezar a experiência que demonstra o malefício causado pela excessiva importância dos interesses dos credores ou do próprio devedor.

Como já lembrava Paulo Maria de Lacerda, não é esse o papel dos credores na falência.[3] Na quebra, ou em qualquer outro processo preventivo, a função do credor é o de sofrer apenas o menor mal possível.

Essa mesma lição nos é dada pela doutrina moderna, conforme destaca o Prof. Jean Paillusseau, ao observar o seguinte: "Si une entreprise n'est pas viable et qu'elle est maintenue artificiellement en vie, qui va financer son existence? Les créanciers? Ce n'est pas leur rôle, et il faut soigneusement éviter de leur transmettre la maladie".[4]

A falência, a concordata, a recuperação da empresa etc. são institutos que têm como função própria lidar com patrimônios avariados, tanto para os credores quanto para o devedor. Longe de significar lucro, esses processos representam perdas e danos para ambas as partes.

Não seria razoável exigir de um credor que aumente o seu prejuízo em nome

3. *Da Falência no Direito Brasileiro*, Cia. Ed. Nacional, 1931, p. 9.

4. "L'ouverture du règlement judiciaire", p. 17, in *L'Enjeu du Nouveau Droit des Faillites*, Colloque du 17 mai 1984, Litec Droit, 1985.

de um interesse social relevante, pois o seu papel, como não poderia deixar de ser, é o de preservar o importante instituto do crédito, essencial em qualquer economia.

Impõe-se salientar a consagrada lição do Prof. Fábio Konder Comparato, ao frisar que a solução jurídica da insolvabilidade das empresas em que há relevante interesse social não se deve fazer em função do exclusivo interesse de seus credores.[5]

Interesse social não significa proteger o lucro, que é o único interesse a ser preservado do ponto de vista dos credores. Apenas como exemplo, em recente concordata preventiva, posteriormente convolada em falência, que se processou na cidade de São Paulo, o maior credor era um banco, que teve metade de seu lucro líquido do exercício incluído no passivo quirografário. Pergunta-se: seria razoável exigir desse credor um sacrifício ainda maior para priorizar o eventual interesse social, acaso existente? Certamente que não.

É preciso lembrar que vários sistemas concursais não consagram a distinção entre empresa de interesse social e de interesse privado, como é o caso da lei norte-americana, onde prevalece tão-somente o interesse dos credores.[6] Conforme se demonstrará a seguir, o interesse social não significa o interesse dos credores ou o do devedor, que na realidade são os únicos parâmetros adotados pelo Projeto.

3. A obsolescência do atual modelo falimentar

O Direito Falimentar sempre se caracterizou pelo que o Prof. Fábio Konder Comparato denominou de dualismo pendular. As leis brasileiras ora destacavam a proteção dos interesses dos credores, ora os interesses do devedor, sem que houvesse qualquer preocupação com eventual interesse social da empresa a ser preservado.[7]

Portanto, desde o Diploma de 1850 até o atual Decreto-lei 7.661/45, a falência foi apenas uma questão patrimonial, segundo a qual os credores dividiriam entre si o patrimônio do devedor.

Há muitos anos que a doutrina vem alertando para a inconveniência de se manter um direito falimentar centrado apenas na idéia tradicional de disciplinador da função anormal do crédito, para adotar um sistema que preservasse o interesse social dos bens de produção previsto na Constituição da República.[8]

Porém, o que se verifica é que esse novo direito não pode ser utilizado de forma irrestrita, como se propõe o Projeto, pois a sua aplicação só seria oportuna quando os custos sociais com a conservação da empresa forem menores ao da sua liquidação.

4. O conceito de empresa recuperável

"Les solutions qui se dégagent aujourd'hui sont très novatrices. Elles mettent, très heureusement, au premier plan les considérations économiques. Le sauvetage d'une entreprise est, en effet, un problème de management plus qu'un problème juridique" (J. Paillusseau).

A reforma da Lei de Falências deve, obrigatoriamente, ser precedida de um estudo econômico, pois seria ingênuo pretender legislar sobre o tema a partir de critérios apenas jurídicos, considerando que o conceito de empresa viável é econômico.

Um sistema concursal que pretenda pôr em prática o princípio de conservação da empresa não pode consistir em um mecanismo indiscriminado de conservação de

5. *Direito Empresarial — Estudos e Pareceres*, Saraiva, 1990, p. 16.

6. Fábio Konder Comparato, *Direito Empresarial — Estudos e Pareceres*, p. 14.

7. *Aspectos Jurídicos da Macro-Empresa*, Ed. RT, 1970, p. 102.

8. Além dos trabalhos já mencionados do Prof. Fábio Konder Comparato, leia-se, com muito proveito, Rubens Requião (*Aspectos Modernos do Direito Comercial*, Saraiva, p. 115) e Nelson Abrão (*O Novo Direito Falimentar*, Ed. RT, 1985).

qualquer empresa. O direito moderno não pode desprezar a questão fundamental de se saber em que casos as empresas devem desaparecer, e quando devem ser conservadas.

Esta questão, que o novo direito não pode resolver mediante o estabelecimento de um critério rígido de seleção, requer ao menos a elaboração de um padrão de empresa recuperável, que contenha ao menos as condições mínimas compatíveis com o interesse social que se pretende conservar.

Na realidade, o direito concursal deve ser um marco legal que permita, com os menores custos sociais possíveis, a reestruturação ou o desaparecimento de empresas ineficientes, com o deslocamento dos fatores de produção para campos de maior rentabilidade. Para cada uma dessas hipóteses a lei deve estabelecer a eliminação ou a conservação da empresa.

É fundamental que na adoção de um plano de reorganização os custos com a conservação da empresa sejam inferiores aos custos com a liquidação. Não há dúvida de que a aplicação generalizada do princípio da conservação da empresa, ao invés de diminuir, pode significar um aumento dos custos sociais.

A reorganização da empresa não é uma panacéia, como imagina o Projeto, pois este instituto aplica-se apenas a um percentual pequeno em relação às empresas em dificuldades. Nada pode ser mais danoso ao interesse público do que a manutenção de empresas ineficientes, as quais inevitavelmente serão mantidas com subsídios públicos. Nem mesmo o interesse exclusivo dos empregados pode prevalecer em detrimento dos contribuintes que pagam as subvenções, e do conjunto da sociedade que sofre as conseqüências da baixa produtividade e da ineficiência dessas empresas.

A doutrina estrangeira destaca que a conservação da empresa em situação de crise só pode ser uma solução correta se os custos com a sua conservação sejam menores do que os de sua liquidação.[9] Portanto, a aplicação do princípio da recuperação não é a única forma para modernizar o direito concursal. Ao contrário, na maioria dos casos, pode-se obter uma maior eficiência através de um processo de liquidação eficiente.

Francisco Cabrillo, em magnífica análise econômica do Direito Concursal espanhol, alerta para o fato de que dentre os custos com a conservação de uma empresa ineficiente, destaca-se o da baixa produtividade dos fatores de produção nela empregados. Portanto, seria perigoso elaborar uma lei que facilitasse indiscriminadamente a conservação de empresas em momento de crise, sem considerar o custo com a sua manutenção. Seria, por exemplo, um erro grave decidir pela manutenção de empresas ineficientes apenas para evitar o desemprego, pois o resultado final dessa política dificultaria ainda mais a criação de empresas eficientes.[10]

Estudos também realizados com base no direito norte americano também demonstram um elevado índice de erro nas decisões judiciais sobre a viabilidade econômica da empresas, pois a tendência dos credores e do juiz é a de menosprezar os riscos de fracasso, pelas razões acima mencionadas. O resultado desastroso constatado por Thomas Jackson revela que grande parte das empresas americanas reorganizadas na forma da lei, e que foram consideradas viáveis judicialmente, duraram muito pouco no mercado. Isso é claro, sem considerar o elevado percentual das empresas que sequer conseguiram cumprir os planos de recuperação aprovados pelos credores e pelo juiz, como ocorreu com a PanAm.[11]

Na falência não é complicado identificar os custos de um processo liquidatório, mas aqueles para a manutenção de uma em-

9. Francisco Cabrillo, *Quiebra y Liquidación de Empresas*, Unión Editorial, 1889, pp. 140-141.

10. Ob. cit., p. 39.

11. *The Logic and Limits on Bankruptcy Law*, Harvard University Press, 1986, pp. 218-224.

presa em dificuldade são mais difíceis de constatar.

São, na realidade, custos que para a sociedade representam a conseqüência de recursos produtivos mal empregados, dando origem a uma redução da renda nacional, e, portanto, do bem-estar social. Exatamente por ser difícil de identificar é que este custo tende a ser subestimado nos processos de reorganização. O resultado óbvio é que a conservação dessas empresas acaba sendo contrária ao verdadeiro interesse social que se pretende conservar.

Na França, a discussão parlamentar dos projetos de leis sobre a matéria sempre foi enfaticamente destacado que a recuperação só deveria abranger as empresas viáveis. As demais deveriam ser eliminadas.

Pailluseau lembra que é essencial que seja assim, pois, caso contrário, se for mantida artificialmente em funcionamento, quem vai financiar sua existência — indaga o Prof. da Universidade de Rennes? Os credores? Não é este o papel deles. Os acionistas? É provável que não possam mais aportar capital, caso contrário já o teriam feito. O Estado? Quer dizer, o contribuinte? Pode ser, mas será provavelmente em detrimento do bem-estar social.[12]

As empresas que foram mantidas artificialmente, em descompasso com a sua realidade econômica, viram até mesmo seus empregados desaparecerem pouco a pouco, após algum tempo. É evidente que a noção de viabilidade não se resume somente a uma apreciação financeira, mas é igualmente correto afirmar que uma empresa não pode ser considerada viável se não tem independência financeira de modo permanente, sem que tenha alcançado uma independência econômica.[13]

Em síntese, resumindo os elementos que identificam a empresa recuperável economicamente, Paillusseau conclui que deve ser apenas aquela que pode remunerar normalmente os capitais nela aportados. Em conseqüência, se a empresa não é capaz de remunerar o capital nela empregado, uma fonte essencial de seu financiamento desaparece. Neste cenário, a empresa tenderia a ser subvencionada pelo Poder Público, cujos inconvenientes são evidentes.[14]

Naturalmente, a apreciação da viabilidade não deve se limitar a uma análise meramente financeira da empresa. Este estudo não teria sentido senão num contexto global, considerando as reais perspectivas de rentabilidade da empresa. A viabilidade dependeria, em resumo da resposta às seguintes indagações formuladas pelo Prof. Paillusseau: Qual a importância em relação aos concorrentes? Quanto valem seus produtos e serviços no mercado? Qual é a qualidade da sua organização de produção? Quais são os investimentos que devem ser feitos? Todas essas perguntas e outras mais é que permitem traçar ao menos um parâmetro para se saber se a empresa é ou não viável.[15]

Portanto, qualquer plano de recuperação econômico deve ter como prioridade identificar as condições econômicas e financeiras para se tornar viável, e, ainda verificar, de forma objetiva, se elas podem ser alcançadas.

O legislador português, na Exposição de Motivos do Decreto-lei 132/93, bem frisou que "os programas de recuperação econômica da empresa não são planos de caridade evangélica aplicados aos que dela dependem, porque não é nessa vertente da vida social que a caridade encontra o seu lugar próprio. Só a *real viabilidade* econômica da empresa em dificuldade pode legitimar, sobretudo numa economia de mercado como a que hoje vigora no espaço comunitário europeu, o cerceamento da reação legal daqueles cujos direitos foram violados".

Aqui, cabe indagar: Teria o legislador tido tal preocupação? Teria o Projeto sido

12. Ob. cit., p. 17.
13. Paillusseau, ob. cit., pp. 17-20.
14. Ob. cit., pp. 18-19.
15. Ob. cit., p. 19.

precedido de um estudo econômico, a exemplo do modelo francês?

5. *A reforma deve ser ampla*

Modernizar o direito concursal pressupõe muito mais do que introduzir um instituto como o da recuperação da empresa.

Em primeiro lugar, é fato notório que médias e até grandes empresas impetram concordata ou vão à falência por falta de uma legislação eficiente capaz de reprimir o abuso do poder econômico. No Brasil, o sistema constitucional econômico acolhe princípios do Estado Liberal, que consagram a primazia da livre iniciativa.

Para demonstrar a importância desse princípio, vale ressaltar que o exame da matéria deve partir desde o nível de princípio fundamental do Estado (art. 1º, IV), instituidor da livre iniciativa, passando pelo nível de princípio geral da ordem econômica (art. 170, IV), que consagra também a livre iniciativa, até, como seu consectário, o nível de princípio setorial do desprivilegiamento da atitude econômica exercida pelo Estado (art. 173, § 3º). A justiça social constitui-se no objetivo da ordem econômica (art. 170). Para alcançá-la, a Constituição da República estabeleceu como um dos princípios basilares o da livre concorrência.

A livre concorrência, contudo, existe dentro de um contexto onde é apenas um meio para alcançar o fim (justiça social). Embora a livre concorrência seja um princípio constitucional, não pode ser concebida de forma antisocial, objetivando apenas o lucro do empresário e o aumento do seu mercado em detrimento dos demais concorrentes.

O princípio da livre concorrência, para ser fielmente observado, depende de mecanismos a serem criados pelo Estado, para garantir a livre concorrência, impedindo o abuso do poder econômico. A livre iniciativa não é absoluta, sendo, por exemplo, intolerável tal concentração econômica de determinado grupo que possa impedir a iniciativa de outros.

Nos termos do § 4º do art. 173, o abuso do poder econômico é caracterizado pela dominação dos mercados, pela eliminação da concorrência e pelo aumento arbitrário dos lucros. O abuso pode se caracterizar apenas com um desses elementos.[16] Percebe-se que o comportamento de cartéis, interferindo na livre iniciativa, pode claramente provocar o desaparecimento de várias empresas produtivas.

É fundamental a edição de legislação infraconstitucional disciplinando a atuação de todos os agentes econômicos, no sentido de impedir as hipóteses ventiladas no § 4º do art. 173. Além disso, cabe criar um mecanismo estatal eficiente que possa punir de forma exemplar qualquer das modalidades do abuso do poder econômico.

Para que este órgão governamental possa efetivamente cumprir suas funções, é importante que seja dotado de poder inibitório, para, de forma preventiva, paralisar as etapas formadoras de abuso do poder econômico, sob pena de enfrentar apenas fatos consumados.

Ainda, para coibir as práticas desleais, que impedem a pulverização da oferta, não basta apenas fiscalizar o mercado, sendo preciso fomentar a pequena e média empresa naquilo que ela tem de mais eficiente, estimulando suas vantagens comparativas. Infelizmente, em muitos casos, o mau exemplo partia do próprio Poder Executivo, que alterava o desenvolvimento de atividades e empresas, estabelecendo reservas de mercado, credenciamento para acesso a financiamentos e incentivos fiscais que, na realidade, representavam mecanismos eliminadores da competição.

Além disso, deve ainda haver um processo de integração entre o direito concursal e os outros ramos do direito, visando impe-

16. Fábio Konder Comparato, in *O Poder de Controle na Sociedade Anônima*, Forense, 1984, pp. 78 e ss. No mesmo sentido José Alexandre Tavares Guerreiro, in "Formas de abuso do poder econômico", *Revista de Direito Econômico do CADE* 3/49, nova fase, 1986.

dir casos como ocorrem na legislação tributária, que permitem que determinados créditos não se sujeitem ao procedimento concursal.

Qualquer hipótese que permita, na reorganização, a cobrança de determinados créditos deve ser proibida, como ocorre no direito brasileiro, através de artifícios jurídicos — aliás de constitucionalidade duvidosa — como é o caso da restituição que as instituições financeiras têm pelo adiantamento de contrato de câmbio. Da mesma forma, não são coerentes com o novo sistema, mecanismos como a ação de restituição nos casos de contratos de *leasing* e de alienação fiduciária, que permitem que alguns créditos sejam excluídos do processo de reorganização.

Neste sentido é a lição oportuna do legislador português, ao acabar com privilégios injustos, principalmente do fisco, que não se submetia a qualquer regra de falência ou na concordata. Note-se que mesmo o privilégio a ser concedido aos credores trabalhistas não autoriza concluir que estes credores possam agir isoladamente, ou mesmo vender separadamente alguns bens do devedor, como ocorre na lei espanhola.[17]

Finalmente, merece registro o fato de que o Poder Judiciário deve ser melhor aparelhado para decidir sobre esta questão. Para evitar a longa duração dos processos falimentares, é preciso que se ampliem os recursos que o Estado possa dedicar à administração da Justiça.

No processo de reorganização, é fundamental frisar a eficiência da organização judiciária, para que o procedimento se desenvolva nos termos previstos pelo legislador. É freqüente a hipótese em que a lei falimentar apesar de tecnicamente correta, não alcança o seu objetivo pela delonga do processo, que se arrasta por vários anos. É importante verificar como terminam os procedimentos falimentares, para então identificar se as causas do fracasso estão na própria lei, ou se decorrem apenas da sua aplicação.

Os fatos comprovam que apenas uma parcela pequena das empresas em dificuldade recorre a um procedimento concursal. Ou seja, há uma indicação clara de que o mercado busca outras soluções, além daquelas previstas nas normas concursais, o que já é suficiente para justificar uma reforma profunda da lei. Parte deste insucesso, contudo, decorre da falta de aparelhamento do Poder Judiciário, para resolver rapidamente tais questões. Como ocorre na França, impõe-se a criação de uma justiça especializada em Direito Falimentar, o que decorre até mesmo do grau de especialização que a aplicação da lei requerer.

6. *Outras falhas graves do Projeto de Lei 4.376/93*

Feita essa abordagem teórica, cabe agora analisar o caso concreto.

O Projeto original, de 1993, encaminhado ao Poder Legislativo, cuidava de três institutos, que eram a falência (denominado de liquidação judicial), a concordata preventiva e a recuperação da empresa.

A partir do Substitutivo, apresentado pelo relator deputado Osvaldo Biolchi, a concordata preventiva foi suprimida do texto, passando, em conseqüência, o Projeto a regular apenas a recuperação e a liquidação judicial. Também a Emenda Global, de autoria do deputado Luís Roberto Pontes manteve essa mesma orientação do Substitutivo de excluir a concordata do sistema legal.

Naturalmente, bastava comparar as observações gerais sobre o conceito de empresa recuperável com o Projeto para concluir pela sua inutilidade.

Mas, a existência de outros erros graves não podem passar despercebidos.

Quanto ao aspecto formal, cumpre destacar que a falta de técnica é assustadora.

Primeiro, alterar os nomes dos institutos inutilmente só faz criar uma confusão

17. Francisco Cabrillo, ob. cit., p. 17.

absolutamente desnecessária, como ocorre com o conceito de "massa falida" que passa a ser "massa liquidanda", sem qualquer justificativa.

Também não há razão para a falência se chamar "liquidação judicial", pois, na realidade, a liquidação é apenas uma das fases da própria falência. Ademais, nem toda liquidação judicial é sinônimo de falência. A Lei de Sociedades por Ações, por exemplo, no art. 206, II, cuida de três hipóteses de liquidação judicial, sendo que apenas uma demais é falimentar.

Outro exemplo impressionante é a consagrada expressão "declaração de falência" que virou "declaração de inviabilidade econômica e financeira", apesar de ter como principal causa o tradicional conceito de impontualidade, que não se presta para demonstrar o insucesso econômico da empresa.

Na impontualidade, a lei simplesmente presume que o devedor esteja insolvente, pelo só descumprimento da obrigação de pagar no vencimento dívida líquida e certa constante de título executivo, sendo irrelevante o exame do aspecto econômico da empresa. A incoerência entre o instituto da impontualidade e o fim pretendido (prova da inviabilidade econômica) é absoluta.

Ainda, nota-se que o critério excessivamente rigoroso da impontualidade parece ser o menos coerente com o instituto da recuperação da empresa, que pode ser levada à quebra por uma mera questão momentânea de liquidez.

De outra parte, ao contrário da lei atual, o Projeto não adotou um enfoque sistemático do instituto da liquidação judicial (*sic*).

O correto seria tratar da caracterização da falência, da declaração da quebra, dos efeitos em relação aos credores, aos bens do devedor, aos efeitos quanto aos contratos, passando pela verificação e pela classificação de créditos, até chegar à fase final da liquidação. Onde já se viu tratar primeiro da classificação e só após da verificação, quando a ordem lógica é exatamente a inversa?

Nada justifica iniciar o texto legal cuidando dos créditos que não são exigíveis na liquidação judicial (que é apenas a redação do art. 23 da lei atual) e, em seguida, da classificação dos créditos, para só nos arts. 67 e ss. regular as causas da falência, ou pior "as causas da inviabilidade financeira e econômica".

Mesmo nas disposições que caracterizam a falência, o art. 67 mistura dois institutos distintos que são a impontualidade e a insolvência presumida. Por exemplo, o conceito de impontualidade está inicialmente previsto no inciso I do art. 67, mas a sua definição só aparece nos arts. 68 e 69, provocando uma confusão desnecessária para o intérprete. Se as causas continuam sendo a impontualidade e a insolvência, porque não manter o sistema da atual lei?

Em síntese, a impropriedade é de tal ordem que mesmo a caracterização da falência merece ser mantida como está no Decreto-lei 7.661/45, pois a emenda será pior do que o soneto.

6.1 O subjetivismo do Projeto

Conforme já destacado, a recuperação da empresa deve ser um marco legal que permita, com os menores custos sociais possíveis, a reestruturação ou a liquidação de empresas ineficientes, permitindo o deslocamento desses fatores de produção para campos mais rentáveis.

Ficou ainda comprovado que a aplicação indiscriminada do princípio da conservação da empresa, ao invés de diminuir pode, na realidade, aumentar os custos sociais, pois uma empresa que não tem condições de remunerar os capitais nela aportados, tende, inevitavelmente, a ser subvencionada pelo Poder Público, ou seja, pelo contribuinte.

O Projeto tem um conceito impróprio de empresa recuperável, permitindo a sua aplicação até às pessoas físicas (art. 1º), chegando ao ponto de admitir o pedido de recuperação econômica formulado até mesmo pelo espólio do devedor comerciante individual (parágrafo único do art. 28), como se fosse possível enxergar interesse social nesse caso. Somente a imaginação fértil do legislador pode conceber um projeto de recuperação econômica elaborado por uma viúva de um comerciante individual. Esse exemplo apenas reforça a suspeita de que o legislador, do primeiro ao último artigo, não tem um conceito claro de quem deveria se beneficiar desse instituto.

De outro lado, o plano de recuperação pode ser apresentado pelo devedor sem qualquer preocupação com o prazo para o seu cumprimento, pois é ele quem propõe "a estimativa do prazo necessário para o seu cumprimento" (inciso VII, art. 32).

Nesse procedimento, concebido pelo legislador, perdem todos, menos o devedor.

Os credores trabalhistas devem ser pagos em um ano, "atendendo às disponibilidades financeiras do devedor" (art. 30). Mas, se o devedor não pagar os empregados (ou provavelmente ex-empregados) — o que com toda a certeza sempre ocorrerá — o juiz pode prorrogar esse prazo, sem que haja no Projeto qualquer parâmetro para essa dilação.

Mais uma vez, quem paga a conta é o Poder Público, pois é obrigado a receber seu crédito parcelado em até 90 meses (quase oito anos), apenas acrescido de correção e juros de até 5% a.a. Segundo o art. 41, basta o deferimento da recuperação judicial para que o devedor obtenha o direito de parcelar suas dívidas tributárias, independentemente de qualquer garantia real, e pelo prazo que lhe aprouver (até o limite de 90 meses). Essa sobrevida desnatural será custeada em grande parte pela própria sociedade, pois é evidente que o Projeto permite que a empresa seja mantida artificialmente, conforme já salientado.

6.2 A ausência da concordata preventiva

A concordata preventiva não é incompatível com o instituto da recuperação econômica da empresa, como imagina o Projeto. Cada qual tem a sua finalidade específica.

Enquanto que, de um lado, a concordata preventiva atenderia à maioria absoluta das necessidades dos empresários, para evitar a falência, pois são questões ligadas à má utilização do crédito, causando um desequilíbrio financeiro ou econômico momentâneo, de outro, a recuperação econômica visaria casos especiais, nos quais o interesse social relevante está acima dos interesses dos credores e do próprio devedor.

A realidade tem demonstrado que a maior parte das empresas que se socorrem da concordata preventiva são pequenas e médias, que tentam obstar a quebra mediante a obtenção de meios que lhes permitam oferecer aos credores remissão ou dilação no pagamento de suas dívidas. É apenas isso. Enxergar nesses casos hipóteses de interesse social relevante é absolutamente divorciado da realidade.

Assim, se o legislador tivesse percorrido os cartórios que processam as concordatas preventivas teria chegado à essa conclusão. Portanto, da forma como está redigido o Projeto, esses devedores, por uma questão de sobrevivência, serão forçados a criar algo desnecessário, que é um plano irreal de recuperação, para preservar a realização da função social que certamente não está presente nessas empresas.

O Projeto, ser vier a ser sancionado, terá vida curtíssima. A concordata, sem dúvida, deve ser aprimorada, mas jamais suprimida. Tenha ou não natureza contratual, seja ou não um mero favor legal, ela terá sempre o relevante papel de regularizar as relações patrimoniais entre o devedor e seus credores quirografários, evitando-se a falência. O seu objetivo é de resolver o conflito de interesses meramente patrimoniais, ou seja questões típicas das relações de interesse privado, protegendo a empresa contra a ameaça de sua destruição.

7. Conclusão

Em síntese, chegamos à conclusão de que o instituto da recuperação econômica deve ser inserido brevemente no sistema legal, pelas razões já expostas. Mas, lamentavelmente, o Projeto contém falhas graves, que inevitavelmente o levarão ao insucesso, pois demonstrou desconhecer o próprio conceito de empresa recuperável.

Talvez fosse melhor, a curtíssimo prazo, aprimorar o instituto da concordata e da falência, do que se aventurar em uma empreitada de grande calado, sem conhecimento de causa.

A concordata preventiva ainda é de grande valia. Pequenas alterações seriam suficientes para atender às demandas dos empresários e juristas. A fraude constatada nas legislações anteriores, ocasionada pela desmedida influência dos credores levou o legislador de 1945 a afastar qualquer possibilidade de acordo entre credores e devedor, dando ao instituto uma natureza de favor legal. Talvez uma flexibilização do instituto, permitindo, em determinadas hipóteses, uma composição entre credores e devedor fosse uma boa solução. *In medio stat virtus.*

Depois, com as cautelas devidas, poder-se-ia reiniciar a elaboração de um anteprojeto específico sobre reorganização, mas sempre atentando para as questões acima abordadas.

Atualidades

POLÍTICA ECONÔMICA, LEGISLAÇÃO SOCIETÁRIA E APLICAÇÃO DO DIREITO DA CONCORRÊNCIA NO BRASIL

Otavio Yazbek

I — Introdução. II — Considerações preliminares sobre o antitruste nos Estados Unidos. III — A evolução da legislação concorrencial no Brasil e a Lei 4.137/62. IV — A perspectiva do Estado implementador de políticas públicas. V — Política econômica. VI — A política econômica brasileira na década de 1970 — Os PNDs. VII — As bases da Lei 6.404/76. VIII — A legislação acionária brasileira e o chamado "preço da concentração". IX — O renascer do direito da concorrência. X — Por um direito do desenvolvimento. XI — Referências bibliográficas.

I — Introdução

O presente trabalho tem por objeto a análise das relações entre direito societário e direito concorrencial. Seu pano de fundo é a problemática mais larga da política econômica. A discussão central deste estudo diz respeito à compreensão das condições materiais de aplicação da legislação antitruste no Brasil, sendo tomada tal legislação como integrante do conjunto de políticas públicas implementadas pelo Estado moderno no exercício das suas funções.

Para tal, deve-se partir de alguns dados fundamentais, brevemente referidos a seguir. Vale iniciar por algumas considerações acerca das razões da política antitruste norte-americana (posto que esta é uma das principais referências, para o tratamento da matéria no Brasil, ainda que não a única). Estas considerações serão seguidas por algumas notas para a definição, também em caráter preliminar, do conceito de "política econômica" adotado neste trabalho.

II — Considerações preliminares sobre o antitruste nos Estados Unidos

Em uma breve generalização, pode-se afirmar que o desenvolvimento do sistema antitruste nos Estados Unidos, paradigma da maior parte das legislações que vieram a tratar da matéria, decorre do processo de formação do capitalismo naquele país. Não que as análises sobre o assunto não apresentem divergências, muito pelo contrário (Salgado, 1997, 12 e ss.). A despeito, porém, de tais divergências (abrindo mão, portanto, de maiores refinamentos teóricos) pode-se discorrer acerca de alguns lineamentos interessantes para uma análise comparativa entre o caso norte-americano e o caso brasileiro.

Usualmente, o ano de 1890, quando foi promulgado o *Sherman Act*, é tomado como marco inicial da política antitruste nos Estados Unidos. O assunto já gerava polêmicas há mais de uma década, havendo tornado premente uma questão verdadeiramente ontológica, quanto à manutenção do próprio liberalismo norte-americano, que privilegiava a concorrência como idéia associada à de livre iniciativa. Tal sistema vinha sendo ameaçado, àquela época, parecendo eminente a sucessão por um novo modelo econômico, marcado pela acentuada concentração dos agentes econômicos.[1]

O processo de concentração industrial nos Estados Unidos inicia-se como decorrência do aquecimento da economia norte-americana, na segunda metade da década de 1860, em razão das contingências próprias de uma economia em crescimento acelerado, com grande necessidade de inversão de capitais. Pode-se, então, verificar a ascensão deste novo modelo de capitalismo, a colocar-se no lugar do modelo liberal individualista que tradicionalmente norteava a prática econômica naquele país.

Durante os anos seguintes, o processo de concentração industrial foi se acentuando, na medida em que se tornava cada vez mais difícil o ingresso de novas empresas nos mercados existentes. A concentração era estimulada, ainda, pela necessidade de defesa contra os riscos decorrentes das práticas de concorrência predatória que vinham sendo levadas a efeito por diversos setores.[2] Quase que concomitantemente evoluíam os mecanismos institucionais de concentração, que passaram de meros *gentlemen agreements*, em um primeiro momento, a formas mais complexas, como os *trusts*, capaz de outorgar maiores garantias nas relações internas.

A este processo começaram a reagir, ainda na década de 1860, diversos grupos, como os consumidores, agricultores e pequenos e médios empresários. Tal mobilização, fundada nos princípios do modelo do capitalismo tradicional norte-americano e na consideração do poder dos *trustes* como fonte de diversos males, a pouco e pouco foi ganhando peso político, em um processo que culminou com a promulgação do *Sherman Act*, cujo regime foi aprimorado no correr deste século com o *Clayton Act*, de 1914, ano da criação da *Federal Trade Commission*, e com outros diplomas posteriores.

Ainda hoje, muitos dos conflitos de ordem teórica e política, referentes à necessidade de implementação de uma prática antitruste, permanecem vivos. Se naquela época, porém, tratava-se de implantar ou não mecanismos de controle, hoje as questões dizem respeito a formas de interpretação e parâmetros de aplicação da legislação concorrencial.

De qualquer maneira, pode-se afirmar, ainda que genericamente, que os diplomas norte-americanos de controle da concorrência integram-se à estrutura própria do capitalismo naquele país. Tais diplomas legais, cujas formas de aplicação foram bastante aprimoradas neste século, atendem a necessidades reais, estando imbricados no processo de formação econômica e no ideário político norte-americanos.

III — A evolução da legislação concorrencial no Brasil e a Lei 4.137/62

No Brasil, o antitruste tem raízes muito diversas daquelas que teve nos Estados

1. Como bem esclarece Martin J. Sklar, "The antitrust debates, then, were about basics: Were the central principles of the American political tradition compatible with anything other than small-producer, competitive capitalism? In particular, could they be reconciled with corporate capitalism and administered markets? If large scale industry in the form of corporate enterprise was the progressive outcome of socioeconomic evolution, were traditional American political principles compatible with progress? In essence, could corporate capitalism and the Americal liberal tradition be mutually adapted the one to the other?" (1995, 34).

2. Talvez o exemplo mais clássico seja o das estradas de ferro (cf. Martin J. Sklar, 1988, 127 e ss., a partir do caso *United States v. Trans Missouri Freight Association*). De um modo geral, o processo referido levou a uma grande transformação das feições da atividade empresarial nos Estados Unidos, "com a diminuição do número de empresas e convergência do poder em mãos de poucos agentes econômicos", envolvendo mesmo setores de interesse público, como o de energia elétrica (Paula Andréa Forgione, 1998, 71).

Unidos. Com efeito, a industrialização brasileira é um processo tardio e em boa parte induzido. A conformação das estruturas de mercado deriva, dentre outros fatores econômicos e sociais, do fato de que a indústria no Brasil esteve, desde seu início, ligada aos capitais decorrentes das atividades de monocultura exportadora, desde então prevalecendo, portanto, altos índices de concentração econômica (Salomão Filho, 1997, 44). Tal concentração *ab initio*, porém, não se afigurava necessariamente como um mal.

Surge o antitruste no Brasil, na verdade, tendo em vista não tanto o controle das atividades dos agentes detentores de poder econômico, mas antes um marcado caráter nacionalista, posto que os grandes grupos internacionais eram considerados como a maior fonte de perigo para a nascente e ainda muito frágil indústria brasileira. Tal peculiaridade, coerente com as tendências nacionalistas presentes na vida política e econômica brasileira desde os anos 1940, individualiza, de nascedouro, o regime das primeiras leis brasileiras dedicadas à matéria.[3]

As preocupações acima referidas consolidaram-se em um número bastante grande de diplomas legais esparsos. De uma forma ou de outra, porém, estas normas encontravam guarida, por interpretações mais ou menos extensivas, no art. 148 da Constituição Federal de 1946, bem claro ao estatuir que: "A lei reprimirá toda e qualquer forma de abuso do poder econômico, inclusive as uniões ou agrupamentos de empresas individuais ou sociais, seja qual for a sua natureza, que tenham por fim dominar os mercados nacionais, eliminar a concorrência e aumentar arbitrariamente os lucros".

Com base neste dispositivo foi elaborado o primeiro diploma voltado especificamente para a repressão ao abuso do poder econômico: a Lei 4.137, de 1962. Fruto do Projeto de n. 122, de 1948, de autoria do então deputado Agamemnon Magalhães, que foi objeto de acalorados debates no Congresso Nacional, em razão não apenas dos interesses envolvidos, como também das concepções diversas de desenvolvimento e de sistema de mercado.[4]

Considerando as inovações nele trazidas, é natural que o texto de lei aprovado fosse criticado em diversos pontos. Em alguns momentos, tais críticas representavam uma mais ou menos justa preocupação quanto à incorporação de inovações trazidas pelo novo diploma ao sistema jurídico nacional (em especial quanto à estrutura e poderes do Conselho Administrativo de Defesa Econômica — CADE). Havia também, na referida lei, falhas técnicas, das quais a mais alardeada dizia respeito justamente à falta de uma conceituação do que seria "abuso do poder econômico". A despeito destas críticas, algumas inegavelmente procedentes, tratava-se de um diploma legal formalmente adequado, coerente com o desenvolvimento da matéria em outros países (Carvalho, 1986, 15).

Ocorre porém que, na prática, a Lei 4.137/62 e as estruturas por ela criadas nunca chegaram a ter plena eficácia. Os números são eloqüentes: até 1975, o CADE julgara apenas 11 processos, havendo declarado em apenas um deles a existência de abuso do poder econômico; até 1983, foram instaurados apenas 75 processos; por vezes o Conselho passou mais de dois anos sem, sequer, a mera instalação de reunião plenária (Forgione, 1998, 116; Carvalho, 1986, 21).

As razões para tal inoperância são de diversas ordens. Podem ser identificados alguns indícios, por exemplo, na pouca aceitação e nas ressalvas impostas à aplicação da Lei 4.137/62 pelo Poder Judiciário, ou nas seguidas reformas que alteraram as es-

3. Cf. Paula Andréa Forgione, 1998, 108 e ss.

4. Já àquela época era claro a possibilidade de utilização estratégica da legislação antitruste, tendo em vista "fins que atendam ao interesse nacional e ao interesse público", como destacava o então Ministro Nélson Hungria (*apud* Paula Andréa Forgione, 1998, 119).

truturas administrativas e prerrogativas do CADE colocando-o sob a égide de órgãos diversos da administração pública federal ou mesmo restringindo suas competências.[5]

Como bem esclarece um antigo Procurador-Geral do CADE, a destacar os seguidos percalços para a implantação de uma política antitruste no Brasil, "na verdade, o Conselho Administrativo de Defesa Econômica foi apenas tolerado como um mal cuja extirpação geraria críticas perfeitamente evitáveis. Os mais notórios corifeus do movimento de 31 de março sempre o acolheram com desconfiança, sobretudo à vista dos vastos poderes de que a sua missão legal exigia estivesse investido. Um órgão dessa envergadura, armado para atuar num sistema econômico de feição autenticamente capitalista, teria de ser, necessariamente, a menina dos olhos de um governo veramente interessado na defesa da livre competição" (Carvalho, 1986, 16 e ss.). E, após críticas ainda mais incisivas, encerra o referido autor, asseverando que "(...) a lei do CADE é prestável, não está obsoleta e o Conselho só não funcionou a plena carga porque os governos revolucionários não o quiseram. Como antes se disse, o órgão foi propositadamente desestimulado, mal suprido de verbas e só não foi desativado por puro respeito humano" (Carvalho, 1986, 19).

Em síntese, pode-se afirmar que a Lei 4.137/62, "sem embargo de alguns breves 'surtos' ou 'ondas' de aplicabilidade (...) não encontrou uma maior efetividade na realidade brasileira, não sendo possível identificar qualquer atuação linear e constante de uma política econômica que se tenha corporificado em uma política de concorrência" (Forgione, 1998, 131).

O reconhecimento deste fato é bastante significativo, mesmo para a análise das atuais possibilidades e limites da legislação antitruste no Brasil. Há uma necessária relação entre política econômica e política de concorrência. Sem embargo, pode-se afirmar que o destino da Lei de 1962 foi selado pela assunção de políticas governamentais francamente favoráveis à concentração empresarial.[6] Tais questões serão aprofundadas mais adiante, após o estabelecimento de alguns parâmetros necessários à plena compreensão do peso das políticas públicas na conformação das modernas ordens jurídicas.

IV — A perspectiva do Estado implementador de políticas públicas

Impõe-se, neste momento, ao lado das considerações históricas, a consideração de alguns fundamentos, mais genéricos, de direito econômico. Tal análise não advém da mera necessidade de um enquadramento da questão da concorrência nos quadros teóricos do direito econômico. Decorre do fato do direito econômico representar, na verdade, "um novo método de análise, substancial e crítica" que, tendo em vista o "comprometimento econômico do direito" impõe o estudo da "sua utilidade funcional" (Grau, 1997, 166). É, neste sentido, um mirante privilegiado, para a observação da dinâmica dos sistemas jurídicos, como mais adiante se verá.

Parece-nos impossível considerar o moderno direito da concorrência isolado da perspectiva mais ampla do moderno Estado implementador de políticas públicas, sob pena de ficarmos adstritos a um direito concorrencial distante das reais necessidades econômicas e sociais, pretensamente puro e, pior do que isto, de todo ineficaz.

A mera consideração da experiência brasileira de controle da concorrência mos-

5. Cf. Lúcia Helena Salgado, 1997, 176 e ss.

6. Paula Andréa Forgione argumenta, contra esta interpretação, com o caso da União Européia, onde coexistem políticas concentracionistas e um sistema atuante de controle da concorrência e do abuso do poder econômico (1998, 126). A nosso ver, tal argumento parece-nos falho ao deixar de lado marcadas especificidades históricas. O caso brasileiro é bastante diferente daquele da União Européia. Esta última, ademais, é uma experiência inovadora, fruto de longas negociações e planejamento.

tra a impossibilidade de desvincular tal matéria das linhas mestras que norteiam o regime do Estado intervencionista, que é, antes de mais nada, o Estado chamado pelas necessidades de preservação e reprodução do sistema capitalista, a implementar políticas públicas.[7]

A regulamentação e o controle da concorrência, na medida em que partem da consideração das limitações do modelo de Estado absenteísta, integram-se, inegavelmente, como uma das múltiplas facetas do Estado intervencionista. A política adotada para a concorrência — e trata-se, sem qualquer dúvida, de uma "política", a despeito dos postulados pretensamente "purificadores" dos economistas neoclássicos e seus seguidores (Salomão Filho, 1997, 30, nota 23) — faz parte de uma mais complexa e mais ampla (nos fins como nos meios utilizados), política econômica.

Este trabalho pretende comprovar como a política econômica "modela" a aplicação da legislação antitruste, analisando, em especial, a experiência brasileira. Para tal, faz-se necessária uma definição (forçosamente estipulativa, ante a multiplicidade de sentidos e contextos possíveis) de política econômica. Será este o ponto de partida.

V — Política econômica

Pode-se definir política econômica, em princípio e de acordo com um dos principais cultores do direito econômico no Brasil, como "o conjunto de medidas postas em prática para atender a objetivo econômico" (Souza, 1994, 25). De maneira mais sistemática, Fábio Nusdeo identifica, dentro da chamada "economia normativa", duas divisões fundamentais: a doutrina econômica e a política econômica (1997, 195 e ss.).

Seguindo, ainda, a linha expositiva de Fábio Nusdeo, cabe ao campo da doutrina econômica a discussão acerca dos fundamentos dos sistemas econômicos, visando a crítica e reestruturação de tais sistemas de modo a assegurar determinados valores, tidos como essenciais. O campo da política econômica, por sua vez, representa "a face mais detalhista e pragmática" das doutrinas econômicas. A interrelação existente entre os dois campos em que se divide a economia normativa é clara — enquanto cabe às diversas doutrinas econômicas a análise e crítica dos sistemas econômicos, cabe às políticas econômicas, tomando os dados da realidade (dados fornecidos pelas próprias doutrinas econômicas, suas interpretações e análises), efetuar as "recomendações" que se destinam a "alterar parcelas ou detalhes dos sistemas" (1997, 102).

Decorre do exposto mais acima uma definição preliminar de política econômica. Decorre ainda, da questão das relações entre doutrinas e políticas econômicas, um esboço da relação, no caso brasileiro, entre os modelos teóricos de desenvolvimento e as políticas que deles decorriam, esboço que é o verdadeiro pano de fundo de toda a argumentação adiante apresentada.

VI — A política econômica brasileira na década de 1970 — Os PNDs

Desde a segunda metade dos anos 1940 o desenvolvimento tornou-se a preocupação central das políticas públicas no Brasil, verdadeiro núcleo irradiador. O problema da superação e das condições para a superação da condição de país subdesenvolvido foi cogitado de diversas formas, por vezes contraditórias, no período que vai de 1945 a 1980, havendo uma miríade de posições intermediárias entre os extremos, identificados nas perspectivas liberal e marxizante. Por conseqüência, a política em-

7. A atividade de implementação de políticas públicas, como bem esclarece Eros Roberto Grau, pressupõe uma "bem marcada separação entre Estado e sociedade", sendo, portanto, manifestação de intervencionismo estatal na medida em que com a expressão "políticas públicas" designamos, globalmente, "todas as atuações do Estado, cobrindo todas as formas de intervenção do poder público na vida social" (1991, 20).

presarial assumia diferentes feições, acompanhando as concepções adotadas a cada momento, restando, porém, como verdadeiro tema recorrente, a consideração da necessidade de transformação das formas de organização e exercício da atividade empresarial no país.

Uma das linhas gerais caracterizadoras da política econômica em fins da década de 1960 e início da década de 1970, é a ênfase dada à questão da transformação do modelo de atividade empresarial no Brasil. As medidas a serem tomadas visavam, fundamentalmente, o incentivo da "grande empresa brasileira, de modo a proporcionar-lhe poderio econômico e escala suficiente para competir com as empresas estrangeiras" (Salomão Filho, 1997, 45).

Tais preocupações podem ser reconhecidas, com a feição própria que se lhes imprimirá mais adiante, em especial, nas obras de alguns economistas da geração que subiu ao poder em 1964. Pode-se, em tais obras, identificar uma mesma linha de política econômica, fundada em certos referenciais que, a despeito de determinadas mudanças de orientação significativas, persistiram quase que durante toda a década de 1970.

Tais interpretações e tendências encontram-se corporificadas nos chamados Planos Nacionais de Desenvolvimento, o I e o II PNDs, havendo atingido seu ponto de maior prestígio entre, mais ou menos, 1970 e 1976. O I Plano Nacional de Desenvolvimento, que teve suas diretrizes e prioridades aprovadas pela Lei 5.727, de 4.11.1971, permaneceu em vigência por três exercícios consecutivos, de 1972 a 1974. O II Plano Nacional de Desenvolvimento teve suas diretrizes e prioridades aprovadas pela Lei 6.151, de 4.12.1974, havendo sido fixada sua vigência, inicialmente, para os exercícios de 1975 a 1979. Os dois PNDs, basicamente, estipulam objetivos e elencam determinadas "realizações nacionais", definindo também os instrumentos de política econômica hábeis para a consecução das metas pretendidas.

De um modo geral, pode-se depreender do disposto nos Planos, que os atos de concentração industrial deveriam assumir papel de destaque no processo de desenvolvimento então esboçado. Assim, a citada Lei 6.151, de 4.12.1974, instituidora do II PND preconiza em seu capítulo IV, itens 3 e 4, quanto à "(...) política de fusões e incorporações, com estímulos financeiros (o FMRI e o PMRC, no BNDE) e fiscais (COFIE), nos setores em que a excessiva disseminação de empresas nacionais lhes retire o poder de competição e as coloque em posição frágil, perante o concorrente estrangeiro (...) Formação de conglomerados nacionais, realizando a integração financeira, financeiro-industrial, financeiro-serviços, assim como outras fórmulas, de maneira flexível, em alternativas de liderança financeira, liderança industrial ou supervisão por empresa controladora *holding*. O objetivo central deve ser a maior produtividade no uso dos recursos, pela fluidez intersetorial das aplicações, e a garantia da estrutura financeira sólida". Tais disposições consolidaram-se na adoção de políticas de incentivo e financiamento à atividade industrial (também no que tange à política fiscal), havendo permanecido em vigor com o término do II PND, acelerado por uma série de fatores, internos e externos (Belluzzo e Coutinho, 1984, 160).

Para uma melhor compreensão dos percalços pelos quais passou a instituição de uma efetiva política antitruste no Brasil não basta referir apenas o contido nos PNDs. Ao contrário, é necessário compreender as concepções que embasaram tais Planos, os fundamentos teóricos do modelo de desenvolvimento adotado a partir da segunda metade dos anos 1960. Apenas assim pode-se compreender o caráter "estratégico" do descaso pela implementação de uma política antitruste àquela época (a despeito da inconstitucionalidade de tal postura).

O modelo então vigente, de um modo geral, partia do reconhecimento da necessidade de superação de problemas que acompanharam desde o seu tardio nascedouro as estruturas empresariais brasileiras. Dentre os vários pontos merecedores de atenção, de ordem jurídico-institucional, organizacional ou econômica, merecia destaque a questão das dificuldades de formação do capital nos países subdesenvolvidos.

Este ponto de partida foi desenvolvido a partir de diversos pontos de vista distintos. Mário Henrique Simonsen, por exemplo, em um estudo bastante famoso àquela época, defende que, dada a tradição do exercício de atividade econômica por sociedade familiar e fechada, o problema central da economia brasileira reside mais na restrição ao seu crescimento pela impossibilidade de coesão de capitais de origens diversas que propriamente na formação inicial de seu capital (1972, 119).

As necessidades de formação e coesão do capital produtivo, o estímulo à concentração deste capital foram os moventes do modelo econômico dominante a partir da segunda metade dos anos 1960, que estimula a captação de poupanças no mercado de valores mobiliários e o uso de formas institucionais para a reunião desta poupança pública. Sintomaticamente, derivam daí a lei que rege o mercado de valores mobiliários — Lei 6.385/76 — e a Lei das Sociedades Anônimas — Lei 6.404/76.

Da mesma forma que, a partir destas preocupações, foi criado o Sistema Financeiro Nacional, por outra vertente, julgou-se necessário implementar a concentração industrial, passo necessário para a criação de economias de escala. Parece lógico que, na implementação da política econômica, fossem deixados de lado, ao menos estratégica e temporariamente, os instrumentos de controle das concentrações econômicas e do abuso do poder econômico, tendendo os principais defensores do novo modelo a reduzir a importância ou pelo menos mudar o foco das políticas antitruste (Simonsen, 1972, 115 e ss.).

Ganham destaque políticas estratégicas favoráveis à realização de fusões e incorporações e à criação de grandes conglomerados. Vale aqui referir os diversos incentivos, sobretudo de ordem fiscal, criados durante os anos 1970, visando levar à prática de atos desta natureza (Pécora, 1972, 25; Carvalhosa, 1977, 166; e Simonsen, 1972, 123 e 127 e ss.), merecendo destaque, em especial, o Decreto-lei 1.346, de 25.9.1974. A opção por um modelo de macroempresa nacional supera as preocupações com concorrência e controle do abuso de poder econômico, conforme já referido.[8]

VII — As bases da Lei 6.404/76

A Lei 6.404, de 15.12.1976, talvez seja um dos mais claros reflexos das concepções do II PND encontráveis na legislação brasileira. Não que esta consideração prejudique o reconhecimento de seu rigor e dos inúmeros méritos que neste diploma podem-se encontrar, mas importa reconhecer tal vinculação, situar a lei dentro do quadro de uma dada "experiência jurídica". No dizer dos autores do Anteprojeto que deu origem ao diploma, constantes de uma série de artigos publicados no *Jornal do Brasil* entre 31.8.1975 e 21.9.1975, este tinha como objetivo precípuo a criação de um modelo de sociedade por ações adequa-

8. "A base produtivo-tecnológica da indústria da etapa de industrialização que concluiu-se nos anos 70, calçada nas indústrias metal-mecânica, química, petroquímica e elétrica exigia grandes unidades produtivas, investimentos de grande porte e longa maturação, aquisição de tecnologia estrangeira, geração de economias via barateamento de custos diretos e escalas de produção elevadas, dentre os principais fatores. Implicavam a organização da indústria em oligopólios (ou mesmo monopólios) (...) Em resumo, as políticas públicas que organizaram os mercados e regularam a concorrência capitalista definindo regras de entrada, de *pricing*, de coordenação de condutas, de diversificação e diferenciação de produtos foram *extremamente funcionais* ao padrão de desenvolvimento que se completou nos anos 70, ao compor o arcabouço institucional próprio à industrialização por substituição de importações. Nesse ambiente, as regras antitruste não poderiam desempenhar nenhuma função, pois advogavam um mercado competitivo em que a concorrência via preços e a atomização da oferta eram características marcantes" (Lúcia Helena Salgado, 1997, 178 e 179-e).

do "à organização e ao funcionamento da grande empresa privada, requerida pelo estágio atual da economia brasileira", integrando o conjunto mais amplo de medidas que tinham por escopo a realização de "reformas institucionais indispensáveis ao fortalecimento da empresa privada nacional" (*apud* Lamy Filho e Pedreira, 1997, 139).

Pode-se destacar, neste "novo modelo" de companhia, alguns pontos em que as normas de direito societário afrontam os interesses próprios do direito concorrencial. Nestes pontos, em especial, as normas constantes do diploma societário têm por efeito a redução do chamado "preço da concentração", daí podendo-se afirmar que a Lei das S/A, de fato, estimula as concentrações industriais. De acordo com Calixto Salomão Filho, é possível identificar, em princípio, três pontos, abaixo referidos, em que se manifesta nitidamente a opção concentracionista do direito societário brasileiro (1997, 234 e ss.).

VIII — A legislação acionária brasileira e o chamado "preço da concentração"

No que diz respeito à formação do preço da concentração no direito societário brasileiro, em primeiro lugar, merece destaque na estrutura da lei vigente, a questão da proporção entre o capital votante da sociedade e o seu capital total. O § 2º do art. 15 da Lei 6.404/76 dispõe que "o número de ações preferenciais sem direito a voto, ou sujeitas a restrições no exercício desse direito não pode ultrapassar 2/3 (dois terços) do total das ações emitidas".

Na exposição justificativa do Projeto de Lei das S/A, esclareceram os profs. Alfredo Lamy Filho e José Luiz Bulhões Pedreira que o aumento da proporção das ações sem direito a voto na totalidade do capital social fundara-se nas seguintes razões: "a) a orientação geral do Projeto, de ampliar a liberdade do empresário privado nacional na organização da estrutura de capitalização de sua empresa; b) o objetivo de facilitar o controle, por empresários brasileiros, de companhias com capital distribuído no mercado; c) a conveniência de evitar a distribuição, na fase inicial de abertura do capital de companhias pequenas e médias, de duas espécies de ações, em volume insuficiente para que atinjam razoável grau de liquidez" (*apud* Lamy Filho e Pedreira, 1997, 226 e 227). Os efeitos práticos da disposição contida no § 2º do art. 15 da Lei das S/A residem justamente na maior facilidade (e menor onerosidade) para a aquisição do poder de controle.

O segundo elemento a definir o "preço da concentração" diz respeito à distribuição interna de poder na sociedade, residindo no papel predominante exercido pelo acionista controlador na definição dos destinos sociais. Quanto aos fundamentos da configuração final do papel do acionista controlador, esclarece Calixto Salomão Filho que "o sistema legal de repartição de poderes levou em conta tal realidade (*o caráter predominantemente familiar da empresa brasileira e a composição do controle*). Não se tentou criar uma contratendência, mas sim regulamentar a realidade existente. Pode-se, com efeito, criticar o legislador brasileiro pela falta de idealismo, mas não pela ausência de realismo. O sistema foi elaborado em torno da figura do acionista controlador, verdadeiro centro decisório da sociedade. Inclusive a distribuição de competências e a construção orgânica da sociedade são elaboradas com base na presunção de existência de um sócio soberano" (1997, 236). É dentro deste quadro que se pode compreender o papel do Conselho de Administração, como órgão "representativo exclusivamente dos interesses dos acionistas e por eles exclusivamente composto", ao qual "foram atribuídas algumas das competências mais importantes, como a fixação da orientação dos negócios sociais (art. 142, inc. I) e a nomeação, destituição e fixação das atribuições dos diretores (art. 142, inc. II). Através do Conselho de Administração atribui-se ao acionista controle da possibilidade de pessoalmente ou através de fiduciários administrar diretamente os negócios sociais" (1997, 236 e 237).

Também a forma pela qual é regulamentada a responsabilidade do controlador influencia a definição do "preço da concentração". Neste particular, e a despeito das responsabilidades formalmente atribuídas ao acionista controlador na Lei das S/A, também surgem diversos percalços.

Estas responsabilidades do acionista controlador constam expressamente do art. 117 da Lei 6.404/76, de acordo com o qual "o acionista controlador responde pelos danos causados por atos praticados com abuso de poder". No § 1º do referido artigo estão relacionados os atos considerados como de abuso do poder. Tal estatuição, porém, apesar da boa impressão que causou a alguns autores,[9] sempre foi de escassíssima eficácia prática.[10]

Além dos elementos determinantes de um "baixo preço de concentração", já acima alinhavados, há outros dispositivos da Lei das S/A que, se não estimulam diretamente a concentração industrial, pelo menos fornecem instrumental para, sendo necessário ou interessante (e neste ponto devem ser considerados os benefícios fiscais concedidos nos anos 1970 para favorecer a prática de atos de concentração), realizá-la.[11]

Outros exemplos claros desta vocação concentracionista de nosso direito societário encontram-se, por exemplo, no caso dos grupos societários de fato (ou seja, grupos formados com base em relações de controle ou coligação acionária), nas frágeis formas de defesa instituídas para a tutela dos interesses dos chamados "acionistas externos".[12]

As garantias formais estabelecidas em favor dos minoritários são, de modo geral, de difícil concretização, expressas na lei com alto grau de generalidade (é o caso, p. ex., das responsabilidades outorgadas aos controladores ou à companhia controladora, respectivamente nos arts. 245 e 246 da Lei Acionária). Com efeito, como bem demonstram Teixeira e Guerreiro, tais dispositivos sequer dizem respeito diretamente aos interesses dos acionistas minoritários, fazendo referência apenas a um genérico interesse da companhia (1979, 708 e ss.).

A situação é distinta nos grupos de sociedades formados por convenção. Porém, mesmo nestes últimos casos é neces-

9. Egberto Lacerda Teixeira e José Alexandre Tavares Guerreiro esclarecem, quanto ao art. 117: "O *caput* deste artigo preceitua que o acionista controlador responde pelos danos causados por atos praticados com abuso de poder. Rompe-se, com essa inovação, a normal irresponsabilidade dos acionistas pelo atos danosos praticados pela companhia. De certa forma e sob certas circunstâncias, abre-se uma brecha na concepção tradicional da absoluta separação patrimonial entre acionista e sociedade. Com efeito, as responsabilidades que a lei comina ao acionista controlador não se traduzem apenas em sanções morais; antes, induzem a extensão da reparação do dano à massa patrimonial do acionista controlador. Concretizam-se mediante a vocação dos bens particulares dele para a garantia do cumprimento de certos deveres e obrigações que, de outro modo, restariam descumpridos. Não será exagero vislumbrar-se, na espécie, o chamado levantamento do véu societário (*lifting of the corporate veil*) ou a *disregard doctrine* da praxe americana, ainda que de forma atenuada e restrita às hipóteses extremas de abuso do poder" (1979, 298).

10. Fábio Konder Comparato destaca, após quase dois decênios de vigência da Lei 6.404/76, a inocuidade de tais disposições "pela inexistência de um aparelhamento de sanções adequadas. Pela lei acionária, o controlador que abusa de seu poder incorre apenas em responsabilidade por perdas e danos. É de se perguntar como seria fixada essa indenização e quem teria legitimidade para fazer atuar em juízo essa responsabilidade" (1995, 36).

11. Neste sentido, podemos compreender as disposições referentes a incorporações (art. 227), fusões (art. 228), aos chamados grupos societários de fato (Cap. XX) e aos grupos societários de direito (Cap. XXI). Mesmo os acordos de acionistas, regulados pioneiramente pela Lei 6.404/76, são de grande importância para a estruturação de grupos empresariais e criação de *joint ventures*.

12. Acionistas externos são os acionistas minoritários das sociedades integrantes de grupo societário, que não se beneficiam da mesma forma que os controladores dos efeitos da concentração econômica, tendo, ainda, os riscos decorrentes de sua situação bastante acentuados. A defesa dos minoritários em casos desta ordem acabou assumindo uma natureza eminentemente casuística e necessariamente relacionada com as limitações estabelecidas ao arbítrio dos controladores.

sário destacar, a situação pouco peculiar dos acionistas minoritários que, não havendo exercido o direito de recesso que lhes assiste por força do parágrafo único do art. 270, passam a ter seus direitos submetidos às disposições e limites da convenção grupal (art. 276). Tais minoritários, a rigor, apenas podem insubordinar-se em caso de realização de atos contrários a tal convenção (§ 3º do art. 276).

O mesmo ocorre com os credores sociais. Neste ponto, porém, a situação afigura-se mais dramática. Tanto no caso dos grupos de direito, quanto no dos grupos de fato ou mesmo da subsidiária integral, como bem demonstra Comparato (1977, 348 e ss.), a Lei 6.404/76 não contempla qualquer garantia aos credores das sociedades agrupadas, negando mesmo a criação de uma responsabilidade subsidiária da sociedade de comando pelas dívidas que incumbem às suas subordinadas.[13]

Os aspectos acima referidos não são, naturalmente, suficientes para o estímulo de práticas concentracionistas. São, porém, bastante sintomáticos, sobretudo quando considerados ao lado dos diversos mecanismos de estímulo às fusões, incorporações e demais atos de concentração econômica, já acima brevemente referidos. Tratava-se de uma orientação genérica, a influenciar toda a legislação empresarial elaborada no período.

IX — O renascer do direito da concorrência

Com o passar do tempo e a substituição do modelo de desenvolvimento vigente até a metade da década de 1970 (e considerando que é muito difícil falar em um "modelo de desenvolvimento" próprio da década de 1980, havendo este conturbado período, a chamada "década perdida", sido marcado muito mais por políticas conjunturais, geralmente destinadas à estabilização econômica), começam a mudar algumas posturas perante a legislação antitruste no Brasil.

A partir de fins da década de 1980 começam a ser aplicadas no Brasil políticas de matiz liberalizante, atendendo a algumas tendências mundiais. Dentre tais opções encontra-se a política de abertura do mercado brasileiro. A propalada desregulamentação das práticas econômicas exigia, em um aparente paradoxo, a reativação das "esquecidas" práticas de controle da concorrência.[14]

A reforma institucional do setor inicia-se com o advento da Lei 8.158/91, que criou a Secretaria Nacional de Direito Econômico, dentre outras medidas. São já neste momento, sensíveis as modificações de postura dos órgãos públicos, do setor empresarial privado e do próprio Poder Judiciário, a despeito de alguns justificados receios quanto à possibilidade de utilização indevida das atividades de controle da concorrência e de abuso do poder econômico pelo Governo Federal, em especial para medidas de retaliação de qualquer ordem (Forgione, 1998, 133).

O processo de revalorização do antitruste culmina em 1994, com a promulgação da Lei 8.884/94, que aperfeiçoa o tra-

13. É interessante destacar que mesmo a responsabilidade solidária perante credores é matéria que, àquela época, parecia impor-se em matéria de grupos de sociedades, como bem demonstra Guy Keutgen, ao esclarecer que "A défaut du cadre législatif adéquat, la jurisprudence s'est employée dans certains cas, assez limités, à rétablir la realité des faits en prouvant qu'au-delà de la personnalitè morale des sociétés groupées existait une communauté d'interêts économiques susceptible d'entamer l'autonomie formelle des sociétés en cause. Cette approche a été tentée essentiellement lorsque le maintien dans son intégralitè de l'autonomie patrimoniale des entreprises groupées pouvait porter un préjudice grave aux intérêts des créanciers. Dans cette perspective, la jurisprudence française a cherché à établir une solidarité passive entre la société dominante et la société affiliée ou, en cas de faillite, à étendre la responsabilité de cette dernière à la société contrôlaire" (1973, 99).

14. Cf. Confederação Nacional da Indústria (1994, 1).

tamento legislativo da matéria e fortalece, novamente, o CADE. Dentre as mudanças ocorridas temos, do ponto de vista institucional, a transformação do CADE em autarquia federal, com uma dotação orçamentária própria, sendo criada, uma procuradoria especializada. Neste mesmo sentido, a Lei 8.884/94 consagra uma série de instrumentos garantidores da eficácia da atuação do CADE, podendo-se destacar, p. ex., e apenas enumerando alguns pontos relevantes (em especial considerando a natureza das referências anteriormente feitas à legislação acionária), a responsabilidade solidária da empresa e dos seus administradores em casos de infração da ordem econômica (art. 16), a solidariedade entre as empresas integrante de um mesmo grupo econômico (art. 17) e a possibilidade de desconsideração da personalidade jurídica (art. 18).

É bem verdade que a aplicação deste diploma ainda traz diversas controvérsias, dada a sua relativa novidade e a conseqüente indefinição técnica de muitos dos conceitos de que se faz uso. Em razão destes aspectos pode-se afirmar que o direito antitruste brasileiro encontra-se ainda em construção, muitas das possibilidades restando ainda quase que inexploradas.

Dentre estas possibilidades encontra-se o uso de instrumentos próprios do direito societário, instrumentais para o chamado "controle das estruturas". Com efeito, a despeito da inegável falta de "neutralidade" do direito societário brasileiro quanto a objetivos concorrenciais, tal ramo dispõe de importantes instrumentos interpretativos, que permitem o controle de alguns dos mecanismos pelos quais são exercidas as relações de poder na empresa, em favor, portanto, de fins peculiares à política concorrencial (Salomão Filho, 1997, 233).

É necessário ressalvar, porém, que uma vez reconhecida a falta de idoneidade da legislação acionária no que tange aos objetivos concorrenciais, conforme acima analisado, caberá sempre aos órgãos de defesa da concorrência a tarefa de elaboração de "critérios interpretativos que incluam no controle das concentrações e cooperações entre empresas o maior número possível de hipóteses" devendo atuar tais órgãos "com muito mais vigor" (Salomão Filho, 1997, 239). Nem por isso resta descartada, dentro das novas pretensões e modelos econômicos, a aplicação instrumental do direito societário para os fins que hoje ordenam, em boa parte, a política econômica nacional. O que cumpre deixar claro, na verdade, é que tais preocupações, albergadas pelo sistema jurídico nacional, devem dinamizar a produção e aplicação do direito de maneira uniforme.

X — Por um direito do desenvolvimento

De todo o acima exposto, restou, à guisa de conclusão, uma concepção da política de controle da concorrência necessária e historicamente vinculada à política econômica. Pode-se afirmar que tal vinculação, mesmo existindo em outros países, dado o caráter acima referido do moderno Estado implementador de políticas públicas, assume, no Brasil, uma posição bastante própria — a de um direito do desenvolvimento.

Roger Granger (*apud* Carvalhosa, 1973, 244 e ss.) distingue um direito econômico, peculiar dos países desenvolvidos de um "direito do desenvolvimento", próprio dos países subdesenvolvidos. Direito econômico e direito do desenvolvimento diferenciam-se pelos seus conteúdos (o direito do desenvolvimento tem por fim último, mais abrangente que os fins do direito econômico, fazer evoluir também a "mentalidade social") e pela importância relativa que, a cada caso, assumem as matérias pelas duas disciplinas abarcadas. É o direito do desenvolvimento um direito "eclético", posto que utiliza, conforme as necessidades, categorias pertencentes tanto ao direito público como ao direito privado, sendo "inovador" por "combinar" as técnicas jurídicas tradicionais tendo em vista a resolução dos problemas específicos que se pretende resolver.

Tal definição de direito do desenvolvimento, a despeito de bem pouco peculiar, apresenta elementos de interesse para a análise que se empreende neste momento. De fato, a despeito da grande dificuldade de falar-se, hoje, em um ramo especial do direito daquela maneira denominado (até porquê a análise de Granger data de fins dos 1950), pode-se fazer referência a um direito do desenvolvimento em outro sentido.

Faz-se necessário, então, tomar uma definição dentre as tantas possíveis de desenvolvimento. De acordo com Washington Peluso Albino de Souza, o conceito de desenvolvimento encontra-se fundamentado "no sentido dinâmico de modificação do *status quo*, na direção de configurações diferentes das atuais". De acordo com o referido professor, os conceitos de crescimento e desenvolvimento diferem por haver, no primeiro caso, aumento meramente quantitativo, sem rompimento dos padrões de relações vigentes. Já no processo de desenvolvimento "rompe-se tal equilíbrio", modificando-se as proporções existentes (1994, 317).

Considerando a complexidade da idéia de desenvolvimento e sua abrangência, torna-se difícil a simples assimilação do direito do desenvolvimento ao direito econômico, este último tomado, aqui, como disciplina autônoma. Em rigor deve-se mesmo, até por motivos históricos, afastar a concepção do direito do desenvolvimento como ramo autônomo.

Não obstante, pode-se reconhecer um "direito do desenvolvimento" na medida em que as "normas contidas em todos os ramos do direito, em especial as do direito econômico, estão voltadas à consecução daquele ideal" (Grau, 1981, 13). Seria, pois, o direito do desenvolvimento decorrente de uma consideração mais larga e finalista do fenômeno jurídico. Neste conceito, e sobretudo ante as experiências atípicas com que se defrontam os operadores do direito nas sociedades em desenvolvimento, pode-se retomar a posição defendida por Granger.[15]

Ora, o direito antitruste, em diversos modelos nacionais hoje em vigor, permanece necessariamente vinculado às políticas industriais implantadas ou que se pretende implantar (Salomão Filho, 1997, 179). Assim ocorre, hoje, também no Brasil.[16]

A subordinação das práticas de controle da concorrência à política econômica (ou seja, a sua concepção como associada a "políticas de governo", e não como elemento integrante da "política de Estado"[17]) é coerente com o disposto na Constituição Federal de 1988, onde a "livre concorrência" é um dos princípios da ordem econômica (inc. IV do art. 170), ao lado, porém, de outros princípios que podem, a cada caso, com ele chocar-se, tais como a "função social da propriedade" (inc. III) e a "defesa do consumi-

15. É importante destacar que o "direito do desenvolvimento" não se confunde com o direito econômico. Arnoldo Wald, que trata daquele primeiro como um verdadeiro novo ramo jurídico, assim diferencia o direito econômico do direito do desenvolvimento: "Il diritto dell'economia riguarda essenzialmente i dati statistici e l'elevazione del prodotto nazionale lordo e ha finalità meramente quantitative; è l'insieme di norme indirizzate ad aumentare la produzione nazionale e a dare all'economia del paese l'espansione necessaria. Al contrario, il diritto dello sviluppo ha finalità sociali e umane più ampie. È il diritto dell'economia umanizzato e democratico. È diretto tanto allo Stato, quanto ai privati, essendo uno strumento di creazione e pianificazione (...)" (1994, 188).

16. Basta considerar alguns julgamentos bastante recentes do CADE. Caso bastante típico, neste sentido, é o julgamento do AC 58/95, em que figuram como requerentes a Cia. Cervejaria Brahma, a Miller Brewing Company e a Miller Brewing M 1855, Inc. Da análise dos múltiplos pontos em que há discordância entre os votos do presidente do CADE, Gesner de Oliveira e do relator, Conselheiro Renault de Freitas Castro decorre, quase que necessariamente, a conclusão de que o embate conceitual levado a efeito tem origem em concepções diversas quanto às necessidades da indústria no país e quanto à inserção do Brasil em uma economia mundializada (no mesmo sentido, o AC 83/96, em que figuram como requerentes a Cia. Antarctica Paulista, a Anheuser Bush International Inc. e a Anheuser Bush International Holding Inc.).

17. Daí o pertinente questionamento de Magali Klajmic sobre "até que ponto metas traçadas por políticas de governo, variáveis para o atendimento das mudanças conjunturais, devem, ou podem, influenciar decisões do CADE, guardião do eficiente funcionamento do mercado" (1996, 69).

dor" (inc. V). Como se sabe, a decisão, em caso de necessidade de escolha na aplicação de princípios conflitantes é fruto de opção verdadeiramente política (Grau, 1991, 116). Para Washington Peluso Albino de Souza, impõe-se, no caso, o critério da economicidade como "instrumento de interpretação e decisão" (1994, 29).

Ademais, cumpre destacar que mesmo a Lei 8.884/94 reflete esta compreensão do papel das atividades de controle da concorrência, como pode-se notar a partir da consideração do disposto nos §§ 1º e 2º do seu art. 54. Com efeito, dentre as condições para a autorização da prática dos atos que são submetidos ao CADE, o referido § 1º refere, em seu inc. I, "propiciar a eficiência e o desenvolvimento tecnológico ou econômico". Já o § 2º do art. 54 faz referência a "motivos preponderantes da economia nacional e do bem comum".

O conteúdo das decisões em matéria concorrencial continua a ser, pois, em larga medida, político. Para que, ao menos, seja evitado o flagrante desrespeito a estruturas jurídicas formalmente válidas e em pleno vigor, impõe-se um elemento capaz de nortear tais decisões, outorgando-lhes uma certa organicidade.[18] Daí a importância da compreensão/interpretação do direito dentro de uma perspectiva mais ampla, destinada a integrar as tendências contraditórias próprias do processo de desenvolvimento econômico, cuja dinâmica nem sempre corresponde às estruturas formais do modelo do direito moderno.

18. Tarefa das mais complexas, como esclarece Magali Klajmic, que reconhece "não só a necessidade de um grau de flexibilização entre as questões estruturais do mercado, políticas de governo específicas para os setores e a aplicação das normas que regem a matéria concorrencial, bem como também a dificuldade do reconhecimento deste ponto ótimo, sem perder o sentido da autonomia que o CADE deve preservar" (1996, 69).

XI — Referências bibliográficas

BELLUZZO, Luiz Gonzaga de Mello e COUTINHO, Luciano G. "Política econômica, inflexões e crise: 1974-1981", in BELLUZZO, Luiz Gonzaga de Mello e COUTINHO, Renata (orgs.), *Desenvolvimento Capitalista no Brasil — Ensaios sobre a Crise*, São Paulo, Brasiliense, 1984.

CARVALHO, Elbruz Moreira de. *Abuso do Poder Econômico*, Rio de Janeiro, Barrister's, 1986.

CARVALHOSA, Modesto. *Direito Econômico*, São Paulo, Ed. RT, 1973.

______ *A Nova Lei das Sociedades Anônimas — Seu Modelo Econômico*, Rio de Janeiro, Paz e Terra, 1977.

COMPARATO, Fábio Konder. *O Poder de Controle na Sociedade Anônima*, São Paulo, Ed. RT, 1977.

______ "A reforma da empresa", in *Direito Empresarial — Estudos e Pareceres*, São Paulo, Saraiva, 1995.

CONFEDERAÇÃO NACIONAL DA INDÚSTRIA. *Política de Defesa da Concorrência*, Rio de Janeiro, 1994.

FORGIONE, Paula A. *Os Fundamentos do Antitruste*, São Paulo, Ed. RT, 1998.

GRAU, Eros Roberto. *A Ordem Econômica na Constituição de 1988 (Interpretação e Crítica)*, São Paulo, Ed. RT, 1991.

______ *Elementos de Direito Econômico*, São Paulo, Ed. RT, 1981.

KEUTGEN, Guy. *Le Droit des Groupes de Sociétés dans la CEE*, Louvain, Vander, 1973.

LAMY FILHO, Alfredo e PEDREIRA, José Luiz Bulhões. *A Lei das S/A — Pressupostos, Elaboração, Modificações*, v. I, Rio de Janeiro, Renovar, 1997.

KLAJMIC, Magali. "Defesa da concorrência: política de Estado e interface com políticas de governo", in *Revista de Direito Econômico* 22, CADE, Brasília, jan.-mar. 1996.

NUSDEO, Fábio. *Curso de Economia — Introdução ao Direito Econômico*, São Paulo, Ed. RT, 1997.

PÉCORA, José Flávio. "Legislação e política governamental no processo de fusões e incorporações", in *Simpósio sobre Fusões e Incorporações*, São Paulo, Mestre Jou, 1972.

SALGADO, Lúcia Helena. *A Economia Política do Antitruste — O Debate Conceitual e um Exercício para o Caso Brasileiro*, Rio de Janeiro, Singular, 1997.

SALOMÃO FILHO, Calixto. *Direito Concorrencial — As Estruturas*, São Paulo, Malheiros Editores, 1997.

SIMONSEN, Mário Henrique. *Brasil 2002*, Rio de Janeiro, APEC, 1972.

SKLAR, Martin J. *The Corporate Reconstruction of American Capitalism, 1890-1916*, Cambridge, Cambridge University Press, 1995.

SOUZA, Washington Peluso Albino de. *Primeiras Linhas de Direito Econômico*, São Paulo, LTr, 1994.

TEIXEIRA, Egberto Lacerda e GUERREIRO, José Alexandre. *Das Sociedades Anônimas no Direito Brasileiro*, vs. I e II, São Paulo, José Bushatsky, 1979.

WALD, Arnoldo. "Il diritto dell'economia e il diritto dello sviluppo in Brasile", in *Il Diritto dei Nuovi Mondi* — Atti del Convegno promosso dall'Istituto di Diritto Privato della Facoltà di Giurisprudenza, Gênova, 5-7 nov. 1992, Pádova, Cedam, 1994.

Atualidades

ENSAIO SOBRE A MARCA DE ALTO RENOME: UMA PROTEÇÃO ESPECIAL CONTRAPONDO A ETERNA PRIVAÇÃO DA NOVIDADE ABSOLUTA

MAURICIO LOPES DE OLIVEIRA

Seção I — O valor da marca de alto renome. Seção II — A necessidade da proteção especial à marca de alto renome. Seção III — Conclusão.

"Adormecido à maciez da pluma / jamais conquistará a fama alguém; / o que à rotina inglória se acostuma / não deixará de si na terra traço / mais que a fumaça no ar e na água e espuma." *Dante (1265-1321),* Inferno, *XXIV.*

Uma marca tem alto renome quando ela implica algo mais do que seu significado óbvio ou imediato.

Quando o signo devidamente registrado goza de fama que transcenda seu segmento de mercado, passando a identificar não só os produtos ou serviços para os quais foi originariamente destinado, possui alto renome.

Segundo Couto Gonçalves, "a marca torna-se célebre por cumprir a função distintiva. Não há nenhuma marca célebre fora do quadro de cumprimento da função distintiva. A marca é célebre, porque distingue com uma capacidade distintiva superior uma determinada espécie de produtos ou serviços. Ao proteger a marca de grande prestígio está-se a proteger a função publicitária não à custa, mas por causa da função distintiva".[1]

Assim, ainda segundo Couto Gonçalves, Prof. da Universidade do Minho, "a marca Coca Cola tornou-se célebre porque atingiu um valor distintivo excepcional em relação ao produto que distingue e o fato de ser célebre não a liberta do produto que distingue, mas pelo contrário compromete-a ainda mais em relação a esse produto tornando-se uma qualidade do próprio produto. Fora do produto que contradistingue a marca Coca Cola tem, certamente, valor publicitário autônomo, mas não tem o mesmo valor distintivo. Ou seja, a marca Coca Cola atinge o seu maior valor quando cumpre, simultaneamente, a função distintiva e a função publicitária. Se for usada em produtos diferentes, a *mais valia* publicitária que possa conferir, não resulta de a marca ser um bem autônomo, mas de sua inevitável associação distintiva ao produto originário".[2]

A tese de Couto Gonçalves contradiz a visão de alguns autores[3] que consideram

1. *Função Distintiva da Marca,* Almedina, 1999, p. 174.

2. Ob. cit., p. 174.

3. Nas palavras de Frignani, "a lógica é que a função do sinal é qualquer coisa que tem valor em

que a marca célebre se converte num *valor em si*.

Troller definiu a marca de alto renome como "une marque qui, étant connue même en dehors des milieux qui veulent pouvoir distinguer le produit offert des autres produits du même genre, symbolise aux yeux du grand public soit une entreprise ou ses produits, soit des marchandises d'une qualité exceptionnelle".[4]

Segundo a *Chambre de Commerce Internationale* e a *International Law Association*, a marca possui alto renome quando, em razão de sua originalidade, de seu caráter exclusivo e uso prolongado, simboliza a atividade comercial de determinada empresa, passando a identificá-la.[5]

O alto renome atribui qualidade ímpar. Luiz Leonardos, em artigo que trata especificamente das marcas de alto renome, sustenta não haver necessidade de "que se trate de qualidade excepcional, bastando que seja a marca capaz de atender à imagem dela feita pelos consumidores".[6]

A marca deve contar com "um elevado valor simbólico-evocativo junto ao público consumidor (não obstante não seja de grande consumo) ou com um elevado grau de satisfação junto ao grande público consumidor. Este último aspecto não significa que os produtos ou serviços, em si mesmos, devam ter uma excepcional ou, sequer, boa qualidade objetiva. Não é da qualidade dos produtos ou serviços que se trata, mas sim do particular significado que a marca representa junto do consumidor médio em ordem à satisfação, bem sucedida, de determinadas necessidades concretas".[7]

Neste sentido, deve tratar-se de uma marca que tenha penetrado no espírito do consumidor com uma imagem positiva de qualidade dos produtos ou serviços que identifica.

Não é necessário que a marca de alto renome seja *hiper* conhecida.[8] Deve, contudo, existir um alto grau de conhecimento, diretamente relacionado com a idéia de boa reputação.

Schricker,[9] tomando como exemplo o caso da marca Triumph, não considerada de alto renome pela justiça alemã, sob o fundamento de que, além de ser usada por diferentes titulares para produtos distintos, tinha um conteúdo mínimo de originalidade, indaga sobre a pertinência da marca de alto renome não ser singular.

O fato da marca ser única e original não define, necessariamente, o alto renome, apenas facilita seu surgimento.[10]

si. O consumidor não pretende mais um bem pela sua capacidade de satisfazer necessidades às quais era naturalmente destinado, isto é, a função do produto (um relógio que mostre as horas), mas ao contrário exclusivamente (ou quase) pelo sinal que o identifica". V. *Il Problemi Giuridici del Merchandising*, RDI, 1988, p. 40. A ser assim, adverte Couto Gonçalves, "isso implicaria que a marca Coca Cola continuaria a valer por si mesma ainda que cessasse de estar ligada ao produto que a tornou célebre. Ora, pensamos que não seria isso que aconteceria, mesmo tratando-se de um fenômeno não inteiramente racionalizável. Na nossa opinião, a marca Coca Cola, quando deixasse de distinguir a tão conhecida bebida, passaria a ser uma marca tendencialmente normal. É certo que a marca por si vende, mas vende porque ligada à sua célebre utilização originária". V. ob. cit., pp. 174-175.

4. "La marque de haute renommée", in *La Propriété Industrielle*, 1953, p. 73.

5. V. *Documents Préliminaires de la Conférence de Lisbonne*, 1958, 3º fascículo, mai. 1957, pp. 42-43.

6. "Marcas de alto renome", in *Revista da ABPI* 11/82, mar.-jun. 1994.

7. Luís M. Couto Gonçalves, *Função Distintiva da Marca*, Almedina, 1999, pp. 169-170.

8. Contra a exigência de um critério quantitativo na apreciação do alto renome, v. Montiano Monteagudo, *La Protección de la Marca Renombrada*, 1995, pp. 45 e ss. Para o autor, o conceito de marca *renombrada* deve obedecer um critério qualitativo (reputação) e não quantitativo.

9. "Protection of famous trademarks against dilution in Germany", *International Review of Industrial Property and Copyright Law* 11/170, 1980.

10. Caso contrário, fica irremediavelmente afastado o renome da marca Mercedes em virtude de existir a mesma marca para tabaco, como bem frisou Guglielmetti, *Il Marchio Celebre o de Haute Renommée*, Giuffrè, 1977, p. 33.

É que, através de sua singularidade, a marca busca tornar-se o que Thomas D. Drescher[11] chamou de *myth-mark*.

E, atingido o *status* de *myth-mark*, através da realização do que Drescher chamou de "effort to impregnate the atmosphere of the market with the drawing power of a congenial symbol",[12] tem-se o alto renome.

Desta forma, exemplifica-se a caracterização do alto renome em marcas como: Jack Daniel's, Ralph Lauren e Wimbledon.

Frederick W. Mostert, autor do livro *Famous and Well-Known Marks*, em artigo publicado no *The Trademark Reporter*, conclui que: "whether a mark is well-know or not is question of fact. A case by case approach should be adopted as each case will depend upon its own special circumstances".[13]

Contudo, Mostert estabelece critérios para o reconhecimento do alto renome, entendendo que "the establishement of a set of guidelines or criteria to determine whether a mark is well-known is of increasing importance in view of international trade and the need for effective recognition and protection of well-known marks".[14]

A nossa Lei 9.279/96, em seu art. 125, não define a marca de alto renome, nem estabelece critérios para o seu reconhecimento, mas a protege de forma especial, dispondo: "Art. 125. À marca registrada no Brasil considerada de alto renome será assegurada proteção especial, em todos os ramos de atividade".

Segundo Mostert, são estes os critérios que devem ser apreciados: "(1) The degree of recognition of the mark; (2) The extent to which the mark is used and the duration of the use; (3) The extent and duration of advering and publicity accorded to the mark; (4) The extent which the mark is recognized geographically; (5) The degree of inherent or distinctiveness of the mark; (6) The degree of exclusivity of the mark; (7) The nature of the goods or services and the channels of trade for the goods or services which bear the mark; (8) The degree to which the reputation of the mark symbolizes quality goods; (9) The extent of the commercial value attributed to the mark".[15]

Na ausência de uma definição legal, não se pode criticar o fato de se estabelecer determinados parâmetros, baseados em elementos objetivos, para evitar excesso de subjetividade na determinação do alto renome.

Entretanto, a verdade é que não é necessário provar o alto renome, a constatação independe de prova, afinal, sente-se a sua presença.

SEÇÃO I — O VALOR DA MARCA DE ALTO RENOME

Uma marca de alto renome inspira confiança. Eis um fator atrativo que influencia o consumidor no momento da escolha. Diante de produtos similares, identificados por suas marcas respectivas, a opção é, quase sempre, em favor do objeto que ostenta um signo conhecido.

A marca de alto renome tem, portanto, função determinante na venda do produto. Acresce que, segundo Krayenbuhl, as marcas famosas exercem um fascínio particular, ensejando um fenômeno caracterizado pelo autor suíço como *snobisme*:[16] o consumidor adquire um signo de renome para ser ostentado, utilizando-o para compor uma imagem supostamente superior.

Assim, a marca de alto renome tem um valor superior em razão da sua força atrativa.

11. "The transformation and evolution of trademarks — From signals to symbols to myth", in *The Trademark Reporter* 3/328, v. 82, mai.-jun. 1992.
12. Ob. cit., p. 328.
13. "Well-known and famous marks: is harmony possible in the global village?", in *The Trademark Reporter* 2/113, v. 86, mar.-abr. 1996.
14. Ob. cit., p. 114.
15. Ob. cit., pp. 111-113.
16. V. Robert Krayenbuhl, *Essai sur le Droit des Marques*, tese, Université de Lausanne, 1946, p. 19.

O valor da imagem de uma marca de alto renome é incalculável. Francis Elvinger relata o pensamento de um industrial que ilustra perfeitamente o valor que a imagem de uma marca pode atingir. Segundo Elvinger, um industrial teria declarado que, diante da alternativa de perder suas usinas, ou perder sua marca, que identifica a reputação que sua empresa criou com trabalho e investimentos em publicidade durante vinte anos, optaria por queimar as usinas; afinal, novas fábricas podem ser construídas em noventa dias, bastando, para isso, ter capital suficiente, enquanto que nenhum capital substitui a impressão criada pela marca famosa na mente do consumidor.[17]

Este raciocínio, que enobrece a fama de um bom nome (de uma marca), é bem notado na poesia das palavras de Iago, personagem de Shakespeare, que disse: "Que a boa fama / para o homem, senhor, como para a mulher, / é a jóia de maior valor que se possui. / Quem furta a minha bolsa me desfalca / de um pouco de dinheiro. / É alguma cousa e é nada. Assim como era meu, / passa a ser de outro, após ter sido de mil outros. / Mas o que me subtrai o meu bom nome / defrauda-me de um bem que a ele não enriquece / e a mim me torna totalmente pobre".[18]

Em função do seu valor a marca de alto renome merece proteção especial.

SEÇÃO II — A NECESSIDADE DA PROTEÇÃO ESPECIAL À MARCA DE ALTO RENOME

Uma proteção mais ampla sobre as marcas de alto renome é uma necessidade geralmente reconhecida. É evidente que os signos famosos necessitam de uma proteção legal diferenciada.

17. V. Francis Elvinger, *La Marque, son Lancement, as Vente sa Publicité*, Librarie d'Economie Commerciale, p. 20.

18. Otelo, Ato III, trad. de Onestaldo de Pennafort.

Justifica-se o art. 125, da Lei 9.279/96. A marca registrada, considerada de alto renome, tem proteção especial. Seu âmbito de proteção excede o limite imposto pelo princípio da especialidade, abrangendo todos os ramos de atividade.

O princípio da especialidade é excepcionado pela necessária amplitude da proteção à marca de alto renome, que subsiste diante do uso desta marca em ramo mercadológico diverso do assinalado pelo signo famoso originariamente.

Antes mesmo do legislador perceber a necessidade de proteger a marca de alto renome de forma diferenciada, doutrina e jurisprudência questionavam o fato de terceiros, mesmo não sendo concorrentes do titular de um registro de uma marca famosa, reproduzirem este signo, considerando este ato danoso, de natureza parasitária.

Segundo Troller[19] a marca de alto renome é um bem cuja existência independe de um mercado específico. Trata-se de um valor independente, um meio autônomo de atrair o consumidor, não estando caracterizado vínculo específico com determinada categoria de produto ou serviço.

1. A usurpação da marca de alto renome

A usurpação da marca de alto renome implica em risco de confusão sobre a origem dos produtos e diluição de seu poder atrativo.

I — A confusão sobre a origem

Quando uma mesma marca identifica artigos similares, pode o consumidor tomar um produto pelo outro, existindo, portanto, risco de confusão. Quando uma mesma marca de alto renome aparece em produtos distintos, o risco de confusão se faz presente na possibilidade do consumidor imaginar que os artigos têm a mesma procedência.

19. "La marque de haute renommée", in *La Propriété Industrielle*, 1953, p. 73.

Aliás, uma vez que a nova tendência de mercado é a construção de marcas não mais em torno de produtos, mas em torno de reputações, como afirmou Richard Branson,[20] presidente do conselho de administração do grupo Virgin, o risco de confusão sobre a origem de produtos identificados por uma mesma marca de alto renome é bastante concreto.

A marca Mitsubishi, segundo exemplifica Branson, identifica um banco, produtos têxteis e produtos eletrônicos, além de veículos. A marca Virgin também acompanhou a diversificação da empresa, passando a identificar não apenas discos de *rock*, mas, também, serviços financeiros, funcionando ainda para vender passagens aéreas.

Seguindo a tendência, empresas tradicionais, cujas marcas tornaram-se conhecidas por identificar certo produto, tais como Mercedes-Benz, BMW e Harley Davidson, diversificaram seu ramo de atividade, oferecendo novos bens de consumo.[21]

Thomas D. Drescher, em artigo publicado no *The Trademark Reporter*, exemplifica o que ocorreu com a marca Jaguar, relatando que "Jaguar Cars Limited has also extended its mark to a wide range of products evocative of the lifestyle conjured up by its famous automobile, including, among others, fragrances and leather goods. In June 1986, Jaguar Cars Limited created a subsidiary, The Jaguar Collection, which has sold under the JAGUAR mark a wide range of consumer products, including sunglasses and optical frames, sports clothing and equipment, high quality men's wear and clothing accessories, watches, clocks and leather goods".[22]

Assim, quando uma marca de alto renome é reproduzida indevidamente, o público julgará encontrar no signo falso o respaldo do verdadeiro, imaginando que o produto encontrado provem do mesmo fabricante do verdadeiro, ou então é comercializado sob licença, resguardado um único padrão de qualidade. O usurpador se beneficia gratuitamente da reputação angariada com os esforços e investimentos de outro.

Na Inglaterra, já em 1898, em um caso envolvendo a marca Kodak na identificação de cigarros, foi decidido que, diante do signo famoso em questão, o público iria supor que os cigarros, e os filmes e equipamentos fotográficos, teriam uma única origem.[23]

Jurisprudência canadense, acerca do *affaire* Philco, demonstra que o Poder Judiciário deste país também reconheceu ilegalidade no uso de um signo que tem uma relação direta com uma empresa específica.

Também nos Estados Unidos da América, há jurisprudência respaldando a proteção das marcas famosas contra o uso em produtos diferenciados, todas baseadas no risco de confusão.

O uso das marcas Kodak, Dunhill e Yale, por terceiros, na identificação de bicicletas, camisas e aparelhos elétricos, respectivamente, foi, assim, impedido. Também a marca Johnny Walker não pôde ser usada para assinalar cigarros.[24]

Ainda em outros países há casos onde a marca de alto renome foi protegida contra o risco de confusão. Na Noruega, foi impedido o uso da marca Ford para cigarros; na Turquia, foi considerado indevido o uso da marca Philips para identificar relógios.

Os tribunais franceses também admitem que o alto renome pode colocar em xeque o princípio da especialidade. Foi, por exemplo, considerada indevida a utilização

20. "Jogue o seu nome no ar", artigo publicado na *Revista Exame*, Edição Especial 625, dez. 1996, pp. 12-13.

21. V. artigo publicado na *Revista Vip Exame*, mai. 1997, p. 18.

22. "The transformation and evolution of trademarks — From signals to symbols to myth", in *The Trademark Reporter* 3/334, v. 82, mai.-jun. 1992.

23. V. *Documents Préliminaires de la Conférence de Lisbonne*, 1958, fascículo 1, dez. 1956, p. 75.

24. District of Florida, 1º set. 1954, v. *Research, Patent and Trade-Mark*, 1954, p. 98.

da marca Waterman na identificação de lâminas de barbear.[25]

Contudo, nos tribunais franceses, há uma tendência majoritária em apenas descartar a regra da especialidade quando a reprodução da marca de alto renome for servil e diante de prejuízo para o titular do registro. Segundo o Prof. Jean-Jacques Burst a jurisprudência francesa "a toujours refusé de faire disparaître le principe de spécialitté fût ce en raison de la notoriété de la marque".[26] Neste sentido, cumpre lembrar que a Cour de Cassation[27] não descartou a aplicação do princípio da especialidade mesmo diante de uma reprodução da marca Charles of the Ritz, renomado hotel parisiense.

Eis o caso. O Tribunal de Grande Instance de Paris anulou o registro concedido para a marca Charles of the Ritz, para assinalar um perfume, decisão confirmada pela Cour d'Appel,[28] uma vez que a palavra Ritz, por ter alto renome, deveria ser protegida em todos os ramos de atividade. Porém, não foi este o entendimento da Cour de Cassation, que preferiu fazer valer a regra da especialidade, conforme já exposto.

II — O risco de diluição

O risco de confusão sobre a origem de produtos ou serviços não é o único perigo para as marcas de alto renome. Também presente o danoso risco de diluição.

Aparentemente, o uso de uma marca célebre, na identificação de produto distinto, não causa prejuízo comercial imediato. Se a marca Rolls Royce é utilizada para designar tijolos, este fato não altera diretamente a venda de automóveis ou turbinas.

O prejuízo se faz presente na diluição da marca através deste uso indesejado pelo legítimo titular do registro. A má qualidade dos tijolos pode ferir a boa reputação anteriormente construída.

Mesmo que os tijolos sejam excepcionais, a simples associação da marca célebre, com este tipo de produto, pode ferir a qualidade de sua imagem.

A visão de uma marca já conhecida, de renome, desencadeia, no consumidor, o chamado fenômeno da redintegração, pelo qual toda a lembrança particular, que reaparece na consciência, traz consigo o conjunto de lembrança de que faz parte.

Esta inevitável associação pode gerar conseqüências nefastas para o titular do registro que desenvolveu toda uma estratégia, firmando certo padrão de qualidade, criando determinado conceito, conseguindo uma imagem sólida de sua marca.

A utilização da marca Chanel para identificar um veneno para matar rato, ou ainda um vaso sanitário, implica na diluição de seu valor publicitário, na diminuição de seu poder de atração, em prejuízo para o titular do registro e, finalmente, em lucro fácil para aquele que se aproveita deste signo desejado pelo consumidor.

A teoria da diluição nasceu na Inglaterra e remonta ao caso Kodak, de 1898. Neste *affaire* foi admitido, pela primeira vez, que convinha proteger as marcas famosas contra a desvalorização de seu poder atrativo, mesmo na ausência de risco de confusão para o consumidor.

SEÇÃO III — CONCLUSÃO

Direitos raramente são absolutos; o âmbito é normalmente limitado, e o exercício submete-se a condições diversas, como bem assinalou Planiol.[29]

25. Jugement du 5 jan. 1940. V. *Actes de la Conférence de Lisbonne*, 1958, fasc. 1, dez. 1956, p. 76.

26. *Concurrence Déloyale et Parasitisme*, Dalloz, 1993, p. 106.

27. Cass. Com., 27 mar. 1986, *D.* 1986, 526.

28. CA Paris, 20 mar. 1984, *D.* 1985, I.R.81, obs. J.-J. Burst.

29. "Les droits ne sont presque jamais absolus, la plupart sont limités dans leur étendue et soumis pour leur exercice à des conditions diverse". Ver M. Planiol, *Droit Civil*, t. II, Librairie Générale de Droit et de Jurisprudence, 1917, p. 279.

Assim, a exclusividade sobre a marca registrada não é absoluta. O direito de propriedade é limitado, pois encerrado no princípio da especialidade.

Logo a "novidade da marca é relativa, bastando, para considerar-se nova, que a marca não seja ainda usada para assinalar produtos idênticos ou semelhantes".[30]

Mas a regra tem necessária exceção, e a marca, considerada de alto renome, merece proteção especial, contrapondo a eterna privação da novidade absoluta. Ou seja, a novidade exigida, diante da anterioridade de um registro que identifique marca de alto renome, levando em consideração o teor do art. 125, da Lei 9.279/96, não é relativa, estando afastada a aplicação do princípio da especialidade.

Toda marca, para não colidir, no todo ou em parte, com marca de alto renome, deve, necessariamente, ser absolutamente nova, independentemente dos produtos ou serviços que identifica.

30. João da Gama Cerqueira, *Tratado da Propriedade Industrial*, v. 2, Ed. RT, 1982, p. 778.

Atualidades

NOVOS ENFOQUES DA FUNÇÃO SOCIAL DA EMPRESA NUMA ECONOMIA GLOBALIZADA

PAULO ROBERTO COLOMBO ARNOLDI

e

TAÍS CRISTINA DE CAMARGO MICHELAN

1. Considerações gerais. 2.Objetivos do trabalho. 3. Globalização, política econômica e megaempresas. 4. A função social a ser desempenhada pela nova concepção de empresa numa economia global. 5. A atuação das micro e pequenas empresas. 6. A atribuição de funções sociais às empresas numa sociedade capitalista. 7. Conclusão.

1. Considerações gerais

Com o processo de globalização e regionalização da economia, a empresa passa a desempenhar papel fundamental na sociedade contemporânea. Dela depende, diretamente, a subsistência da maior parte da população ativa do Brasil e nos países desenvolvidos ou em desenvolvimento. É dessa instituição social que provém a grande maioria dos bens e serviços consumidos pelo mercado, além de prover o Estado da maior parcela de suas receitas fiscais.

Atualmente, com o surgimento das megaempresas, o poder das mesmas em relação ao Estado vem crescendo de forma assustadora. A empresa, tal qual a concebemos hoje, não é mais uma mera produtora ou transformadora de bens que coloca no mercado. É, antes de tudo, um poder. Nesse contexto, deve ampliar suas responsabilidades sociais e redefinir seu papel e missão na sociedade, ou seja, deve essa instituição possuir uma função social.

2. Objetivos do trabalho

O presente trabalho fará uma breve introdução aos aspectos econômicos da globalização, examinando-se a influência da mesma no setor produtivo, a consolidação de oligopólios em nível mundial e a competição entre as empresas e os sistemas econômicos nacionais. Após, analisar-se-á a nova concepção de empresa emergida com a expansão da economia e os encargos e funções a que deverá se submeter essa instituição para que a exorbitância de seus poderes não atinja de forma maléfica a sociedade participante dessa transformação.

3. Globalização, política econômica e megaempresas

Tem-nos sido bastante freqüente o uso da expressão *globalização*, porém, é tarefa difícil a sua conceituação. Isto porque é um processo que se faz sentir nas mais diferentes áreas: podemos tomá-lo sob o ponto de vista estritamente sociológico, bem como financeiro, comercial, econômico etc. Globalização é um neologismo. Quase sempre estamos a associá-la a área econômica e financeira ou a apontar as inúmeras facilidades de comunicação e transmissão de informações, bem como a mobilidade internacional do capital que a acompanha. Ainda há incertezas em relação aos malefícios e benefícios desse fenômeno, mas já podemos compreender de forma relativamente precisa a ordem vigente e mesmo prever o que está por vir com esse giro mundial do capitalismo.

Preliminarmente, fazendo-se uma análise no campo da *política econômica*, vemos que a globalização implica na perda de diversos atributos da soberania econômica e política por parte de um número crescente de países, aí incluídos tanto as economias em desenvolvimento, quanto os países-membros da OCDE. Atualmente, a ação dos Estados orienta-se quase que exclusivamente para tornar possível o alcance e a manutenção de níveis internacionais de competitividade, gerando, assim, uma forte pressão sobre os governos para que liberalizem suas políticas relativas às transações internacionais. Sabemos que é um processo expansivo por natureza, não havendo indícios aparentes de sua eventual reversão.[1]

O ponto de partida para o processo de globalização tem sua origem nas condições favoráveis ao crescimento do comércio internacional que ocorreu após a Segunda Guerra Mundial, surgindo, pela primeira vez, a noção de uma economia mundial em sentido estrito.[2] Intensificou-se na década de 1970, com o aumento do consumo e o conseqüente aumento da produção das empresas, culminando com o fim da Guerra Fria (no início da década de 1990), quando houve a possibilidade real do surgimento de uma economia de proporções globais. É a globalização um processo, por excelência, especulativo, que acarreta perda constante de empregos e uma recessão também globalizada.

Uma das instituições que mais vem sofrendo com esse fenômeno é a empresa. Está ocorrendo uma mudança substancial no setor produtivo onde apenas as grandes corporações sobrevivem; não há mais espaço para os pequenos empreendimentos que não mais conseguem competir num mercado globalizado. A condição de globalização, vista sob o ponto de vista empresarial, implica na maximização de benefícios a partir da busca da melhor localização de suas atividades em nível mundial, associada à padronização de produtos e ao desenvolvimento das vantagens comparativas. Há uma incessante busca da redução de custos, da especificação das linhas de produção, estabilidade e controle de qualidade crescente na oferta, buscando-se eficiência e uma maior grau de competitividade.[3]

Com isso, o que verificamos são as mais variadas formas de associações entre as empresas em toda a parte do globo, desde participações acionárias tradicionais a associações (*joint ventures*), exploração de franquias e acordos de subcontratações.[4] Temos, a partir daí, um número cada vez maior de empresas de porte colossal. Calcula-se que um grupo de 100 grandes empresas transnacionais seja responsável hoje pela metade do comércio mundial, sendo que as 10 maiores corporações industriais possuem faturamento anual superior a 1 trilhão de dólares, número bem maior que o PIB do Brasil, 9ª economia mais industrializada do mundo. Em 1998, as fusões e aquisições movimentaram 2,4 trilhões de dólares em todo o mundo. Só nos EUA, calcula-se que tenha sido gasto 1 trilhão de dólares nesses processos.[5]

Quando de fala em grandes conglomerados empresariais, deve-se ter em mente o que tais processos acarretam para a política econômica mundial. Essas associações buscam, em princípio, um aumento da lucratividade com a redução substancial nos custos da cadeia produtiva. Essa redução tem seu principal expoente no corte da mão-de-obra, que passa a se tornar cada vez me-

1. Renato Baumann, "Uma visão econômica da globalização", in *O Brasil e a Economia Global*, pp. 36, 48-50.
2. Ob. cit., pp. 39-40.
3. Ob. cit., p. 44.
4. Idem, ibidem.
5. *Revista Veja*, de 7.7.1999, p. 136.

nos necessária na empresa globalizada (graças ao avanço tecnológico da indústria moderna). O resultado é um alto nível de recessão, que afeta de maneira mais intensa os países subdesenvolvidos ou em desenvolvimento. A concentração de riquezas torna-se, assim, mais evidente com o fator globalização. Todavia, o ciclo produtivo vai se tornando insustentável a medida que não mais existe um público consumidor (que está cada vez mais pobre). Se não há demanda, produzir para quê? E para quem? A busca incessante do lucro, por si só, não mais atende às necessidades econômicos-sociais da atualidade. Essa visão antiquada da empresa capitalista não mais pode permanecer numa economia global. A empresa, para sua própria subsistência, precisa pôr em prática atividades diversas daquelas que até pouco tempo eram consideradas suficientes para a sua manutenção, ou seja, as diretamente relacionadas à produção de riquezas e obtenção de lucro. A postura dessa instituição necessita se adaptar à nova realidade mundial como uma maneira de se perpetuar. Caso contrário, tornar-se-á insustentável sua conservação.

Essas empresas globais, que já assustam com seu tamanho atual, tendem a se tornar ainda maiores, comprando empresas concorrentes ou se unindo a elas, e a tendência é a intensificação desse processo nos últimos anos. As empresas que hoje vemos possuem faturamento anual superior ao PIB de muitos países (caso da GM, que em 1997 teve um faturamento de 178 bilhões de dólares, quase duas vezes o PIB de Cingapura), e empregam um número fabuloso de funcionários (a Ford Motor possui um quadro de 363.000 funcionários).[6]

4. A função social a ser desempenhada pela nova concepção de empresa numa economia global

Estamos nos referindo a instituições com poderes ainda não completamente conhecidos, mas que já se revelam poderosíssimas e têm ganho, repetidamente, o pode de barganha frente aos Estados.[7] A empresa, tal qual a concebemos hoje, não é mais uma mera produtora ou transformadora de bens que coloca no mercado. É, antes de tudo, um poder. Representa uma força sócio-econômica-financeira determinada, com uma enorme potencialidade de emprego e expansão que pode influenciar, de forma decisiva, o local em que se encontra.[8] Com esse poder que hoje lhe é inerente, pergunta-se se não seria justo a mesma arcar com um papel social predeterminado pela comunidade. A empresa moderna cada vez mais obtém para si funções antes inerentes ao Estado, que perde parcela considerável de sua soberania frente aos possíveis benefícios trazidos pela empresa, que detém um poder constantemente intensificado frente à administração superior do país.

Hoje, alguns empresários parecem conscientizar-se dessa mudança. Nota-se um crescente reconhecimento por parte dessas instituições da necessidade de ampliar suas responsabilidades sociais e redefinir seu papel e missão na sociedade. Tem-se refletido na busca de um maior desenvolvimento humano e vivência da cidadania. Nesse sentido, deve a empresa prestar contas à sociedade dos investimentos realizados devendo expor a realidade, sem gerar novos encargos ou cláusulas sociais.

6. *Revista Veja*, de 7.7.1999, fonte: Fortune.

7. Vide o caso Ford, em que o governo brasileiro está se submetendo ao pagamento de uma quantia exorbitante como incentivo à instalação da montadora na Bahia, além de conceder benefícios como um corte de 32% nas alíquotas do IPI, e ainda há a incerteza quanto a fechamento de uma de suas unidades localizada no bairro do Ipiranga, em São Paulo. Esta será mantida ao menos pelo decurso de um ano, mas há imprevisibilidade quanto a sua manutenção, o que só vem a reforçar o poder das grandes empresas frente ao Estado em que se encontram.

8. Essa citação, montada a partir dos artigos "O balanço social, utopia ou realidade na empresa latino-americana?", do chileno Alfonso Silva Deláno e "O homem na empresa: o planejamento social", do argentino Robert Taylor, foi extraída da *Revista Brasileira de Contabilidade do* CRC-SP 6/76, ano II, nov. 1998.

Esse novo papel a ser desenvolvido pela empresa moderna tem suscitado inúmeras críticas sobre sua viabilidade e eficácia. Primeiramente, poder-se-ia argumentar que, ao determinar certas funções (no caso, sociais) a essa entidade, estaríamos escusando o Estado de parcela considerável de sua política social em detrimento da mesma.

Não se pode, *a priori*, relacionar uma suposta função social que venha a exercer a empresa com a demissão, pelo Estado, de sua atribuição primordial, qual seja, a de guiar e dirigir a nação em busca da realização do bem-estar e da justiça social. Este não se exime de sua função por existir uma segunda entidade colaborando para a consecução de uma mesma finalidade. Essas sociedades comerciais passaram a receber certas competências que, há não muito tempo, eram única exclusivamente outorgadas ao Estado. Com o surgimento das macroempresas, foram-lhes conferidas funções diversas daquelas diretamente relacionadas à produção e/ou prestação de serviços, o que não deixa de ser extremamente coerente e justo.

5. A atuação das micro e pequenas empresas

Questão relevante a ser colocada em pauta é a da situação das micro e pequenas frente a sua contribuição social. É certo que apenas empresas de dimensões consideráveis apresentam condições estruturais adequadas para o exercício de uma atividade de serviço ou assistência social no âmbito da coletividade. Estariam então tais entidades aptas a servir a comunidade? A resposta é *não*; em princípio, elas estariam excluídas. As micro, pequenas e até as empresas de médio porte já encontram dificuldades consideráveis para a sua mera manutenção. A concorrência que hoje enfrentam com as megacorporações já constitui uma carga por demais onerosas para que se entreguem à extravagâncias de realizar benemerências. Vale lembrar que grande parte dessas sociedades comerciais não mais sobreviverão por muito tempo, dada a impossibilidade de concorrência com as empresas de grande porte. Infelizmente, é o que podemos prever com os indicativos que hoje estamos a apreciar. A regra, todavia, comporta exceções. Pequenas mudanças na estrutura das empresas de reduzido porte podem contribuir de forma significativa para uma melhora social. Seria o caso de uma parcela dos impostos serem destinados à instituições filantrópicas que exerçam atividades sociais, com um conseqüente abatimento de parte dos impostos dessas pequenas instituições. São feitos que realmente não lhes podem ser cobrados, mas que, existindo, merecem aplausos e incentivo por parte de toda a sociedade.

6. A atribuição de funções sociais às empresas numa sociedade capitalista

Outro ponto crucial a ser destacado e alvo de inúmeras críticas é a questão de se atribuir uma função social à empresa numa sociedade capitalista. Não se estaria inviabilizando as empresas quando se lhes atribuem funções outras que não as diretamente relacionadas à produção de riquezas? Esta postura não anularia ou dificultaria o fim último das mesmas, o lucro?

A empresa capitalista é, em última análise, uma organização produtora de lucros; é esse o seu objetivo final. Esta instituição jamais poderá renunciar a sua finalidade lucrativa. Contudo, as empresas acabam sendo hoje tão responsáveis quanto o Estado no que diz respeito a assegurar os direitos individuais do cidadão. A ênfase está na atualidade em melhorar não apenas o aspecto econômico, mas também o social, bem como a comunidade na qual está inserida, o que acaba trazendo benefícios para ambas as partes. Já não é novidade o bom relacionamento que deve prevalecer entre as empresas e os seus empregados, clientes, acionistas e a comunidade. A preocupação com a poluição ambiental, a participação em obras culturais, a contribuição da empresa na oferta de benefícios direitos e indiretos à comunidade passou a ser "cobrada" no seu ambiente de atuação. Nos EUA, a atitude das empresas com relação à ecologia, à melhoria das condições de trabalho, ao tratamento igualitário às mulheres e às minorias raciais podem *determinar investimentos e mesmo o preço de suas ações* (grifos nossos).[9]

Foi nos EUA que se originou o debate acerca da noção de responsabilidade social da empresa. O estopim foi a Guerra do Vietnã, como contestação da sociedade às políticas que vinham sendo adotadas tanto pelo país como pelas empresas, especialmente aquelas diretamente envolvidas na fabricação de armamentos de guerra. E foi em decorrência desse movimento social que surgiram os primeiros relatórios sócio-econômicos que procuraram descrever suas relações sociais. Tais relatórios, também chamados Balanços Sociais, apresentam-se como uma outra alternativa de ligação entre a empresa, seus funcionários e a comunidade. Através desse instrumento de gestão e informação que evidencia plenamente as informações econômicas, financeiras e sociais do desempenho das entidades, propicia-se uma visão completa da participação e contribuição social e econômica da empresa em seu ambiente de atuação. No Brasil, o engajamento de Herbert de Souza — o Betinho — foi decisivo ao debate do tema. Betinho propôs a introdução de novas dimensões ao Balanço Social, sugerindo a incorporação ao balanço dos investimentos das empresas na comunidade. Atualmente, existe um Projeto de Lei apresentado pelas deputadas Marta Suplicy, Maria da Conceição Tavares e Sandra Starling, propondo que o Balanço Social das empresas no Brasil contenha informações gerais sobre o faturamento bruto, lucro operacional, folha de pagamento bruto e valor total pago pelas empresas e prestadoras de serviço, entre outras.[10]

Observamos que existem saídas que podem melhorar a função social desta instituição na sociedade contemporânea, como é o caso do desenvolvimento de um plano de assistência social ou de previdência complementar para os seus empregados. São métodos que não perturbam ou alteram o fim lucrativo da empresa, pelo contrário, ajudam-na a crescer e evoluir. O empregado trabalha melhor quando submetido a condições aprazíveis e tem relativa segurança para si e sua família.

A afirmação que faz o Prof. Fábio Konder Comparato[11] que a função social da empresa capitalista já vem embutida na mera produção dos empregos que gera, constitui, a nosso ver, uma visão restrita e *desatualizada* do problema. O papel que essa instituição desempenha hoje na sociedade é extremamente importante para eximi-la de toda e qualquer obrigação diversa da meramente lucrativa.

7. Conclusão

Podemos afirmar que atribuir alguns deveres sociais a essas entidades não significa esquivar o Estado de funções que lhe são próprias. Na economia moderna, ambos devem trabalhar juntos, pois é notório que a atividade empresarial assumiu dimensões extraordinárias que cada vez mais vêm se acentuando nesta época de globalização. A crescente concentração de riquezas que estamos presenciando com os grandes conglomerados empresariais tornará, em não muito tempo, insustentável o ciclo produtivo, caso permaneça essa visão antiquada da empresa capitalista. Importante ressaltar que sua contribuição à sociedade não significa uma diminuição dos lucros, Pelo contrário, podemos felizmente constatar uma sensível melhora nas condições econômico-financeiras das instituições que têm adotado medidas de caráter social. São alternativas viáveis e necessárias a esse novo contexto mundial. A sociedade está cobrando cada vez mais essa atuação.

9. Maurício Magaldi Gomide e outros, "Balanço social: exercício de cidadania", *Revista Brasileira de Contabilidade*, ob. cit., p. 77.

10. Ob. cit., pp. 77 e 78.

11. "Estado, empresa e função social", *RT* 732/38 e ss., out. de 1996.

Bibliografia

BARROS, Guilherme e OLIVEIRA, Edmundo M. "O super bebê das loiras", *Revista Época*, de 5.7.1999.

BAUMANN, Renato. "Uma visão econômica da globalização", in *O Brasil e a Economia Global*, Rio de Janeiro, Campus, 1996.

CARDOSO, Fernando Henrique. "Relações norte-sul no contexto atual: uma nova dependência?", in *O Brasil e a Economia Global*, Rio de Janeiro, Campus, 1996.

COMPARATO, Fábio Konder. *A Reforma da Empresa*, São Paulo, Saraiva, 1990, pp. 3 a 53.

________. "Estado, empresa e função social", *RT* 732/38-46, 85º ano, out. 1996.

________. "Função social da propriedade dos bens de produção", *RDM* 63/71-79.

DOMINGUES, José Maurício. "Globalização, sociologia e cultura", *Contexto Internacional*, v. 15, n. 2, Rio de Janeiro, jul.-dez. 1993.

GOMIDE, Maurício Magaldi; MENDES, Abadia Eleuza; PIMENTEL, Marney Silva; PONTES E SILVA, Sandra Aparecida Barros. "Balanço social: exercício da cidadania", *Revista Brasileira de Contabilidade* do CRC-*SP* 6/76-82, ano II, nov. 1998.

JARDIM, Lauro. "Na guerra global", *Revista Veja*, de 7.7.1999.

MONETA, Carlos J. "Alternativas de integração no contexto da globalização", *Contexto Internacional*, v. 15, n. 1, Rio de Janeiro, jan.-jun. 1993.

NASCIMENTO NETO, Antenor. "A roda global", *Revista Veja*, de 3.4.1996.

Jurisprudência Comentada

EVASÃO DE DIVISAS — TIPICIDADE

Cheques sacados contra bancos nacionais integram o conceito de moeda, para fins de caracterização do crime de evasão de divisas (Lei 7.492/86, art. 22)

Comentários de
HAROLDO MALHEIROS DUCLERC VERÇOSA
aos embargos de declaração em *habeas corpus* 10.329-PR (99.0068953-4) — STJ 5ª T.

Embargos de declaração em "habeas corpus" 10.329-PR (99.0068953-4) — STJ 5ª T.
Rel.: Exmo. Sr. Ministro Edson Vidigal
Embtes.: João Ricardo Cunha de Almeida e outro
Advs.: Dr. João Ricardo Cunha de Almeida e outro
Embdo.: Tribunal Regional da 4ª Região
Paciente: Maurizio Tullio Vallar Deana (preso)
DJ 22.11.1999

Penal. Processual. Evasão de divisas. Tipicidade. Embargos declaratórios. Omissão

I — Cheques sacados contra bancos nacionais integram o conceito de moeda, para fins de caracterização do crime de evasão de divisas (Lei 7.492/86, art. 22).

II — Embargos conhecidos, porém sem alteração nas conclusões do julgado.

ACÓRDÃO

Vistos, relatados e discutidos estes autos, acordam os Ministros da 5ª Turma do Superior Tribunal de Justiça, na conformidade dos votos e das notas taquigráficas a seguir, por unanimidade, conhecer dos embargos, porém sem alteração nas conclusões do julgado. Votaram com o Relator, os Srs. Ministros Felix Fischer, Gilson Dipp, Jorge Scartezzini e José Arnaldo.

Custas, como de lei.

Ministro José Arnaldo da Fonseca, Presidente. Ministro Edson Vidigal, Relator.

RELATÓRIO

O Exmo. Sr. Ministro Edson Vidigal: Embargos de declaração opostos por Maurizio Tullio Vallar Deana, contra acórdão, de minha relatoria, assim ementado:

> *Penal. Prisão em flagrante. Estrangeiro. Evasão de Divisas. Tipicidade. Liberdade Provisória. "Habeas corpus".*
>
> I — Cheques sacados contra bancos do exterior integram o conceito de divisas, contido na expressão legal. Caracterizada, portanto, a conduta delitiva da evasão, de que trata a Lei 7.492/86, art. 22
>
> II — Havendo a possibilidade de fuga do acusado, cidadão estrangeiro, sem vín-

culos com o Brasil, deve a prisão ser mantida, como garantia da aplicação da lei penal.

III — *Habeas corpus* conhecido; pedido indeferido.

O embargante reclama de omissão na decisão, na medida em que "deixou de enfrentar, entre outras, questão relevante suscitada em apoio do *writ*, ou seja, a distinção entre o fato de que, na espécie, trata-se de cheques sacados contra banco nacional, que ao contrário dos cheques sacados contra bancos estrangeiros, não tipificam o delito de evasão de divisas" (fl. 351).

Reclama, também, de contradição no julgado, por utilizada a título de fundamentação, trecho do pronunciamento do MPF, atinente a "cheque sacado contra um banco brasileiro e descontado no exterior". Assim, sustenta, "fundamentar a pretensa ocorrência de uma mesma conduta criminosa — evasão de divisas — com duas situações fáticas cabalmente distintas — cheques sacados contra bancos do exterior e sacados contra bancos brasileiros — macula o julgado com nítida ambigüidade, ocasionando, como adiante é mostrado, inegável contradição entre a fundamentação e a conclusão" (fl. 353).

Pede "o conhecimento e provimento dos presentes embargos de declaração para que, suprida a omissão e aclarada a contradição apontadas, imprimindo-se a este recurso efeitos modificativos, acolha-se a ordem de *habeas corpus* impetrada, em conformidade com a ausência de tipicidade da conduta do Paciente" (fl. 355).

Relatei

VOTO

O Exmo. Sr. Ministro Edson Vidigal (Relator): Sr. Presidente, conheço dos embargos, por cabíveis e tempestivamente opostos, para sanar a omissão e a contradição apontadas.

A Lei 7.492/86, art. 22, assim dispõe:

Art. 22. Efetuar operação de câmbio não autorizada, com o fim de promover evasão de divisas do País:

Pena — Reclusão, de 2 (dois) a 6 (seis) anos, e multa.

Parágrafo único. Incorre na mesma pena quem, a qualquer título, promove, sem autorização legal, a saída de moeda ou divisa para o exterior, ou nele mantiver depósitos não declarados à repartição federal competente.

A questão é, como bem sustentado aqui, determinar se a conduta do embargante caracteriza ou não o crime de evasão de divisas, já que "na espécie, trata-se de cheques sacados contra banco nacional" (fl. 351).

Entendo que sim. Incorre no tipo em questão quem promove a saída não autorizada de moeda ou divisa para o exterior. Assim é que temos decidido, restando determinar se cheques sacados contra bancos nacionais integram o conceito de moeda ou divisa.

Nesse sentido, disse o voto-condutor do acórdão recorrido:

> Ora, admitindo-se a hipótese de que o conteúdo normativo de *moeda* abarque o conceito de *cheque*, não há como se distinguir seja o título sacado contra banco nacional ou estrangeiro (fl. 323).

Mais além vai a Instrução Normativa 120/98, da Secretaria da Receita Federal, que tornou obrigatória a Declaração de Porte de Valores (fls. 254-255):

> Art. 5º. A DPV deve ser apresentada, em três vias, por viajante que ingressar no país, ou dele sair, com recursos em moeda nacional ou estrangeira em montante superior a R$ 10.000,00 (dez mil reais) ou seu equivalente em outra moeda.
>
> § 1º. Para fins do disposto neste artigo constituem recursos ou valores em espécie, em cheques ou em *travaller's cheques*.

Assim, informa o Banco Central, a saída de referidos valores do Brasil depende de declaração prestada junto ao órgão competente da Receita Federal, procedimento não cumprido pelo embargante.

Não há dúvida que os cheques, ainda que sacados contra bancos nacionais poderiam ser normalmente compensados se depositados fora do território nacional. Nesse sentido, em hipótese análoga, novamente o Banco Central (fl. 258):

> (...) I — como se daria a compensação desses cheques se fossem depositados em: a) bancos estrangeiros; ou b) em contas de domiciliados no exterior mantidas em bancos nacionais (...).
>
> Com relação aos quesitos formulados, entendo que esta REREX deve se manifestar sobre o seguinte:
>
> 2.1.a — se depositados em bancos estrangeiros, no exterior, a compensação teria que ser realizada mediante a importação destes cheques, para colocação no sistema de compensação brasileiro, a crédito de conta corrente desse banco estrangeiro, que se caracterizaria como conta de domiciliado no exterior, sujeito ao disposto na Resolução 2.025, e da Circular 2.677.
>
> 2.1.b — seriam compensados normalmente no sistema de compensação brasileiro, mesmo porque a Circular 2.677 somente estipula procedimentos diferenciados para cheques com valor superior a R$ 10.000,00, o que não é o caso.

Os autos informam que o embargante foi detido quando tentava cruzar a Ponte da Amizade, em direção ao Paraguai. Na pasta que portava, "inúmeros cheques, todos em valos inferiores a dez mil reais, não nominais, sendo a maioria da praça de São Paulo" (fl. 75), num total de R$ 982.000,00 (novecentos e oitenta e dois mil reais), não declarados.

Perfeito, assim, o entendimento esposado pelo acórdão recorrido, segundo o qual "a elementar normativa MOEDA, contida no tipo fixado no parágrafo único, primeira figura, do art. 22 da Lei 7.492/86 também abarca, em seu conceito penal, cheques sacados contra instituições financeiras nacionais" (fl. 328).

Fica dirimida, em conseqüência, eventual contradição quanto à fundamentação — em especial quanto ao pronunciamento do MPF, citado na decisão ora embargada:

> Mesmo uma pessoa pouco versada em economia pode facilmente constatar que um cheque sacado contra um banco brasileiro e descontado no exterior acarretará a saída de moeda do país. O cheque representa o valor, a moeda nele expressa.
>
> Ora, se o paciente portava cerca de R$ 982.000,00 (novecentos e oitenta e dois mil reais), em cheques sacados contra bancos sediados no Brasil, e saiu com tais títulos do país para depositá-los, é óbvio que promoveu a saída sem autorização legal de moeda para a exterior, estando incurso nas sanções do referido dispositivo legal (fl. 360).

Assim, sanadas a omissão e contradição apontadas, mantenho a decisão embargada.

É o voto.

Extrato da minuta

HC (EdcI) 10.329-PR (99.0068953-4)

Rel.: Exmo. Sr. Ministro Edson Vidigal

Imptes.: João Ricardo Cunha de Almeida e outro

Impdo.: Tribunal Regional Federal da 4ª Região

Paciente: Maurizio Tullio Vallar Deana (preso)

Embtes.: João Ricardo Cunha dc Almeida e outro

Advs.: Dr. João Ricardo Cunha de Almeida e outro

Embdo.: Tribunal Regional Federal da 4ª Região

Paciente: Maurizio Tullio Vallar Deana (preso)

Decisão: A Turma, por unanimidade, conheceu dos embargos, porém, sem alteração nas conclusões do julgado (em 21.10. 1999 — 5ª Turma).

Votaram com o Exmo. Sr. Ministro Relator os Exmos. Srs. Ministros Felix Fischer, Gilson Dipp, Jorge Scartezzini e José Arnaldo.

Presidiu o julgamento o Exmo. Sr. Ministro José Arnaldo da Fonseca.

Comentários de
Haroldo Malheiros Duclerc Verçosa

Relembrando os fatos referidos no acórdão sob exame, verifica-se que o Embargante havia sido detido quando tentava cruzar a "Ponte da Amizade", em direção ao Paraguai, porque foram encontrados na pasta que ele portava "inúmeros cheques, todos em valores inferiores a dez mil reais, não nominais, sendo a maioria da Praça de São Paulo. O total importava em R$ 982.000,00". Desse fato originou-se condenação criminal do agente por prática do crime previsto no art. 22, parágrafo único da Lei 7.492/86, onde se lê, *verbis*: "*Efetuar operação de câmbio não autorizada, com o fim de promover evasão de divisas do País: Pena — Reclusão, de 2 (dois) a 6 (seis) anos, e multa.* Parágrafo único. Incorre na mesma pena quem, a qualquer título, promove, sem autorização legal, a saída de moeda ou divisa para o exterior, ou nele mantiver depósitos não declarados à repartição federal competente".

Em votação unânime, os Ministros da 5ª turma do STJ entenderam que o tipo previsto no parágrafo único do art. 22, acima reproduzido, havia sido preenchido porque os cheques apreendidos integrariam o conceito de moeda.

Em nosso modesto entendimento, contudo, a decisão em causa ultrapassou os limites permitidos pelo direito na interpretação e aplicação da lei penal, sem embargo de ter apresentado outros problemas, em seguida analisados.

Conta-se uma anedota sobre um jogador de futebol que, chamado à atenção porque não estaria dando o melhor dos seus esforços durante o treino de sua equipe, teria feito o seguinte comentário em sua linguagem bem simples: "*Trêno é trêno. Jogo é jogo*". Eu aproveitaria a imagem para lembrar que "*cheque é cheque. Moeda é moeda*".

Defender a coincidência de significado dos termos *cheque* e *moeda* é a mesma coisa que dizer que a lagarta já é uma borboleta, porque um dia nesta se transformará, misturando-se os conceitos de "ser" e de "vir a ser", ou seja, do "ser" em momentos diferentes de tempo. O Direito Penal, como todos sabem, não se presta a esse tipo de raciocínio. Além do mais, um cheque nunca se "transforma" em moeda, sendo apenas o equivalente dela. E o portador ainda depende, para receber o valor correspondente, de serem encontrados fundos na conta do emitente, o que nem sempre é verdadeiro...

Se o legislador tivesse desejado alcançar a saída de cheques em moeda nacional e/ou estrangeira do território nacional, certamente teria feito referência expressa nesse sentido no texto do parágrafo único do art. 22, já que ali ele já havia diferenciado "moeda" de "divisa".

Além disso, existem muitos outros "documentos" que apresentam uma equivalência em moeda, como os vales-transporte, os passes de ônibus ou de metrô, os vales-refeição etc. Ao final do seu ciclo, todos eles terão se "transformado" em moeda e, dessa forma, caso alguém viesse a ser apanhado com uma maleta cheia deles em tentativa de passar a fronteira, poderia ser também condenado por infringência ao parágrafo único do art. 22 da Lei 7.492/86. É até mesmo intuitivo que o legislador não pretendeu dar ao dispositivo tamanho alcance, como o fez o STJ, com o apoio do Ministério Público Federal.

Qualquer mercadoria em negociação no mercado virá a ser "transformada" em moeda. Levando o raciocínio do STJ ao absurdo, alguém que fosse apanhado tentando atravessar a fronteira com algumas cabeças de gado para vendê-las do outro lado estaria praticando o crime de evasão de moeda, pois, seguindo a linha de pensamento esposada pelo Ministério Público Federal no caso ora comentado, "mesmo uma pessoa pouco versada em economia pode facilmente constatar que a venda de cabeças de gado brasileiro contrabandeados para o exterior acarretará a saída de moeda do país, verificada no momento de sua venda".

Evidentemente, não se está aqui defendendo alguém que sai do país com uma maleta cheia de cheques, sendo esta uma conduta juridicamente reprovável. Mas o ilícito penal que o agente terá praticado não está no campo da Lei 7.492/86 e, isto sim, em um dos tipos de crime contra a ordem tributária ou, a partir do advento da Lei 9.613/98, correspondente a crime de "lavagem" ou ocultação de dinheiro ou bens. A Lei dos "Crimes do Colarinho Branco", como é chamado o primeiro dos textos legais acima, em sua ementa, define os ilícitos penais contra o Sistema Financeiro Nacional, reprimindo, entre outras práticas condenáveis, a evasão de moeda ou de divisa. O caso presente pode representar uma saída indireta de moeda, mas, sob um ângulo, verifica-se não ter sido tipificado pelo legislador na forma de saída de cheques e, de outro lado, o dolo específico do agente está em utilizar-se de um instrumento que beneficia terceiros sob o aspecto da sonegação fiscal ou da "lavagem" de dinheiro ou bens adquiridos como produto de um crime antecedente.

Destaque-se, a propósito, que foi apanhado um simples "pombo-correio" de algum "doleiro" que ficou do lado de cá da fronteira, provavelmente livre de persecução penal.

Outro erro encontrado no acórdão consiste na assimilação indevida de "moeda" com "divisa". Em termos econômicos, os conceitos são claramente distintos entre si. "Divisas" são valores expressos em moeda forte, resultantes do pagamento de operações de exportação de bens ou de serviços. Decorreu da enorme importância estratégica das divisas — especialmente quando se fala no Brasil que delas é historicamente carente —, a grande preocupação do legislador, que chegou a erigir seu o desvio em tipo penal. As divisas, por sua vez, podem estar representadas por diversas formas: moeda estrangeira, títulos de crédito ouro, etc.

Como conseqüência das verdades mencionadas no parágrafo imediatamente acima, percebe-se que o art. 22 contempla três condutas diferentes, cada uma delas formadora do tipo ali previsto:

a) saída não autorizada de moeda;

b) saída não autorizada de divisas; e

c) manutenção de depósitos no exterior não declarados à repartição competente.

Dessa forma, não ocorreu no caso vertente o crime de evasão de divisas, discutindo-se que também não teria se verificado o de evasão de moeda, em vista das observações já aqui efetuadas.

Finalmente, deve ser mencionado o esvaziamento prático do tipo, na medida em que o Governo brasileiro tem tomado diversas medidas de liberalização do câmbio, das quais resultaram inúmeras formas legais de remessa de moeda estrangeira independentemente de prévias e expressas autorizações do Banco Central.

De qualquer maneira, como visto, a errônea decisão adotada no acórdão em tela demonstra a falta do conhecimento de noções essenciais no campo dos Crimes contra o Sistema Financeiro, uma lacuna a ser urgentemente suprida.

Jurisprudência Comentada

CHEQUE ADMINISTRATIVO. OPOSIÇÃO MOTIVADA APRESENTADA PELO ENDOSSANTE. EXONERAÇÃO DO BANCO SACADO DE HONRAR O TÍTULO DE SUA EMISSÃO. ACÓRDÃO DO STJ DE 26.4.1993*

Comentários de
SÍLVIA MARIA DO PRADO MAIDA
ao recurso especial 16.713-0-MS

RE 16.713-0-MS — 4ª T.
Rel. Min. Athos Carneiro
j. 26.4.1993
DJU 8.6.1993

Cheque administrativo. Pagamento. Oposição motivada apresentada pelo endossante. Hipótese em que o banco fica exonerado do compromisso de honrar o título de sua emissão. Ressalva das pretensões cambiárias ou não que possam assistir ao endossatário frente ao endossante. Inteligência do art. 36 da Lei 7.357/85.

Ementa oficial: A circunstância de tratar-se de cheque administrativo, sacado pelo estabelecimento bancário contra a sua própria caixa (art. 9º, III, da Lei 7.357/85), não afasta a aplicação do instituto da oposição motivada, nos termos do art. 36 da mesma lei, oposição no caso apresentada pelo favorecido e endossante do cheque sob invocação ao negócio subjacente ao endosso.

Em conseqüência, fica o banco exonerado do compromisso de honrar o cheque de sua emissão, ressalvadas as pretensões, cambiárias ou não, que possam assistir ao endossatário frente ao endossante.

Recurso especial conhecido e provido.

ACÓRDÃO

Vistos e relatados os autos em que são partes as acima indicadas. Decide a 4ª Turma do Superior Tribunal de Justiça, por unanimidade, conhecer do recurso e dar-lhe provimento, na forma do relatório e notas taquigráficas precedentes que integram o presente julgado. Participaram do julgamento, além do signatário, os Srs. Mins. Fontes de Alencar, Sálvio de Figueiredo, Barros Monteiro e Bueno de Souza.

Custas como de Lei.

Brasília, 26 de abril de 1993. Athos Carneiro, Presidente e Relator.

RELATÓRIO

O Exmo. Sr. Min. Athos Carneiro: apreciando o recurso especial manifestado por Banco Itaú S/A, o e. Vice-Presidente

* Trabalho apresentado ao Curso de Pós-Graduação da FADUSP, 2º semestre de 1999, na disciplina Títulos de Crédito em Direito Comparado II, ministrado pelo Prof. Mauro Rodrigues Penteado.

do Tribunal de Justiça do Mato Grosso do Sul, ao negar seguimento ao apelo, interposto pela letra "*a*" do permissivo constitucional, assim narrou a espécie:

> Banco Itaú S/A, inconformado com o acórdão que manteve a decisão de 1º grau que julgou improcedentes os embargos ofertados contra José Juvino de Lima, interpõe recurso especial ao Superior Tribunal de Justiça, com fulcro no art. 105, III, da Constituição Federal.
>
> Na gênese deste recurso depara-se com os seguintes fatos: em 6.12.1989, Armando Marques, cliente do recorrente, requereu a emissão de uma Ordem de Pagamento em seu próprio favor, no valor de NCz$ 1.000.000,00, para ser cumprida na agência de Campo Grande. Neste mesmo dia, este cliente resgatou a ordem, mediante a emissão de dois cheques administrativos nos valores de NCz$ 550.000,00 e NCz$ 450.000,00, nominativos a ele próprio. No momento seguinte, ainda no mesmo dia, endossou os dois cheques a José Juvino de Lima, que, por sua vez, depositou-os em sua conta corrente, junto ao Bamerindus do Brasil S/A, em Campo Grande. No dia 7.12. 1989, o Sr. Armando Marques solicitou a sustação do pagamento dos títulos, oferecendo oposição escrita, alegando que a transação comercial que lhes dera origem houvera sido cancelada. Diante disto, o ora recorrente devolveu os cheques recebidos, através da compensação, sem o pagamento, pela alínea "c" (contra-ordem/oposição). Inconformado com a devolução dos títulos, o ora recorrido propôs Ação de Execução.
>
> Opostos embargos, estes foram julgados improcedentes, sob o argumento de que o cliente Armando Marques, tomador originário dos cheques, não tinha legitimidade para oferecer oposição e que cabia ao ora recorrente tê-la rejeitado e pago os títulos emitidos.
>
> Irresignado, o recorrente apelou para este Egrégio Tribunal de Justiça, tendo a 2ª Turma Cível proferido decisão unânime resumida na seguinte ementa:
>
> *Embargos de devedor. Cheque Administrativo. Contra-ordem do endossante. Impossibilidade. Recurso Improvido.*
>
> Se o cheque administrativo foi lançado à circulação, não pode o banco recusar seu pagamento mediante simples pedido de sustação do endossante.
>
> Argúi o recorrente que o acórdão impugnado viola flagrantemente os arts. 586 e 618 do Código de Processo Civil (fls.).

Negado seguimento ao recurso, foi manifestado agravo de instrumento pelo Banco Itaú, agravo este provido para melhor exame.

Com as contra-razões a fls., veio o processo a este Superior Tribunal.

É o relatório.

VOTO

O Exmo. Sr. Ministro Athos Carneiro (Relator): O v. acórdão, de relatoria da Desa. Dagma Paulino dos Reis, contém fundamentação nos termos seguintes: "(...) o cerne da questão em debate é saber se uma pessoa, que transfere a outrem, por endosso, um cheque emitido a seu favor pelo banco (cheque administrativo ou comprado), pode dar a este uma ordem para que suste seu pagamento".

Já entendeu o Supremo Tribunal Federal, no julgamento do RE 77.167, de 10.12.1973 (in *JB* 55/55), que: "Uma vez lançado à circulação, não pode o sacador-sacado recusar seu pagamento a pretexto de contra-ordem de terceiro, que lhe solicitou a emissão".

É bem verdade que o art. 6º da Lei 2.591/12, já admitia a contra-ordem de pagamento do cheque, feita pelo emitente, desde que legalmente motivada e independentemente do prazo para apresentação em face da adesão à Convenção de Genebra, e que a nova lei permite ao emitente a revogação do cheque (v. arts. 35 e 36 da Lei 7.357), mediante as razões motivadoras do ato e oposição feita pelo emitente ou pelo portador.

Nada esclarece a lei a respeito de oposição manifestada por terceiro, no caso o comprador do cheque administrativo responsável por sua criação e circulação.

Por isso, cabia ao cliente, como terceiro interessado na sustação do cheque, obter uma ordem judicial para que o banco emitente deixasse de pagá-lo, pois o banco não poderia, mediante uma simples carta contendo a afirmação de que houve o cancelamento de transação irregular, sustar o pagamento do cheque já em mãos de terceiro, sob pena de comprometimento do próprio instituto do cheque, título autônomo e de fácil e corrente circulação.

Se a lei não autoriza a revogação pura e simples do cheque e se o endossante de cheque administrativo necessita impedir seu pagamento, deverá procurar meio judicial célere para veicular sua pretensão, pois, conforme foi dito no voto do e. Min. Xavier de Albuquerque (in *JB* 55/55):

> A pessoa que entregou o dinheiro ao Banco e pediu que fosse emitido um cheque a favor de terceiro, nada mais tem com o título, que corre sob a responsabilidade do Banco emitente. Daí concluir-se que a agência sacada não pode atender à contra-ordem de quem extraiu o cheque, porque a contra-ordem só pode ser dada pelo emitente, e este é o próprio Banco. Desta maneira, o cancelamento destes cheques, a pedido de quem solicitou a emissão, só é possível se eles ainda estiverem em seu poder. Do contrário, o Banco será obrigado a pagar o cheque, se lhe for apresentado, pelo portador de boa-fé, não podendo, sob pena de protesto, recusar o pagamento do cheque apresentado por endossatário que o adquiriu de boa-fé.

No caso em exame nem sequer se cogitou de má-fé do endossatário na cobrança dos cheques em questão e a solução dada ao caso parece ter sido a que melhor atende à natureza da controvérsia discutida nestes autos (fls.)

Diga-se que os autores de nomeada dão amparo a tal orientação.

Assim, Paulo Restife Neto, em douta monografia sobre a Lei Uniforme de Genebra relativa ao cheque (Ed. RT, 3ª ed., p. 106), traz à balha o aresto do Excelso Pretório, já citado, proferido no RE 77.167, e afirma que em se tratando "de cheque bancário, não se admite, por incompatibilidade, a revogação ou a contra-ordem".

O emitente, que é também o Banco sacado, é o único que teria legitimidade para contra-ordenar o pagamento. Entretanto, posto em circulação com a entrega do cheque bancário ao seu tomador, que constituiu a provisão junto ao primeiro, ao emitente só resta cumprir a obrigação do pagamento do seu valor ao portador legitimado, seja o tomador, seja outro beneficiário.

Sérgio Carlos Covello lembra o magistério do mestre Waldemar Ferreira em seu *Tratado de Direito Comercial*, no sentido de equiparação do cheque administrativo, ou "cheque bancário", a uma autêntica "nota promissória bancária de cheque denominada"; e desde este asserto extrai a conclusão de que impossível a revogação de tais cheques, a não ser por meios judiciais (*Contratos Bancários*, 2ª ed., Saraiva, 1991, pp. 144-145).

Igualmente, Mauro Brandão Lopes, escrevendo sobre a vigência da Lei Uniforme, exclui a possibilidade de contra-ordem ao pagamento do cheque bancário, pois em seu entendimento a expressão "*regular-se-ão, em tudo o mais pela Lei do Cheque*" (grifo nosso), constante do Decreto 24.777/34 — que expressamente legitimou o costume de os bancos emitirem cheques contra as próprias caixas, tal expressão excluiria "*a contra-ordem*", já que este é privativa do cheque de estrutura típica, em que o sacador ordena o sacado, que é diferente pessoa, o pagamento da soma constante do cheque (*omissis*) ao cheque típico, que tem estrutura tradicional, na qual emitente e sacado são pessoas distintas, aplica-se no Brasil a norma que se contém no art. 6º do Decreto 2.591, porque possível ordem de revogação de um a outro; mas ao cheque que um banco emite contra ele próprio não se pode aplicar aquela norma, porque impossível ordem que dê uma pessoa a si mesma" (*Natureza e Regime Legal do Cheque Bancário*, Ed. RT, 1978, n. 3, pp. 13-14).

Não obstante tão ponderáveis considerações, a polêmica questão deve ser encarada e solucionada à luz do direito vigente, ou seja, da Lei 7.357/85.

Em primeiro lugar, vale sublinhar que a lei em vigor encara o chamado "cheque bancário" como uma das modalidades normais de cheque, como está no art. 9º, *verbis*: "O cheque pode ser emitido: I — À ordem do próprio sacador; II — Por conta de terceiro; III — Contra o próprio banco sacador, desde que não ao portador".

De outra parte, a lei vigente, art. 35, prevê expressamente os casos de contraordem ou revogação, privativa do "emitente do cheque pagável no Brasil e que só produz efeito após expirado o prazo de apresentação", e os casos de oposição, pela qual "Art. 36. Mesmo durante o prazo de apresentação, o emitente e o portador legitimado podem fazer sustar o pagamento, manifestando o sacado, por escrito, oposição fundada em relevante razão de direito. § 1º. A oposição do emitente e a revogação ou contra-ordem se excluem reciprocamente. § 2º. Não cabe ao sacado julgar da relevância da razão invocada pelo opoente".

Portanto, ficou expressamente facultado ao emitente e ao portador legitimado o invocar perante o banco emissor a oposição, desde que fundada em "relevante razão de direito", ou melhor, desde que invocada pelo opoente uma razão relevante de direito. Como está na norma, não caberá ao Banco perquirir ou julgar da veracidade das razões invocadas, e sim apenas verificar que não se cuida de oposição imotivada, ou sob pretexto evidentemente fútil. A responsabilidade pelas conseqüências de oposição infundada, ou de má-fé, repousará portanto sobre aquele que a apresentou.

A respeito, a didática manifestação de Egberto Lacerda Teixeira:

"A oposição deve ser fundada, diz a lei, em relevante razão de direito. Caberá, assim à prudência do julgador dizer se há, ou não, no caso concreto, relevante razão de direito a justificar a oposição. Os casos mais comuns de oposição serão os de perda, extravio, furto, roubo, apropriação indébita, cancelamento do negócio que deu origem à criação ou transferência do cheque etc.

"A oposição requer forma escrita, judicial ou extrajudicial, ou mesmo epistolar.

"A lei não esclarece qual deve ser o comportamento do banco sacado quanto ao destino da provisão. Diz, apenas, que não cabe ao sacado julgar da relevância da oposição, o que significa, na prática, que deve acatar sempre, e sem discutir, o pedido de oposição" (*A Nova Lei Brasileira de Cheque*, 3ª ed., Saraiva, 101, p. 73).

Também Pedro Sampaio considera "como relevantes o inadimplemento contratual do beneficiário, em relação ao emitente, ou do endossatário ou portador em referência ao endossante (CC, art. 1.092, alínea 1ª) (...)" (*A Lei de Cheques*, Forense, 1988, n. 93, pp. 160-161). E acrescenta o ilustre mestre baiano que: "Ao banco sacado não foi reconhecida a prerrogativa de apreciar, muito menos julgar, se a razão invocada pelo opoente é, ou não, relevante, se pertinente ou não. Enfim, o banco sacado deverá abster-se de apreciar a razão exposta pelo opoente ao realizar a oposição. Numa palavra, não é dado à entidade bancária substituir o Poder Judiciário, pois a este compete julgar a relevância do motivo apresentado pelo opoente para fazer sustar o pagamento do cheque" (ob. cit., n. 95, p. 192).

Pergunta-se, então, e aqui o ponto nodal da lide: perante a vigente legislação brasileira haverá algum fundamento jurídico capaz de impedir a oposição ao pagamento também dos cheques bancários? A resposta será, com a *venia* dos que em contrário se tem manifestado, negativa.

Por certo a oposição não pode ser apresentada pelo emitente do cheque, pois emitente será o próprio banco que assumiu o compromisso de pagá-lo. Mas ao portador legitimado, argüindo relevante razão de direito, assistirá em princípio a faculdade de manifestar a oposição, forte na norma do art. 36 da lei chéquica em vigor.

A doutrina não é esclarecedora sobre quem é o portador legitimado do cheque, capacitado a sustar-lhe o pagamento. Não será, por certo, aquela pessoa que aparece cambiariamente, pelo endosso, como titular do crédito, pois a esta pessoa, na posse do cheque, interessa é receber o respectivo pagamento, não sustá-lo. Interessado na oposição será pois, em tese, aquele que foi o portador legitimado, e que com razão jurídica relevante opõe-se a que o sucessivo portador venha a receber a pecúnia, e isso, inclusive argüindo razão ligada ao negócio subjacente ao endosso cambiário.

Não se argumente que tal exegese da lei poderia resultar em detrimento de portadores legítimos e de boa-fé dos cheques, e em favor de endossantes de má-fé ou leviano proceder. Ao adotar o instituto da "oposição motivada", o legislador de 1985 exerceu uma opção entre os vários sistemas a esse respeito encontrados em direito (Egberto Lacerda Teixeira, ob. cit., n. 98; Cunha Peixoto, *O Cheque*, Forense, ns. 147 e ss.), e quaisquer argumentos de conveniência adversos à oposição relativamente ao "cheque bancário", sejam igualmente válidos relativamente às demais modalidades de cheque. Ao final das contas, endossar um cheque administrativo a alguém equivale a emitir um cheque em favor desta mesma pessoa; e nesta hipótese nunca se duvidou da possibilidade fundada de oposição ao pagamento, com a conseqüente exoneração (ao menos temporária) do banco sacado. A simples circunstância de no cheque administrativo ser o banco ao mesmo tempo sacador, em favor de seu depositante, e sacado, não altera a equação jurídica. O cheque administrativo serve a acautelar seu portador contra o risco da falta de fundos; no mais, é um cheque como os demais.

Ante o exposto e tendo Armando Marques, o "favorecido" pelo cheque administrativo, apresentado ao banco emitente uma relevante razão de direito — "cancelamento de transação comercial irregular", fls. — para sustar-lhe o pagamento, agiu licitamente o recorrente Banco Itaú no atender tal oposição, ficando naturalmente ressalvadas as pretensões, cambiárias ou não, que possam assistir ao endossatário, ora recorrido, contra o endossante Armando Marques.

Pelo exposto, conheço do recurso especial, por contrariado o art. 36 da Lei 7.357/85, e ao mesmo dou provimento, a fim de julgar procedentes os embargos à execução, invertidos os ônus de sucumbência e fixada a verba honorária no percentual de 10% sobre o valor atualizado de ação de execução.

É o voto.

Certidão

Certifico e dou fé que a E. 4ª Turma ao apreciar o processo em epígrafe, em sessão realizada nesta data, proferiu a seguinte decisão: Após o voto do Sr. Min. Relator, conhecendo do recurso e dando-lhe provimento, pediu vista o Sr. Min. Fontes de Alencar.

Aguardam os Srs. Mins. Sálvio de Figueiredo, Barros Monteiro e Bueno de Souza.

O referido é verdade e dou fé.

VOTO (VISTA)

O Exmo. Sr. Min. Fontes de Alencar: Sr. Presidente, versa a causa sobre um cheque administrativo emitido pelo estabelecimento de crédito e entregue a quem o provocou, e este portador endossou o título a terceiro em virtude de um contrato. Posteriormente, aquele provocador do nascimento do título manifestou sua oposição ao pagamento, argüindo a não concretização do contrato que motivara o endosso.

Realmente, num primeiro instante, assaltou-me certa perplexidade, porquanto o art. 36 da Lei do Cheque admite essa oposição ou contra-ordem formulada pelo portador legitimado, e aquele que dera causa ao nascimento do cheque já não o portava mais, visto que o transferira, por endosso, a terceiro. Foi exatamente este aspecto que me levou a pedir vista. Vou ler um pequeno trecho do voto do e. Min. Athos Carneiro:

> A doutrina é esclarecedora sobre quem é o "portador legitimado" do cheque, capacitado a sustar-lhe o pagamento. Não será, por certo, aquela pessoa que aparece cambiariamente, pelo endosso, como titular do crédito, pois a esta pessoa, na posse do cheque, interessa é receber o respectivo pagamento, não sustá-lo. Interessado na oposição será pois, em tese, aquele que foi o portador legitimado, e que com razão jurídica relevante opõe-se a que o sucessivo portador venha a receber a pecúnia.

E assim é, e a interpretação manifestada pelo d. Relator, acentuando que o interessado na oposição há de ser aquele que foi o portador legitimado e não aquele que é, porque a este interessa receber, interessa que a ordem de pagamento seja cumprida. É uma situação que faz relembrar a expressão vinda dos doutos Carlos Maximiliano, inclusive: "a angústia expressional da lei"; e o e. Relator a corrige, dizendo quem é o portador legitimado.

Acompanho o e. Min. Relator.

Certidão

Certifico que a E. 4ª Turma ao apreciar o processo em epígrafe, em sessão realizada nesta data, proferiu a seguinte decisão: Prosseguindo no julgamento, a Turma, por unanimidade, conheceu do recurso e deu-lhe provimento.

Votaram com o Relator os Srs. Mins. Fontes de Alencar, Sálvio de Figueiredo, Barros Monteiro e Bueno de Souza.

O referido é verdade e dou fé.

Comentários de

Sílvia Maria do Prado Maida

O acórdão objeto do presente comentário diz respeito à exoneração, do banco sacado, honrar o pagamento de cheque de sua emissão, por oferecimento de oposição motivada apresentada pelo endossante.

Os emitentes Ministros da 4ª Turma do Superior Tribunal de Justiça do Mato Grosso do Sul decidiram conhecer do recurso especial e dar-lhe provimento, por unanimidade, advertindo ser o cheque administrativo "um cheque como os demais", não afastando, pois, a aplicação do instituto da oposição, nos termos do art. 36 da Lei 7.357/85.

A questão nodal, no caso, assenta-se na representação singular de vontade, de alguém, objetivando obstar o saque do respectivo cheque, por razões fundadas. Questiona-se pois: quem possui a titularidade de obstar seu pagamento? Um dos problemas mais sutis da organização jurídica é o da caracterização da identidade do titular de um direito subjetivo. Mister se faz a distinção entre aquele que efetivamente é legitimado para exercê-lo, e aquele que tem sua titularidade.

A discussão da matéria em análise, qual seja o cheque, mormente o cheque administrativo e a possibilidade da apresentação de oposição, suscita opiniões das mais diversas, partindo-se da própria concepção de sua natureza jurídica: "título de crédito" ou simples meio de pagamento, constituindo-se, aí, o cerne das dificuldades em explicar a inoponibilidade das exceções pessoais.

Segundo a ótica ora proposta, o insigne mestre Egberto Lacerda Teixeira afirma ser o cheque "título à ordem, transferível por endosso, que preenche cabalmente os elementos definidores dos títulos cambiários".[1]

1. Egberto Lacerda Teixeira, *A Nova Lei Brasileira do Cheque*, 3ª ed., São Paulo, Saraiva, 1986, p. 14.

Deflui-se da assertiva retro que o cheque, para que seja considerado regular, deve preencher determinados requisitos de forma e fundo, sob pena deste perder sua natureza.

Fran Martins, a seu turno, ressalta que "o cheque tem sido considerado um título de crédito impróprio, isto é, um documento que, embora não ateste originariamente uma pura operação de crédito, com a sua circulação, faz uso desse elemento, suspeitando os que participam dessa circulação ao direito próprio, garantidor da obrigação decorrente do título".[2]

Legitimando, pois, sua existência, não poderia ser a concepção do cheque senão em razão da subsunção da ordem direta de pagamento e sua circulação, insculpindo a possibilidade de transferência.

Urge consignar, novamente, o magistério do mestre Fran Martins: "Apesar de não ser, como foi dito, um título de crédito próprio, o cheque se beneficia das normas cambiárias, naquilo em que tais normas não conflitam com a natureza deste documento. Essas normas, que pela lei brasileira anterior eram aplicáveis subsidiariamente (Lei n. 2.591, art. 15), atualmente estão incluídas na própria Lei do Cheque, não se tornando um direito subsidiário, mas principal. Assim, a nova Lei do Cheque, depois de enumerar os requisitos do documento (arts. 1º e 2º), estatuindo que o mesmo só pode ser sacado contra banco ou instituição financeira que tenha fundos disponíveis do sacador, e que por se tratar de uma ordem de pagamento à vista, não pode ser aceito (art. 6º), dispõe sobre sua transmissão pelo endosso (cap. II), e sobre a garantia do cheque por aval (cap. III), sabido que o endosso e o aval são institutos do Direito Cambiário".[3]

É exatamente neste amálgama que o cheque, apesar de possuir um estatuto próprio, que regula todas as relações existentes entre as pessoas que se obrigam, e contar com as garantias por seu uso, tem no Estado a função de regulamentar, controlar, dirimir e superar as dúvidas pertinentes.

O ponto culminante da existência do cheque, segundo Carlos Henrique Abrão, "relaciona-se com o momento do seu pagamento, sendo o meio natural do cumprimento da obrigação cambiária e, por corolário, caminho regular que exterioriza o ciclo final da circulação da cártula".[4]

Desta forma, é inevitável reconhecer que o descumprimento dessa obrigação, por motivos justificáveis, enseja medidas que obstem o esgotamento deste ciclo vital do cheque.

Exsurge, pois, dois institutos: a revogação (ou contra-ordem), e a oposição (ou sustação), que vislumbram a suspensão do pagamento, implicando em questões candentes, ora pelo fato motivador, ora quanto aspectos formais por parte do interessado, pelas próprias responsabilidades dos envolvidos, que suscitam, indubitavelmente, um exame exegético e interpretação racional, levando-nos a atingir, outrossim, à real intenção do legislador, expressa no texto legal (*mens legis*).

Incontestável e evidente, pois, a demonstração do exposto relativo à pujança da utilização do instituto da oposição oferecida, no caso em debate, pelo cliente do banco, Sr. Armando Marques; refletindo uma das contendas retromencionadas: legitimidade da pessoa que a oferece.

Cabe agora perquirir, quanto ao relato, qual das pessoas envolvidas: o Banco Itaú ou o cliente, Sr. Armando Marques, está investido de poderes necessários para o exercício de tal instituto.

É bem verdade que o endossatário, Sr. José Juvino, de outra parte, por se tratar de cheques — ordens de pagamento à vista, revestidos de literalidade e autonomia, for-

2. Fran Martins, *Título de Crédito*, 11ª ed., v. II, Rio de Janeiro, Forense, 1988, p. 11.

3. Ob. cit., p. 13.

4. Carlos Henrique Abrão, *Contra-Ordem e Oposição no Cheque*, 2ª ed., São Paulo, Livraria e Ed. Universitária de Direito, 1993, p. 8.

malmente perfeitos, quem se apresenta como portador nada tem que provar sobre sua origem.

Porém, qualquer que haja sido a razão determinante de sua emissão, mesmo como garantia de negócios subjacentes ou promessa de pagamento futuro, o cheque guarda cambiaridade e é certeza de liquidez e exigibilidade, a menos que o emissor possa elidi-la alegando qualquer ocorrência de fato extintivo, modificativo ou impeditivo da obrigação de solver.

Ora, na hipótese aventada nos autos, limitou-se a recorrente a justificar e provar tais circunstâncias. O fato é que o endossatário José Juvino propôs ação executiva contra o requerente, fulcrada em cheques não pagos e por ela emitidos.

Obtempere-se à guisa de esclarecimento, que o cliente, Armando Marques, requerera a emissão de dois cheques administrativos, em seu próprio favor, ou seja, nominativos a ele próprio.

Como pudemos perceber, havendo o endosso transmitiu-se o título e, com ele, todos os direitos emergentes do mesmo. Explicitando, estes direitos consubstanciam-se no receber, junto ao sacado, a importância instada no cheque e de agir contra o sacador ou endossantes anteriores, caso o sacado não cumpra.

A transmissão por endosso, neste caso, operou-se regularmente a título de propriedade, *per modum cessionis*.

Segundo J. M. Othon Sidou: "não há dúvida sobre que o endosso é um contrato, por efeito de transferir a propriedade do título cambiário com todos os direitos e obrigações a eles inerentes. Dúvida há quanto a que categoria de contrato ele se entronca, uma vez que guarda analogia com a venda, a fiança, o mandato na forma imprópria e, sobretudo, com cessão de crédito".[5]

Entretanto, o emitente autor tem-no como *contrato sui generis*, uma *cessão qualificada* — a *cessão cambial*.

João Eunápio Borges postula distinções claras entre endosso e cessão: "É assim que, enquanto a cessão é sempre contrato bilateral, o endosso constitui ato unilateral; a cessão pode revestir qualquer forma, e o endosso é ato formal; a cessão é ato causal, o endosso abstrato. A cessão transfere ao cessionário um direito derivado — o direito do cedente; o endosso não transfere ao endossatário o direito do endossador; transfere-lhe o título, como os direitos nele assegurados a seu legítimo possuidor. O endossatário adquire o direito literal e autônomo resultante do título, completamente imune às exceções que, na pessoa do antecessor, poderiam paralisar a eficácia da promessa nele contida. É assim que o endossatário sucede ao endossador na posse do título que lhe é transmitido, sem suceder-lhe na relação jurídica existente entre devedor e o endossador. Constitui, pois, o endosso, não cessão, mas forma particular de alienação de coisa móvel".[6]

Percebe-se, assim, que estas diferenças dizem respeito à amplitude das responsabilidades daquele que dispõe o crédito perante aquele que o adquire e quanto seus limites de defesa.

Segundo a ótica ora proposta, ser-nos-á, portanto, lícito asseverar que o Banco Itaú, a partir do momento que seu cliente Sr. Armando Marques tivera endossado os cheques, nominativos à sua própria ordem, a José Juvino, ficara exonerado do compromisso de honrar o título de sua emissão, devido apresentação de oposição motivada pelo endossante, passando a legitimidade para fazê-lo ao próprio Sr. Armando Marques, que se tornara responsável agora, frente ao recorrido.

Corporificando o exposto, o Sr. José Juvino não acordara transação comercial com o Banco Itaú. Caso o fato ocorresse, este poderia opor-lhe as exceções pessoais.

Cumpre advertir, também, que as exceções reputam-se a "relações pessoais".

5. J. M. Othon Sidou, *Do Cheque*, 3ª ed., Rio de Janeiro, Forense, 1986, pp. 137 e 138.

6. João Eunápio Borges, *Título de Crédito*, 3ª ed., Rio de Janeiro, Forense, 1971, n. 78, p. 74.

Desta forma, se o cheque tivesse apresentado algum defeito de forma, isto é, não contivesse um dos requisitos essenciais, ou se a pessoa não tivesse investida nos poderes necessários para exercício da ação — tais exceções poderiam ser opostas pelo obrigado, que nesse caso poderia recusar o pagamento. É o que postula o art. 51 do Decreto 2.044, de 1908: "Na ação cambial, somente é admissível defesa fundada no direito pessoal do réu contra o autor, em defeito de forma do título e na falta de requisito necessário no exercício da ação".

Princípio aplicável ao cheque não subsidiariamente, mas por analogia, restringindo os casos de exceções inoponíveis e considerando oponíveis quaisquer exceções que não tenham por fulcro aqueles citados na Lei.

O argumento é reiterado pela Lei Uniforme, em seus arts. 22 e 25 da Lei 7.357/85.

Trata-se, pois, de uma posição delicada, tendo-se de um lado as exigências de certeza e segurança dos títulos de créditos e de outro a justificável necessidade da eqüidade e justiça aplicáveis ao caso concreto — descumprimento das obrigações.

Situação esta que Egberto Lacerda Teixeira, apoiado por La Lumia reconhece como "Bifrontismo".

"A defesa, portanto, fundada na *causa debendi* pode referir-se tanto à emissão, como ao endosso do título objeto da ação.

"A legitimidade da sua oposição, entretanto, é ditada pela relação processual estabelecida entre as partes no título. Assim, apenas às partes que entre si, direta e imediatamente, se ligam no título é reconhecida a possibilidade de pesquisada causa da emissão ou do endosso",[7] acrescenta Roberto Barcellos de Magalhães.

Impende reconhecer, pois, que é entre o endossante e o endossatário que se estabelece o liame de uma relação cambiária direta, capaz de perquirir a *causa debendi*, não do título, mas o negócio subjacente, que Ascarelli tem como "negócio de 2º grau".

Neste momento, insta lembrar, mais uma vez, que ao Banco Itaú não caberia qualquer demanda, pois a este coube cumprir a vontade explícita do endossante, sr. Armando Marques, legítimo detentor de poderes para oferecimento de oposição, regularmente manifestada por escrito, e em tempo hábil para fazê-lo.

Desta feita, inegável a subsunção do banco à responsabilidade civil, pelo fato de se achar ligado aos serviços prestados e clara e ativa deve ser sua posição no momento em que se questiona a vontade do interessado, seu cliente, assumindo todos os riscos, caso viole esta disposição volitiva.

A relação entre o cliente e o banco alicerçou-se em pacto contratual evidente o *vinculum juris* que une as partes, subordinando-o aos ditames da responsabilidade e ações indenizatórias emergentes de sua conduta irregular.

Uma vez manifestada a oposição, tempestivamente pelo seu cliente, só restaria ao Banco Itaú, portanto, acatar sua vontade, sob pena de responsabilizar-se pelos danos suportados pelo oponente, na sua integridade, eis que agiu em desconformidade ao texto normativo, Súmula de n. 28 do Supremo Tribunal Federal, transferindo ao banqueiro o *ônus probandi* de seus atos.

Discute-se aqui, agora, o ponto crucial quanto à revogação ou sustação de pagamento que se localiza na concretização do desiderato do interessado, conduzindo ao sacado as razões ensejadoras que se obstaculizam à satisfação do pagamento.

Hodiernamente, tanto a oposição ou sustação, quanto a contra-ordem ou revogação do cheque estão disciplinados pela Lei 7.357, de 2.9.1985, nesse aspecto nos arts. 35 e 36.

Sobreleva considerar a exposição de Antônio Mercado Jr., que expõe ser:

7. Roberto Barcellos de Magalhães, *Da Defesa na Execução Cambiária*, Rio de Janeiro, José Konfino Editor, 1962, p. 106.

"O texto normatizador da Lei Uniforme sobre cheques, diretamente e bastante influenciador sobre a atual lei vigente. Revogada está nossa anterior legislação: o Decreto 2.044, de 31 de dezembro de 1908, o Decreto 2.591, de 7 de agosto de 1912 e leis posteriores, salvo quanto às normas que, regulando a matéria objeto de reservas formuladas, subsistirão, como disposições extravagantes".[8]

Como já dissemos, a lei atual brasileira prevê dois meios obstativos quanto ao pagamento do cheque: a contra-ordem (art. 35) e a oposição (art. 36).

Relacionado estes dois institutos, pode-se esclarecer que aparentemente denotam certa similitude, entretanto, são oportunamente distintos e ensejam situações que lhes são comuns, embora na prática sua exploração seja exígua.

Pela contra-ordem ou revogação, caberá somente ao emitente o ato de desautorização do pagamento oferecida ao Banco-sacado, isto através de simples "aviso epistolar", sob protocolo, ou por via judicial, ou até mesmo por notificação extrajudicial, via Cartório de Título e Documentos, desde que se exponham os reais motivos que lhe deram origem, mesmo sendo de caráter subjetivo, bastando que denotem relevância, isto implicando ter que ao Banco-mandatário do emitente, não caberá perquiri-los, nem julgá-los.

Assim, conclui-se da assertiva exposta acima, que a revogação ou contra-ordem nunca poderá ser imotivada. Deste modo, o emitente deverá explicar os motivos que o levaram a revogar a ordem de pagar. Porém, estas razões são próprias do emitente, sendo que não é dado, ao banco sacado, o direito de apreciar, ou até mesmo julgar as razões apresentadas pelo emitente. Esta tarefa é afeta apenas ao Poder Judiciário, caso for necessário. Há que se atentar ao fato de que, em regra, os motivos apresentados pelo emitente dizem respeito a inadimplemento contratual do negócio jurídico que antecede a emissão do cheque, bem como os vícios de consentimento.

Nestes termos, a contra-ordem é de iniciativa exclusiva do emitente e só pode ser exercida e produzir seus efeitos após expirar-se o prazo de apresentação do cheque, independentemente de motivo especial.

Acresce lembrar, quanto ao prazo supracitado, que são de 30 dias, quando o cheque for emitido na mesma praça e 60 dias em praças diferentes, inclusive no exterior.

Cumpre advertir que o presente sistema normativo anatematiza-se com o proposto no art. 16 do Anexo II da Convenção de Genebra, que alude às reservas consoantes às partes, facultando-lhes derrogarem sua vontade a qualquer tempo, mesmo antes de findo o prazo de apresentação.[9]

Segundo Carlos Henrique Abrão, "a contra-ordem significa um verdadeiro bloqueio que se faz no cheque emitido, associado à instituição financeira, sendo de pouco alcance se o prazo de apresentação continuar fluindo regularmente, dentro da ótica de validade".[10]

A oposição ou sustação, por sua vez consubstancia-se no outro instituto regular que tem por finalidade interromper a etapa normal de circulação bloqueando o pagamento do cheque.

Esta não revoga o cheque, mas impede seu cumprimento temporariamente, devendo jungir motivos plausíveis — causas

8. Antônio Mercado Jr., *Nova Lei do Cheque*, 3ª ed., São Paulo, Saraiva, 1971, pp. 28 e 29.

9. Qualquer das Altas Partes Contratantes, por derrogação do art. 32 da Lei Uniforme, reserva-se a faculdade de, no que respeita aos cheques pagáveis no seu território:

"a) a admitir a revogação do cheque mesmo antes de expirado o prazo de apresentação;

"b) proibir a revogação do cheque mesmo depois de expirado o prazo de apresentação;

"c) qualquer das Altas Partes Contratantes têm, além disso, a faculdade de determinar as medidas a tomar em caso de perda ou roubo de um cheque e de regular os seus efeitos jurídicos."

10. Ob. cit., p. 10.

legais justificáveis como perda, extravio, apropriação indébita etc.

Caberá não só ao emitente, como também ao portador legitimado oferecê-la. Medida de caráter urgente e imediato, produz seus efeitos somente durante o prazo de apresentação, em contrariedade à contra-ordem. Deve ser manifestada ao sacado, por escrito, fundadas em relevantes razões de direito, consoante o art. 36 da nova Lei.

Não tem o escopo de anular o saque, "mas apenas de lhe suspender os efeitos, possibilitando a discussão judicial, cujo objetivo será precisamente definir a legitimidade formal ou a legitimação material do portador",[11] assim escrutine o sapiente Pontes de Miranda.

Cunhado sob este prisma, J. X. Carvalho de Mendonça acrescenta: "Ao invés de propor a ação de repetição contra o beneficiário, opõe-se ao pagamento do cheque, ordenando ao sacado que não pague. O tomador, acionando o emissor pelo pagamento, dá ocasião à defesa pessoal deste, permitida no executivo".[12]

Daí asseverarmos que devam estas razões estarem estribadas em motivos de inquestionável relevância, ao que o art. 36 faz referência como razões de direito, não cabendo ao sacado julgá-las (§ 2º).

Embora todos os meandros de um progresso legislativo, nada vem clarificar as reais razões, ensejando a busca do Judiciário, muitas vezes, neste vezo.

Os doutrinadores pontificam significados divergentes entre as expressões "motivos legais" e "razões motivadoras". A estas atribuem um caráter de subjetividade, inerente ao negócio jurídico subjacente, não ferindo por conseguinte a autonomia e a abstração dos títulos de crédito, enquanto aos primeiros compila-se a objetividade da lei e portanto a razão de Direito.

O Prof. da Universidade de São Paulo, Sérgio Carlos Covello consigna que: "a oposição é temporária, não atinge a essência do cheque, suspendendo apenas o pagamento até que o opoente autorize a sua realização".

E continua: "A contra-ordem (...) fulmina o cheque (...) a oposição suspende o seu pagamento. Os objetivos de cada medida são distintos".[13]

Incursionando no Direito Comparado, podemos observar uma preocupação com a garantia e segurança na circulação do crédito, mas deparando-se com as razões insculpidas no *vinculum juris* e que desta possa descortinar a devida proteção àquele de boa-fé.

Depreende-se, pois, que as diversas legislações que abarcam o assunto posicionam-se divergentemente consoante a concepção relativa ao próprio título – cheque, e cada sistema normativo que abraça as transações e as trocas negociais.

Legitimando o exposto, há de caracterizar-se os critérios regulamentadores no Direito francês. Por este, uma vez lançado o cheque à circulação, somente ao portador caberá seu percebimento, admitindo, assim, sua irrevogabilidade. Entretanto, demonstra a possibilidade da ocorrência da oposição (art. 32, alínea 2, do Decreto 1.935), manifesta expressamente pelo emitente nas hipóteses consideradas, de modo a limitar os abusos do sacador, enfocando somente os casos extremos e sua excepcionalidade. O legislador francês não faz alusão quanto ao tempo de apresentação, do qual se infere que possa amalgar o prazo de apresentação, que é de 8 dias, como pode

11. Pontes de Miranda, *Tratado de Direito Cambiário — Cheque*, v. IV, São Paulo, Max Limonad, 1955, p. 114.

12. J. X. Carvalho de Mendonça, *Tratado de Direito Comercial Brasileiro*, 6ª ed., v. V, Livro III, Parte II, n. 1.050, Rio de Janeiro, Livraria Freitas Bastos, 1960, pp. 548 e 549.

13. Sérgio Carlos Covello, *Prática do Cheque*, 2ª ed., São Paulo, Livraria e Ed. Universitária de Direito, 1996, p. 70.

ser dilatado para 20 a 70 dias, conforme sua emissão dentro ou fora da Europa.

Ao opoente caberá justificar a recusa ao cumprimento da cártula, sob pena de sanções pecuniárias que poderão somar a totalidade do título. Considerar-se-á válido o pagamento da cártula apresentada intempestivamente, desde que haja previsão de fundos.

O Direito argentino, igualmente, acolhe a situação impediente da quitação por seu Decreto 4.776/63, ratificado pela Lei 16.478, considerando seus efeitos somente se expirado o prazo de apresentação, prosperando assim a abstração e literalidade do cheque e excluindo os motivos que houverem.

Analogamente se apresentam no México, Polônia e Alemanha.

O legislador uruguaio consolidou a pertinencialidade a respeito, no art. 29, última alínea da Lei 14.412, de 3.8.1975, pontificando a perda ao portador do direito à ação cambiária, pelo vencimento do prazo de apresentação, desobrigando o sacado a honrar o pagamento da obrigação.

Mesma postura adota a legislação chilena, de 1943, em seu art. 24, permeando uma certa flexibilidade ao sacado, que poderá concretizar o pagamento do título fora do prazo, por manifesta autorização do emitente.

Dando-se continuidade à análise, à luz do Direito Comparado, podemos dizer que quaisquer articulações que visem inviabilizar o saque, para o Direito italiano, são inadmissíveis, dentro do prazo destinado à apresentação do cheque, que será de 8 dias, quando sua emissão for coincidente ao local do pagamento e 15 dias para outra praça. Considerar-se-ão 30 dias para ordens de pagamento à vista emitidos na região mediterrânea e 60 dias para aquelas nos quais se identificam locais diversos destes, ambas sob o jugo da soberania italiana. Desta forma, a contra-ordem só é concebida após o transcurso deste prazo. A contrariedade desta norma acarreta ao sacado a responsabilidade direta pelos danos decorrentes e conseqüente perda dos direitos frente aos coobrigados.

Entretanto, embora o regramento italiano não delineie a previsão de se obstar o pagamento do cheque intempestivamente, enfeitam um instituto de características idiossincráticas — o *ammortamento* — previsível nos casos de perda, extravio ou furto da cambial, proporcionando ao portador a persecução de seus direitos judicialmente.

A normalização norte-americana se manifesta no sentido do favorecimento da contra-ordem, mesmo antes do prazo final de apresentação, posto que a emissão de um cheque não consigna a imediata liberalidade de fundos em favor do sacador, nem mesmo numa permissão ao sacado para efetivar o pagamento do título, palmilhando as tendências peculiares e autônomas de cada Estado norte-americano, sendo comum as medidas para se evitar o pagamento, mesmo havendo a necessidade de uma caução para tanto.

Já a lei inglesa, embora considere relevante a satisfação do crédito, aceita a revogabilidade do pagamento do cheque, em circunstâncias de manifesta vontade expressa pelo sacador, sendo admitida inclusive pelo evento morte do emitente, divergindo, nesse escopo, de outros países.

Sensível à Lei Uniforme relativa ao cheque, o sistema português não admite, naturalmente, qualquer mecanismo para obstaculizar o pagamento do cheque, no prazo legal de apresentação. Contudo, em circunstâncias em que se clarifique ato ilícito, nenhuma responsabilidade se perquirirá perante o sacado, desde que com a devida determinação do emitente assim fundamentada.

Conclui-se, pois, que quanto às disposições normativas estrangeiras, muitas fortificam suas raízes na Lei Uniforme de Genebra e concebem ou não a revogabilidade dos cheques em função de sua concepção na fenomenologia jurídica, tomando, destarte, como referencial o prazo de apresentação deste, procurando não desnaturalizá-los abarcando seu caráter abstrato literal.

Tecendo um paralelo entre os regramentos alienígenas e o nosso, observa-se a existência de dois institutos com características similares que objetivam efeitos muito próximos de não concretizar do pagamento do cheque.

Palmilhando o assunto, Carlos Henrique Abrão consigna algumas sugestões visando o aperfeiçoamento dos institutos em questão, delineando mais celeridade, segurança e presteza no atendimento do ordenado jurídico.

A esse respeito faz alusão a: "uma fórmula impressa no talonário, de modo a facilitar, alertar o alcance e sua específica finalidade, antecipando a solução do problema; fixação do prazo de validade; obviar os transtornos da má utilização dos institutos; responsabilidade no caso de frustração do pagamento, apenando o faltoso que busca obstaculizar o pagamento, com o objetivo meramente procrastinatório; unificação dos institutos, adotando uma teoria que pode ser considerada eclética (...) a diversidade da nomenclatura tipológica jurídica e, na sua essência, apenas um mecanismo de técnica legislativa, cujos efeitos no fundo se identificam; ampliação dos meios instrumentais; fundamentos de contra-ordem e da oposição de forma ímpar, a fim de minimizar eventuais conflitos de interesse resultantes da indevida exegese; criação de um fundo para ressarcir eventuais prejuízos; duração e certificação da contra-ordem e da oposição, prazo este que estaria vinculado à eficácia executória do título; tarifação do cheque e reforma bancária que visem sanear as inúmeras falhas que possibilitam o surgimento de escândalos de toda sorte, nos quais os responsáveis ficam protegidos sob o manto da impunidade aberta que chega à insensatez da defesa se basear no sigilo bancário como mecanismo intocável".[14]

14. Ob. cit., pp. 115 a 136.

Notas conclusivas

Ex positis, sobreleva considerar, com o escopo de concluir os comentários feitos sobre o acórdão proferido nos autos da ação de execução, em virtude de oposição oferecida pelo endossante que obrou com magnificente acerto o douto relator Exmo. Min. Athos Carneiro acompanhado unanimemente pelos Ministros Fontes de Alencar, Sálvio de Figueiredo, Barros Monteiro e Bueno de Souza da 4ª Turma, apreciando o processo em epígrafe.

Obtempere-se, à guisa de esclarecimento deste fechamento que:

1. O não cumprimento do pagamento do cheque pelo sacado, em virtude do oferecimento de contra-ordem ou posição manifestada, viabiliza condição ao beneficiário de se dirigir diretamente contra o emitente ou portador legitimado, lastreado no título, permitindo o exame da *quaestio juris*.

2. Embora o Direito confira aos títulos de crédito os atributos de autonomia e independência em relação à *causa debendi*, corporificando a consentânea abstração, de modo a desconsiderar o negócio subjacente, hodiernamente, urge jungir a esta um valor intrínseco, assegurando, principalmente ao credor de boa-fé, sua eficácia como instrumento de auxílio na circulação econômica dos bens.

Atualmente, conveniente frisar o número excessivo de problemas jurídicos provindos de contratantes do negócio jurídico original e o banco sacado, que deverá responsabilizar-se direta e efetivamente frente a estes, assumindo sua função empresarial e não apenas detendo o poderio econômico

3. Nesse contexto, o cheque é transmissível a qualquer pessoa por via de endosso, inclusive ao emitente, ou outro obrigado (Lei 7.357, arts. 17, § 2º e 18, § 1º).

O endosso assenta em suas bases sólidas algumas condições para que o ato se legitime: a virtualidade do título, seu aceite pelo beneficiário, mesmo de forma tácita, e logo após uma operação regular. O endossante deve portar legitimamente o título com plena capacidade civil e legal para aliená-lo.

O endosso é um contrato volitivo, que produzirá seus efeitos somente por acordo entre as partes.

4. Como pudemos observar acima, o cheque, em princípio, não poderá ser revogado, exceto nos casos em que for apresentado motivo jurídico relevante por parte de seu portador. Destarte, qualquer motivo, sem justificativa plausível, apresentado por quem não tenha legitimação para tanto, não é considerado. A assertiva ora exposta reflete os princípios constantes da Lei Uniforme.

5. Em consonância com o magistério do ínclito João Eunápio Borges, o ordenamento jurídico nacional adota o princípio da "revogabilidade absoluta do cheque", o que vale dizer que o sacado não poderá apresentar nenhum óbice ao descumprimento do cheque quando este tivera sido revogado pelo emitente. Se diversa for a conduta do sacado, este responderá pelos prejuízos.

Espaço Discente

TÉCNICAS DE PRIVATIZAÇÃO
A experiência brasileira*

THEREZA MARIA SARFERT

I — Quadro institucional. II — Breve análise das Constituições brasileiras. III — A organização do Estado. A descentralização administrativa e os serviços públicos. IV — Classificação dos bens. V — As entidades da administração indireta: V — 1. As autarquias; V — 2. As fundações públicas; V — 3. Empresas estatais: empresas públicas e sociedades de economia mista. VI — A dimensão do Estado: os serviços públicos e o interesse público. VII — A legislação relativa aos processos de privatização no Brasil: VII — 1. Breve histórico; VII — 2. O Programa Nacional de Desestatização — PND (Lei 9.491, de 9.9.1997): aspectos gerais e objetivos principais; VII — 3. As privatizações e o mercado de capitais; VII — 4. A distinção entre a privatização de "bens" públicos e a privatização de "serviços" públicos — As diversas modalidades operacionais e os editais de privatização; VII — 5. A alienação das participações societárias do Estado nas empresas estatais; VII — 6. Dos procedimentos de avaliação e de determinação do preço mínimo; VII — 7. A concessão dos serviços públicos como forma de desestatização; VII — 8. As obrigações das empresas e a responsabilidade dos administradores das empresas incluídas no PND; VII — 9. Os investidores estrangeiros, os investidores institucionais e o BNDES; VII — 10. A participação dos empregados; VII — 11. A "golden share"; VII — 12. Mecanismos de consolidação dos processos de privatização. VIII — Análise de editais de privatização: VIII — 1. Análise do edital de privatização do Sistema Telebrás; VIII — 2. Análise do edital de privatização da Cia. Vale do Rio Doce. IX — Privatização no Direito Comparado: IX — 1. Chile; IX — 2. Grã-Bretanha; IX — 3. Portugal; IX — 4. Leste Europeu. X — Privatização e concorrência. XI – Conclusão. XII – Bibliografia.

I — Quadro institucional

Em 1949, foi publicado relatório preparado pela Comissão Econômica para a América Latina (CEPAL), sob o título "Panorama Econômico da América Latina, 1949", que incluiu estudos de desenvolvimento econômico sobre quatro países latino-americanos (Argentina, Brasil, Chile e México). O secretário executivo da comis-

* Agradeço à Fundação de Amparo à Pesquisa do Estado de São Paulo — FAPESP pelo auxílio financeiro indispensável à dedicação integral aos estudos e à realização do presente trabalho. Agradeço também à Profa. Rachel Sztajn pela valiosa e indispensável orientação.

são era o ilustre economista argentino Raúl Prebisch, que expunha sua tese relacionada ao assunto, publicada com a finalidade de servir de ajuda direta àqueles que se empenhavam em traçar diretrizes políticas nos referidos países latino-americanos.

De acordo com sua tese, os povos dos países latino-americanos estariam envolvidos em um processo inexorável, que os condenaria a um papel, na economia mundial moderna, de cidadãos de segunda categoria. Segundo o mencionado relatório, somente a ação enérgica dos governos dos países latino-americanos conseguiria eliminar esse processo e trazer a esses povos o nível de vida desejado. Suas conclusões específicas são as seguintes: a) a revolução industrial, iniciada há duzentos anos, teria se processado num número limitado de centros industriais, tendo tido poucos efeitos nas áreas periféricas; b) o desenvolvimento da produção nas áreas periféricas, de maneira geral, restringe-se às indústrias de produção de matérias-primas para os centros industriais; c) isto levou a uma situação na qual a maior parte dos lucros decorrentes do aumento de produtividade teria sido exportada para os centros industriais, nada contribuindo para aumentar o bem-estar dos povos dos países periféricos; e d) a não ser que se empreendesse uma ação positiva, as perspectivas, a longo prazo, seriam de contínua piora da posição relativa das áreas periféricas.

O mencionado relatório incluía, portanto, as linhas gerais de uma política de ação de rejeição do mercado livre em assuntos econômicos internos e externos nos países da América Latina. As nações latino-americanas estavam sendo aconselhadas a instituir, de modo racional, sistema de protecionismo para suas indústrias, bem como vários graus de intervenção estatal em suas economias, como a única maneira de alcançar o verdadeiro desenvolvimento.

O despertar tardio de países periféricos era atribuído ao colonialismo mercantilista do qual se conseguiram libertar apenas no século passado. Entretanto, apesar do início tardio do processo de industrialização e dos grandes capitais exigidos pela técnica moderna não constituírem barreiras intransponíveis, a lentidão do desenvolvimento dos países subdesenvolvidos poderia ser explicada, em grande parte, pela instabilidade política. Um aumento de produtividade subentende o emprego de capitais a longo prazo de investidores estrangeiros e nacionais, o que não acontece em um ambiente caracterizado por distúrbios políticos violentos e imprevisíveis. Além disso, a situação era agravada por uma série de medidas como restrições diretas, impostos elevados e legislações trabalhistas exigentes.

Para Prebisch, o fato das áreas periféricas não terem compartilhado dos frutos da revolução industrial se deve, em grande parte, à ação inadequada dos governos, que muito poderiam ter feito pela melhoria de vida de seus cidadãos. Ele pregava a necessidade de intervenção direta dos governos na vida econômica, apesar das várias críticas que recebia.[1]

A ação do Estado era, então, vista como indispensável. A tarefa de planejamento, o empenho em agir deliberadamente sobre as forças do desenvolvimento, signi-

1. Segundo o economista argentino, "o conceito, ainda não extinto, de o desenvolvimento se operar espontaneamente, sem um esforço racional e deliberado para consegui-lo, provou ser uma ilusão, tanto na América Latina quanto no resto da periferia mundial. Há um século que nossas economias se articularam com a economia internacional e a metade da população ainda vegeta em formas pré-capitalistas incompatíveis com suas crescentes aspirações econômicas e sociais. (...) A América Latina tem que acelerar seu ritmo de desenvolvimento econômico e redistribuir a renda em favor das massas populares. O cumprimento deste objetivo não poderá dilatar-se indefinidamente; nem caberia esperar que o desenvolvimento econômico se apresentaria e logo sobreviria, como conseqüência natural, o desenvolvimento social. Ambos devem cumprir-se de modo compassado. Para consegui-lo, é mister agir racional e deliberadamente sobre as forças do desenvolvimento, e este não poderá ser o resultado do jogo espontâneo dessas forças, como sucedeu na evolução capitalista dos países adiantados". Existe "a necessidade de planejar (...)".

ficava atribuir ao Estado poder considerável e, apenas com o tempo, desapareceu a confusão quanto ao sentido da ação de planejamento estatal para cumprir esse desígnio, porque até há poucos anos só tinham existido planejamentos dentro de uma concepção socialista da economia. Começa a ser questionado se a aceleração do desenvolvimento e a marcha progressiva para a democracia seriam posições antitéticas. Para se chegar a uma síntese seria necessário que, ao agir sobre as forças do desenvolvimento, se compusessem os objetivos econômicos, sociais e políticos, combinando-se a ação do Estado e a iniciativa individual, adquirindo o Estado um poder impessoal sobre as forças que movem os indivíduos, com o incentivo à ação econômica. Efetivamente, para reger as forças do desenvolvimento, o Estado teria de intervir e influir sobre a iniciativa individual na atividade econômica já que o mercado nem sempre fornece indicações que promovam o emprego mais eficiente dos recursos disponíveis.

Essa tarefa do Estado poderia realizar-se através de incentivos e desincentivos à iniciativa privada. Sua gestão direta justificar-se-ia quando esses instrumentos não dessem os resultados desejados.

De 1940 em diante, a maioria dos países latino-americanos seguiu estratégia de desenvolvimento baseada em alto grau de protecionismo, industrialização liderada pelo governo e crescente envolvimento do Estado nas atividades econômicas. Por algum tempo acreditou-se nas promessas de crescimento e de prosperidade e que a América Latina seria gradualmente introduzida no conjunto dos países desenvolvidos. Entre 1950 e 1980 houve rápido crescimento econômico, que, entretanto, não resultou no desenvolvimento econômico e social esperado devido ao excessivo protecionismo, a uma estrutura econômica rígida e inadequada para reagir às mudanças das condições econômicas mundiais, a um sistema tributário ineficiente e à ineficiência na prestação dos serviços estatais básicos.

Nos anos 70, o papel do Estado na economia se expandiu, aumentando sobremaneira o número de empresa estatais, o que se acentuou com a crise do petróleo de 1973, acreditando-se que o fortalecimento do intervencionismo estatal impediria a ação dos efeitos das crises e choques internacionais no plano interno. Essa idéia, entretanto, não prosperou. Ao invés de reduzir riscos, o Estado se tornou cada vez mais ineficiente na prestação de serviços públicos e na distribuição de riquezas. Dessa forma, cada vez mais líderes políticos começaram a adotar uma visão política baseada na abertura, no mercado livre, na desregulamentação e na privatização.

Foram reconhecidos, então, quatro objetivos fundamentais para a modernização da América Latina: estabilidade macroeconômica; abertura comercial; diminuição da pobreza; e, diminuição do papel do Estado.

O crescimento do número de empresas estatais se deu em virtude de estratégia estruturalista de desenvolvimento, por vários motivos: era considerado um modo eficiente de lidar com problemas de ordem internacional, particularmente os monopólios e oligopólios. O fato de serem propriedade do Estado serviria ao interesse público e a objetivos sociais, como a provisão de alguns serviços a preços mais baixos para a população. Era considerado também como um modo de reduzir a vulnerabilidade da economia a choques internacionais. Além disso, em vários países, como no Brasil ocorreu, durante um largo período de tempo, essas idéias estavam atreladas à doutrina de segurança nacional e eram fortemente suportadas pelas Forças Armadas locais. As empresas estatais, entretanto, se expandiram para além dos chamados setores estratégicos, essenciais, atuando em setores competitivos e que haviam sempre funcionado de maneira eficiente sob a iniciativa privada.

Os resultados, nada obstante a doutrina, não foram alcançados, o que produziu um setor público letárgico, ineficiente, deficitário, que exigia pesados investimentos, piorando a situação econômica nacional e a qualidade dos serviços públicos.

Por isso que economistas de instituições internacionais, como o Banco Mundial e o Fundo Monetário Internacional, passaram a recomendar mudanças nas estratégias dos governos, o que levou líderes políticos a adotar nova visão de economia política, baseada nas forças do mercado, na competição internacional, e num papel mais limitado do Estado nas atividades econômicas. Com as crises econômicas da década de 1980, passou-se a observar a natureza estrutural dos problemas e a necessidade de implementar medidas mais profundas, incluindo reformas fiscais, para reduzir o déficit público, diminuir a dívida externa, efetuar alterações institucionais e promover o equilíbrio e a estabilidade macroeconômica, abrindo suas economias ao comércio e à competição internacional, introduzindo programas de desenvolvimento social buscando a redução das desigualdades sociais. Dentro do tema de ajuste fiscal se inseriam as reformas tributárias, os cortes nos orçamentos e a venda de empresas detidas pelo Estado a compradores nacionais ou estrangeiros. As privatizações passaram a ser encorajadas como alternativas para a diminuição do déficit público e para o aumento da eficiência nos setores dominados pelo Estado.

Era cada vez mais nítido que a confiança no pesado dirigismo estatal da economia não era capaz de gerar os resultados esperados. O expansionismo estatal havia enfraquecido a capacidade dessas economias de reagir a distúrbios internacionais. Com a implementação de programas de estabilização e a privatização de um grande número de empresas estatais, esses países se tornaram foco da atenção internacional e objeto de interesse de investidores internacionais. Apesar do progresso, entretanto, muitos problemas ainda persistem, como a deterioração das infra-estruturas e o atraso na modernização das instituições políticas.

Em 1992, a Comissão para a América Latina da ONU, que, como visto, foi uma incentivadora histórica do protecionismo, do dirigismo e intervencionismo estatal, reconheceu que o caminho mais apropriado seria o da abertura econômica, com a introdução de programas sociais, focalizando os setores mais pobres da sociedade. Chegou-se ao consenso sobre a necessidade de se redefinir o papel do Estado.

Baseados na premissa de que o crescimento do papel do Estado na economia prejudicava a eficiência e o desenvolvimento dos serviços, foi iniciado maciço programa de privatizações, com a ajuda de instituições multilaterais, para reduzir drasticamente a presença do Estado na produção econômica. Essa transformação foi resultado da falência dos programas heterodoxos nos países latino-americanos, e do senso de que a estratégia das décadas anteriores havia caído por terra. Foi importante o papel das instituições internacionais, por suas recomendações e programas, no incentivo ao processo de reforma. O colapso da URSS afetou, também, aqueles que advogavam contra as forças de mercado, a favor do dirigismo e da planificação da economia. Uma nova visão enfatizou a necessidade do Estado se voltar, de maneira eficiente, à construção de programas sociais voltados às camadas mais pobres da população e de investimentos em infra-estrutura básica.

Desta forma, verifica-se que a ênfase nas privatizações é parte de uma nova visão de desenvolvimento econômico que ganhou força a partir da década de 1980, e que ganha diferentes características em cada país. Apesar das críticas recebidas no início pelos setores políticos de oposição, as privatizações logo adquiriram suficiente suporte político, e demandaram difíceis tarefas, como a de decidir quais as empresas que deveriam ser vendidas, e qual o método que deveria ser utilizado, além da necessidade de criar todo um arcabouço legal e jurídico para ajudar as empresas privadas que se tornavam envolvidas em áreas tradicionalmente reservadas ao Estado.

II — Breve análise das Constituições brasileiras

Sob o aspecto político, a concepção do Estado liberal prega a restrição das funções do Estado, consagrando a Declaração de Direitos do Homem como estatuto negativo, com a finalidade de proteger o indivíduo contra a usurpação e abusos do poder. O Estado intervencionista veio para suavizar as injustiças e opressões econômicas e sociais que se desenvolveram à sombra do liberalismo, o que repercutiu claramente nos textos das Constituições contemporâneas, da mesma forma que a evolução constitucional brasileira é reflexo nítido das alterações da concepção do papel do Estado na política econômica. Ao tempo do liberalismo, mal se compreendia como funcionava o mercado. O modelo econômico de Adam Smith baseava-se nos aforismos do *laissez-faire* (liberdade de produção) e *laissez-passer* (liberdade de comércio), pregando que a economia de mercado deveria autoregular-se (mecanismo simples que melhor atenderia às necessidades dos indivíduos).

Ao final da 1ª Guerra Mundial, entretanto, vários países implantaram regimes totalitários. Os ideais liberais foram frontalmente combatidos pelos socialistas, os quais alegavam serem aqueles os responsáveis pela distribuição injusta da riqueza e pela dominação da classe mais poderosa economicamente. Após a 2ª Guerra Mundial, os ideais liberais foram ainda mais prejudicados e, a partir daí, as idéias intervencionistas passaram a ser amplamente analisadas e aplicadas como saída intermediária entre o liberalismo e o socialismo, simbolizando o *New Deal* a passagem do Estado liberal para o Estado providência, e para uma posição nitidamente intervencionista, passando a desempenhar não apenas suas funções típicas, mas também serviços até então reservados à iniciativa privada. A sociedade passa a não desejar mais a abstenção do Estado, mas, pelo contrário, necessita de um ação efetiva no sentido de transformar a ordem social existente, a fim de que os indivíduos possam "exercer efetivamente os direitos dos quais a filosofia liberal só lhes havia concedido a fruição, de sorte que o poder, que era primitivamente o inimigo da liberdade, tornava-se, para ela, nessa perspectiva libertadora, o instrumento essencial (...) Logo se impõe a urgência de uma verdadeira autoridade dirigente que se encarregue do destino coletivo".[2]

Deste modo, a noção de Estado intervencionista, atualmente representa uma síntese entre o Estado do bem-estar Social e o Estado liberal, em que ele não estaria incumbido de tantas funções, nem tampouco deixaria de intervir na economia, concentrando em suas mãos apenas funções consideradas essenciais, como a justiça, a segurança pública, relações exteriores etc. É a idéia do Estado mínimo, cujo intuito seria atenuar a situação deficitária do setor público reduzindo drasticamente a estrutura governamental. A privatização seria um dos instrumentos utilizados pelo Estado em seu processo de transformação. No Brasil, todas as atividades estatais passíveis de exploração pela coletividade, e que hoje estão sob a responsabilidade de entes do Estado, de acordo com a nova tendência, têm sido objeto de estudos pelo Executivo para serem incluídas entre aquelas em vias de privatização. Por respeito à iniciativa privada, o Estado estaria reduzindo sua máquina administrativa, a qual, nitidamente, não é capaz de cumprir as suas funções. Verifica-se, portanto, a necessidade de se separar o que é ou não missão do Estado, para retirá-lo desta evidente sobrecarga.

No Brasil, a primeira Constituição que consagrou essa nova orientação foi a de

2. Edson Ricardo Saleme, *Formas de Desestatização — Aspectos Jurídicos*, Tese de Doutorado apresentada ao Depto. de Direito do Estado, São Paulo, 1998.

1934, e foi seguida pelas demais, que sempre se preocuparam com a ordem econômica e social, procurando consagrar princípios e regras que servissem para erguer uma estrutura econômica e social favorável à democracia, como bem observa Manoel Gonçalves Ferreira Filho.[3]

Pontes de Miranda, em seus *Comentários à Constituição de 1946*, teceu diversos comentários e críticas ao liberalismo econômico, afirmando que "o liberalismo apriorístico levou a resultados deploráveis: o Estado-setor, indiferente, que deixa cavar-se o abismo entre explorados e exploradores, formar-se um espírito ligado às coisas do mundo material, (...) o exaspero individual do lucro, o crescimento do exército industrial de reserva, previsto por Karl Marx. Ao mercantilismo seguiu-se, na doutrina econômica, o liberalismo econômico de Adam Smith: as rédeas saem da mão do Estado para as dos indivíduos.(...) Mas vimos que o liberalismo extrapola os princípios de liberdade. O homem precisa das liberdades, de um mínimo. (...) Não são todas as liberdades. O liberalismo econômico consistiu exatamente em levar a setores a que não devia os princípios da liberdade (...) as liberdades fundamentais precisam ser mantidas. O Estado contemporâneo tem de consagrá-las. (...) Se assim não procedemos, impor-se-á a limitação violenta; vêm os regimes de liberdade mínima (Estado soviético, fascista, nacionalista etc.). O apriorismo dos economistas condenou, sem maior exame, as doutrinas intervencionistas. O máximo de apriorismo foi o do ideal anarquista. A irrealizabilidade de tal doutrina emana das situações psíquicas e sociais que ela, para ser, pressupõe. Máquina perfeita não apresentaria, praticamente, gasto das peças, porque tudo à maravilha se ajustaria, deslizaria, se entrosaria, rodaria, avançaria. Se a sociedade humana fosse assim, ou se a sua perfectibilidade fosse, seríamos ou teríamos de ser anarquistas. O governo é a prova de que não somos perfeitos, ou que ainda não chegamos à condição de prescindir dele".[4]

O autor observava, porém, que era preciso não se converter a economia dirigida em economia de mero protecionismo, o que agiria apenas em prol de indústrias maléficas e dos grandes produtores, contra o consumidor e os pequenos trabalhadores, isolando o país do resto do mundo. Reconhece que proteger a indústria nacional é, na maioria dos casos, benéfico; contudo, não sempre. Se a indústria protegida não é suficiente para as necessidades nacionais e as medidas de exclusividade ou de dificultação impedem a importação do que é indispensável à população e ao desenvolvimento, isto é bastante prejudicial, sendo certo que toda proteção deve partir do pleno conhecimento das condições nacionais.

Ao se verificar que o liberalismo econômico entrara em crise, logo se procurou estabelecer maior intervencionismo estatal, o que somente deveria acontecer após discussão e deliberação democrática, por acreditar-se na importância da discussão e da reflexão parlamentar. Sem esse procedimento, a intervenção ficaria deixada à escolha de alguns, o que agravaria o mal. A intervenção, sem ser científica, deve ser considerada inferior e uma regressão em relação ao liberalismo econômico. Pontes de Miranda observa que uma economia pode ser bem ou mal dirigida, e que uma economia mal dirigida é pior do que uma

3. Segundo o referido autor, a democracia não pode desenvolver-se a menos que a organização econômica lhe seja propícia. Não é praticável a democracia política, cujos valores fundamentais são a liberdade e a igualdade, onde a organização da produção e do consumo reduz a liberdade e a igualdade a meras afirmações vãs, embora solenes. Convém, portanto, que se organize um regime econômico em que se satisfaçam todas as exigências fundamentais do indivíduo e se abram, para todos, oportunidades relativamente iguais. Este é objetivo do constituinte — abrir espaço nos textos constitucionais para a fixação dos princípios reguladores da economia, sempre em vista da realização da democracia.

4. Pontes de Miranda, *Comentários à Constituição de 1946*, v. IV, 2ª ed., 1953.

economia livre. Nessa, as reações vêm fácil e rapidamente, pelas perdas do capital, pela rápida intensificação da produção dos bens insuficientes e pelos vários meios do jogo solto e flexível do mercado.

A Constituição de 1967 seguiu as mesmas linhas traçadas pela Constituição de 1946 ao fixar os princípios fundamentais do ordenamento econômico. Entretanto, seguindo essa orientação, não copiou o texto anterior, passando a explicitar o que, na obra dos constituintes de 1946, fora, talvez, sintetizado demais. A Emenda Constitucional de 1969 revela nítida influência da doutrina social da Igreja, e, particularmente, de certos documentos pontifícios, como a Encíclica *Mater et Magistra*. Por exemplo, enquanto no texto primitivo, promulgado em 1967, o desenvolvimento econômico era previsto, no item V do art. 157, como um dos instrumentos para a realização da justiça social, a Emenda 1, de 1969, erigiu o desenvolvimento econômico como uma das metas da ordem econômica e social. Na redação primitiva, a justiça social era a meta por excelência da ordem econômica e social. Hoje em dia, ela é apenas uma das metas, partilhando essa qualidade com o desenvolvimento econômico, sendo este um instrumento para a sua realização.

A liberdade de iniciativa é decorrência dos direitos individuais consagrados na Constituição, sendo através da atividade socialmente útil a que se dedicam livremente os indivíduos, segundo as suas inclinações, que se procurará a realização da justiça social e, portanto, do bem-estar social. Como reflexo da liberdade humana, a liberdade de iniciativa mereceu acolhida nas Encíclicas papais de caráter social, inclusive na mencionada *Mater et Magistra*, de João XXIII, apesar dos textos constitucionais não a considerarem em caráter ilimitado.

O Código Civil, de 1916, já previa limitações ao uso da propriedade. Entretanto, uma coisa é o limite de uso por ele previsto, elaborado, milenarmente, sob a inspiração de regras entre vizinhos, e outra, totalmente diferente, é o limite que não precisa do elemento da vizinhança, ou proximidade, sendo o bem-estar social um conceito bem mais largo.

Desta forma, a propriedade constitucionalmente consagrada não é a da concepção absoluta, romanística, e sim a propriedade encarada com função eminentemente social. A Constituição não nega o direito exclusivo do dono sobre a coisa, mas exige que o uso desta seja condicionado ao bem-estar geral e à sua função social. Não ficou, portanto, o constituinte longe da concepção tomista, segundo a qual o proprietário é um procurador da comunidade para a gestão de bens destinados a servir a todos, embora pertençam a um só. A preocupação com a função social da propriedade é que inspira a expropriação por interesse social.

Apesar de serem consideradas interventivas, as Constituições de 1946 e as posteriores mantêm expressamente a convicção de que devem ser livres oferta e procura; por isso mesmo, toda ação ou série de ações que, em vez de ser para obter, lealmente, os mercados, se sirva da eliminação da concorrência, lhes parece nociva. No fundo, este artigo se refere, implicitamente, a uma limitação do conteúdo e do exercício do direito de propriedade, ou de outros direitos patrimoniais.

Da mesma forma, já era previsto, desde a Constituição de 1946, a regulamentação, por lei federal, do regime das concessionárias federais, estaduais, ou municipais dos serviços públicos. A mencionada Constituição de 1946 prevê, com relação às concessionárias de serviços públicos: (i) a obrigação de manter um serviço adequado, como condição fundamental de toda concessão, sob pena de ser ela rescindida caso o serviço não mantenha o nível desejado; (ii) tarifas que permitam a justa remuneração do capital, o melhoramento e a expansão dos serviços e assegurem o equilíbrio econômico e financeiro do contrato; e (iii) a fiscalização permanente e revisão periódica das tarifas. Enquanto na Constituição de 1946 havia algum temor em relação às concessionárias, pois a preocupação de impedir que seus lucros excedessem à justa remuneração do capital, a redação introduzida a partir da Constituição de 1969, e que permanece até os dias atuais, encara o problema das tarifas com maior serenidade e estabelece um tríplice critério para sua determinação. Desta forma, não mais se presume que a concessionária possa obter vantagens indevidas nem se consente que, por uma política de tarifas artificialmente baixas, seja ela sacrificada no seu equilíbrio econômico-financeiro. Disto decorreriam conseqüências indesejáveis, como uma baixa remuneração do capital e uma deficiência nos investimentos, indispensáveis para a melhoria e a expansão dos serviços.

Foi a Constituição de 1967 que tornou preceito constitucional o monopólio estatal do petróleo, seja quanto à sua pesquisa, seja quanto à sua lavra, o qual, na verdade, existia desde a promulgação da Lei 2.004, de 3.10.1953, estabelecido com base no art. 146 da Constituição de 1946, segundo o qual "A União poderá, mediante lei especial, intervir no domínio econômico e monopolizar determinada indústria ou atividade. A intervenção terá por base o interesse público e por limite os direitos fundamentais assegurados nesta Constituição".

Uma outra inovação da Constituição de 1967, de extrema importância pragmática, foi a instituição de seu art. 170, segundo o qual "às empresas privadas compete, preferencialmente, com o estímulo e o apoio do Estado, organizar e explorar as atividades econômicas". Tal dispositivo revelava-se um natural desdobramento da liberdade de iniciativa consagrada, posteriormente, no art. 160, I, da Emenda de 1969, sendo de grande importância para a caracterização do modelo econômico adotado. A Constituição de 1967, deste modo, defere à empresa privada o primeiro lugar na organização e na exploração das atividades econômicas. Mais do que isso, impõe ao Estado estimular a ação das empresas privadas e apoiá-las para que possam cumprir essa missão. Tal comando se enquadra tipicamente na posição da doutrina social da Igreja.

O parágrafo único ao art. 170, por sua vez, determinava que o Estado devia atuar ou para amparar a iniciativa privada, ou para substituí-la quando inexistente ou insuficiente, ou para evitar alguns inconvenientes de sua atividade, sempre em caráter subsidiário ou suplementar.

A ação do Estado no domínio econômico, todavia, deveria prevalecer sobre a das empresas privadas ou mesmo extinguila, sempre que a segurança nacional ou o desenvolvimento de um setor qualquer, em regime de competição, não fosse possível ou conveniente. Caberia, então, a intervenção do Estado no domínio econômico e até a monopolização do setor por parte do Estado.

De acordo com os §§ 2º e 3º ao referido art. 170, "na exploração, pelo Estado, da atividade econômica, as empresas públicas e sociedades de economia mista reger-se-ão pelas normas aplicáveis às empresas privadas, inclusive quanto ao direito do trabalho e ao das obrigações", ficando elas também sujeitas ao mesmo regime tributário aplicável às empresas privadas. Esta norma, que permanece até os dias atuais, pretendia que, em setores não monopolizados da economia, em que concorram empresas privadas e públicas, devesse haver igualdade jurídica, restringindo a concorrência "desleal" do Estado ao particular nos campos do comércio e da indústria em que se lança, amparado pelas vantagens peculiares ao poder público. A redação primitiva deste dispositivo incluía as autarquias entre as entidades que, competindo eventualmente com empresas privadas, deveriam fazê-lo em igualdade de condições. A redação em vigor não mais se refere às autarquias, o que as coloca numa posição especial, podendo vir a competir com empresas privadas em situação mais favorável.

A Constituição de 1967, em seu art. 157, § 8º, estabelecia que qualquer intervenção no domínio econômico deveria ter por base, além do interesse público, a segurança a direitos e garantias individuais. Um dos limites que ela coloca à intervenção do Estado na vida econômica é o respeito ao direito adquirido, à coisa julgada e ao ato jurídico perfeito (art. 150, § 3º), preceitos estes trazidos de volta a nível constitucional desde 1946.

Cumpre distinguir-se a intervenção no domínio econômico da criação de monopólio. O monopólio é criado a partir de ato interventivo, acrescido de cláusula de exclusividade. A Constituição de 1967 previa que apenas a União poderia ter e exercer monopólios, não permitindo que ela estabelecesse monopólios a favor de empresas privadas, mesmo que de economia mista, não importando qual a participação da União no capital social.

Atualmente, as bases constitucionais do sistema econômico encontram-se nos arts. 170 a 192 da Constituição de 1988, compreendidos em quatro capítulos: a) princípios gerais da atividade econômica; b) política urbana; c) política agrícola e fundiária e da reforma agrária; e, d) sistema financeiro nacional.

A ordem econômica consubstanciada na Constituição não é senão uma forma econômica capitalista, já que se apoia inteiramente na apropriação privada dos meios de produção e na iniciativa privada. Segundo José Afonso da Silva, "isso caracteriza o modo de produção capitalista, que não deixa de ser tal por eventual ingerência do Estado na economia, nem por circunstancial exploração direta de atividade econômica pelo Estado e possível monopolização de alguma área econômica".

As reivindicações sociais, entretanto, mal conseguem introduzir-se nas cartas constitucionais, representando meramente princípios, simples programas a serem desenvolvidos pela atividade dos legisladores, sem qualquer eficácia concreta. São as chamadas normas de caráter programático. Apesar disso, são normas de grande importância teleológica, pois buscam atribuir finalidades ao Estado, esvaziado pelo liberalismo econômico, determinando a realização de objetivos sociais, através da atuação de programas de intervenção na ordem econômica, visando à realização da justiça social.

Considerando que a injustiça social é inerente ao modo de produção capitalista, algumas providências constitucionais definem, atualmente, um conjunto de direitos sociais com mecanismos de concreção que, devidamente utilizados, podem tornar menos abstrata a promessa de justiça social.

A Constituição de 1988 é extremamente incisiva ao conceber a ordem econômica sujeita aos ditames da justiça social para o fim de assegurar a todos existência digna, dando à justiça social um conteúdo mais preciso. São os princípios constitucionais da ordem econômica a soberania nacional, a propriedade privada, a função social da propriedade, a livre concorrência, a defesa do consumidor, a defesa do meio ambiente, a redução das desigualdades regionais e sociais, a busca do pleno emprego.

A livre iniciativa é o princípio básico do liberalismo econômico. Se antes ela era a garantia do caráter absoluto da propriedade, o desenvolvimento do poder econômico privado, fundado especialmente na concentração de empresas, fez surgir mecanismos de condicionamento e limitação da iniciativa privada, em busca da realização da justiça social, pois que a concentração capitalista pode impedir a expansão das pequenas empresas.

Como bem observa José Afonso da Silva, as posições dominantes, as práticas restritivas, as concentrações capitalistas não são, em si mesmas, fenômenos patológicos, mas constituem, ao contrário, uma realidade fundamental do novo Estado industrial. Verifica-se, portanto, que a livre concorrência, no sentido que lhe é constitucionalmente atribuído, supõe desigualdades, a partir de um quadro de igualdade jurídico-formal.

Eros Roberto Grau, citando Tércio Sampaio Ferraz Júnior (*A Economia e o Controle do Estado*), afirma que "a livre concorrência de que fala a atual Constituição como um dos princípios da ordem econômica, não é a do mercado concorrencial oitocentista de estrutura atomística e fluida, isto é, exigência estrita de pluralidade de agentes e influência isolada e dominadora de um ou uns sobre outros. Trata-se, modernamente, de um processo comportamental competitivo que admite gradações tanto de pluralidade quanto de fluidez. É este elemento comportamental — a competitividade — que define a livre concorrência (...)".[5]

Neste contexto, torna-se essencial referir-se à Lei 8.884, de 11.6.1994, a qual se destina à prevenção e à repressão às infrações contra a ordem econômica. A lei, entretanto, não é mera norma antitruste, pois seu fundamento constitucional não se encontra apenas no art. 173, § 4º da Constituição de 1988. Trata-se, também, de lei voltada à preservação do modo de produção capitalista. Ela tem por objetivo dar concreção aos princípios da liberdade de iniciativa, da livre concorrência, da função social da propriedade, da defesa dos consumidores e da repressão ao abuso do poder econômico, coerentemente com a ideologia constitucional adotada pela Constituição de 1988.

A Constituição de 1988 estabelece as formas de atuação do Estado na economia, tratando da exploração direta da atividade econômica pelo Estado, e de um Estado agente normativo e regulador da atividade econômica. Assim sendo, prevê que o Estado tanto pode ser um agente econômico quanto um agente disciplinador da economia. Há, então, a mesma distinção que era feita nas Constituições anteriores, reconhecendo-se duas formas de ingerência do Estado na ordem econômica: através dos arts. 173 e 177, caracterizando-se o Estado como administrador das atividades econômicas, e a intervenção baseada no art. 174, em que o Estado aparece como agente regulador e normativo, compreendendo as funções de fiscalização, incentivo e planejamento.

A intervenção, por via de regulação da atividade econômica, surgiu como pressão do Estado sobre a economia para devolvê-la à normalidade, que consistia em manter-se e restabelecer-se um regime de livre concorrência.

Segundo José Afonso da Silva,[6] há duas formas de exploração direta da atividade econômica pelo Estado no Brasil. Uma é o monopólio. A outra, embora a Constituição não o diga, é a necessária, ou seja, quando o exigir a segurança nacional ou o interesse coletivo relevante. Ocorrendo essas exigências, será legítima a participação estatal direta na atividade econômica, independentemente de cogitar-se de preferência ou de suficiência da iniciativa privada.

Assim, é conveniente analisar os bens e serviços que se enquadrem no conceito de garantia de segurança nacional e no de interesse coletivo relevante.

III — A organização do Estado. A descentralização administrativa e os serviços públicos

Passando aos serviços prestados pela administração pública, é de se notar, inicialmente, que a organização administrativa do Estado Federal é extremamente complexa, porque a função administrativa é institucionalmente imposta a diversas entidades governamentais autônomas, expressamente referidas no art. 37 da Constituição: a União, os Estados, o Distrito Federal e os Municípios, cada qual submetido a um poder político próprio e a uma organização governamental autônoma (administração direta). A complexidade aumenta se levarmos em consideração que cada uma dessas esferas pode descentralizar-se.

5. Eros Roberto Grau, *A Ordem Econômica na Constituição de 1988 (Interpretação e Crítica)*, p. 232.

6. José Afonso da Silva, *Curso de Direito Constitucional Positivo*, 12ª ed

A descentralização se dá quando o poder público — União, Estados e/ou Municípios — cria uma pessoa jurídica de direito público ou privado vinculada a uma das esferas governamentais e a ela atribui a titularidade e a execução de determinado serviço público. No Brasil, essa criação somente pode se dar por meio de lei e corresponde, basicamente, às figuras da autarquia, das fundações públicas, sociedades de economia mista e empresas públicas que exerçam serviços públicos.

A criação de entidades descentralizadas decorre, basicamente, do acréscimo de encargos assumidos pelo Estado prestador de serviços, os quais, pelo seu elevado número e complexidade, não poderiam ser executados satisfatoriamente se permanecessem sob o controle de uma única pessoa jurídica, além de trazer o benefício da especialização, que permite a formação de um corpo técnico especializado na execução do serviço que lhe foi confiado.

Na época do Estado liberal, a atividade estatal restringia-se, quase que exclusivamente, à defesa externa e à segurança interna. Não havia necessidade de descentralização das atividades administrativas, mesmo porque as funções de polícia são, geralmente, indelegáveis, pelo fato de implicarem autoridade e coerção sobre o indivíduo em benefício do bem-estar geral, com as quais são incompatíveis os métodos do direito privado, baseados no princípio da igualdade. A essa época, o conceito de serviço público ligava-se claramente ao regime jurídico público e administrativo, que podia ser considerado o critério mais adequado para distinguir o serviço público da iniciativa particular. Com o passar dos tempos, à medida que o Estado foi assumindo outros encargos nos campos social, econômico e industrial, observou-se a necessidade de encontrar-se novas formas de gestão do serviço público e da atividade privada exercida pela administração, tanto através da especialização, quanto com a utilização de métodos de gestão privada, mais flexíveis e adaptáveis ao novo tipo de atividade que passava a ser assumida pelo Estado. Com isso, os chamados serviços industriais e comerciais, antes executados exclusivamente por particulares, passaram a ser desempenhados também pela administração pública, sob regime predominantemente privado, deixando o regime jurídico de ser a baliza que delimitava os conceitos de serviço público e particular.

O procedimento inicialmente utilizado foi o da delegação da execução de serviços públicos a empresas particulares, através da figura da concessão, cuja vantagem era a possibilidade do Estado prestar serviços públicos essenciais sem a necessidade de investir recursos públicos e sem correr os riscos do empreendimento.

À medida que o poder público foi solicitado a interferir na concessionária com o objetivo de assegurar a consecução de interesses da coletividade, foi necessária também sua ajuda financeira cada vez maior. Já que o Estado começou a participar dos riscos do empreendimento, a concessão foi perdendo o seu interesse e buscaram-se novas formas de descentralização.

As autarquias foram consideradas mais adequadas para a prestação de serviços públicos próprios do Estado. Já para a atividade comercial ou industrial do Estado, mostrou-se mais adequada a forma empresarial. Surgiram então, primeiramente, as empresas públicas, de capital inteiramente público, mas bem menos burocráticas que as autarquias. Em seguida, foram criadas as sociedades de economia mista, nas quais, apesar da contradição natural que eventualmente se cria, qual seja, a briga permanente entre a finalidade de lucro e o interesse público, existia a possibilidade de acúmulo de grande volume de recursos financeiros que o Estado, sozinho, não conseguiria jamais mobilizar, bem como a possibilidade de atuar sob o mesmo regime das empresas privadas. Bilac Pinto, em "O declínio das sociedades de economia mista e o advento das modernas empresas públicas", exalta a aludida contrariedade inerente às sociedades de economia mista.[7]

Entretanto, especialmente após a 2ª Guerra Mundial, houve a necessidade de intervenção do Estado no domínio econômico, ampliando-se, mais uma vez, a atuação estatal, para abranger não apenas as atividades de natureza comercial e industrial exercidas como serviços públicos (transporte, energia, luz, gás etc.), mas a atividade industrial e comercial de natureza privada, que o Estado precisava exercer a título de intervenção no domínio econômico, ou seja, não para assumir como sua uma atividade que o particular não desempenhava a contento, mas sim para subsidiar a iniciativa privada quando ela fosse deficiente. Nessa ocasião fortaleceram-se as empresas públicas e as sociedades de economia mista, as quais não eram mais exclusivamente prestadoras de serviços públicos, mas passaram a ser utilizadas como instrumentos de intervenção no domínio econômico.

No Direito brasileiro atual, e acompanhando a mesma tendência verificada em outros países, volta-se a utilizar, cada vez mais, o instituto da concessão, não para delegar a execução do serviço apenas a empresa particular, mas, principalmente, a empresas sob o controle acionário do Estado. Segundo Odete Medauar, "a partir da década de 1980 começa a emergir, novamente, a figura da concessão, inserida agora no contexto amplo da privatização, como um dos seus instrumentos. Na verdade, a concessão sempre foi, em essência, execução de serviços públicos por empresas privadas, sob normas e fiscalização do poder público".[8] Desse modo, reaparece a concessão de serviço público como uma forma de desestatização, pois o Estado retira o subsídio anteriormente afetado a determinada atividade repassando o risco ao particular adjudicatário da concorrência pública, repassando o ônus financeiro da administração para os particulares. Essa forma de privatização, ao contrário da venda direta de ativos de empresas não prestadoras de serviços públicos, não suprime o controle do Estado sobre a atividade concedida. O poder concedente fixa cláusulas que determinam as obrigações do concessionário, o qual passa a desempenhar atividades historicamente prestadas pelo Estado e este, dentro dos objetivos de privatização, volta-se às atividades tipicamente administrativas, voltando a concentrar seus esforços nas áreas de interesse social.

Enquanto a idéia de privatização se resume, tradicionalmente, na de alienação, pelo governo, de um bem público mediante leilão, no regime de concessões os bens públicos permanecerão propriedade do Estado, prestando o setor privado os serviços

7. Segundo o referido autor, "esta associação entre o Estado e os particulares não pode, senão excepcionalmente, conduzir a bons resultados. Uma associação não beneficia, com efeito, a todos os associados senão quando eles visem a um fim comum, ou, pelo menos, a fins análogos, excluída a oposição entre uns e outros. Ora, em uma empresa de economia mista, os fins visados pelo Estado e pelos particulares são diametralmente opostos; eles se excluem reciprocamente. O capitalista particular não tem em vista senão seu interesse pessoal; ele quer lucros elevados que lhe assegurarão bons dividendos e procura fixar o preço de venda mais alto que a concorrência permita, se ela existir. O Estado, ao contrário, intervém com a intenção de salvaguardar o interesse geral, seja o dos consumidores ou o dos utentes; ele se esforça, então, para manter o preço de venda em níveis baixos. Nasce, assim, entre os dois grupos de associados, um conflito irredutível, no qual um deles será inevitavelmente a vítima. Nesse caso, ou são os particulares que empolgam a direção, e a empresa passa a ser dirigida com fim lucrativo, como uma empresa privada, ou o Estado tem êxito em fazer prevalecer o ponto de vista favorável à comunidade, e nessa hipótese são então os particulares que não alcançam os proveitos que tiveram em vista ao investirem os seus capitais. Se as forças desses dois grupos de associados mais ou menos se equilibram, a oposição de interesses subsiste e surge o risco de sua repercussão sobre a direção da empresa, de conseqüências sempre lamentáveis; os conflitos se repetem continuamente e são resolvidos ora num sentido, ora noutro, comprometendo assim a unidade de direção. A empresa passa a ser, então, um corpo com duas cabeças".

8. Odete Medauar, "A Lei das Concessões", *BDA* 1995/201.

públicos em nome do Estado, ao qual caberá a regulação e a reorganização da administração. Deste modo, ao conceder serviços públicos ao setor privado, o Estado pode, então, passar a dedicar-se mais adequada e satisfatoriamente às atividades de regulação e fiscalização desses serviços, tarefas essenciais para o desenvolvimento econômico e social do país. A atividade privada poderá ser regulamentada através da instituição de regras claras e seguras, garantindo-se a qualidade e a continuidade dos serviços prestados à população.

Configura-se extremamente difícil a conceituação da expressão "serviços públicos", tendo em vista que a noção sofreu consideráveis transformações no decurso do tempo, chegando vários autores a falar em uma "crise da noção de serviço público". A análise é relevante para verificar quais os serviços que poderiam ser transferidos para a iniciativa privada através dos programas de privatização, e quais devem ser considerados essenciais o bastante para permanecerem nas mãos do Estado.

Antigamente, os autores adotavam três critérios para sua definição:

- o *subjetivo*, que leva em consideração a pessoa jurídica prestadora da atividade: o serviço público é aquele prestado pelo Estado. Sua criação é feita por lei e corresponde a uma opção do Estado, que assume a execução de determinada atividade que, por sua importância para a coletividade, parece não ser conveniente ficar dependendo da iniciativa privada. Sua gestão também incumbe ao Estado, que pode fazê-lo diretamente, por meio dos próprios órgãos que compõem a administração pública, ou indiretamente, por meio de concessão, permissão ou de pessoas jurídicas criadas pelo Estado com essa finalidade;

- o *material*, que considera a atividade exercida: o serviço público é a atividade que tem por objeto a satisfação de necessidades coletivas;

- o *formal*, que considera o regime jurídico: o serviço público é aquele exercido sob regime de direito público derrogatório e exorbitante do direito comum.

O Estado, à medida que foi se afastando dos princípios liberais, começou a ampliar o rol de atividades definidas como serviço público, pois passou a considerar como tal determinadas atividades comerciais e industriais que antes eram reservadas à iniciativa privada. Paralelamente, o Estado percebeu que não dispunha de organização adequada à realização desses tipos de atividade. Conseqüentemente, passou a delegar a sua execução a particulares, por meio de contratos de concessão de serviços públicos e, posteriormente, por meio da instituição de pessoas jurídicas de direito privado criadas especificamente para esse fim (empresas públicas e sociedades de economia mista), para a execução de serviços públicos sob regime jurídico predominantemente privado. Neste sentido, Toshio Mukai.[9]

9. "Na primeira fase, em virtude do crescimento dos serviços públicos, o Estado passa a desconcentrá-los, dentro do mesmo organismo, distribuindo blocos de atividades a órgãos públicos, dentro do aparelhamento do Estado. Contudo, verificando-se que essa técnica não era suficiente para se dar conta de modo eficiente dos serviços que exigiam sempre certas especializações, passou-se à técnica de 'transferir' ou 'descentralizar' serviços em blocos cont. (4) a entidades distintas do Estado. Essa descentralização ou transferência dos serviços públicos se dá, num primeiro momento, com a criação de entidades autônomas em relação ao Estado, onde este, embora tornando autônomo o serviço, mantém estreita tutela sobre o ente, posto que o criou à sua imagem: são os entes autárquicos. Em seguida, observando a eficiência das empresas privadas, o Estado imagina transferir-lhes serviços, assim como ao particular individualmente considerado: aparecem assim as concessões, autorizações e permissões de serviços públicos. (...) Finalmente, querendo ter maior controle e domínio sobre as atividades exercidas pelos privados em seu nome, o Estado conclui ser mais racional criar empresas, à semelhança do particular, para obter seus dois objetivos, que até então lhe parecia ser impossível: a eficiência na execução dos serviços públicos e o controle do ente responsável por tal execução. Assim é que, e por obra da fase intervencionista do Estado, quando já os serviços públicos industriais ou comerciais entram em cogitação, surgem as denominadas sociedades de econo-

Assim, verificou-se que dois elementos haviam sido afetados. O elemento subjetivo, porque não se podia mais considerar que as pessoas de direito público eram as únicas que prestavam serviço público; os particulares passaram a poder fazê-lo por delegação do poder público. Também o elemento formal foi afetado, já que os serviços públicos não eram mais prestados sob regime jurídico exclusivamente público, sendo, atualmente, a combinação dos três elementos menos freqüente.

Desta forma, além da noção de serviço público ter sofrido ampliação em sua abrangência, para incluir atividades de natureza comercial, industrial e social, observamos que é o Estado, por meio da lei, que escolhe as atividades que em determinado momento são consideradas serviços públicos, desde que haja interesse público relevante para tanto. Tal fato exclui a possibilidade de distinguirmos, por meio de critérios objetivos, o serviço público da iniciativa privada, a qual, aparentemente, permanecerá como tal enquanto o Estado não a tomar para si.

Contrariamente à empresa privada, o serviço público possui a característica de poder funcionar com prejuízo, sendo esta, efetivamente, uma das suas razões de ser, incumbindo ao Estado satisfazer necessidades cuja não-rentabilidade afaste a empresa privada. Apenas a pessoa pública, mediante a cobrança de impostos, tem o poder de transferir o financiamento do serviço dos usuários para toda a coletividade. A gratuidade, então, é a regra que prevalece em inúmeros serviços públicos (educação, saúde, assistência social), e mesmo nos casos em que é exigida alguma contribuição do usuário, ela pode ser inferior ao custo. Somente nos casos de serviço comercial e industrial é que a própria natureza da atividade exclui a gratuidade (transportes, água, energia elétrica, telecomunicações), tendo em vista que a gestão necessita de um lucro que permita o auto-financiamento da empresa.

Segundo Maria Sylvia Zanella Di Pietro, é serviço público "toda atividade material que a lei atribui ao Estado para que a exerça diretamente ou por meio de seus delegados, com o objetivo de satisfazer concretamente às necessidades coletivas, sob regime jurídico total ou parcialmente público".[10]

Ainda segundo a mesma autora,[11] o Estado pode executar três tipos de atividade econômica:

a) a primeira é a disciplinada pelo art. 173 da Constituição, reservada à iniciativa privada, e que o Estado só pode executar por motivo de segurança nacional ou relevante interesse coletivo. Ao executá-la, o Estado não está prestando serviço público, mas intervindo no domínio econômico, atuando na esfera de ação dos particulares, e, por isso, sujeita-se, obrigatoriamente, ao regime das empresas privadas, salvo algumas derrogações contidas na própria Constituição;

b) a outra modalidade de atividade econômica, derivada da primeira, é aquela que o Estado assume em caráter de monopólio, como no caso da exploração de petróleo, de minas e jazidas, de minérios e minerais nucleares (arts. 176 e 177 da Constituição, com as alterações introduzidas pelas Emendas 6 e 9, de 1995);

c) a terceira é aquela assumida pelo Estado como serviço público e que passa então a ser incumbência do poder público. Neste caso, não se aplica o art. 173, mas sim o art. 175 da Constituição, que determina a sua execução direta pelo Estado ou indireta, por meio de concessão ou permissão. É o caso dos serviços de transportes, energia elétrica, telecomunicações e outros

mia mista; o Estado, para obter o controle da atividade, imagina ser-lhe conveniente aliar-se ao capital privado" (Toshio Mukai, *Direito Administrativo e Empresas do Estado*, 1984).

10. Maria Sylvia Zanella Di Pietro, *Direito Administrativo*, p. 84.

11. Idem, p. 89.

serviços previstos nos arts. 21, XI e XII e 25, § 2º, e que correspondem aos serviços comerciais e industriais do Estado.

A partir do momento em que a atuação do Estado passa a não mais se limitar aos serviços públicos, saindo da órbita de ação que lhe é própria e atuando no âmbito de atividade reservada inicialmente à iniciativa privada, trata-se da atividade de intervenção, que compreende, além da regulamentação e fiscalização da atividade econômica de natureza privada (*intervenção indireta*), também a atuação direta no domínio econômico, por meio de empresas estatais (*intervenção direta*). O Estado pode exercer a atividade tipicamente privada em regime de monopólio (art. 177, CF), ou em regime de competição com a iniciativa privada, conforme determine o interesse público ou razões de segurança nacional (art. 173, CF).

Por esta razão, é essencial ressaltar que o Direito brasileiro possui dois tipos de empresas estatais: as que prestam serviços públicos comerciais e industriais do Estado e as que exercem atividade econômica de natureza privada, às quais a própria Constituição atribui regime jurídico diferenciado:

- o art. 173, depois de estabelecer, em seu *caput*, que a exploração direta de atividade econômica pelo Estado só será permitida quando necessária aos imperativos da segurança nacional ou ao relevante interesse coletivo, conforme definidos em lei, determina, em seu § 1º que "a empresa pública, a sociedade de economia mista e outras entidades que explorem atividade econômica sujeitam-se ao regime jurídico próprio das empresas privadas, inclusive quanto às obrigações trabalhistas e tributárias; e acrescenta, em seu § 2º, que as empresas públicas e as sociedades de economia mista não poderão gozar de privilégios fiscais não extensivos às do setor privado;

- o art. 175 atribui ao poder público, diretamente ou sob o regime de concessão ou permissão, sempre através de licitação, a prestação de serviços públicos.

Segundo lição de Eros Grau, não existe oposição entre atividade econômica e serviço público. Pelo contrário, o gênero atividade econômica compreende duas espécies: o serviço público e a atividade econômica em sentido estrito. Serviço público é o tipo de atividade econômica cujo desenvolvimento compete preferencialmente ao setor público. Não exclusivamente, visto que o setor privado pode prestar serviço público em regime de concessão ou permissão. O serviço público está para o setor público assim como a atividade econômica em sentido estrito está para o setor privado, sendo certo que a exploração de atividade econômica em sentido estrito e a prestação de serviço público estão sujeitas a distintos regimes jurídicos (arts. 173 e 175 da CF/88).[12]

O texto constitucional indica, em seu art. 173, *caput*, as hipóteses nas quais é permitida a exploração direta de atividade econômica pelo Estado. Trata-se aqui de atuação do Estado como agente econômico, em área de titularidade do setor privado. Refere-se o art. 173 a atividade econômica em sentido estrito.

O art. 173, § 1º, determinava ficassem sujeitas ao regime próprio das empresas privadas, inclusive quanto às obrigações trabalhistas e tributárias, a empresa pública, a sociedade de economia mista e outras entidades que atuassem no campo da atividade econômica em sentido estrito; o preceito, evidentemente, não alcançava empresa pública, sociedade de economia mista e entidades paraestatais que prestassem serviço público. A Emenda Constitucional 19, de 4.6.1998, deu, contudo, outra redação a esse § 1º do art. 173: "A lei estabelecerá o estatuto jurídico da empresa pública, da sociedade de economia mista e de suas subsidiárias que explorem atividade econômica de produção ou comercialização de bens ou de prestação de serviços, dispondo so-

12. Eros Roberto Grau, *A Ordem Econômica na Constituição de 1988 (Interpretação e Crítica)*, pp. 121 e ss.

bre: I — sua função social e formas de fiscalização pelo Estado e pela sociedade; II — a sujeição ao regime jurídico próprio das empresas privadas, inclusive quanto aos direitos e obrigações civis, comerciais, trabalhistas e tributários; III — licitação e contratação de obras, serviços, compras e alienações, observados os princípios da administração pública; IV — a constituição e o funcionamento dos conselhos de administração e fiscal, com a participação de acionistas minoritários; V — os mandatos, a avaliação de desempenho e a responsabilidade dos administradores".

Segundo o aludido autor pode ser verificada a seguinte dissociação: o *capital* pretende reservar para sua exploração, como atividade econômica em sentido estrito, todas as matérias que possam ser, imediata ou potencialmente, objeto de especulação lucrativa. Já o *trabalho* deseja que o Estado desenvolva, mas não de modo especulativo, o maior número possível de atividades econômicas (em sentido amplo). É a partir deste confronto que se ampliarão ou reduzirão, correspectivamente, os âmbitos das atividades econômicas em sentido estrito e dos serviços públicos. A ampliação ou retração de um ou de outro desses campos será fruto do poder de reivindicação, instrumentado pelo poder político, de um e outro, *capital* e *trabalho*.

Ressalte-se que é inteiramente equivocada a tentativa de conceituar-se serviço público como atividade sujeita a regime de serviço público. Privilegia-se deste modo a forma, em detrimento do conteúdo. Determinada atividade fica sujeita a regime de serviço público porque é serviço público; não o inverso, como muitos propõem. O conceito de serviço público é um conceito aberto, que cumpre preencher com os dados da realidade, devendo sua significação ser resgatada na realidade social.

É importante explicar, ainda, a distinção entre serviços públicos privativos e não-privativos. Entre os primeiros se incluem aqueles cuja prestação é privativa do Estado, ainda que admitida a possibilidade de entidades do setor privado desenvolvê-los, apenas e tão-somente em regime de concessão ou permissão. Os não-privativos são aqueles que têm por substrato atividade econômica que tanto pode ser desenvolvida pelo Estado, enquanto serviço público, quanto pelo setor privado, caracterizando-se tal desenvolvimento como modalidade de atividade econômica em sentido estrito. Ex.: educação e saúde. A distinção entre atividades econômicas que são obrigatoriamente serviços públicos (privativos), atividades econômicas que podem ser serviço públicos (não–privativos), e atividades econômicas que não podem ser serviço públicos (atividade econômica em sentido estrito) não é nova, tendo sido originariamente postulada por Celso Antônio Bandeira de Mello, e desenvolvida também por Eros Grau.[13]

Estas últimas, atividades econômicas em sentido estrito, embora de titularidade do setor privado, podem, não obstante, ser exploradas pelo Estado. Isso poderá ocorrer tanto nas hipóteses enunciadas pelo art. 173 da CF, isto é, se a exploração direta, pelo Estado, for necessária aos imperativos da segurança nacional ou a relevante interesse coletivo — quanto nos casos nos quais isso tenha sido determinado pela própria Constituição. A atuação do Estado no campo da atividade econômica em sentido estrito, como agente econômico, é prevista, pelo texto constitucional, no seu art. 177, cuidando-se aí de atuação em regime de monopólio.

Daí a verificação de que a mera atribuição de determinada competência atinente à prestação de serviços ao Estado não é suficiente para definir essa prestação como serviço público.

Existe, na realidade, verdadeira "pendularidade" entre a autonomia da vontade e o interesse público. Cada um prevalece em determinado momento, conforme as circunstâncias, o que se configura extrema-

13. Idem, p. 141.

mente importante na distinção entre serviço público e atividade econômica em sentido estrito. Há momentos em que, no capitalismo, deve-se incentivar a atividade econômica em sentido estrito (fomento industrial em geral). Há momentos em que prevalece o interesse, a solidariedade social, e o serviços públicos. O Estado tem o dever de prestar serviços públicos, indispensáveis para realizar a dignidade da pessoa humana, e de outros objetivos emanados da Constituição. Desta forma, depreende-se facilmente que a noção de serviço público depende de cada contexto.

Considerando o campo de serviços públicos e o de atividade econômica em sentido estrito, verificamos, então, que há uma interpenetração entre ambos. Há entradas do setor privado no setor público (ex.: concessões de serviços públicos), assim como o setor público também pode passar a desenvolver atividade econômica em sentido estrito (art. 173). A linha divisória entre atividade econômica em sentido estrito e serviço público é, então, uma linha de interpenetração, móvel, a qual estará mais para um lado, ou mais para o outro, dependendo do grau de reivindicação das classes sociais. Se a sociedade sabe reivindicar mais a atuação do Estado, cresce a área do serviço público. Se o capital sabe reivindicar mais, cresce a área de atuação na atividade econômica. O que fundamenta a conversão da atividade econômica em sentido estrito em serviço público é a necessidade de se preservar as garantias constitucionais, os direitos individuais; é, portanto, toda a Constituição. Por outro lado, o que fundamenta a conversão do serviço público em atividade econômica em sentido estrito é o art. 173 da Constituição.

A essa interpenetração entre serviço público e atividade econômica em sentido estrito corresponde uma interpenetração entre os regimes de direito público e de direito privado. É nesse momento que surge a crise da noção de serviço público.

Por fim, devemos chamar a atenção para o fato de que a atividade privada da administração e a declaração de um serviço como serviço público encontram limite no reconhecimento constitucional do direito de propriedade, da liberdade de iniciativa e da garantia constitucional da economia de mercado, que constituem uma autêntica barreira à liberdade do legislador. Isto porque a declaração de serviço público supõe a limitação e a supressão do direito de propriedade e de liberdade de iniciativa dos particulares. Assim sendo, a atividade empresarial da administração não é livre, estando limitada pela liberdade de iniciativa, devendo estar justificada pelo interesse público. Não existe, entretanto, um noção concreta de interesse público, o que deixa uma ampla margem de discricionariedade política à administração. Faz-se essencial, desta forma, a existência de uma legislação que favoreça amplamente os direitos de propriedade e de liberdade de iniciativa, e que coloque um freio no desenvolvimento da iniciativa pública no campo da atividade econômica.

IV — Classificação dos bens

Dentro deste contexto, revela-se essencial o estudo dos bens, notadamente dos bens públicos, matéria integrante da parte geral do Código Civil, bem como dos direitos constitucional e administrativo, a fim de esclarecer o que deva ser ou não integrante do patrimônio do Estado, de que forma existe essa integração, e em que medida pode o Estado se desfazer, ou não, de determinados bens por meio da política de privatizações.

Para José Cretella Júnior, "bens ou coisas são suportes fáticos das normas jurídicas que sobre tais entidades incidem para relacionar pessoas quer de direito privado, quer de direito público (...)".[14] Bens são, consoante Sílvio Rodrigues, "aquelas coisas que, sendo úteis ao homem, existem

14. José Cretella Júnior, *Dos Bens Públicos no Direito Brasileiro*, p. 17.

em quantidade limitada no universo, passíveis de ser objeto de apropriação privada".[15]

Deve, entretanto, ser feita uma diferenciação entre "bem" e "coisa". São palavras de extensões diferentes, pois coisa é gênero, do qual bem é espécie. A diferença específica está no fato de que enquanto coisa é tudo que existe, objetivamente, com exclusão do homem, bem inclui as noções de utilidade e raridade, tendo, portanto, valor econômico, e sendo suscetíveis de apropriação. Assim, ao mesmo tempo em que há valores importantíssimos aos homens que escapam à alçada do direito privado porque não possuem conteúdo econômico, como os direitos personalíssimos, existem valores que não se corporificam em coisas, mas que, por terem um conteúdo econômico, são objeto de regramento pelo direito civil, tal como os bens incorpóreos, a exemplo dos direitos autorais.

A classificação dos bens, para o direito civil, é feita da seguinte forma:

I — os bens considerados em si mesmos (móveis e imóveis, fungíveis e não fungíveis, consumíveis e não consumíveis, divisíveis e indivisíveis, singulares e coletivos);

II — os bens reciprocamente considerados (principais e acessórios);

III — os bens considerados em relação ao titular do domínio (públicos e particulares);

IV — os bens com relação à suscetibilidade de serem negociados (coisas no comércio e fora do comércio); e

V — bem de família.

O Código Civil, em seu art. 65, define bens públicos como "os bens do domínio nacional, pertencentes à União, aos Estados ou aos Municípios. Todos os outros são particulares, seja qual for a pessoa a que pertencerem".

15. Sílvio Rodrigues, *Direito Civil — Parte Geral*, p. 115.

Em seu art. 66, o Código Civil realizou a primeira classificação metódica de bens públicos do Direito brasileiro, ainda hoje subsistente, adotando terminologia própria, peculiar ao nosso sistema jurídico, não seguindo o modelo estrangeiro, onde é mais comum a bipartição dos bens públicos conforme o regime jurídico adotado.

Assim sendo, e segundo um critério que leva em consideração a destinação ou afetação dos bens, o Código Civil subdivide os bens públicos da seguinte forma: "Art. 66. Os bens públicos são: I — de uso comum do povo, tais como os mares, rios, estradas, ruas e praças; II — os de uso especial, tais como os edifícios ou terrenos aplicados a serviço ou estabelecimento federal, estadual ou municipal; III — os dominicais, isto é, os que constituem o patrimônio da União, dos Estados, ou dos Municípios, como objeto de direito pessoal, ou real de cada uma dessas entidades".

Examinando-se as modalidades de bens acima enumeradas, depreende-se que:

(i) os bens de uso comum do povo são aqueles que qualquer pessoa do povo pode utilizar, desde que o uso de cada um não impeça o de outrem. A redação do Código Civil é meramente exemplificativa. A utilização dos bens desta espécie independe, via de regra, de retribuição, o que, eventualmente, pode vir a ser exigido, a exemplo da exigência do pedágio cobrado nas estradas;

(ii) os bens de uso especial, móveis ou imóveis, são aqueles destinados a algum serviço da pessoa jurídica de direito público, como os edifícios públicos, as construções militares, hospitais, escolas, veículos, mercados etc. Não participam propriamente da administração pública, mas sim do aparelho administrativo, como instrumentos de execução dos serviços públicos, aproximando-se mais do agente do que da ação por ele desenvolvida;

(iii) os bens dominicais constituem o patrimônio da pessoa jurídica de direito público. O poder público é seu titular, da mesma maneira que a pessoa de direito privado é dona de seu patrimônio. Não são afetados a serviços públicos, e, dos três tipos de bens, apenas eles podem produzir renda, ser explorados pelo Estado com intuito de lucro, comportando uma função patrimonial ou financeira. A conseqüência disso é que a gestão dos bens dominicais não era considerada "serviço público", mas sim uma atividade privada da administração. Incluem-se, entre eles, os créditos do Estado, as estradas de ferro, as ações que tenha nas companhias de economia mista, as terras e propriedades agrícolas que se encontrem sob seu domínio, as terras devolutas, os terrenos da marinha etc.

Segundo o Código de Contabilidade Pública, os bens dominicais são "os bens do Estado, qualquer que seja a sua proveniência, dos quais se possa efetuar a venda, permuta ou cessão, ou com os quais se possam fazer operações financeiras em virtude das disposições legais especiais de autorização" (art. 810).

Nota-se, por essas características, um ponto comum — a *destinação pública* — nas duas principais modalidades, e que as diferencia da terceira, sem destinação pública. Por essa razão, sob o aspecto jurídico, pode-se também dizer que há duas modalidades de bens públicos: os do *domínio público* do Estado, abrangendo os de uso comum do povo e os de uso especial; e os do *domínio privado* do Estado, abrangendo os bens dominicais.[16]

Desta forma, bens do domínio público são "o conjunto das coisas móveis e imóveis de que é detentora a administração, afetados quer a seu próprio uso, quer ao uso direto ou indireto da coletividade, submetidos a regime jurídico de direito público derrogatório e exorbitante do direito comum". O domínio público é caracterizado pela indisponibilidade, que engloba a inalienabilidade, a impenhorabilidade e a imprescritibilidade.

Assim, enquanto o domínio público está sujeito ao regime jurídico do direito administrativo, informado por princípios publicísticos, exercendo a administração seu *ius imperii*, o domínio privado, por sua vez, está submetido às regras típicas do direito civil, sendo que sobre ele a administração tem um comportamento que se assemelha ao de um particular, quando na gerência de seu próprio patrimônio.

Na Itália, distingue-se o *demanio* (domínio público), que corresponde aos bens de uso comum do povo, e os bens patrimoniais, que se subdividem em bens do patrimônio disponível e bens do patrimônio indisponível.

A mesma classificação é a constante do Regulamento do Código de Contabilidade Pública da União, aprovado pelo Decreto 15.783, de 8.11.1922, o qual, embora empregando, no art. 803, a mesma terminologia utilizada no art. 66 do CC, faz uma outra distinção, em seu art. 807, chamando os bens de uso especial de bens patrimoniais indisponíveis e os dominicais de patrimoniais disponíveis. Daí já resulta bem mais clara a natureza alienável dos bens dominicais e a inalienabilidade dos demais, que são indisponíveis ou por se destinarem ao uso coletivo ou por estarem destinados ao

16. José Cretella Júnior, *Dos Bens Públicos no Direito Brasileiro*, pp. 20-21. Para o autor, "compreende o domínio do Estado a titularidade sobre todo um conjunto de bens, mas o regime jurídico a que se sujeitam não é uniforme, (...) conduzindo à distinção entre o domínio público e o domínio privado da Administração. (...) Consideram-se, pois, superadas todas as teorias unilaterais que tentam caracterizar os bens públicos apenas pelo aspecto subjetivo (a titularidade de uma pessoa jurídica estatal) ou tão-somente à luz de dados objetivos (o destino dado ao bem), pois ambos os fatores devem ser conjuntamente observados. (...) domínio é o conjunto dos bens móveis e imóveis, conservados pela administração para serem utilizados e consumidos por ela, com exceção do numerário e dos valores em dinheiro. Desse modo, a noção de domínio da administração não coincide com a do patrimônio da administração. O domínio é uma parte do patrimônio, compreendendo bens corpóreos. Os bens incorpóreos dos patrimônios administrativos não integram o domínio".

uso direto ou indireto da administração, para a consecução de suas finalidades.

Assim, em nosso sistema jurídico, os bens de uso comum eqüivalem aos bens de domínio público, os de uso especial aos bens patrimoniais indisponíveis, e os bens dominicais, que são os bens do domínio privado, aos bens patrimoniais disponíveis.

Essa classificação que segue o Direito italiano, baseia-se no critério da natureza patrimonial ou não, do bem. Os de uso comum não são suscetíveis de valoração patrimonial ou econômica; os demais têm um valor patrimonial; alguns são inalienáveis (os de uso especial), por terem afetação pública; os dominicais são alienáveis, por não terem a mesma afetação.

Conclui-se, portanto, que embora o Código Civil classifique os bens públicos em três espécies, quanto ao regime jurídico, no plàno da administração pública, existem apenas duas, o que será explicitado a seguir.

Com relação aos bens de uso comum e de uso especial, ambos estão sujeitos ao mesmo regime jurídico, pois destinados a fins públicos; essa destinação pode ser inerente à própria natureza dos bens (como ocorre com rios, ruas, estradas, praças) ou pode decorrer da vontade do poder público, que afeta determinado bem ao uso da administração para a realização de atividade que vai beneficiar a coletividade, direta ou indiretamente (bens de uso especial).

Em razão de sua destinação a finalidades públicas, os bens de uso comum do povo e os de uso especial estão fora do comércio jurídico de direito privado, ou seja, enquanto mantiverem essa afetação, não podem ser objeto de qualquer relação jurídica regida pelo direito privado, como compra e venda, locação etc., o que também se depreende dos arts. 67, 69 e 756 do CC, bem como do art. 100 da CF. São, portanto, características dos bens das duas modalidades integrantes do domínio público do Estado a inalienabilidade e, como decorrência desta, a imprescritibilidade, a impenhorabilidade e a impossibilidade de oneração.

Os bens integrantes do domínio privado são os bens dominicais, que servem para a realização de serviços públicos, resultando em rendimentos que beneficiam a administração, sujeitando-se às regras do direito privado, caracterizando-se pelos atributos da alienabilidade e prescritibilidade, que os situam entre as *res in commercio*, se bem que regulados por normas especiais. Para a sua constituição, utiliza-se o Estado de uma série de operações típicas do direito público, direito civil e comercial, adquirindo ora a título oneroso (compra direta, mediante concorrência, empréstimos, desapropriação), ora a título gratuito (ocupação, incorporação, doação, legado).

Apesar da opinião em contrário de alguns doutrinadores, Cretella Júnior, p. ex., entende que "o regime jurídico a que se acham sujeitos os bens do patrimônio disponível do Estado é o do direito comum, com determinadas derrogações supletivas (...) nessas condições, não obstante se reconheça, nas operações que têm por objeto bens patrimoniais do Estado, a plenitude do direito privado, cumpre acentuar que o processo de aplicação do direito civil a tais operações é modificado por determinadas circunstâncias, que o especializam, anormalizando-o, fazendo-o desviar-se do curso regular ditado pelo direito comum",[17] tratando-se de um verdadeiro *regime jurídico especial*, com inúmeros desvios e uma série de formalidades às quais se submeterá a alienação dos mencionados bens.

Hoje, entende-se que a natureza desses bens não é exclusivamente patrimonial; a sua administração pode visar, paralelamente, a objetivos de interesse geral. Com efeito, os bens do domínio privado são freqüentemente cedidos a particulares para fins de utilidade pública, e a própria administração financeira constitui objetivo ape-

17. Idem, p. 85.

nas imediato, pois, em perspectiva mais ampla, atende a fins de interesse geral. Esse novo modo de encarar a natureza e funções dos bens dominicais leva alguns autores a considerar a sua administração como serviço público sob regime de gestão privada. O duplo aspecto dos bens dominicais justifica a sua submissão a regime jurídico de direito privado parcialmente derrogado pelo direito público.

Comparando os bens do domínio público com os do domínio privado do Estado, pode-se traçar a seguinte regra básica quanto ao regime jurídico a que se submetem, consoante o pensamento de Pontes de Miranda: "na falta de regras jurídicas sobre os bens dominicais, incidem as de direito privado, ao passo que, na falta de regras jurídicas sobre bens públicos *stricto sensu*, são de atender-se os princípios gerais de direito público".[18]

As normas de direito civil aplicáveis aos bens dominicais sofreram inúmeros desvios ou derrogações impostos por normas publicísticas, a exemplo do art. 100 da Constituição, que estabelece o processo especial de execução contra a Fazenda Pública, excluindo, implicitamente, a penhora sobre qualquer tipo de bem público pertencente à União, Estados, Municípios e respectiva autarquias. Com relação ao usucapião, após intensa divergência doutrinária e jurisprudencial, o STF, pela Súmula 340, consagrou o entendimento de que "desde a vigência do Código Civil, os bens dominicais, como os demais bens públicos, não podem ser adquiridos por usucapião".

Os bens dominicais, não estando afetados a finalidade pública específica, podem ser alienados por meio de institutos do direito privado (compra e venda, doação, permuta etc.) ou do direito público. Na esfera federal, os requisitos para a alienação constam do art. 17 da Lei 8.666, de 21.6.1993, a qual exige a demonstração de interesse público, prévia avaliação, licitação e autorização legislativa — este último requisito somente exigível quando se trata de bem imóvel. A inobservância dessas regras invalida a alienação. Enquanto para os bens imóveis, a forma de licitação a ser adotada é a concorrência (arts. 17, I e 23, § 3º), para os bens móveis a autorização legislativa não é necessária e a modalidade de licitação a ser utilizada é o leilão (art. 22, § 5º).

Na hipótese de alienação realizada por institutos de direito privado, observam-se as normas do Código Civil, parcialmente derrogadas pelo direito público, no que diz respeito às exigências de procedimento, forma, motivação, competência e finalidade.

À exceção de alguns bens, que possuem uma intrínseca e inafastável ligação com a destinação pública (ex.: mares e praias), com relação aos demais a perda da destinação pública pode ocorrer por meio da desafetação, definida por Cretella Júnior como o "fato ou a manifestação de vontade do poder público mediante o qual o bem do domínio público é subtraído à dominialidade pública, para ser incorporado ao domínio privado, do Estado ou do administrado. (...) a inalienabilidade não é uma qualidade que se prolonga para sempre, pois, cessando a causa que a determina, não tem mais razão de ser. No momento exato em que um bem público é desafetado, passa a reunir os característicos dos bens *in commercio* do direito privado. Daí dizer-se que o traço da inalienabilidade dos bens públicos não mergulha até a essência desses bens a ponto de matizá-los de maneira inequívoca. Ao contrário, a regra da inalienabilidade não se erige em óbice intransponível para uma alienação voluntária, mas impõe a obrigação de proceder-se a uma prévia operação de desafetação".

Também a alienabilidade não é absoluta, pois os bens dominicais, do domínio privado do Estado, por não terem qualquer destinação pública, podem perdê-la pelo instituto da afetação, que pode ser definida como "o fato ou pronunciamento do Estado que incorpora uma coisa à dominialidade da pessoa jurídica" (Cretella Júnior), ou,

18. Pontes de Miranda, *Comentários à Constituição de 1946*, v. IV, 2ª ed., 1953.

por outras palavras, o ato ou o fato pelo qual um bem passa da categoria de bem público do domínio privado do Estado para a categoria de bem ou domínio público.

Assim sendo, pelos conceitos de afetação e desafetação verifica-se que elas podem ser expressas, decorrendo de ato administrativo ou de lei, ou tácitas, resultando da atuação direta da administração, sem manifestação expressa de sua vontade, ou de fato da natureza.

Conclui-se, portanto, como faz Cretella Júnior, que "(...) não é o problema da disponibilidade ou indisponibilidade que constitui o traço essencial e característico dos bens públicos, nem mesmo a intensidade da sua participação na atividade da administração pública, tudo dependendo da destinação do imóvel, da sua utilização no serviço público, como ocorre, notadamente, com as construções militares, fortalezas, e outros bens classificados entre os do patrimônio administrativo. Na realidade, os únicos bens que se caracterizam perfeitamente, como bens públicos indisponíveis, ligados de modo permanente à atividade do Estado, como parte de sua própria existência, são bens do tipo dos lagos, mares, rios navegáveis, praias, que devem ocupar situação especial. Os demais (...) fazem parte da propriedade pública, a que o Estado atribui o destino e as qualidades peculiares à utilização dada. Podem ser alienados ou não, objeto de direitos reais ou pessoais, conforme as normas de direito público fixadas pela lei. Em qualquer distinção dos bens públicos, o primeiro cuidado é indagar de sua finalidade ou destino e de sua natureza. (...) bens públicos existem que podem ter alterada sua essência, pela alteração do destino, como uma rua que, deixando de ser utilizada como tal, pode ser alienada, transformando-se em propriedade particular. É possível, pois, falar-se na alterabilidade da natureza e destino dos bens públicos".[19]

19. Idem, p. 307.

V — As entidades da administração indireta

A expressão "administração indireta" designa o conjunto de pessoas jurídicas, de direito público ou privado, criadas por lei, para desempenhar atividades assumidas pelo Estado, seja como serviço público, seja a título de intervenção no domínio econômico, quais sejam, as autarquias, as fundações instituídas pelo poder público, as sociedades de economia mista, as empresas públicas, as concessionárias e permissionárias de serviços públicos, bem como as sociedades com participação acionária do Estado. O estudo destas entidades configura-se necessário a partir do momento em que sobre elas incidem os programas de privatização implementados pelo governo.

A diferença entre as pessoas públicas e as pessoas privadas que compõem a administração indireta do Estado está nas prerrogativas e restrições próprias do regime jurídico administrativo, como auto-executoriedade, autotutela, possibilidade de alteração e rescisão unilateral dos contratos, impenhorabilidade de seus bens, juízo privativo, imunidade tributária, sujeição à legalidade, à moralidade, à licitação, à realização de concursos públicos etc.

As pessoas jurídicas de direito público (autarquias e fundações de direito público) têm praticamente as mesmas prerrogativas e sofrem as mesmas restrições que os órgãos da administração direta. As pessoas jurídicas de direito privado, por sua vez, só possuem as prerrogativas e sujeitam-se às restrições expressamente previstas em lei que autoriza sua criação.

A Constituição estabelece que as autarquias, as empresas públicas, as sociedades de economia mista e as fundações públicas somente serão criadas por lei específica, e que a criação de subsidiárias das entidades acima mencionadas dependerá de autorização legislativa (art. 37, XIX e XX, com a redação que lhes foi conferida pela Emenda Constitucional 19, de 4.6.1998). De maneira geral, a todas as entidades da administração indireta aplicam-se os princípios arrolados no *caput* do art. 37 (legalidade, impessoalidade, moralidade, publicidade), bem como em todos os seus incisos. Esses preceitos específicos (incisos XIX e XX) instrumentam o controle da expansão do Executivo pelo Legislativo, controle este que passa a ser bastante amplo, tanto nos casos em que as empresas exploram atividade econômica em sentido estrito (art. 173), como nos casos em que prestam serviços públicos.

V — 1. As autarquias

As autarquias podem ser definidas como entes administrativos autônomos, criados por lei específica, com personalidade de direito público interno, patrimônio próprio e atribuições estatais específicas, com bens e receitas que não se confundem com os da administração direta, devendo ser regidos pela própria autarquia. Quase idêntica é a definição constante no art. 5º, I, do Decreto-lei 200/67.

É um prolongamento, um desmembramento do poder público, que deve executar os serviços próprios do Estado sob o regime do direito público, em condições idênticas às do Estado, com os mesmos privilégios da administração direta e passíveis dos mesmos controles dos atos administrativos, sendo apenas seus métodos operacionais mais especializados e mais flexíveis que os da administração centralizada.

Assim, devem ser-lhe outorgados apenas serviços públicos típicos, e não atividades industriais ou econômicas, ainda que de interesse coletivo, as quais deverão ser delegadas a entidades paraestatais. Ressalte-se, portanto, que ela não age por delegação, mas por direito próprio e com autoridade pública, na medida do *ius imperii* que lhe foi outorgado pela lei que a criou.

Com a extinção total ou parcial do monopólio estatal de alguns serviços públicos e outras atividades, e com a transferência, total ou parcial, ao setor privado, da execução de tais serviços e atividades, mediante concessões, permissões e autorizações, surgiram no ordenamento brasileiro as respectivas agências reguladoras. Tal denominação vem sendo usada no Brasil por nítida influência dos ordenamentos anglo-saxônicos. Nos Estados Unidos, que sofreram influência inglesa, teve início a proliferação de *agencies* para a regulação de atividades, imposição de deveres na matéria e aplicação de sanções. As agências reguladoras criadas até o momento têm natureza autárquica, são consideradas autarquias especiais, integrando a administração federal indireta e vinculadas ao Ministério competente para tratar da respectiva atividade, a exemplo da ANATEL, ANEEL e ANP.

V — 2. As fundações públicas

A figura da fundação tem sua origem no direito civil, e se constitui da atribuição de personalidade jurídica a um patrimônio destinado a uma finalidade social. Segundo Caio Mário da Silva Pereira, "é um pecúlio, ou um acervo de bens, que recebe da ordem legal a faculdade de agir no mundo jurídico, e realizar as finalidades a que visou o seu instituidor. O Código Civil as define nos arts. 16, I, e 24, sendo sempre consideradas pessoas jurídicas de direito privado.

Há algum tempo, porém, o poder público vem instituindo fundações para perseguir finalidades de interesse coletivo — educação, ensino, pesquisa, assistência social etc., com a personificação de bens públicos e, às vezes, fornecendo subsídios orçamentários para a sua manutenção, passando-se a atribuir personalidade pública a essas entidades, as quais têm gerado muitas controvérsias, ainda hoje existentes.

Elas se prestam, principalmente, a executar atividades não lucrativas e atípicas do poder público, mas de interesse coletivo, e, portanto, merecedoras de amparo estatal.

Na verdade, as fundações criadas pelo poder público ou são qualificadas como pessoas jurídicas de direito privado (a maioria), ou como pessoas jurídicas de direito público. No primeiro caso, adquirem personalidade jurídica com a inscrição da escritura pública de sua constituição no Registro Civil de Pessoas Jurídicas. No segundo caso, sua criação se dá diretamente a partir da lei instituidora. Mesmo dotada da natureza de pessoa jurídica de direito privado, se for criada pelo poder público e integrar a administração indireta, norteia-se por grande carga de normas do direito público.

Sua atuação é regida, principalmente, pelo direito público, devendo também observar o art. 37 da CF, bem como as normas sobre licitação e contratos administrativos previstas na Lei 8.666/93.

V — 3. Empresas estatais: empresas públicas e sociedades de economia mista

Por empresas estatais referimo-nos a todas as pessoas jurídicas de direito privado, sociedades civis ou comerciais, das quais o Estado tenha o controle acionário, abrangendo a empresa pública, a sociedade de economia mista, e todas as outras empresas que não tenham essa natureza e às quais a Constituição faz referência em vários dispositivos, como categoria à parte (arts. 22, XXVII; 71, II; 165, § 5º, III; 173, § 1º).

As empresas públicas e sociedades de economia mista foram idealizadas principalmente por fornecer ao poder público instrumento adequado para o desempenho de atividades de natureza comercial e industrial. Foi precisamente a forma de funcionamento e a organização das empresas privadas que atraiu o poder público, daí advindo sua personalidade jurídica de direito privado.

A criação das empresas estatais também deve ser autorizada por lei específica. Têm patrimônio próprio, público ou misto, para a realização de atividades, obras ou serviços de interesse coletivo, sob normas e controle do Estado. Exercem direitos e contraem obrigações em seu próprio nome, respondendo por seus débitos enquanto tiverem recursos para saldá-los, o que não impedirá a intervenção estatal quando ocorra desvirtuamento de seus fins. Não gozam de privilégios estatais, salvo quando expressamente concedidos por lei.

As empresas públicas e as sociedades de economia mista desempenham atividades de natureza econômica, o que pode ser feito quer a título de intervenção no domínio econômico (quando se submetem à regra do art. 173 da CF), quer como serviço público assumido pelo Estado (hipótese em que se sujeita ao art. 175).

No primeiro caso, a entidade atuará em caráter suplementar à iniciativa privada, devendo operar sob as mesmas normas e condições das empresas particulares congêneres, para não lhes fazer concorrência. O § 1º do art. 173 determina que as empresas públicas, as sociedades de economia mista e suas subsidiárias são as únicas entidades de administração indireta pelas quais o poder público pode explorar a atividade econômica, sujeitando-se as mesmas ao regime jurídico próprio das empresas privadas, inclusive quanto às obrigações trabalhistas e tributárias.

Nos demais casos, o Estado é livre para escolher a forma e a estrutura da entidade e operá-la como lhe convier, já que em tais hipóteses não está intervindo no domínio econômico reservado à iniciativa privada.

A distinção torna-se extremamente relevante no que toca à interpretação das leis. Quando se trata de atividade econômica exercida pelo Estado, com fundamento no art. 173 da CF, deverá ser aplicado o direito privado, o qual será presumido, no silêncio da norma de direito público, só por ela podendo ser eventual e expressamente derrogado. Seu regime jurídico é, portanto, híbrido, sendo que essa derrogação parcial do direito comum pelo direito público existe sempre que o poder público se utiliza de institutos de direito privado.

Ao contrário, quando o Estado fizer a gestão privada do serviço público, ainda que de natureza comercial ou industrial, aplicam-se, no silêncio da lei, os princípios de direito público, inerentes ao regime jurídico administrativo e inseparáveis da noção de serviço público, tais como o da predominância do interesse público sobre o do particular, o da continuidade do serviço público e, como conseqüência, o das limitações ao direito de greve, o da obrigatoriedade de sua execução pelo Estado, ainda que por meio de concessionários e permissionários.

Empresa pública, segundo o art. 5º, II, do Decreto-lei 200/67, é "a entidade dotada de personalidade jurídica de direito privado, com patrimônio próprio e capital exclusivo da União, criada por lei para a exploração de atividade econômica que o governo seja levado a exercer por força de contingência ou de conveniência administrativa, podendo revestir-se de qualquer das formas admitidas em direito".

Assim, elas possuem capital exclusivamente público, de uma só ou de várias entidades, para realizar atividades de interesse da administração, nos moldes da iniciativa particular, regida pelos preceitos comerciais, podendo revestir qualquer forma e organização empresarial.

Sociedades de economia mista, por sua vez, são pessoas jurídicas de direito privado, com participação do poder público e de particulares no capital social e na administração, para a realização de atividade econômica ou serviço coletivo outorgado ou delegado pelo Estado. Ela deve realizar, por sua conta e risco, e em seu próprio nome, atividades de utilidade pública, mas de natureza técnica, industrial ou econômica, suscetíveis de produzir renda e lucro, quando o Estado tenha interesse na execução mas que repute inconveniente ele próprio realizar.

Como bem adverte Hely Lopes Meirelles, "não se infira, porém, que toda participação estatal converte o empreendimento particular em sociedade de economia mista. Absolutamente, não. Pode o Estado subscrever parte do capital de uma empresa sem lhe atribuir o caráter paraestatal. O que define a sociedade de economia mista é a participação ativa do Poder Público na vida e realização da empresa. Não importa seja o Estado sócio majoritário ou minoritário; o que importa é que se lhe reserve, por lei ou convenção, o poder de atuar nos negócios sociais".

Elas devem revestir a forma de sociedades anônimas, em obediência às regras estabelecidas na Lei de Sociedades por Ações, a qual lhes dedica um capítulo específico (Lei 6.404/76, arts. 235 a 242).

Seu capital é formado por recursos públicos e particulares. Quanto aos bens públicos recebidos para a integralização de seu capital social e para o desempenho das atividades estatutárias, continuam eles sendo patrimônio público, mas com destinação especial, sob administração particular da entidade a que foram incorporados. Na extinção da sociedade, o patrimônio público reincorpora-se à entidade que a instituiu.

Ela não está sujeita à falência, e, desde que não preste serviço público, seus bens podem ser penhorados e executados, e a entidade pública que a instituiu responde subsidiariamente pelas suas obrigações (art. 242 da Lei 6.404/76). Além disso, a sociedade poderá explorar somente as atividades ou empreendimentos constantes da lei que autorizou a sua criação, não podendo ela alterar seu objeto social, como acontece com as companhias privadas comuns.

Cabe ressaltar que a pessoa jurídica de direito público que controle uma sociedade de economia mista tem os mesmos deveres e responsabilidades que o acionista controlador nas sociedades privadas. A existência de Conselho de Administração é obrigatória, sendo assegurado aos acionistas minoritários o direito de eleger um conselheiro, se maior número não lhes couber no processo do voto múltiplo. Os deveres e obrigações dos administradores são os mesmos dos administradores das companhias abertas, e o Conselho Fiscal deverá funcionar permanentemente.

Segundo o art. 235, § 2º, da Lei das S/A, "as companhias de que participarem, majoritária ou minoritariamente, as sociedades de economia mista, estão sujeitas ao disposto nesta lei, sem as exceções previstas neste capítulo; ou seja, não são consideradas sociedades de economia mista para os fins desta lei.

São vários os traços comuns entre empresas públicas e sociedades de economia mista.

Apesar de seus regimes serem desprovidos das prerrogativas estatais, para impedir a concorrência desleal com empresas do setor privado, a própria Constituição impõe-lhes sujeições típicas dos órgãos públicos: às normas de licitações e contratos, ao controle parlamentar, ao controle dos Tribunais de Contas, à exigência de concurso público para investidura nos seus cargos.

A exigência de autorização legislativa se incorporou totalmente ao conceito de sociedade de economia mista, sendo que a doutrina e a jurisprudência vêm entendendo que, se não houve autorização legislativa, não existe esse tipo de entidade, mas apenas uma empresa estatal sob controle acionário do Estado, entendimento este que foi consagrado pelo legislador constituinte, como se verifica pela referência, em vários dispositivos, a esse tipo de empresa, como categoria à parte (arts. 22, XXVII; 71, II; 165, § 5º, III; 173, § 1º).

Como define Odete Medauar,[20] empresas controladas pelo poder público são aquelas em que o poder público é acionista, controla e tem ascendência sobre essas entidades, sem que sejam identificadas como empresas públicas ou sociedades de economia mista, por faltar-lhes a criação por lei ou por não conjugarem todos os elementos para a sua qualificação como empresas públicas ou sociedades de economia mista. Incluem-se entre as estatais, sem integrar a administração indireta, sujeitando-se ao controle administrativo da administração direta. São exemplos as antigas "Teles" e a Eletropaulo. São objeto de disposições expressas na Constituição Federal e em legislação (art. 22, XXVII e 71, II da CF; art. 1º da Lei 8.666/93; art. 235, § 2º da Lei 6.404/76).

Observe-se que essa conclusão tem alcance muito amplo, pois todas as sociedades em que o Estado tenha participação acionária, sem, no entanto, a natureza de sociedades de economia mista, a elas não se aplicam as normas constitucionais, legais ou regulamentares referentes a esta última entidade, a menos que expressamente abrangidas.

Também a vinculação aos fins definidos na lei instituidora é traço comum a todas as entidades da administração indireta, e que diz respeito ao princípio da especialização e ao próprio princípio da legalidade. Com relação à sociedade de economia mista, o art. 237 da Lei das S/A se refere expressamente nesse sentido.

Com relação à natureza jurídica dos bens das entidades da administração indireta, cabe lembrar que grande parte delas presta serviços públicos. Desse modo, a mesma razão que levou o legislador a imprimir regime jurídico publicístico aos bens de uso especial, pertencentes à União, Estados e Municípios, tornando-os inalienáveis, imprescritíveis, insuscetíveis de usucapião e de direitos reais para terceiros, justifica a adoção de uma afetação e um regime idêntico para os bens de entidades da administração indireta afetados à realização de serviços públicos, não podendo, então, as entidades prestadoras de serviços públicos alienar os seus bens afetados a essa finalidade sem que haja uma prévia desafetação.

Com relação às autarquias e às fundações públicas, essa conclusão tem sido aceita pacificamente. Mas ela é também apli-

20. Odete Medauar, "Serviço público", in *Boletim de Direito Administrativo* 12, ano VIII, dez. 1992.

cável às entidades de direito privado, com relação aos seus bens afetados à prestação de serviços públicos. Por isso mesmo, o art. 242 da Lei das S/A, que permite a penhora de bens da sociedade de economia mista, não pode ser aplicado no caso de entidade que preste serviço público.

VI — A dimensão do Estado: os serviços públicos e o interesse público

É necessário, neste momento, fazer alguma reflexão a respeito dos serviços públicos, a fim de compreender a real dimensão que o Estado deve possuir e, dentro deste panorama, verificar qual a verdadeira extensão que deve ser atribuída aos programas de privatização.

Assim sendo, após a larga abrangência dos comentários já efetuados, essencial que nos detenhamos em uma única questão: quais são os serviços públicos efetivamente típicos e indelegáveis do Estado?

É extremamente fácil verificarmos que existe um núcleo de serviços absolutamente indelegáveis, e que em nenhum lugar do mundo é admitida a hipótese de serem sequer administrados por particulares. A necessidade do controle total por parte do Estado é, nesses casos, nítida, sob pena de haver desestruturação e o caos social, com o predomínio da justiça privada.

São exemplos disso a direção política do Estado, as funções Executiva, Legislativa e Judiciária, segurança (polícia e Forças Armadas, tendo em vista a manutenção pelo Estado do monopólio do *ius puniendi*), alfândegas e sistema tributário. Nesses casos, a exclusividade da administração proíbe tanto a privatização *material* da atividade (a supressão da titularidade exclusiva do Estado), quanto sua privatização *substancial*, de mera gestão (a realização destas atividades por particulares concessionários).

Ampliando-se a análise a número cada vez maior de serviços, chega-se a uma zona obscura e cinzenta, ficando cada vez mais difícil a tarefa de identificação de quais serviços são ou não essenciais ao Estado e, portanto, delegáveis, ou não, ao setor privado.

Assim sendo, ao mesmo tempo em que se rejeita a permanência do Estado em serviços que não são considerados funções públicas típicas, o desenvolvimento acelerado das políticas de privatização de serviços públicos não essenciais pode se tornar um perigoso "modismo" (representando uma saída desesperada para a cobertura de déficits orçamentários e para o progressivo esgotamento de financiamentos externos), correndo-se o risco do Estado chegar, inclusive, a efetuar a venda de bens públicos que deveriam permanecer sob o domínio público do Estado.

Verifica-se que, com o decorrer dos anos e a ampliação do conceito de serviço público, o próprio Estado encontra dificuldades em diferenciar quais os serviços públicos típicos e não típicos, para efeitos de privatização.[21]

A "crise da noção de serviço público" aparece no momento em que o Estado passa a gerir, além dos serviços públicos tradicionais, também os serviços públicos comerciais, industriais e atividades econômicas. A doutrina tradicional encontra grande dificuldade, com o arsenal jurídico de que dispõe, em discernir quando o Estado está gerindo um serviço público econômico ou uma atividade econômica própria da iniciativa privada. Isto porque nos dois casos podem estar envolvidos tanto atividade econômica quanto interesse público na gestão.

21. É interessante a observação feita pelo Luis Gonzaga de Mello Belluzzo, em um Seminário Internacional de 1987, cujo tema era a dimensão do Estado: "outro dia, encontrei com um amigo que é Secretário da Fazenda de um Estado, que trabalhou comigo, e ele me disse que não consegue distinguir nas reivindicações e nas proposições, quando vai, por exemplo, um presidente de uma companhia estatal reivindicar uma verba ou quando vai o dono de uma empreiteira pedir que se faça uma determinada obra". Ainda segundo ele, há "um desequilíbrio profundo na forma de organização desse Estado (...)".

A distinção, entretanto, apresenta-se absolutamente necessária, pelo fato de que o legislador tem limites jurídicos na eleição de um serviço público, e de que as duas atividades possuem regimes jurídicos diferenciados.

Segundo Toshio Mukai,[22] devemos, primeiramente, identificar o núcleo material, o ponto central do conceito de serviço público, através de uma idéia valorativa: a essencialidade da necessidade a ser atendida pelo serviço público, ou seja, o interesse público em questão.

Considerando que o núcleo material do conceito é indeterminado, ele comporta, certamente, uma zona de incerteza, que o circunda e que poderá abrigar, de acordo com circunstâncias de tempo, lugar e valoração da crença comum da coletividade, outros elementos ou critérios próximos à idéia determinada pelo núcleo. A idéia nuclear do conceito deverá sempre nortear o intérprete, sendo necessário, em cada caso, examinar os fatos e adequá-los aos tipos dados pelo conceito. Isto porque, embora o conceito material de serviço público seja indeterminado, ele sempre será fechado, ou seja, poderá ser delimitado, definido no caso concreto.

Apenas o legislador, através da norma jurídica, é que pode erigir uma atividade em serviço público, quando estiver vocacionada para o atendimento de necessidades essenciais, dando à mesma caráter público. Enquanto o legislador não fizer tal eleição, não haverá serviço público no sentido jurídico da expressão.

Assim sendo, para que haja serviço público, não basta que existam aquelas circunstâncias materiais apontadas numa determinada atividade. É necessário que o legislador reconheça aquelas circunstâncias e resolva colocar a atividade sob a gestão do poder público. A recíproca, entretanto, também é verdadeira. Para que haja serviço público, não basta a vontade do legislador em eleger esta ou aquela atividade como tal. É necessário que ocorram aquelas circunstâncias materiais, e que, mediante sua valoração, o legislador possa enquadrar a atividade no conceito jurídico indeterminado de serviço público.

Por essa razão, é indispensável identificarmos o interesse público envolvido, sendo que o interesse público presente num serviço público industrial ou comercial deve ser diferente daquele que justifica a atividade econômica do Estado, diferenciação esta somente alcançável mediante a valoração das atividades. Segundo lição de Toshio Mukai,[23] deve ser aplicada a distinção efetuada por Sains Moreno para a idéia de interesse público, o qual estabelece que "a expressão 'interesse' possui um duplo significado, de 'valor que uma coisa possui em si mesma' e de 'inclinação do ânimo para um objeto, pessoa ou relação que o atrai'. Por isso, a noção de 'interesse público' pode ser entendida tanto como expressão do valor público que em si mesmas têm certas coisas, ou como expressão daquilo que interessa ao público. No primeiro caso, trata-se de uma noção objetiva, que designa uma qualidade das coisas, qualidade cuja existência independe de que alguém a estime. No segundo, pelo contrário, trata-se de uma noção subjetiva, expressão do que, de fato, interessa a uma pluralidade indeterminada de pessoas".

No segundo caso, o Estado, avaliando os interesses da sua política econômica em determinada época, resolve que deve assumir esta ou aquela atividade econômica, devido ao interesse público em jogo. Neste caso, o interesse público, necessariamente, deve ser considerado em sua vertente subjetiva, porque a política econômica do Estado necessita que suas intervenções sejam adaptáveis, de modo flexível, às contingências e mudanças econômicas. Conseqüentemente, o que pode ser hoje considerado como de interesse público pode não sê-lo amanhã. Já

22. Toshio Mukai, *Direito Administrativo e Empresas do Estado*, 1984.

23. Idem.

nos serviços públicos industriais ou comerciais, o interesse público, por ser objetivo, é de maior estabilidade no tempo e no espaço. Enquanto existir na atividade exercida o fundamento material (atendimento de necessidades essenciais) haverá um interesse público em seu sentido objetivo.

Conclui-se, portanto, que o serviço público industrial ou comercial é aquele que o Estado, ao elegê-lo como tal, exerce-o diretamente ou por pessoas interpostas, atendendo a uma necessidade essencial da coletividade, apresentando um interesse público objetivo em sua gestão. A atividade econômica do Estado, por sua vez, é aquela que ele resolve assumir, dentro de sua política econômica, observados os princípios constitucionais da ordem econômica, por julgar que tal atividade representa um interesse público.

Assim, a intervenção no domínio econômico deve estar submetida a regime jurídico semelhante ao dos particulares, já que o Estado está intervindo num campo que, a princípio, não lhe é natural, correspondendo a regime jurídico diferente daquele próprio dos serviços públicos, pois respondem a exigências distintas da realidade do Estado e da sociedade.

A identificação do núcleo do conceito de "serviço público", bem como o entendimento da idéia de "interesse público", objetivo ou subjetivo, são essenciais para que se possa levar adiante a discussão acerca dos serviços e atividades que podem e devem ou não serem privatizadas, sendo certo que os serviços públicos efetivamente típicos e próprios do Estado, indelegáveis ao setor privado, encontram-se dentre aqueles baseados em um interesse público objetivo. Conclui-se, então, que saber o que é serviço público em um dado momento depende do exame de cada caso concreto, adequando-se a realidade ao conceito e vice-versa.

Segundo Antonio Troncoso Reigada,[24] sempre que se declara um serviço público, cria-se um monopólio estatal, já que é ele que decidirá se haverá concessionários, quantos e quais. Duas são as possíveis soluções para proceder às privatizações no que se refere aos serviços públicos. A primeira é levar a cabo uma privatização material da atividade, ou seja, uma privatização do regime jurídico de alguns setores sociais considerados serviços públicos para que deixem de sê-lo e, desta forma, permitir a transferência da titularidade da atividade a particulares. Uma solução terminológica para qualificar estas atividades que deixam de ser serviços públicos, mas que satisfazem necessidades básicas dos cidadãos, e que exigem regulamentação que adapte o exercício desta atividade ao interesse social, é qualificá-las como atividades de interesse geral, serviços públicos impróprios (vide definição abaixo de Hely Lopes Meirelles). A segunda solução é superar a tradicional visão uniforme de serviço público, para distinguir duas categorias dentro deste conceito. *Serviço público subjetivo* significa que a administração é titular exclusiva da atividade, o que suprime a liberdade dos cidadãos. *Serviço público objetivo* é aquele não exclusivo do Estado, e que permite, portanto, a liberdade de empresa e o direito de propriedade originário dos cidadãos.

Desta maneira, para uma compreensão maior e mais clara dos serviços públicos, várias são as classificações adotadas.

Primeiramente, podemos classificá-los em *próprios* e *impróprios*. Para Hely Lopes Meirelles,[25] serviços públicos próprios "são aqueles que se relacionam intimamente com as atribuições do poder público (segurança, polícia, higiene e saúde públicas) e para a execução dos quais a administração usa de sua supremacia sobre os administrados. Por esta razão, só devem ser prestados por órgãos ou entidades públicas, sem delegação a particulares. Tais serviços, por sua essencialidade, geralmente são gratuitos ou

24. *Privatización, Empresa Pública y Constitución,* 1997.

25. Hely Lopes Meirelles, *Direito Administrativo Brasileiro*, p. 298.

de baixa remuneração, para que fiquem ao alcance de todos os membros da coletividade". Serviços públicos impróprios "são os que não afetam substancialmente as necessidades da comunidade, mas satisfazem interesses comuns de seus membros e, por isso, a administração os presta remuneradamente, por seus órgãos ou entidades descentralizadas (autarquias, empresas públicas, sociedades de economia mista, fundações governamentais) ou delega a sua prestação a concessionários, permissionários ou autorizados. Esses serviços, normalmente, são rentáveis e podem ser realizados com ou sem privilégio, mas sempre sob regulamentação e controle do Poder Público competente".

Como salienta Maria Sylvia Zanella Di Pietro,[26] os serviços públicos impróprios correspondem a atividades de natureza privada e recebem impropriamente o nome de serviços públicos porque atendem a necessidades de interesse geral. Vale dizer que, por serem atividades privadas, são exercidas por particulares, mas, por atenderem a necessidades coletivas, dependem de autorização do poder público, sendo por ele regulamentadas e fiscalizadas, estando sujeitas à maior ingerência do poder de polícia do Estado. Para a autora, essa categoria não é serviço público em sentido jurídico *stricto sensu*, porque a lei não a atribui ao Estado com exclusividade, podendo ser deixada nas mãos de particulares, apenas submetendo-a a regime jurídico especial, tendo em vista a sua relevância. Tal diferenciação configura-se bastante relevante e pertinente na identificação de serviços que podem ou não serem privatizados, retirados das mãos e do controle do poder público e passarem a ser totalmente geridos por particulares.

Uma segunda classificação dos serviços públicos é aquela que os divide entre serviços públicos propriamente ditos e serviços de utilidade pública. Segundo Hely Lopes Meirelles,[27] "serviços públicos propriamente ditos, são os que a administração pública presta diretamente à comunidade, por reconhecer sua essencialidade e necessidade para a sobrevivência do grupo social e do próprio Estado. Por isso mesmo, tais serviços são considerados privativos do poder público, no sentido de que só a administração deve prestá-los, sem delegação a terceiros, mesmo porque geralmente exigem atos de império e medidas compulsórias em relação aos administrados". Ex.: defesa nacional, polícia, saúde pública. "Serviços de utilidade pública são os que a administração, reconhecendo sua conveniência (não essencialidade, nem necessidade) para os membros da coletividade, presta-os diretamente ou aquiesce em que sejam prestados por terceiros (concessionários, permissionários ou autorizatários) nas condições regulamentadas e sob o seu controle, mas por conta e risco dos prestadores, mediante remuneração dos usuários". Ex.: transporte coletivo, energia elétrica, gás, telefone.

Assim sendo, enquanto no primeiro caso o serviço visa a satisfazer necessidades da sociedade, para que ela possa subsistir e desenvolver-se como tal, no segundo caso o serviço visa apenas facilitar a vida dos indivíduos na coletividade, proporcionando-lhes um maior conforto e bem-estar, sendo que não há, quanto a estes últimos, razão pela qual devam permanecer nas mãos do Estado.

Segundo Odete Medauar,[28] "os chamados 'serviços de utilidade pública', realizados por particulares e reconhecidos pela Administração como de 'utilidade pública', não podem ser qualificados como serviços públicos em sentido técnico, por faltar-lhes o vínculo orgânico com a Administração, por não incumbir ao poder público; este

26. Maria Sylvia Zanella Di Pietro, *Direito Administrativo*, p. 88.

27. Hely Lopes Meirelles, *Direito Administrativo Brasileiro*, p. 297.

28. Odete Medauar, "Serviço público", in *Boletim de Direito Administrativo* 12, ano VIII, dez. 1992.

apenas reconhece que tais atividades trazem benefício à população (...)".

Em face do que foi acima exposto, verifica-se que apenas com uma adequada compreensão do conceito e dos limites da expressão "serviços públicos", os quais devem nortear a atuação do Estado, é que se torna possível visualizar de maneira mais cristalina o panorama em que estão inseridas as privatizações levadas a cabo pelo governo, bem como efetuar todas as críticas e considerações de maneira razoavelmente pertinente.

VII — A legislação relativa aos processos de privatização no Brasil

VII — 1. Breve histórico

Nos anos 80, quando foi interrompido o fluxo de capitais em direção ao Brasil, o país mergulhou numa crise profunda. O último presidente do período de ditadura militar, Gal. João Baptista Figueiredo, acolheu a idéia da privatização, mas não teve a competência nem condições políticas suficientes para levar tal projeto adiante, o que somente viria a ocorrer vários anos mais tarde. Ele chegou a lançar um programa de desburocratização, prevendo uma série de medidas visando à desregulamentação do governo e fixando normas para a transferência, transformação e desativação de empresas sob o controle do governo federal. Foi o Decreto 83.740, de 16.7.1979, o qual coincidiu com a vitória de Tatcher, que instituiu o "Programa Nacional de Desburocratização", mantido sob a direção do Presidente da República, com a assistência de ministro extraordinário incumbido de orientar e coordenar a execução do programa.

O "Programa Nacional de Desburocratização" estabelecia que deveria ser evitado o crescimento desnecessário e descontrolado da máquina administrativa federal, mediante o estímulo à execução indireta, utilizando-se, sempre que possível, o contrato com empresas privadas capacitadas e o convênio com órgãos estaduais e municipais. Era prevista a contenção da criação indiscriminada de empresas públicas e, quando fosse possível e recomendável, a transferência do controle para o setor privado, respeitada a orientação do governo em cada matéria.

Anos depois, foram editados novos decretos. O Decreto 86.214, de 15.7.1981, instituía o "Programa de Melhoria do Atendimento ao Público". Já o Decreto 86.215, de 15.7.1981, por sua vez, fixava normas para a transferência, transformação e desativação de empresas sob o controle do governo federal, tendo sido este, portanto, o primeiro texto legal a prever, expressamente, disposições concretas relativas à transferência de empresas estatais para o setor privado. Fundamentava-se no art. 170 da Constituição Federal de 1967, que atribuía, preferencialmente, competência às empresas privadas na exploração das atividades econômicas e enunciava, de maneira inédita, "o firme propósito do Governo de promover a privatização do controle das empresas estatais, nos casos em que a manutenção desse controle se tenha tornado desnecessária ou injustificável".

Cabe ressaltar, entretanto, que o art. 4º do referido Decreto excluía, literalmente, das empresas privatizáveis: I — as empresas incumbidas de atividades diretamente ligadas à segurança nacional, a critério do Presidente da República; II — as empresas incumbidas de atividades sujeitas ao regime legal de monopólio de Estado; III — as empresas responsáveis pela operação da infra-estrutura econômica ou social básica ou produtoras de insumos de importância estratégica; IV — as empresas instituídas com o objetivo de manter o controle nacional do processo de desenvolvimento ou evitar a desnacionalização de setores básicos da economia. O governo, portanto, ainda claramente limitava a privatização com base em dois parâmetros: a segurança nacional e o nacionalismo, cabendo ao Estado participar na criação da infra-estrutura nacional e evitar que determinados setores da economia fossem entregues a empresas estrangeiras, com a conseqüente alienação da soberania estatal.

Os arts. 5º e 6º explicitavam como deveriam se realizar as operações de transferência para o setor privado, assegurando-se a transparência do processo, através de total publicidade e exigindo que os adquirentes fossem cidadãos brasileiros, o que reforçava o caráter nacionalista acima identificado. Os arts. 7º e 8º, por sua vez, previam a desativação das empresas cujo controle do Estado não mais se justificasse dos pontos de vista econômico, administrativo ou legal e que não fossem objeto de interesse do setor privado, ficando, aquelas que exercessem funções concorrenciais com o setor privado, impedidas de verem expandidas as suas atividades, devendo permanecer sob controle estatal apenas durante o tempo indispensável à sua alienação ou liquidação.

Apesar das iniciativas tomadas, o governo Figueiredo terminou sem que fosse realizada nenhuma privatização, acabando por ser extinto o próprio Ministério da Desburocratização, devido à absoluta ausência das condições objetivas para o desenvolvimento de tais processos. Os decretos acima mencionados, como se pode facilmente verificar, ainda guardavam uma visão militar das funções do Estado e o caráter nacionalista, que predominavam sobre os desejos de maior abertura do mercado brasileiro aos ameaçadores capitais internacionais.

Com a eleição de Tancredo Neves pelo Colégio Eleitoral e o final da ditadura, parecia que o predomínio da linha estatizante militar sobre os negócios do Estado havia chegado ao fim.

Com a morte do Presidente Tancredo Neves, assumiu o governo seu vice, José Sarney, que nomeou Dílson Funaro para o Ministério da Fazenda, o qual, junto com João Sayad, elaboraram o Plano Cruzado, que pretendia a total desindexação da economia, associada a medidas de caráter privatizante.

Foi publicado o Decreto 91.991, de 28.11.1985, que dispunha sobre o processo de privatização de empresas sob controle direto ou indireto do governo federal, decreto este, entretanto, que mantinha as mesmas antigas linhas de certa tutela militar sobre a atividade econômica, ao continuar subordinando o programa à ideologia da segurança nacional e a princípios nacionalistas, que pretendiam atribuir ao Estado a função de protagonista do desenvolvimento nacional, ao lado do setor privado, em clara oposição à presença de capitais internacionais nas áreas consideradas estratégicas.

Tal decreto introduziu, contudo, algumas condições novas, que seriam incorporadas mais tarde no programa de privatizações do governo Collor. Estabeleceu a exigência de realização de auditoria externa com o objetivo de zelar pela transparência e lisura de todas as fases da transação. Determinou, ainda, que as operações de transferência fossem preferencialmente realizadas através da Bolsa de Valores, e previu a possibilidade de financiamento das aquisições, bem como facilidades na compra de ações das empresas a serem objeto de privatização para os empregados das referidas empresas.

O Decreto 91.991/85 proibiu, ainda, textualmente, em seu art. 13, a "criação de novas empresas sob o controle direto ou indireto da União", bem como "a aquisição ou absorção direta ou indireta de empresas privadas por empresas não-financeiras controladas direta ou indiretamente pela União".

Apesar da grave crise nos últimos anos do governo Sarney, ou até mesmo por causa dela, parecia haver então uma nova disposição para a realização de privatizações, tendo sido promulgado o Decreto 95.886, de 29.3.1988, que dispunha sobre o Programa Federal de Desestatização.

De acordo com os termos de seu art. 1º, o aludido programa tinha por objetivo "transferir para a iniciativa privada atividades econômicas exploradas pelo setor público, concorrer para a diminuição do déficit público, propiciar a conversão de parte da dívida externa do setor público federal em investimentos de risco, resguardado o interesse nacional, dinamizar o mercado de títulos e valores mobiliários, promover a disseminação da propriedade do capital das empresas, estimular os mecanismos competitivos de mercado mediante a desregulamentação da atividade econômica, proceder à execução indireta de serviços públicos, por meio da concessão e da permissão, e promover a privatização de atividades econômicas exploradas, com exclusividade, por empresas estatais, ressalvados os monopólios constitucionais".

Começam a ser abandonados os conceitos de segurança nacional e de reserva de mercado ao setor privado nacional, que haviam norteado os textos legais anteriores. O governo reconhecia a legitimidade de utilização de parte da dívida externa nas privatizações. Dava ao processo dimensão muito mais ousada, ao permitir não apenas a alienação das ações das empresas estatais, como também ao permitir a transferência de serviços públicos ao setor privado, mediante concessão ou permissão, restringindo-se apenas às vedações constitucionais, o que sugeria, inclusive, que mudanças posteriores no texto constitucional poderiam permitir a privatização do setor petrolífero e de telecomunicações.

O art. 3º, por sua vez, apresentava com clareza as formas e técnicas de privatização a serem adotadas pelo governo nos processos de privatização, a saber: a "transformação, incorporação, fusão ou cisão", a "alienação de participação societária, inclusive do controle acionário", da "abertura de capital", o "aumento de capital com renúncia ou cessão, total ou parcial de seus empreendimentos" ou através da "alienação, arrendamento, locação, comodato ou cessão de bens e instalações".

No texto do Decreto 95.886/88 é visível a influência do processo de privatização inglês, pois recolhia técnicas anteriormente já experimentadas naquele país.

O Decreto criava, também, o Conselho Federal de Desestatização, o qual seria integrado por ministros da área econômica e teria um representante dos trabalhadores e um dos empresários a serem nomeados pelo Presidente da República mediante indicação das respectivas categorias. Nesse aspecto, o decreto procurava envolver a sociedade na responsabilidade pelo programa, de forma a reduzir as resistências que certamente apareceriam.

O programa proibia, sem o prévio assentimento da União, que as empresas estatais efetuassem subscrição de ações, registrassem-se como companhia aberta, adquirissem ou absorvessem, direta ou indiretamente, controle acionário de empresas privadas, bem como que criassem subsidiárias.

Apesar do avanço indiscutível na discussão sobre a matéria, não se concretizou, todavia, a realização de programas de privatizações, tema que voltaria à discussão pública nacional apenas com a campanha presidencial de 1989.

O sucesso eleitoral de Fernando Collor de Mello deveu-se, em grande medida, à pretendida Reforma do Estado. A Ministra Zélia Cardoso de Mello lançou o programa de reformas que incluía um ambicioso plano de privatizações, e inúmeras medidas que reduziriam drasticamente o papel do Estado no setor privado. O tema das privatizações se incluía entre um amplo programa de Reforma do Estado, para a qual foram promovidas medidas extremamente drásticas, bem como algumas de legalidade bastante duvidosa.

Foi então editada a Lei 8.031, de 12.4.1990, a qual criava o Programa Nacional de Desestatização — PND.

Diversas iniciativas foram, ainda, realizadas fora do PND, no sentido da privatização de serviços e obras prestados pelo setor público no âmbito principalmente estadual, notadamente o Programa Estadual de

Desestatização — PED do Estado de São Paulo.

Mais recentemente, foi publicada a Lei 9.491, de 9.9.1997, a qual revogou e incluiu as diversas alterações sofridas pela Lei 8.031, de 12.4.1990, regulando, atualmente, o Programa Nacional de Desestatização. Foram bastante significativos os avanços na matéria, o que pode ser observado não apenas pela evolução legislativa, mas também pela ocorrência de vários procedimentos de privatização de empresas estatais, muitas delas importantíssimas para o cenário nacional e até mesmo internacional. A análise de todos estes fatores é essencial e empreenderemos a seguir.

VII — 2. O Programa Nacional de Desestatização — PND (Lei 9.491, de 9.9.1997): aspectos gerais e objetivos principais

É interessante e curioso notar a terminologia utilizada pela Lei 9.491/97, que ao longo de praticamente todo o seu texto utiliza-se da expressão "desestatização" ao invés de qualquer outra, o que estimula a realização da análise da distinção existente entre os termos "desestatização", "privatização" e "desregulamentação".

O conceito de "desestatização" é, certamente, o mais amplo e abrangente, podendo-se dizer que engloba as noções de privatização e de desregulamentação. Tal expressão, inclusive, como finalidade perseguida pelo Estado, situa-se no terreno ideológico deste final de século, direcionado a uma maior democracia na vida política e a uma maior autonomia dos setores privados em relação à tutela até então onipresente do Estado.

A palavra "desregulamentação" significa a eliminação, total ou parcial, de regras referentes ao mercado e às atividades econômicas. A desregulamentação acompanhou, como desdobramento necessário, o processo de desestatização, favorecendo o funcionamento da economia, a livre concorrência e a efetiva participação das forças de mercado na provisão dos bens e serviços essenciais à sociedade.

O termo "privatização", por sua vez, é empregado apenas para designar a transferência das empresas de propriedade do Estado e atividades por ele exercidas para o setor privado, obedecendo-se às mais variadas modalidades e técnicas de transferência de capital aos particulares.

Neste contexto, entretanto, o termo "privatização" acabou adquirindo significado político e até mesmo ideológico que transcendeu seu significado técnico-jurídico original. Ele passou a simbolizar a reforma do Estado e a implementação de políticas de modernização, bem como a servir de base para a ação das mais variadas forças políticas.

Eros Grau, em sala de aula, seguindo Washington Peluso Albino de Souza, critica a imprecisão terminológica legal, que não diferencia "privatização" de "desestatização". A expressão "privatização", para ambos, estaria limitada à sua compreensão original, isto é, à transferência do controle acionário de empresas estatais para particulares. Esse rigor não teria sido, entretanto, adotado pela Lei 9.491/97.

Tal crítica deve ser, entretanto, analisada com muita cautela. Grande parte da doutrina entende que referida "precisão terminológica" faz com que fiquemos "presos" ao sentido meramente estrito do termo "privatização", expressão esta que possuiria atualmente um significado bastante amplo, tendo há muito ultrapassado seu significado puramente técnico e original.

Seriam, desta forma, vários os sentidos em que o termo "privatização" vem sendo utilizado: (i) por "privatização", em sentido estrito, entende-se a transferência total ou parcial da propriedade de empresas e/ou bens públicos para entidades privadas. A natureza pública desses bens ou empresas tanto pode ser originária como resultar de nacionalizações anteriores; (ii) igualmente se emprega o termo "privatização" para designar a concessão a entidades privadas, mediante contrato, da gestão de empresas públicas ou de serviços públicos; (iii) em outro sentido menos preciso o termo é utilizado para designar a contratação de serviços por entidades públicas a entidades privadas (*contracting out* ou subcontratação de serviços públicos); (iv) significa também a abertura à iniciativa privada de setores anteriormente explorados pelo setor público em regime de monopólio; (v) "privatização" é, ainda, empregado com o significado de desregulação, quando as autoridades públicas deixam de regular o modo de produção ou de distribuição de um bem ou serviço, permitindo o livre funcionamento das regras do mercado; (vi) aparece também como o processo de submissão dos serviços ou das empresas públicas a regras de gestão de natureza privada.

O art. 1º da Lei 9.491/97 estabelece que o Programa Nacional de Desestatização — PND deve ter como objetivos fundamentais: "I — reordenar a posição estratégica do Estado na economia, transferindo à iniciativa privada atividades indevidamente exploradas pelo setor público; II — contribuir para a restruturação econômica do setor público, especialmente através da melhoria do perfil e da redução da dívida pública líquida; III — permitir a retomada de investimentos nas empresas e atividades que vierem a ser transferidas à iniciativa privada; IV — contribuir para a restruturação econômica do setor privado, especialmente para a modernização da infra-estrutura e do parque industrial do País, ampliando sua competitividade e reforçando a capacidade empresarial nos diversos setores da economia, inclusive através da concessão de crédito; V — permitir que a Administração Pública concentre seus esforços nas atividades em que a presença do Estado seja fundamental para a consecução das prioridades nacionais; VI — contribuir para o fortalecimento do mercado de capitais, através do acréscimo da oferta de valores mobiliários e da democratização da propriedade do capital das empresas que integrarem o programa".

Desta forma, verificamos que o referido dispositivo legal fundamenta as privatizações com base em motivos de caráter extremamente pragmáticos.

Reconhece o Estado, então, sua excessiva e indevida ingerência no setor privado, e a necessidade de que concentre sua dedicação no desenvolvimento somente de atividades que lhe sejam essenciais e estratégicas, até mesmo para que sejam retomados os investimentos nas empresas que vierem a ser transferidas ao setor privado. Tais regras comprovam a importância da discussão a respeito de qual deve ser a verdadeira dimensão do Estado, quais as atividades e serviços que somente o Estado, exclusivamente, e mais ninguém pode desempenhar, e, por outro lado, quais as atividades e serviços que o Estado pode e deve transferir para a iniciativa privada, e, ainda, qual a verdadeira natureza e extensão dos serviços públicos e do interesse público.

As privatizações são encaradas, também, como forma de diminuição do déficit público, contribuindo para a restruturação econômica não apenas do setor público, mas também de todo o setor privado, favorecendo, da mesma forma, o desenvolvimento do mercado de capitais, o que será estudado a seguir.

É importante observar que o PND tem como órgão superior de decisão o Conselho Nacional de Desestatização — CND, diretamente subordinado ao Presidente da República, composto pelos seguintes Ministros de Estado: do Planejamento e Orçamento, na qualidade de Presidente; Chefe da Casa Civil da Presidência da República; da Fazenda; da Administração Federal e Reforma do Estado; e o da Indústria, do Comércio e do Turismo, sendo certo que das reuniões para deliberar sobre a desestatização de empresas ou serviços públicos participará, com direito a voto, o titular do Ministério ao qual a empresa ou serviço se vincule.

Consoante os termos do art. 6º da Lei 9.491/97, compete ao CND: "I — recomendar, para aprovação do Presidente da República, meios de pagamento e inclusão ou exclusão de empresas, inclusive instituições financeiras, serviços públicos e participações minoritárias no PND; II — aprovar, exceto quando se tratar de instituições financeiras: a) a modalidade operacional a ser aplicada a cada desestatização; b) os ajustes de natureza societária, operacional, contábil ou jurídica e o saneamento financeiro, necessários às desestatizações; c) as condições aplicáveis às desestatizações; d) a criação de ação de classe especial, a ser subscrita pela União; e) a fusão, incorporação ou cisão de sociedades e a criação de subsidiária integral, necessárias à viabilização das desestatizações; f) a contratação de pareceres ou estudos especializados necessários à desestatização de setores ou segmentos específicos. III — determinar a destinação dos recursos provenientes da desestatização (...) IV — expedir normas e resoluções necessárias o exercício de sua competência; V — deliberar sobre outras matérias relativas ao Programa Nacional de Desestatização, que venham a ser encaminhadas pelo Presidente do Conselho; VI — fazer publicar o relatório anual de suas atividades".

VII — 3. As privatizações e o mercado de capitais

Conforme já observado no item anterior, a Lei 9.491/97 tem como um de seus objetivos fundamentais, "contribuir para o fortalecimento do mercado de capitais, através do acréscimo da oferta de valores mobiliários e da democratização da propriedade do capital das empresas que integrarem o programa".

Tal referência nos faz refletir sobre as origens e a evolução do mercado de capitais no Brasil, a sua importância para a economia nacional, e a necessidade de estimular o seu desenvolvimento como elemento fortalecedor da própria situação econômica brasileira.

A história dos corretores está profundamente ligada à história das Bolsas de Valores no Brasil, e, segundo informação de Waldirio Bulgarelli,[29] "somente com o Regimento Interno da Junta de Corretores da Praça do Rio de Janeiro, de 12 de abril de 1877, é que se empregou, pela primeira vez, a palavra *bolsa*, significando o lugar no salão da Praça do Comércio, destinado às operações de compra e venda de títulos públicos, de ações de bancos e companhias, de valores comerciais e de metais preciosos". Posteriormente, com a Proclamação da República, ela foi aceita e consagrada através do Decreto 1.026, de 14.10.1890.

A Lei 354, de 16.12.1895, ao reorganizar a corporação dos corretores de fundos públicos do Distrito Federal e regulamentar as operações por eles realizadas na "Bolsa", instituiu a Câmara Sindical. Editado logo depois, o Decreto 2.475, de 13.3.1897, dispunha que só aos corretores de fundos era facultado o acesso dentro da balaustrada da Bolsa. Vários textos legais promoveram, gradualmente, melhor definição e regulamentação das Bolsas de Valores.

Até 1964, a Bolsa de Valores, no Brasil, ainda era constituída sob a forma de mera Câmara Sindical, ou seja, era a reunião dos Corretores Oficiais de Fundos Públicos, pessoas físicas que, em caráter vitalício, detinham a exclusividade de intermediar as operações realizadas na Bolsa, assim como as operações de câmbio.

O Governo Federal que assumiu o poder em decorrência da Revolução de 1964 veio a implantar profundas reformas no mercado financeiro brasileiro, o que atingiu também a Bolsa de Valores e os corretores.

Essas modificações decorreram basicamente da edição de duas leis:

(a) a Lei 4.595, de 31.12.1964, a "Lei da Reforma Bancária", que criou o Sistema Financeiro Nacional, constituído pelo

29. Waldirio Bulgarelli, *Direito Comercial*, p. 206.

Conselho Monetário Nacional (CMN), Banco Central do Brasil, Banco do Brasil S/A, BNDES e demais instituições financeiras públicas e privadas, atribuindo ao CMN a competência privativa para disciplinar as atividades das Bolsas de Valores e dos corretores de fundos públicos; e

(b) a Lei 4.728, de 14.7.1965, a "Lei do Mercado de Capitais". Segundo esta lei, o Banco Central passava a exercer funções também na área do mercado de capitais, a ele sendo atribuída a competência para autorizar e fiscalizar o funcionamento das Bolsas de Valores, atribuindo também nova estruturação jurídica para as Bolsas de Valores e corretores. As Bolsas passaram a possuir autonomia administrativa, financeira e patrimonial, operando as mesmas, bem como os Corretores Oficiais de Fundos Públicos, sob a supervisão do Banco Central do Brasil.

Essa subordinação perdurou até a criação da Comissão de Valores Mobiliários (CVM), através da Lei 6.385/76, entidade subordinada ao Banco Central e organizada nos moldes da SEC (*Securities and Exchange Comission*), existente nos Estados Unidos, desde 1933, para controlar e fiscalizar o mercado de ações e a atuação das Bolsas de Valores. A CVM, a partir de então, passou a exercer as funções referentes à área de mercado de capitais até então atribuídas ao Banco Central do Brasil. Ela foi definida legalmente como autarquia do governo federal, subordinada ao Ministério da Fazenda, encarregada de "estimular a formação de poupanças e a sua aplicação em valores mobiliários, e proteger os titulares de valores mobiliários e os investidores do mercado".

A referida lei estabeleceu que a intermediação dos negócios nas Bolsas deveria ser exercida apenas por *sociedades corretoras* (art. 8º), assegurando, entretanto, aos Corretores Oficiais de Fundos Públicos existentes a faculdade de se registrarem no Banco Central sob a forma de *firma individual*, seguindo os mesmos requisitos fixados para as sociedades corretoras. Através da Resolução 39 do Conselho Monetário Nacional, de 20.10.1966, as Bolsas de Valores foram transformadas em associações civis sem fins lucrativos.

No Brasil, portanto, verifica-se que o mercado de valores mobiliários tem origem no final do século passado, tendo ainda sofrido, em sua instalação, a influência do encilhamento, que foi a grande crise provocada pelo excesso de emissão de papel moeda pelo bancos particulares, logo após a Proclamação da República, acompanhada pela emissão fraudulenta de ações pelas companhias, com o conseqüente desenvolvimento incontrolável do mercado de ações. Como pode ser observado, o mercado de títulos e valores mobiliários no Brasil evoluiu em ritmo lento e gradual até 1965, quando foi promulgada a Lei do Mercado de Capitais 4.728/65.

Segundo a Resolução 1.656, de 26.10. 1989, do Conselho Monetário Nacional, que aprova o regulamento que disciplina a constituição, a organização e o funcionamento das Bolsas de Valores, elas têm por objeto social "manter local ou sistema adequado à realização de operações de compra e venda de títulos e valores mobiliários, em mercado livre e aberto, especialmente organizado e fiscalizado pela própria Bolsa, sociedades corretoras membros e pelas autoridades competentes", "dotar, permanentemente, o referido local ou sistema de todos os meios necessários à pronta e eficiente realização e visibilidade das operações", "efetuar registro das operações", "preservar elevados padrões éticos de negociação, estabelecendo, para esse fim, normas de comportamento para as sociedades corretoras e companhias abertas, fiscalizando sua observância e aplicando penalidades, no limite de sua competência, aios infratores" etc.

De acordo com Waldirio Bulgarelli, a evolução legislativa das Bolsas de Valores no Brasil se divide em quatro períodos principais: o da *implantação*, que vai desde o início da Nação até a promulgação do Decreto-lei 1.344, de 13.6.1939, complementado pela Lei 2.146, de 29.12.1953, que deram as diretrizes fundamentais da organização e funcionamento das Bolsas; o da *consolidação*, no qual começam efetivamente a se organizarem as Bolsas; o da *modernização*, que surge com a promulgação da Lei 4.728/65, que estruturou em termos modernos o mercado de capitais e as Bolsas de Valores; e o período de *reorganização*, que se instaurou com a Lei 6.385/76 e perdura até os dias atuais.[30]

Em todas essas leis, mais a Lei 6.404/76, verifica-se que a vontade do legislador era ampliar o microssistema jurídico-normativo que rege o sistema financeiro nacional, nascido da evolução havida nos países ocidentais, principalmente após o término da 2ª Guerra Mundial. As origens da SEC remontam à década de 1930, quando se começou a estudar, no mundo capitalista de então, uma forma de se evitar os desastres ocorridos em 1929, decorrentes da ausência de normas de ordem pública que regulassem a circulação dos valores mobiliários emitidos pelas sociedades anônimas.

É preciso lembrar, entretanto, que a atual Lei das Sociedades por Ações perfilhou orientações específicas para companhias abertas e companhias fechadas, demonstrando "que se instaurou em tal matéria uma verdadeira distinção de natureza entre esses dois tipos de sociedades anônimas. Num deles predomina o caráter institucional, marcado por disposições de ordem pública, não derrogáveis por deliberações dos acionistas porque tendentes a proteger o interesse coletivo de investidores no mercado de capitais. No outro, prevalece o aspecto contratual, conferindo-se ampla liberdade de estipulação às partes para regular o funcionamento do mecanismo societário de acordo com seus interesses particulares".

A idéia de se institucionalizar um mercado de valores mobiliários, por meio da intervenção direta do Estado na proteção do investidor, nasceu em 1933, com o *Securities Act* norte-americano, que disciplinou a circulação das participações conhecidas como *Securities*.

Segundo Luiz Gastão Paes de Barros Leães,[31] *security* pode ser definida e identificada com base nas seguintes características: "*Security* é: (1) todo investimento em dinheiro ou em bens suscetíveis de avaliação monetária, (2) realizado pelo investidor em razão de uma captação pública de recursos, (3) de modo a fornecer capital de risco a um empreendimento, (4) em que ele, o investidor, não tem ingerência direta, (5) mas do qual espera obter algum ganho ou benefício futuro".

Consoante já acima mencionado, a legislação brasileira reguladora do mercado de capitais inspirou-se, grandemente, na legislação norte-americana, constituindo, ao que se saiba, o primeiro esforço de adaptação de um complexo de instituições e normas jurídicas, oriundas de um país de *common law*, no contexto de um país de tradição continental européia. Essa adaptação de um complexo de instituições de um sistema legal para outro representa um desafio de largas proporções, dando origem a um grande número de problemas não só de natureza estrutural, mas de ordem conceitual e até etimológica. Assim sendo, não existe em português uma palavra que corresponda exatamente ao termo *security*, tendo o legislador brasileiro traduzido a expressão por "títulos e valores mobiliários".

De maneira análoga, Ary Oswaldo Mattos Filho define valor mobiliário como "o investimento oferecido ao público, sobre o qual o investidor não tem controle direto, cuja aplicação é feita em dinheiro, bens ou serviço, na expectativa de lucro, não sendo necessária a emissão do título para a materialização da relação obrigacional. O investimento é feito ou a nível asso-

30. Waldirio Bulgarelli, *Direito Comercial*, p. 207.

31. "O conceito de *security* no Direito norte-americano e o conceito análogo no Direito brasileiro", in *RDM* 14.

ciativo, a título de empréstimo, ou como aplicação especulativa pura. O primeiro tipo normalmente se caracteriza pela participação societária ou empreendimento comum (...). Finalmente, os investimentos puramente especulativos são aqueles normalmente feitos na expectativa de futura ocorrência de variações de preço de dado valor mobiliário, mercadoria, moeda, taxa de juros etc.".[32]

Deve ser ainda observado que o rol de esquemas de investimento que envolvem distribuição de *securities* é tão variado quanto a imaginação dos lançadores, de sorte que o seu conceito é antes dinâmico do que estático, capaz de abranger um semnúmero de esquemas financeiros através dos quais se procura captar recursos do público contra promessa de lucros futuros. Nesse sentido, cabe-nos analisar o conceito de "títulos e valores mobiliários" definido na legislação.

De acordo com o art. 2º da Lei 6.385/76, são valores mobiliários ações, partes beneficiárias, debêntures, cupões desses títulos, bônus de subscrição, certificados de depósito de valores mobiliários, direitos de subscrição de valores mobiliários, recibos de subscrição de valores mobiliários, opções de valores mobiliários, certificados de depósito de ações, bem como outros títulos criados ou emitidos pelas sociedades anônimas, a critério do Conselho Monetário Nacional.

Tal enumeração deve ser considerada como meramente exemplificativa, devendo sofrer, portanto, uma leitura e interpretação extensiva, tal como a interpretação desenvolvida nos Estados Unidos em torno do termo *security*, de modo a permitir à Comissão de Valores Mobiliários policiar o mercado de maneira mais ampla, fiscalizando todas as formas de captação de recursos da poupança popular. Certos tipos de loteamento popular têm escapado à fiscalização da CVM apesar de revelar todas as características de solicitação pública de valores, devendo ser examinados à luz de critérios menos formalistas com a finalidade de proteger o público investidor.

O mercado acionário tem, atualmente, condições especiais de adquirir novas dimensões, mobilizando a poupança interna e o investimento externo e prestando, pois, relevante contribuição à economia nacional na sua luta pela criação de novas riquezas e pelo combate à inflação. A expansão e o aprimoramento do mercado de capitais podem constituir importantes elementos de renovação e modernização do país, como amplamente reconhecido e objetivado, inclusive, pelo art. 1º, VI, da Lei 9.491/97.

Deve haver, portanto, uma reformulação quantitativa e qualitativa do mercado de capitais para avaliar e definir a contribuição que o mesmo está em condições de dar à economia brasileira. Reformulando sua estrutura e organização, utilizando sua capacidade ociosa, melhorando sua imagem e aprimorando seu funcionamento o mercado acionário pode, por ato de vontade e esforço conjunto de todas as classes interessadas e, principalmente, do governo, deixar de ser considerado como mero mercado especulativo e transformar-se em instrumento hábil e flexível da democratização econômica do país. Há um extenso rol de políticas públicas a serem tomadas necessárias para transformar o mercado de capitais e dar um passo importante na luta contra a recessão e pelo desenvolvimento da nossa economia.[33]

VII — 4. A distinção entre a privatização de "bens" públicos e a privatização de "serviços" públicos — As diversas modalidades operacionais e os editais de privatização

De acordo com a análise dos primeiros capítulos deste trabalho, restou eviden-

32. "O conceito de valor mobiliário", in *RDM* 59.

33. "O mercado acionário e o governo", in *RDM* 85.

ciado que as privatizações envolvem dois aspectos diversos: os *bens* públicos e os *serviços* públicos, sendo duas, portanto, as vertentes em que se pode privatizar, o que facilmente se depreende da leitura dos primeiros artigos da Lei 9.491/97.[34] Com efeito, o art. 2º do referido diploma legal dispõe que: "Art. 2º. Poderão ser objeto de desestatização, nos termos desta lei: I — empresas, inclusive instituições financeiras, controladas diretamente ou indiretamente pela União, instituídas por lei ou ato do Poder Executivo; II — empresas criadas pelo setor privado e que, por qualquer motivo, passaram ao controle direto ou indireto da União; III — serviços públicos objeto de concessão, permissão ou autorização; IV — instituições financeiras públicas estaduais que tenham tido as ações de seu capital social desapropriadas, na forma do Decreto 2.321, de 25.2.1987".

Verificamos, desta forma, que ao lado dos serviços públicos, os bens públicos objeto das privatizações se consubstanciam especificamente nas empresas estatais, inclusive instituições financeiras, consoante acima mencionado, excluídas, entretanto, as sociedades previstas no art. 3º da Lei 9.491/97: "Art. 3º. Não se aplicam os dispositivos desta Lei ao Banco do Brasil S/A, à Caixa Econômica Federal, e às empresas públicas ou sociedades de economia mista que exerçam atividades de competência exclusiva da União, de que tratam os incisos XI e XXIII do art. 21 e a alínea *c* do inciso I do art. 159 e o art. 177 da Constituição Federal, não se aplicando a vedação aqui prevista às participações acionárias detidas por essas entidades, desde que não incida restrição legal à alienação das referidas participações".

Além da descrição dos objetos da privatização, a Lei 9.491/97 determina também as formas através das quais as privatizações deverão acontecer, estabelecendo procedimentos diferenciados conforme se trate de empresas estatais ou de serviços públicos. Assim sendo, dispõem os arts. 2º, § 1º, e 4º da aludida lei: "§ 1º. Considera-se desestatização: a) a alienação, pela União, de direitos que lhe assegurem, diretamente ou através de outras controladas, preponderância nas deliberações sociais e o poder de eleger a maioria dos administradores da sociedade; b) a transferência, para a iniciativa privada, da execução de serviços públicos explorados pela União, diretamente ou através de entidades controladas, bem como daqueles de sua responsabilidade. (...) Art. 4º. As desestatizações serão executadas mediante as seguintes modalidades operacionais: I — alienação de participação societária, inclusive de controle acionário, preferencialmente mediante a pulverização de ações; II — abertura de capital; III — aumento de capital, com renúncia ou cessão, total ou parcial, de direitos de subscrição; IV — alienação, arrendamento, locação, comodato ou cessão de bens e instalações; V — dissolução de sociedades ou desativação parcial de seus empreendimentos, com a conseqüente alienação de seus ativos; VI — concessão, permissão ou autorização de serviços públicos. § 1º. A transformação, a incorporação, a fusão ou a cisão de sociedades e a criação de subsidiárias integrais poderão ser utilizadas a fim de viabilizar a implementação da modalidade operacional escolhida. (...) § 3º. Nas desestatizações executadas mediante as modalidades operacionais previstas nos incisos I, IV, V e VI deste artigo, a licitação poderá ser realizada na modalidade de leilão".

Cabe neste momento ressaltar que, na expressiva maioria das privatizações realizadas no Brasil, a operação se realizou através da venda de blocos de ações representativas do controle das empresas estatais objeto de desestatização.

34. "Privatization can be accomplished in two ways. First, the governemnt selles assets it owns to private buyers. Second, the government stops providing a service directly and relies on the private setor to deliver the service (...)", in "The promise of privatization", *link* no *site* do National Center for Policy Analysis.

Também o art. 7º da mesma lei estabelece que: "Art. 7º. A desestatização dos serviços públicos, efetivada mediante uma das modalidades previstas no art. 4º desta lei, pressupõe a delegação, pelo Poder Público, de concessão ou permissão do serviço, objeto da exploração, observada a legislação aplicável ao serviço. Parágrafo único. Os princípios gerais e as diretrizes específicas aplicáveis à concessão, permissão ou autorização, elaborados pelo Poder Público, deverão constar do edital de desestatização".

No que se refere à necessidade de ampla divulgação das informações relativas a cada processo de privatização, seja ela de bens ou de serviços públicos, desempenha papel essencial o edital, consoante dispõe o art. 11 do referido diploma legal: "Art. 11. Para salvaguarda do conhecimento público das condições em que se processará a alienação do controle acionário da empresa, inclusive instituição financeira incluída no Programa Nacional de Desestatização, assim como de sua situação econômica, financeira e operacional, será dada ampla divulgação das informações necessárias, mediante a publicação de edital, no *Diário Oficial da União* e em jornais de notória circulação nacional, do qual constarão, pelo menos, os seguintes elementos: a) justificativa da privatização, indicando o percentual do capital social da empresa a ser alienado; b) data e ato que determinou a constituição da empresa originariamente estatal ou, se estatizada, data, ato e motivos que determinaram a estatização; c) passivo das sociedades de curto e de longo prazo; d) situação econômico-financeira da sociedade, especificando lucros e prejuízos, endividamento interno e externo, nos cinco últimos exercícios; e) pagamento de dividendos à União ou a sociedades por essa controladas direta ou indiretamente, e aporte de recursos à conta capital, providos direta ou indiretamente pela União, nos últimos quinze anos; f) sumário dos estudos de avaliação; g) critério de fixação do valor de alienação, com base nos estudos de avaliação; h) modelagem de venda e valor mínimo da participação a ser alienada; i) a indicação, se for o caso, de que será criada ação de classe especial e os poderes nela compreendidos".

VII — 5. A alienação das participações societárias do Estado nas empresas estatais

A alienação de ações das companhias a serem desestatizadas, prevista no art. 4º da Lei 9.491/97 como uma das modalidades de desestatização, deverá será efetuada, nos termos do art. 34 do Decreto 2.594/98, de acordo com determinados procedimentos, os quais também se aplicam às sociedades por quotas de responsabilidade limitada: "I — leilão público, em pregão especial ou através de envelopes fechados, ou através de uma combinação destas formas, em Bolsa de Valores do País; II — distribuição de ações a preço fixo, no País ou no exterior, preferencialmente de modo a propiciar sua pulverização ao público, inclusive aos acionistas minoritários, aos empregados, aos fornecedores e aos consumidores; III — outra forma de oferta pública admitida pela legislação do mercado de capitais; § 1º. No caso de pulverização do bloco de ações de controle, o CND tomará as providências para que sejam instituídos mecanismos de preservação da estabilidade dos órgãos administrativos da sociedade. § 2º. O CND poderá fixar, em cada processo de desestatização, o limite máximo de ações do capital da sociedade que poderá ser adquirido por participante ou grupo de participante no processo de desestatização".

Ressalte-se, ainda, que a alienação de ações de propriedade de pessoas jurídicas de direito público e de entidades controladas direta ou indiretamente pelo poder público também foi objeto de regulamentação específica e detalhada por parte da Comissão de Valores Mobiliários, notadamente na Instrução 286, de 31.7.1998.

Consoante o acima exposto, verifica-se que os instrumentos das transferências são, em última análise, a licitação e o leilão. A primeira mais antiga, o segundo recente, tem sido amplamente utilizado na alienação de participações acionárias em Bolsas de Valores. Aplica-se a regra de leilão especial, com data definida e em que os interessados comparecem ao pregão para apresentar suas ofertas que podem ser abertas ou fechadas.

Do ângulo de análise da eficiência alocativa, é de supor que os lances mais elevados serão oferecidos por aqueles que acreditam poder obter os maiores benefícios com a arrematação do bem leiloado. Os leilões são, desta forma, benéficos como incentivadores da alocação de recursos, sendo certo que para isso é preciso que haja a apropriada disseminação das informações quanto aos ativos, aos procedimentos e exigências posteriores a serem cumpridas pelo adquirente, bem como que haja mercado comprador. Portanto, falhas no edital poderão causar desvios nocivos para o programa.

A par das disposições legais acima mencionadas, é oportuno lembrar, de maneira mais genérica, os modelos teórico-práticos de privatização, os quais assumem diversas modalidades, consoante explicitado por Rachel Sztajn, em palestra proferida em 27.5.1999, no salão nobre da Faculdade de Direito da USP, em Seminário sobre Direito Empresarial. Na referida ocasião, foram mencionadas as diversas modalidades passíveis de serem adotadas, em programas de privatização, as quais estão melhor explicitadas no item IX — Privatização no Direito Comparado, IX — 4. Leste Europeu.

VII — 6. Dos procedimentos de avaliação e de determinação do preço mínimo

A alienação levará em conta, antes de mais nada, determinados procedimentos específicos de avaliação, sobre o qual dispõem os arts. 30, 31 e 32 do Decreto 2.594, de 15.5.1998, que regulamenta a Lei 9.491/97: "Art. 30. A determinação do preço mínimo dos ativos incluídos no PND (...) levará em consideração os estudos elaborados com base na análise detalhada das condições de mercado, da situação econômico-financeira e das perspectivas de rentabilidade da sociedade. § 1º. Os estudos a que se referem o *caput* deste artigo deverão indicar o valor econômico da empresa bem como outros parâmetros que venham a ser julgados necessários à fixação do valor de alienação. (...) § 4º. As ações de sociedade incluída no PND ofertadas a empregados e ao público em geral, mediante distribuição no mercado acionário, bem como em bloco de ações que forem a leilão, poderão ter preços e condições diferenciados daquelas objeto da alienação do controle acionário ou da oferta de bloco estratégico. § 5º. Para os efeitos do disposto no parágrafo anterior, o CND deverá fixar o preço mínimo das demais ações a serem ofertadas, de forma a compensar a redução no valor das ações objeto das ofertas especiais. § 6º. Nas ofertas ao público em geral, quando as ações objeto de alienação forem de espécies ou classes diferentes ou quando as mesmas já forem negociadas em Bolsas de Valores, poderá o CND fixar o preço mínimo por outros critérios, considerando as características dos valores mobiliários objeto de cada oferta. (...) § 8º. Na fixação do preço mínimo de alienação de participação societária em sociedade concessionária ou permissionária de serviços públicos ou de bens do seu ativo patrimonial, serão levados em conta os critérios de fixação e revisão tarifária e outras condições previstas nos atos de concessão ou permissão existentes ou que vierem a ser expedidos (...). Art. 31. O preço mínimo será fixado com base em estudos de avaliação, elaborados por duas empresas contratadas mediante licitação pública (...). § 1º. Havendo divergência quanto ao preço mínimo recomendado nas avaliações, superior a vinte por cento, será facultado ao CND determinar a contratação de terceiro avaliador, para se manifestar, em até sessenta dias, sobre as avaliações, hipótese em que o respectivo estudo também servirá de base para a determinação do preço mínimo (...). Art. 32. O preço mínimo de alienação, aprovado pelo CND, será submetido à homologação do órgão de deliberação competente da empresa titular das ações ou quotas incluídas no PND".

Além do procedimento acima descrito, é importante salientar que o referido decreto prevê a possibilidade de serem adotados procedimentos simplificados para o processos de desestatização, inclusive para a fixação do preço mínimo, nos casos de desestatização de empresas de pequeno e médio porte, de empresas com ações negociadas em Bolsa de Valores, de participação minoritárias, e de serviços públicos objeto de concessão, permissão ou autorização, cujo porte ou outras características específicas, a critério do CND, indiquem ser esse o procedimento adequado.

VII — 7. A concessão dos serviços públicos como forma de desestatização

O poder público pode realizar seus próprios serviços de maneira centralizada, por meio dos órgãos da administração direta, ou prestá-los descentralizadamente, através de entidades autárquicas, fundacionais e paraestatais que integram a administração indireta, bem como por empresas privadas e particulares, individualmente, que se configurem concessionários, permissionários ou autorizatários de serviços públicos (CF, arts. 21, XII e 75).

Conforme lição de Odete Medauar,[35] os antecedentes da concessão remontam à Idade Média, quando as concessões senhoriais ocorriam para a transferência da administração de feudos ou para a exploração de atividades em domínios pertencentes ao senhor feudal. Assim, senhores feudais regionais ou locais exploravam minas diretamente ou por meio de concessões. Eram utilizadas formas contratuais com a finalidade de garantir o empenho dos que executavam as atividades e de fixar diretrizes quanto à remuneração. Em troca da prestação das atividades, os senhores feudais atribuíam terras ou rendas. O senhor exercia a fiscalização das atividades, dava ordens e instruções e em certos casos rescindia a concessão, mesmo sem falhas do vassalo. Na França, no período do Estado Absoluto, registra-se a existência de contratos de gestão de serviços públicos em que os representantes do poder público exerciam poder de direção, baixavam diretrizes, impunham unilateralmente acréscimos e podiam rescindir o contrato. Os concessionários tinham situação de sujeição em benefício do serviço público. No séc. XVII poucas eram as garantias dadas aos concessionários. O quadro se altera no séc. XVIII, ampliando-se essas garantias; já se prevêem direitos de indenização em caso de culpa da administração, aumento de obra, rescisão unilateral sem culpa do concessionário e ocorrência de situações imprevistas.

Com o sentido que lhe é atualmente atribuído, a concessão existe e foi utilizada desde o séc. XIX na Europa, sobretudo na França. Foi criada para serviços que exigiam grandes investimentos financeiros e pessoal técnico especializado, encargos esses que o poder público não podia assumir; seu uso, na época, recaiu principalmente sobre estradas de ferro, fornecimento de água, gás, eletricidade, transportes urbanos. A concessão tinha a característica de longa duração para propiciar o retorno do investimento aplicado. A partir da década de 1930, acentuando-se na década de 1940, registra-se o declínio das concessões, em virtude da instabilidade econômica em geral decorrente das guerras mundiais bem como das tendências estatizantes. Muitas das atividades concedidas foram nacionalizadas e criaram-se empresas estatais que absorveram boa parte das concessões do setor privado. As-

35. Odete Medauar, "A figura da concessão", in *Concessão de Serviço Público*, 1995.

sim surgiram as concessões outorgadas não ao setor privado, mas a entes da administração indireta ou descentralizada: as empresas públicas e sociedades de economia mista. A partir da década de 1980, ressurge o interesse pela concessão em outro contexto, mas com justificativa idêntica àquela que norteou sua elaboração no séc. XIX: execução de serviços sem ônus financeiro para a administração. Esse é o novo contexto em que se editou a Lei 8.987, de 13.2.1995, que dispõe sobre o regime de concessão e permissão da prestação de serviços públicos previsto no art. 175 da CF.

Com efeito, nossas Constituições, desde a de 1934, consignaram a necessidade de regulamentação das concessões, por lei, e a vigente repete a determinação em seu art. 175, segundo o qual: "Art. 175. Incumbe ao Poder Público, na forma da lei, diretamente ou sob regime de concessão ou permissão, sempre através de licitação, a prestação de serviços públicos. Parágrafo único. A lei disporá sobre: I —— o regime das empresas concessionárias e permissionárias de serviços públicos, o caráter especial de seu contrato e de sua prorrogação, bem como as condições de caducidade, fiscalização e rescisão da concessão ou permissão; II — os direitos dos usuários; III — política tarifária; IV — a obrigação de manter serviço adequado".

Promulgada em 13.2.1995, a Lei 8.987 estabeleceu as normas gerais sobre o regime de concessão e permissão de serviços públicos, procurando sistematizar a matéria. Assim sendo, serviços concedidos são todos aqueles que o particular executa em seu nome, por sua conta e risco, remunerados por tarifa, na forma regulamentar, mediante a delegação contratual ou legal do poder público concedente.

Segundo a definição apresentada por Hely Lopes Meirelles,[36] concessão "é a delegação contratual da execução do serviço, na forma autorizada e regulamentada pelo Executivo. O contrato de concessão é ajuste de Direito Administrativo, bilateral, oneroso, comutativo e realizado *intuitu personae*. Com isto se afirma que é um acordo administrativo (e não um ato unilateral da administração), com vantagens e encargos recíprocos, no qual se fixam as condições de prestação do serviço, levando-se em consideração o interesse coletivo na sua obtenção e as condições pessoais de quem se propõe a executá-lo por delegação do poder concedente. Sendo um contrato administrativo, como é, fica sujeito a todas as imposições da administração necessárias à formalização do ajuste, dentre as quais a autorização governamental, a regulamentação e a licitação".

A Lei 8.987/95, em seu art. 2º, conceitua a concessão de serviço público como a "delegação de sua prestação, feita pelo poder concedente, mediante licitação, na modalidade de concorrência, à pessoa jurídica ou consórcio de empresas que demonstre capacidade para a sua realização, por sua conta e risco, de forma que o investimento da concessionária seja remunerado e amortizado mediante a exploração do serviço ou da obra por prazo determinado". Assim sendo, verificamos que pessoas físicas não podem obter a concessão, mas somente a permissão de serviços públicos.

Ao lado das concessões, a Lei 8.987/95, em seu art. 2º, IV, define também as permissões de serviço público, como "a delegação, a título precário, mediante licitação, da prestação de serviços públicos, feita pelo poder concedente à pessoa física ou jurídica que demonstre capacidade para o seu desempenho, por sua conta e risco".

A concessão deve ser formalizada, a princípio, mediante contrato, e, modernamente, até também por meio de lei, oferecendo maior formalidade e estabilidade para o serviço. A permissão constitui, historicamente, delegação por ato unilateral da administração, revestindo a execução do serviço de maior simplicidade e precariedade. A Lei 8.987/95, em seu art. 40, esta

36. *Direito Administrativo Brasileiro*, p. 340.

belece que as permissões também poderão ser formalizadas mediante contrato de adesão, mantendo, entretanto, a precariedade e a revogabilidade por ato unilateral do poder concedente.

A permissão é discricionária e precária, mas admite condições e prazos para a exploração do serviço, a fim de garantir rentabilidade e assegurar a recuperação do investimento do permissionário, visando a atrair a iniciativa privada. Por sua natureza precária, presta-se à execução de serviços ou atividades transitórias, ou até mesmo permanentes, mas que exijam freqüentes modificações para acompanhar a evolução da técnica ou as variações do interesse público.

Aos permissionários não se estendem automaticamente as prerrogativas dos concessionários, só se beneficiando das que lhes forem expressamente atribuídas. A permissão é também deferida *intuitu personae*, e, como tal, não admite a substituição do permissionário, nem possibilita a transferência do serviço ou do uso permitido a terceiros sem prévio assentimento do permitente.

Serviços autorizados, por sua vez, são aqueles que o poder público, por ato unilateral, precário e discricionário, consente na sua execução por particular para atender a interesses coletivos instáveis ou emergência transitória. Normalmente, não possuem regulamentação específica e estão sujeitos a constantes modificações do modo de sua prestação ao público e à supressão, a qualquer momento, o que agrava a sua precariedade. É modalidade adequada para todos aqueles serviços que não exigem execução pela própria administração nem pedem especialização na sua prestação ao público, como ocorre, p. ex., com os serviços de táxi e de despachantes. Não se beneficiam das prerrogativas das atividades públicas, só auferindo as vantagens que lhes forem expressamente deferidas no ato da autorização, e sempre sujeitas a modificações ou supressão sumária, dada a precariedade ínsita desse ato. A contratação desses serviços com os usuários é sempre uma relação de direito privado, sem qualquer participação ou responsabilidade do poder público.

Voltando a analisar o instituto da concessão, temos que ela não implica a transferência de propriedade do poder concedente ao concessionário. Assim sendo, considerando que o serviço, apesar de concedido, continua sendo público, temos que o poder concedente (União, Estado-membro ou Município) nunca se despoja do direito ou prerrogativa pública de explorá-lo direta ou indiretamente, desde que o interesse coletivo assim o exija. Por essa razão é que o poder concedente permanece com a faculdade de, a qualquer tempo, no curso da concessão, retomar o serviço concedido, mediante indenização ao concessionário dos lucros cessantes e danos emergentes resultantes da encampação. O que existe, efetivamente, é a mera delegação da execução do serviço, nos limites e condições legais ou contratuais, sempre sujeita à regulamentação e fiscalização do poder concedente.

A Lei 8.987, em seu art. 14, dispõe, de modo análogo à Constituição Federal (art. 175) e à Lei de Licitações, 8.666/93 (art. 2º), que: "Art. 14. Toda concessão de serviço público, precedida ou não da execução de obra pública, será objeto de prévia licitação, nos termos da legislação própria e com observância dos princípios da legalidade, moralidade, publicidade, igualdade, do julgamento por critérios objetivos e da vinculação ao instrumento convocatório. Art. 15. No julgamento da licitação será considerado um dos seguintes critérios: I — o menor valor da tarifa do serviço público a ser prestado; II — a maior oferta, nos casos de pagamento ao poder concedente pela outorga da concessão; III — a combinação, dois a dois, dos critérios referidos nos incisos I, II e VII; IV — melhor proposta técnica, com preço fixado no edital; V — melhor proposta em razão da combinação dos critérios de menor valor da tarifa do serviço público a ser prestado com o de melhor técnica; VI — melhor proposta em razão da combinação dos critérios de maior oferta pela outorga da concessão com o de melhor técnica; ou VII — melhor oferta de pagamento pela outorga após qualificação de propostas técnicas".

A concessão, em regra, deve ser conferida sem exclusividade, para que seja possível sempre a competição, beneficiando-se, assim, os usuários com serviços melhores e tarifas mais baratas, salvo no caso de inviabilidade técnica ou econômica de concorrência na prestação do serviço, devidamente justificada (Lei 8.987/95, art. 16).

É importante ressaltar que a atividade do concessionário é atividade privada e assim será exercida, sendo que somente para os fins expressamente consignados em lei ou no contrato é que se equiparam os concessionários a autoridades públicas, sujeitando-se seus atos a mandado de segurança (Lei 1.533/51, art. 1º) e demais ações cabíveis.

Toda concessão fica submetida a duas categorias de normas: (i) de natureza regulamentar ou de serviço, que disciplinam o modo e a forma de prestação do serviço, alteráveis unilateralmente pelo poder público segundo as exigências da comunidade e que são estabelecidas em lei, regulamento ou no próprio contrato visando à prestação do serviço adequado; e (ii) de ordem contratual, também denominadas cláusulas econômicas ou financeiras, que fixam as condições de remuneração e demais vantagens ou encargos patrimoniais do concessionário e que, enquanto cláusulas contratuais, são fixas, só podendo ser modificadas por acordo entre as partes, sendo as responsáveis pela manutenção do "equilíbrio econômico-financeiro do contrato".

Desta forma, o contrato de concessão, assim como os demais contratos administrativos, pode ser alterado unilateralmente pela administração, alteração esta que deverá se restringir às cláusulas regulamentares ou de serviço, sempre para melhor atendimento da sociedade. Entretanto, toda vez que, ao modificar a prestação do serviço, o poder concedente modificar o equilíbrio econômico–financeiro do contrato, terá que reajustar as cláusulas remuneratórias da concessão, adequando as tarifas aos novos encargos acarretados ao concessionário (Lei 8.987/95, art. 9º, § 4º).

Os poderes de regulamentação e controle conferidos à administração pública abrangem o direito de fiscalizar as concessionárias, com amplos poderes de verificação de sua administração, contabilidade, recursos técnicos, econômicos e financeiros. Compreende, também, a faculdade do poder público de modificar, a qualquer tempo, o funcionamento do serviço concedido, visando à sua melhoria e aperfeiçoamento técnico, bem como a faculdade de aplicar penalidades regulamentares e contratuais, de intervir na prestação do serviço quando estiver sendo prestado deficientemente ou ocorrer indevida paralisação, bem como afastar o concessionário, definitivamente, da sua execução (cassação da concessão e rescisão do contrato), uma vez comprovada sua incapacidade moral, financeira ou técnica para executá-lo em condições satisfatórias.

O contrato de concessão deve definir o objeto da concessão, delimitar a área, prazo, modo, forma e condições da exploração, estabelecer os direitos e deveres das partes e dos usuários do serviço, bem como conter todas as demais cláusulas consideradas essenciais relacionadas no art. 23 da Lei 8.987/95.

São, tradicionalmente, cinco os princípios que devem nortear o serviço público ou de utilidade pública: *generalidade* (serviço para todos os usuários, indiscriminadamente); *permanência* ou *continuidade* (serviço constante na área e período de sua prestação); *eficiência* (serviço satisfatório, qualitativa e quantitativamente); *modicidade* (preços razoáveis, ao alcance de seus destinatários) e *cortesia* (bom tratamento ao público). Esse conjunto de requisitos ou princípios é, modernamente, sintetizado na expressão "serviço adequado", que a nossa Constituição adotou, e que foi também definido pelo art. 6º da Lei 8.987/95: "Art. 6º. Toda concessão ou permissão pressupõe a prestação de serviço adequado ao pleno atendimento dos usuários, conforme estabelecido nesta Lei, nas normas pertinentes e no respectivo contrato. § 1º. Serviço adequado é o que satisfaz as condições de regularidade, continuidade, eficiência, segurança, atualidade, generalidade, cortesia na sua prestação e modicidade de tarifas".

O serviço concedido deve ser remunerado por tarifa (preço público), e não por taxa (tributo). A tarifa deve permitir a justa remuneração do capital, o melhoramento e a expansão do serviço, assegurando o equilíbrio econômico e financeiro do contrato. Daí por que se impõe a revisão periódica das tarifas, de modo a adequá-las ao custo operacional e ao preço dos equipamentos necessários à manutenção e expansão do serviço, a fim de propiciar justa remuneração do concessionário, na forma contratada.

A extinção da concessão ou a retomada do serviço concedido pode ocorrer por diversos motivos e formas, como, p. ex.:

a) reversão é o retorno do serviço ao concedente ao término do prazo contratual da concessão. A Lei 8.987/95 determina que o poder concedente indenize o concessionário de todas as parcelas de investimentos vinculados a bens reversíveis, ainda não amortizados ou depreciados, que tenham sido realizados com o objetivo de garantir a continuidade e atualidade do serviço concedido (art. 36). Pretende-se evitar, com essa determinação, que a prestação do serviço se deteriore nos últimos anos do prazo da concessão, por falta de investimentos do concessionário. Ao garantir legalmente a indenização desses investimentos, torna-se mais fácil ao poder concedente exigir o cumprimento do dever de atualidade do serviço, correspondente à manutenção e melhoria dos equipamentos e instalações;

b) encampação ou resgate é a retomada coativa do serviço, pelo poder concedente, durante o prazo da concessão, por motivo de interesse público. Não pode o concessionário, em caso algum, opor-se à encampação. Seu direito limita-se à indenização dos prejuízos que, eventualmente, o ato de império do poder público lhe acarretar. A encampação depende de lei autorizadora específica e pagamento prévio da indenização apurada (art. 37). A lei pretendeu dar maiores garantias ao concessionário, ao transferir para o Legislativo a decisão de encampar, uma vez que o reconhecimento da existência de interesse público passa a depender de uma decisão colegiada e não individual do Chefe do Executivo;

c) o contrato de concessão poderá também ser objeto de rescisão por iniciativa da concessionária, no caso de descumprimento das normas contratuais por parte do poder concedente, mediante ação judicial especialmente ajuizada para esse fim (art. 39);

d) a caducidade, por sua vez, é a rescisão da concessão por inadimplência do concessionário. Segundo o art. 38 da Lei 8.987/95, o poder concedente poderá declarar a caducidade da concessão quando: a) o serviço estiver sendo prestado de forma inadequada ou deficiente; b) o concessionário descumprir cláusulas contratuais ou disposições legais ou regulamentares; c) o concessionário paralisar o serviço, ressalvadas as hipóteses decorrentes de caso fortuito ou força maior, perder as condições econômicas, técnicas ou operacionais para manter adequada a prestação do serviço; d) não cumprir as penalidades impostas por infrações anteriores; e) não atender à intimação para regularizar a prestação do serviço; e, f) for condenado, em sentença transitada em julgado, por sonegação de tributos, inclusive contribuições sociais. A caducidade será declarada por decreto do poder concedente, depois de comprovada a inadimplência do concessionário em processo administrativo, assegurados os princípios do contraditório e da ampla defesa;

e) a anulação é a invalidação do contrato decorrente de ilegalidade na concessão ou na formalização do ajuste. Enquanto a rescisão pressupõe um contrato válido, mas mal-executado, a anulação pressupõe um contrato ilegal, embora possa estar sendo regularmente executado. Daí porque a anulação não impõe indenização alguma e produz efeitos *ex tunc*, retroagindo às origens da concessão, e a rescisão normalmente obriga o concedente a indenizar e só atua dali para diante, *ex nunc*.

No que se refere à privatização de empresas estatais, Eros Grau entende que as mesmas são, na verdade, "delegadas" e não concessionárias de serviços públicos. A concessão supõe a adesão voluntária de um sujeito à relação jurídica de concessão. Ainda que hoje se coloque sob vigorosa contestação o caráter contratual da concessão, visto que a relação se formaliza mediante a imposição, pelo poder concedente, de um certo número de cláusulas regulamentares, suportadas por ele. A celebração desse contrato expressa a aceitação, pelo concessionário, da capacidade para o exercício da atividade de serviço público. As empresas estatais, entretanto, não celebram, na realidade, nenhum contrato de concessão com o Estado. Ocupam a posição de prestadoras de serviço público não em decorrência de manifestação de vontade própria, declarada em contrato, no sentido de aceitar atribuição para o exercício de determinada atividade, porém em decorrência de imposição legal, tendo sido criadas justamente para essa finalidade como extensão do Estado. Assim sendo, segundo o aludido autor, não são a elas aplicáveis as regras relativas aos contratos administrativos e às condições de caducidade, fiscalização ou rescisão da concessão.[37]

Em segundo lugar, Eros Grau observa, da análise do preceito constitucional, que o concessionário é também beneficiado pela estipulação legal da política tarifária.[38] Isto significa que à capacidade de exercício do serviço atribuída ao concessionário adere um direito a remuneração por tal exercício, em condições de equilíbrio econômico-financeiro. Às empresas estatais prestadoras de serviço público não assiste, contudo, segundo o autor, direito à percepção de remuneração pela prestação do serviço naquelas mesmas condições de equilíbrio econômico-financeiro. O Estado, poder concedente, pode, inclusive, sujeitálas a regime de atuação deficitária — o que ocorre com freqüência — fixando as remunerações que lhes devem ser pagas pelos usuários dos seus serviços em níveis inferiores aos que seriam necessários à reposição dos custos da prestação dos serviços. Este tipo de situação dá ensejo ao velho discurso segundo o qual as empresas estatais são ineficientes, estando essas remunerações, entretanto, subsidiadas, responsabilizando-se o Estado pela cobertura dos seus déficits.

Em terceiro lugar, na medida em que é assegurado ao concessionário o equilíbrio econômico-financeiro da relação, tem-se que a concessão, tal qual a permissão, é exercida pelas concessionárias tendo-se por objetivo a realização de lucro. Se não fosse assim, nenhuma razão levaria empresas privadas a aderirem à situação de concessionárias de serviço público. Já as empresas estatais, por outro lado, não visam, no exercício da atividade de prestação de serviços públicos, precipuamente a obtenção de lucros, mas sim a satisfação do interesse público.[39]

Podem ser visualizadas, portanto, duas situações jurídicas inteiramente distintas, quais sejam, a do concessionário de serviço público e a da empresa estatal que tenha por objeto a sua prestação. Estas são delegadas do Estado, criadas devido ao movimento da descentralização administrativa visando finalidade específica. É o próprio Estado, então, quem, através de uma extensão sua, dotada de personalidade jurídica privada, presta os serviços.

37. Eros Roberto Grau, *A Ordem Econômica na Constituição de 1988 (Interpretação e Crítica)*, pp. 151 e 152.

38. Idem, pp. 152 e 153.

39. Idem, p. 153.

Também José Afonso da Silva, tendo em vista que a concessão não elimina o controle do Estado sobre a referida atividade declara que: "A natureza das empresas estatais prestadoras de serviços públicos se assemelha às concessionárias de serviço público com diferenças importantes, quais sejam a de não se sujeitarem inteiramente aos ditames do art. 175, pois não se lhes aplicam as regras de reversão, nem de encampação, nem, rigorosamente, o princípio do equilíbrio econômico-financeiro do contrato, já que os serviços não lhes são outorgados por via contratual, mas por via de lei instituidora, e porque são entidades do próprio poder concedente. Quanto ao ato de delegação, o que se opera é mera atribuição do exercício de atividade a pessoa do próprio Estado, embora dotada de personalidade jurídica de direito privado".[40]

Eros Grau, em sala de aula, deixa claro que, para ele, concessão não significa privatização, tendo em vista que a concessão não elimina o controle do Estado sobre a referida atividade. O termo "privatização", para o referido autor, significa apenas a transferência da propriedade de empresas estatais do setor público ao setor privado. Entretanto, conforme anteriormente mencionado (v. item VII — 2), grande parte da doutrina entende que deve haver uma maior flexibilização na análise das várias formas de privatização, expressão que não corresponde mais a seu sentido técnico original, tendo adquirido feições muito mais amplas e abrangentes. Esse esclarecimento deixa perceber que nem todas as formas de privatização implicam que o Estado abandone totalmente o financiamento e mesmo o planejamento dos respectivos serviços. Deste modo, fica claro que, em alguns casos, privatização não significa apenas a transferência de propriedade do Estado para os particulares, podendo significar também a mera ampliação do papel da atividade privada ao lado da pública, numa transferência de gestão, de administração de serviços públicos, através de figuras como a concessão.

40. José Afonso da Silva, *Curso de Direito Constitucional Positivo*.

VII — 8. As obrigações das empresas e a responsabilidade dos administradores das empresas incluídas no PND

São de várias ordens as restrições impostas às sociedades a partir do momento em que são incluídas no PND, inclusão esta que se dá através da promulgação, pelo Presidente da República, de decretos específicos para essa finalidade. As referidas limitações se consubstanciam tanto na vedação da prática de determinados atos por parte da própria sociedade, quanto na imposição de determinadas condutas aos seus administradores e controladores.

O art. 47 do Decreto 2.594, de 15.5.1998, que regulamenta a Lei 9.491/97 estabelece que a partir de sua inclusão no PND a sociedade não poderá: "I — alienar elementos do seu ativo permanente ou adquirir bens que nele venham a ser registrados sem prévia autorização do CND, exceto os necessários à manutenção e operação da empresa. II — contrair obrigações financeiras sem prévia autorização do CND, exceto aquelas necessárias à manutenção e operação da empresa. Parágrafo único. A partir da fixação, pelo CND, do preço mínimo das ações ou bens objeto de alienação, a sociedade não poderá praticar atos que impliquem diminuição do seu patrimônio líquido, inclusive distribuição de dividendos e redução de capital mediante distribuição de reservas, sem prévia autorização do CND".

O art. 59 do mencionado Decreto, por sua vez, dispõe que: "(...) as empresas incluídas no PND, bem como as empresas titulares de participações acionárias incluídas no referido programa ficarão administrativamente subordinadas ao Ministério da Fazenda que, no âmbito de sua competência, tomará todas as medidas necessárias à efetivação dos processos de desestatização.

§ 1º. A partir de sua inclusão no PND a sociedade não poderá praticar os seguintes atos, sem a autorização prévia do Ministro da Fazenda: I — proceder à abertura de capital, aumentar o capital social por subscrição de novas ações, renunciar a direitos de subscrição, lançar debêntures conversíveis em ações ou emitir quaisquer outros valores mobiliários, no país ou no exterior; II — promover operações de cisão, fusão ou incorporação; III — firmar acordos de acionistas ou quaisquer compromissos de natureza societária ou renunciar a direitos neles previstos; IV — firmar ou repactuar contratos de financiamentos ou, de acordos comerciais, por prazo superior a três meses, ou quaisquer outras transações que não correspondam a operações e giro normal dos negócios da empresa; V — adquirir ou alienar ativos em montante igual ou superior a cinco por cento do patrimônio líquido da empresa".

Saliente-se, ainda, que nos termos do art. 23 da Lei 9.491/97, "será nula de pleno direito a venda, a subscrição ou a transferência de ações que impliquem a infringência desta Lei".

O Decreto 1.091, de 21.3.1994, que dispõe sobre procedimentos a serem observados por empresas controladas direta ou indiretamente pela União, estabelece que: "Art. 1º. As empresas públicas, as sociedades de economia mista e suas subsidiárias, controladas direta ou indiretamente pela União, somente poderão realizar os atos de natureza societária de que trata o presente Decreto, mediante decisão de assembléia-geral de acionistas, especialmente convocada para deliberar sobre as seguintes matérias: I — alienar, no todo ou em parte, ações do seu capital social ou de suas controladas; proceder à abertura de seu capital; aumentar seu capital social por subscrição de novas ações; renunciar a direitos de subscrição de ações ou debêntures conversíveis em ações de empresas controladas; emitir debêntures conversíveis em ações ou vendê-las, se em tesouraria; vender debêntures conversíveis em ações de sua titularidade de emissão de empresas controladas; ou, ainda, emitir quaisquer outros títulos ou valores mobiliários, no país ou no exterior; II — promover a cisão, fusão ou incorporação das empresas de que trata o *caput* do artigo; III — permutar ações ou outros valores mobiliários, de emissão das empresas de que trata o *caput* do artigo. Art. 2º. As entidades de que trata o *caput* do art. 1º somente poderão firmar acordos de acionistas ou renunciar a direitos neles previstos, ou, ainda, assumir quaisquer compromissos de natureza societária referentes aos disposto no art. 118 da Lei 6.404/76, mediante prévia anuência do Ministério da Fazenda. Art. 3º. O Procurador da Fazenda Nacional, nas assembléias de acionistas das entidades controladas diretamente pela União, bem assim os representantes dessas nas assembléias das respectivas subsidiárias e controladas cumprirão os termos da instrução de voto emanada do Ministério da Fazenda relativo às matérias de que trata o art. 1º".

No que se refere às responsabilidades e obrigações impostas aos administradores e controladores das empresas incluídas no PND, eles deverão adotar, nos prazos estabelecidos, as providências que vierem a ser determinadas pelo CND, necessárias à implantação dos processos de alienação (art. 19 da Lei 9.491/97).

O art. 20 do texto normativo dispõe que: "Será de responsabilidade exclusiva dos administradores das sociedades incluídas no PND o fornecimento, em tempo hábil, das informações sobre as mesmas, necessárias à execução dos processos de desestatização. Parágrafo único. Será considerada falta grave a ação ou omissão de empregados ou servidores públicos que, injustificadamente, opuserem dificuldades ao fornecimento de informações e outros dados necessários à execução dos processos de desestatização".

Finalmente, o Decreto 2.594/98 trata a matéria praticamente repetindo o dispositivo acima mencionado: "Art. 45. Os servidores da Administração Pública federal direta e autárquica responderão, nos termos da lei, por eventuais ações ou omissões que impeçam ou prejudiquem o curso dos processos de desestatização. Art. 46. Os administradores das sociedades incluídas no PND são responsáveis pela exatidão e pelo fornecimento, em tempo hábil, das informações necessárias à instrução do processo de desestatização".

Para melhor compreensão do acima transcrito, apresenta-se extremamente interessante fazer-se análise da responsabilidade dos administradores das sociedades, tal como estipulado na Lei das Sociedades Anônimas.

Em primeiro lugar, cabe efetuar a identificação de quem são, exatamente, os "administradores" das companhias. A administração das sociedades anônimas competirá ou ao Conselho da Administração e à Diretoria, ou apenas à Diretoria (art. 138 da Lei 6.404/76).

O Conselho de Administração deve ser composto, necessariamente, de acionistas da sociedade. De acordo com a Medida Provisória 1.754-16, datada de 8.4.1999, a qual tem sido constantemente reeditada, não é mais necessário que os membros do Conselho de Administração sejam residentes e domiciliados no Brasil, desde que constituam um procurador residente e domiciliado no país. A principal atribuição do Conselho de Administração é, entre outras, fixar a orientação geral dos negócios da companhia. Ele é órgão de deliberação colegiada, sendo sua existência obrigatória somente nas companhias abertas, nas de capital autorizado, e nas sociedades de economia mista.

A Diretoria, por sua vez, é composta de membros que podem ser, ou não, acionistas da companhia, e que são eleitos e destituíveis a qualquer tempo pelo Conselho de Administração ou, se inexistente, pela assembléia-geral (art. 143 da Lei 6.404/76). Nos termos do art. 138, § 1º, da Lei 6.404/76, com as alterações da Lei 9.457/97, a representação da companhia é privativa dos diretores.

Neste sentido, é de grande valia a distinção realizada por Tavares Guerreiro, o qual, baseado em Bonelli (*La Societá Semplice*, pp. 293 e ss.), entende que a denominação genérica de "administração", enquanto direção da atividade econômica desenvolvida pela sociedade, compreende a administração em sentido estrito, ou administração interna, e a representação, ou administração externa. No primeiro caso, seriam os administradores responsáveis pela condução dos negócios sociais na medida em que estes envolveriam os interesses próprios dos acionistas em sua vinculação com a sociedade. O escopo da sociedade teria o condão de determinar os poderes dos administradores e, conseqüentemente, constituiria o ponto de partida para a determinação de sua responsabilidade. A representação configuraria o aspecto externo da administração, na medida em que embasaria os poderes dos administradores no tocante ao relacionamento jurídico da sociedade com terceiros.[41]

O equacionamento correto da questão necessita, entretanto, de prévia indagação acerca da natureza da relação jurídica estabelecida entre a sociedade e o administrador. Durante muito tempo entendeu-se que a relação entre o administrador e a sociedade era vínculo de natureza puramente contratual, que repousava no instituto do mandato, e que as infrações aos deveres de gestão suscitariam a responsabilização dos infratores com base nas regras de direito comum, relativas ao inadimplemento das convenções contratuais. Foi a lei acionária alemã de 1937 que, do ponto de vista do direito positivo, dissociou a administração societária das concepções tradicionais, com a introdução da figura do gestor da sociedade anônima como titular de uma posição orgânica. A teoria organicista, em contraste com as concepções de caráter contratual, transporta a responsabilidade dos administradores das companhias do campo do ina-

41. "Responsabilidade dos administradores de sociedades anônimas", in *RDM* 42.

dimplemento contratual para a esfera dos ilícitos civis, de natureza aquiliana.

Desta forma, devem ser identificadas duas esferas distintas de relações jurídicas mantidas pelos diretores das companhias: de um lado, as relações internas, entre o diretor e a sociedade, reguladas pelo contrato de trabalho; e, de outro, relações externas, entre a sociedade e terceiros, nas quais o diretor assume o papel de órgão social, com a prerrogativa de representação legal da pessoa jurídica.

Cabe, neste momento, proceder-se a uma análise dos deveres e das responsabilidades dos administradores das sociedades anônimas, temas totalmente interligados, e, por isso, objeto de um estudo conjunto.

Numa primeira classificação, pode-se afirmar que a responsabilidade dos administradores pode ser individual ou colegiada. Embora integrem órgão da administração colegiado, o exercício dos deveres, por parte dos diretores, é individual. A vontade manifestada pelos diretores singularmente é plenamente eficaz, manifestando cada um deles, unilateralmente, a vontade da companhia. O exercício dos encargos legais e estatutários dos conselheiros, por sua vez, se faz pela maioria de seus integrantes. A vontade, nesse caso, é necessariamente coletiva para que seja eficaz, sendo que a manifestação da maioria dos integrantes do órgão vincula todos os seus membros. Desta forma, salvo conluio ou negligência, nenhum diretor torna-se responsável por ato de outro diretor. No Conselho de Administração, a responsabilidade será sempre de todos os membros, salvo se os discordantes fizerem consignar sua divergência em ata de reunião do órgão ou se utilizarem dos demais procedimentos exoneradores de responsabilidade previstos em lei (art. 158, § 1º). Também os membros do Conselho de Administração não são responsáveis por atos ilícitos dos diretores, salvo se com eles forem coniventes, se negligenciarem em descobri-los ou, se deles tendo conhecimento, deixarem de agir para impedir a sua prática.

Segundo Paulo Salvador Frontini,[42] são diversos os ângulos sob os quais aparece o problema da responsabilidade dos administradores na Lei 6.404/76, o que nos permite visualizar os planos de responsabilidade de maneira bastante ampla:

a) o da responsabilidade dos órgãos societários, considerando que o regime de responsabilidade a que estão sujeitos não é apenas o da responsabilidade civil, havendo, no conjunto da legislação brasileira, normas de responsabilidade administrativa e penal, conforme será visto mais adiante;

b) o da responsabilidade de terceiros perante a sociedade por ações, em que devemos considerar a responsabilidade do acionista controlador, do acionista que vota abusivamente, dos fundadores, dos avaliadores e do subscritor ao ensejo da contribuição em bens para a formação do capital social; e

c) o da responsabilidade da sociedade por ações perante terceiros por atos imputáveis aos seus administradores. Essa questão apresenta-se, nessa pesquisa, como de maior importância com relação aos demais itens, desdobrando-se em dois níveis.

Em primeiro lugar, devemos analisar a hipótese em que o ato do administrador se insere em seu âmbito normal de atuação, praticando o administrador ato regular de gestão. O art. 158 da Lei das S/A estabelece que "o administrador não é pessoalmente responsável pelas obrigações que contrair em nome da sociedade e em virtude de ato regular de gestão".

As dificuldades, entretanto, aparecem quando, por ato do administrador, agindo culposamente ou violando lei ou estatuto, a sociedade se obriga perante terceiros. Nesses casos, considera-se que a sociedade se obriga e responde efetivamente perante terceiros, entendimento este que parece me-

42. "Responsabilidade dos administradores em face da nova Lei das Sociedades por Ações", in *RDM* 26.

lhor atender à dinâmica dos negócios e ao princípio da boa-fé que informa a teoria dos contratos mercantis. O dinamismo dos negócios, exigindo rapidez e confiança, impôs a necessidade de se oferecer proteção ao terceiro que, de boa-fé, celebrasse negócio jurídico com a sociedade, esta comparecendo através de diretor ou gerente que aparentasse poderes bastantes. Torna-se crescente a relevância da aparência como elemento convalidador de situações formalmente irregulares mas sob o "manto" da boa-fé. São várias as decisões considerando irrelevantes, perante terceiros de boa-fé, as limitações estatutárias, proclamando, assim, a responsabilidade da pessoa jurídica, ressalvado seu direito à ação regressiva.

Consoante os termos do art. 154 da Lei das Sociedades Anônimas, "o administrador deve exercer as atribuições que a lei e o estatuto lhe conferem para lograr os fins e no interesse da companhia, satisfeitas as exigências do bem público e da função social da empresa".

Na análise do referido dispositivo, verifica-se que ele consagra um princípio programático, vazio de sanção, mas que contém um subsídio moral e ideológico cuja inobservância caracterizará a figura do *desvio de poder*. Consoante Paulo Salvador Frontini, "a atuação do administrador, na sociedade anônima, não deve apenas situar-se no âmbito de suas atribuições; deve, também, conformar-se ao espírito destas. A observância dos limites objetivos das atribuições erige-se em aspecto formal da legalidade dos atos praticados pelo administrador. O respeito às superiores finalidades dessas atribuições revela o aspecto ideológico substancial dessa legalidade. O administrador que violentar o aspecto formal ensejará a caracterização de uma nulidade; o que atentar contra a essência dessa legalidade, fraudando seu espírito, estará incidindo em desvio de poder". Citando Cretella Júnior, afirma que desvio de poder é "o uso indevido, que a autoridade administrativa faz do poder que lhe é conferido, para atingir finalidade, pública ou privada, diversa daquela que a lei preceituara".[43]

Os administradores estão sujeitos, no decorrer do texto legal, a nítidas proibições, sendo-lhes vedadas diversas práticas (*non facere*), como: atos de liberalidade às custas da companhia (art. 154, § 2º, *a*); omitir-se no exercício ou proteção de direitos da companhia (art. 155, II, 1ª parte); deixar de aproveitar oportunidades de negócios de interesse da companhia (art. 155, II, 2ª parte); adquirir, para revender com lucro, bem ou direito que sabe necessário à companhia ou que esta tencione adquirir (art. 155, III); quebrar o sigilo sobre informação ainda não divulgada e obtida em razão do cargo, capaz de influir de modo ponderável na cotação de valores mobiliários (art. 155, § 1º); valer-se da mesma informação para obter, para si ou para outrem, vantagem mediante compra ou venda de valores mobiliários (prática denominada *insider trading* — art. 155, § 1º); intervir em qualquer operação social em que tiver interesse conflitante com o da companhia (art. 156) etc.

Correlatamente às proibições, são infinitos os deveres a que estão sujeitos, contendo a lei, expressamente, alguns deles, de forma meramente exemplificativa, prevendo claramente sanções na eventualidade de seu descumprimento: empregar, no exercício das funções, o cuidado e a diligência que todo homem ativo e probo costuma empregar na administração de seus próprios negócios (o chamado "dever de diligência", art. 153); assegurar o funcionamento normal da companhia (art. 158, § 2º); proceder dentro de suas atribuições, fazendo-o sem culpa, dolo ou desvio de poder (art. 158, I e II, e 154); fiscalizar os outros administradores, agindo para impedir a prática de ato ilícito por outro administrador, comunicando o fato à assembléia-geral, se necessário (art. 158, §§ 1º e 4º, o chamado "dever de informação", presente em vários ar-

43. Idem.

tigos da Lei das Sociedades Anônimas), ou ao órgão de administração competente ou ao Conselho Fiscal; zelar para que seus subordinados não pratiquem o *insider trading* (art. 155, § 2º); comunicar aos demais administradores ter interesse conflitante com o da companhia, relativamente à operação social a ser objeto de deliberação (art. 156, *caput*); comunicar imediatamente à Bolsa de Valores e divulgar pela imprensa — quando se tratar de companhia aberta — qualquer deliberação ou fato suscetível de influir ponderavelmente junto aos investidores e ao mercado de valores (art. 157, § 4º), servir com lealdade à companhia e manter reservas sobre os seus negócios (art. 155, o chamado "dever de lealdade") etc.

É importante destacar o teor dos §§ 4º e 5º do art. 157 da Lei das Sociedades Anônimas, os quais possuem também estreita relação com os dispositivos referentes às responsabilidades dos administradores constantes da Lei 9.491/97 e demais diplomas legais relativos às privatizações, referidos no início deste item. Segundo as mencionadas normas: "§ 4º. Os administradores da companhia aberta são obrigados a comunicar imediatamente à bolsa de valores e a divulgar pela imprensa qualquer deliberação da assembléia-geral ou dos órgãos de administração da companhia, ou fato relevante ocorrido nos seus negócios, que possa influir, de modo ponderável, na decisão dos investidores do mercado de vender ou comprar valores mobiliários emitidos pela companhia. § 5º. Os administradores poderão recusar-se a prestar a informação ou deixar de divulgá-la, se entenderem que sua revelação porá em risco interesse legítimo da companhia, cabendo à Comissão de Valores Mobiliários, a pedido dos administradores, de qualquer acionista, ou por iniciativa própria, decidir sobre a prestação de informação e responsabilizar os administradores, se for o caso".

No tocante à Comissão de Valores Mobiliários, a recusa de prestar informação sobre fato relevante implica responsabilidade administrativa, sujeitando o administrador às sanções administrativas previstas na Lei 6.385/76. A CVM tem competência para impor aos administradores das companhias abertas, mediante processo administrativo regular, com recurso para o Conselho Monetário Nacional, penalidades de caráter administrativo, como advertência, multa, suspensão do exercício do cargo ou inabilitação para o seu exercício, sendo que estas duas últimas decorrem de infrações graves cometidas pelo administrador, conforme tipificadas na Instrução Normativa 8/79 (criação de condições artificiais de preço dos valores mobiliários emitidos pela companhia; manipulação de preço no mercado; operações fraudulentas no mercado de capitais e práticas não eqüitativas no mercado). A mesma competência tem o Banco Central, com relação aos administradores das instituições financeiras. As demais hipóteses previstas na Lei das Sociedades Anônimas são claramente de responsabilidade civil. Outras sanções administrativas aparecem em outros diplomas legais, como na Lei 8.884/94, que trata da repressão ao abuso do poder econômico. O Código Penal de 1940, em seu art. 177 (que trata de fraudes e abusos na administração de sociedades por ações), a Lei 1.521, de 1951 (que trata dos crimes contra a economia popular) e a Lei de Contravenções Penais também trazem sanções penais. Há também sanções penais previstas em leis que dão um tratamento peculiar a certos problemas que envolvem responsabilidade na gestão de empresas, como a Lei de Falências (Decreto-lei 7.661, de 1945), a Lei 4.728, de 1965 (que trata do crime de sonegação fiscal) e a Lei de Mercado de Capitais.

Deve ser lembrado, ademais, que o direito pátrio absorveu a tendência universal ao agravamento da responsabilidade dos administradores em função da crescente função social da companhia, prevista expressamente pela Lei das Sociedades Anônimas (arts. 116 e 154), e da necessidade de proteção dos investidores.

VII — 9. Os investidores estrangeiros, os investidores institucionais e o BNDES

Consoante já explicitado no capítulo referente à análise da evolução da legislação nacional, nas últimas décadas verificou-se que, nos anos seguintes à ditadura militar, começou, finalmente, a haver o abandono dos conceitos de segurança nacional e de reserva de mercado ao setor privado nacional, que haviam norteado os textos legais anteriores sobre o tema.

Durante o governo de Fernando Collor de Mello os processos de privatização tiveram efetivamente o seu início, entusiasmando-se o Presidente Itamar Franco com os resultados das privatizações realizadas a partir de 1989. A presença do capital estrangeiro, entretanto, representava uma parte mínima do capital investido.

Com efeito, a Lei 8.031, de 12.4.1990, que criou o Programa Nacional de Desestatização, em sua redação original, estipulava, em seu art. 13, que "os processos de desestatização observarão, além das normas fixadas nos artigos anteriores, os seguintes preceitos: (...) IV — alienação de ações de empresas a pessoas físicas ou jurídicas estrangeiras não poderá exceder a 40% (quarenta por cento) do capital votante, salvo autorização legislativa que determine percentual superior", redação que permanecia no art. 44 do Decreto 724, de 19.1.1993, que regulamentava a referida Lei 8.031/90.

A partir desta constatação, o governo encaminhou ao Congresso Nacional projeto de lei autorizando a compra de 100% do capital das empresas estatais privatizadas vinculadas ao PND por investidores estrangeiros. Tal autorização foi inicialmente introduzida pela Medida Provisória 362, de 25.10.1993.

Desta forma, consta do art. 12 da Lei 9.491/97 que "a alienação de ações a pessoas físicas ou jurídicas estrangeiras poderá atingir cem por cento do capital votante, salvo disposição legal ou manifestação expressa do Poder Executivo, que determine percentual inferior".

Tal dispositivo possibilitou aumento significativo da participação de investidores internacionais nos processos de privatização. A partir de então surgiram grandes discussões a respeito deste tema. De um lado, argumenta-se que a participação estrangeira seria realmente necessária, tendo em vista o pequeno número de investidores nacionais de grande porte capazes de efetuar todos os investimentos necessários nas empresas que passam a fazer parte do setor privado. De outro lado, questiona-se se a participação estrangeira nos processos de privatização não estaria sendo excessiva, fazendo parecer que o país estaria sendo "vendido" aos estrangeiros, numa afronta à soberania nacional.

Ao lado dos investidores estrangeiros ganharam relevância, também, os investidores institucionais, notadamente os fundos de pensão das estatais. Além de participarem de maneira bastante ativa no mercado acionário de modo geral, também passaram a ser, nas privatizações, um de seus centros de atuação.

O Decreto 724, de 19.1.1993, estabelecia em sua Seção X, art. 58, que era "vedada a participação das entidades de previdência ou assistência social, ou dos fundos de complementação previdenciária, vinculados à Administração Pública direta ou indireta, nos processos de privatização".

Logo em seguida, em 19.3.1993, foi editado o Decreto 786, o qual revogou a Seção X do Decreto 724, decidindo permitir a participação das entidades de previdência ou assistência social, ou dos fundos de complementação previdenciária, vinculados à administração direta ou indireta, nos processos de privatização. Segundo o referido Decreto 786, essa participação seria feita na forma prevista na legislação e normas em vigor, observadas, inclusive, as Resoluções 1.362, de 30.6. 1987; 1.858, de 28.8.1991; 1.893, de 9.1.1992; e 1.947, de 29.7.1992, todas do Banco Central do Brasil e, especialmente, o item II, alínea *a*, da

Resolução 1.362, de 30.7.1987, alterada pela Resolução 1.893, de 9.1.1992, que estabelece o limite de cinco por cento de montante dos recursos mencionados no item I da referida Resolução 1.362/87, para as aplicações em ações de uma única sociedade e não poderão representar mais que quinze por cento do capital votante ou vinte e cinco por cento do capital total da sociedade.

A Resolução 8, de 25.8.1997 também dispõe sobre a participação de entidades de previdência ou assistência social ou de fundos de complementação previdenciária nos processos de privatização, estabelecendo que o Conselho Nacional de Desestatização resolveu determinar que a participação acionária, direta ou indireta, de entidades de previdência ou assistência social ou dos fundos de complementação previdenciária, constituídos sob a legislação brasileira, não deverá exceder, em seu conjunto, no encerramento de cada processo de desestatização, a 25% (vinte e cinco por cento) do capital votante da empresa alienada no âmbito do Programa Nacional de Desestatização, respeitados os limites individuais estabelecidos em legislação específica.

Em análise crítica, verifica-se haver a necessidade de refletir seriamente a respeito da participação dos fundos de previdência de empresas estatais nas privatizações nacionais, os quais, ironicamente, são credores do Estado, bem como sobre a participação do próprio BNDES, que financiou vários consórcios de sociedades que participaram das privatizações. Houve uma real privatização ou serão recursos públicos que, de outra forma, retornam às empresas privadas?

As fontes privadas de fundos para aplicação em privatizações são capitais estrangeiros e bancos nacionais, ficando o resto dos recursos por conta de fundos de públicos que ou participam dos consórcios com empresas privadas nacionais — os fundos de pensão — ou de empréstimos concedidos pelo BNDES, que agora cobra juros mais condizentes com os de mercado, embora ainda favorecidos. Mas e se os tomadores de recursos se tornarem inadimplentes? Voltam as ações das empresas estatais privatizadas às mãos do BNDES? Tal possibilidade lembra circunstância já ocorrida anteriormente, oportunamente lembrada por Rachel Sztajn,[44] quando, por muitos anos, houve no BNDE (antiga denominação do BNDES) área denominada *hospital de empresas*, cuja função era prover empréstimos subsidiados a empresas nacionais que tinham sido estimuladas a produzir bens ou a participar de setores de tecnologia de ponta e para os quais tanto investimentos, quanto mercado, eram reduzidos. O BNDE socorria estas sociedades e recebia, como garantia, participações societárias, por força das quais, mais de uma vez, o BNDE passou a ser titular de sociedades que receberam auxílio financeiro, aumentando, dessa maneira, a intervenção do Estado no domínio econômico. Conforme questionado por Rachel Sztajn,[45] se o BNDES e os fundos de previdência estatais, cujos recursos provêm do governo, são atores essenciais no programa brasileiro de privatizações, será que há de fato privatização de empresas públicas? A proporção em que as fontes de recursos são combinadas é que determinará a privatização real ou virtual, se assim se pode denominá-la, das estatais brasileiras.

VII — 10. A participação dos empregados

A participação dos empregados nos processos de desestatização é uma importante maneira de fortalecer o mercado de capitais e, principalmente, de democratizar a propriedade do capital das empresas incluídas no PND, nos termos do inc. VI do art. 1º da Lei 9.491/97.[46]

44. Palestra proferida em 27.5.1999, em Seminário sobre Direito Empresarial.

45. Palestra proferida em 27.5.1999, em Seminário sobre Direito Empresarial.

46. "Selling off state-owned companies in a democracy can sometimes be difficult, since employees fear for their jobsand other stockholders see

De acordo com o art. 28 da mencionada lei: "Art. 28. Aos empregados de empresas controladas, direta ou indiretamente pela União, incluídas no Programa Nacional de Desestatização, é assegurada a oferta de parte das ações representativas de seu capital, segundo os princípios estabelecidos nesta Lei e condições específicas a serem aprovadas pelo CND, inclusive quanto à: disponibilidade posterior das ações; quantidade a ser individualmente adquirida. Parágrafo único. A oferta de que trata o *caput* deste artigo será de, pelo menos, 10% das ações do capital social detidas, direta ou indiretamente, pela União, podendo tal percentual mínimo ser revisto pelo CND, caso o mesmo seja incompatível com o modelo de desestatização aprovado".

No intuito de fortalecer a participação, bem como de proteger os empregados das empresas estatais contra eventuais tentativas de manipulação, os arts. 29 e 30, por sua vez, determinam que: "Art. 29. A participação dos empregados na aquisição de ações far-se-á, opcionalmente, por intermédio de clube de investimento que constituírem para representá-los legalmente, inclusive como substituto processual, observada a regulamentação baixada pela Comissão de Valores Mobiliários — CVM (clube de investimento de que trata a Lei 2.430/97). Art. 30. São nulos de pleno direito contratos ou negócios jurídicos de qualquer espécie onde o empregado figure como intermediário de terceiro na aquisição de ações com incentivo, em troca de vantagem pecuniária ou não. § 1º. O clube de investimento tem legitimidade ativa para propor ação contra os envolvidos nessa operação fraudulenta, retendo os correspondentes títulos mobiliários, se estatutariamente disponíveis".

O Decreto 2.594, de 15.5.1998, que regulamenta a Lei 9.491/97, afirma, em seu art. 30, § 4º, que as ações de sociedade incluída no PND ofertadas a empregados e ao público em geral, mediante distribuição no mercado acionário, bem como em bloco de ações que forem a leilão, poderão ter preços e condições diferenciados daquelas objeto da alienação do controle acionário ou da oferta de bloco estratégico. Segundo o § 5º, o CND deverá fixar o preço mínimo das demais ações a serem ofertadas, de forma a compensar a redução no valor das ações objeto das ofertas especiais.

VII — 11. A "golden share"

O art. 8º da Lei 9.491/97 estabelece que: "Art. 8º. Sempre que houver razões que justifiquem, a União deterá, direta ou indiretamente, ações de classe especial do capital social da empresa ou instituição financeira objeto da desestatização, que lhe confira poderes especiais em determinadas matérias, as quais deverão ser caracterizadas nos seus estatutos sociais".

A criação destas ações de classe especial é de competência do Conselho Nacional de Desestatização — CND, consoante os termos do art. 6º da referida lei, sendo que o CND é o órgão superior de decisão do PND, estando diretamente subordinado ao Presidente da República: "Art. 6º. Compete ao Conselho Nacional de Desestatização: I — recomendar, para aprovação do Presidente da República, meios de pagamento e inclusão ou exclusão de empresas, inclusive instituições financeiras, serviços públicos e participações minoritárias no PND; II — aprovar, exceto quando se tratar de instituições financeiras: a modalidade operacional a ser aplicada a cada desestatização; os ajustes de natureza societária, operacional, contábil ou jurídica e o saneamento financeiro, necessários às desestatizações; as condições aplicáveis às desestatizações; *a criação de ação de classe especial, a ser subscrita pela União*; a fusão, incorporação ou cisão de sociedades e a

their interests threatened by the change. But some free-market advocates see a way around this: give some of the gains from privatization to workers and others involved — thereby neutralizing their opposition. Political observers say that offering a share of the net gains to potential losers was a former British Prime Minister Margareth Tatcher stroke of genius", *site* do National Center for Policy Analysis.

criação de subsidiária integral, necessárias à viabilização das desestatizações; a contratação de pareceres ou estudos especializados necessários à desestatização de setores ou segmentos específicos; III — determinar a destinação dos recursos provenientes da desestatização (...); IV — expedir normas e resoluções necessárias ao exercício de sua competência; (...)".

Tendo em vista o acima exposto, verifica-se ser necessário o estudo acerca dessa espécie de ação. As ações se distribuem entre os acionistas, representando sua participação no capital social, conferindo-lhes o chamado *status* de sócio. Representa, portanto, um conjunto de direitos e obrigações de natureza patrimonial, administrativa e política.

Na sociedade anônima atual, verifica-se a separação das ações entre *ações de controle*, que ensejariam o domínio da sociedade e seriam as ordinárias nominativas, as mesmas ações integrantes do bloco de controle, com direito a voto, e as *sem direito a voto*, que por isso mesmo não permitiriam a tomada do controle da sociedade, mas dariam, em contrapartida, direito líquido à participação diferenciada nos lucros.

A Lei 6.404/76 permitiu a emissão de ações preferenciais sem direito a voto ou sujeitas a restrições no exercício desse direito até 2/3 do total das ações emitidas (art. 15, § 2º), o que permite a tomada e manutenção do controle por uma pequena porcentagem do total das ações, cerca de 17%, o que é bastante significativo em comparação com a legislação anterior, a qual permitia essa emissão somente até 50%.

Conforme já mencionado anteriormente, as ações se classificam de acordo com os direitos e vantagens que outorgam aos seus possuidores, dividindo-se em: (i) *comuns* ou *ordinárias*; (ii) *preferenciais*; (iii) *de gozo* ou *fruição*.

As *ações ordinárias* conferem ao seu titular direitos de participação societária que se concretizam no direito ao voto, à participação nos lucros e à fiscalização dos negócios sociais.

Pela sistemática atual não só as ações preferenciais podem ser de diversas classes, mas também as ações ordinárias das companhias fechadas poderão ser de uma ou mais classes (art. 15), em função da conversibilidade em ações preferenciais, exigência de nacionalidade brasileira ao acionista e direito de voto em separado para o preenchimento de determinados cargos de órgãos administrativos.

As *ações preferenciais* caracterizam-se por conferir ao titular vantagens patrimoniais em comparação com as comuns ou ordinárias, mas, em contrapartida, costumam ser destituídas do direito de voto.

Até o advento da Lei 9.457/97, as ações preferenciais conferiam vantagens consistentes apenas na prioridade na distribuição de dividendos e/ou no reembolso do capital, sendo consideradas "ações de segunda classe", simples forma de captar dinheiro barato. Para corrigir tal distorção e conferir às ações preferenciais significado maior como instrumento de investimento, a Lei 9.457/97 instituiu que as preferências ou vantagens das ações preferenciais consistem, "salvo no caso de ações com direito a dividendos fixos ou mínimos, cumulativos ou não, no direito a dividendos no mínimo 10% maiores do que os atribuídos às ações ordinárias", incorporando ao nosso sistema regra já existente no Direito italiano.

A qualquer modalidade de ação preferencial pode-se, ainda, atribuir as vantagens enumeradas no inc. II do art. 17, qual seja: a prioridade na distribuição de dividendos e/ou reembolso de capital.

A recente Lei 9.457, de maio de 1997, deixou intocada a redação do art. 111 da Lei 6.404/76, conservando-o em vigor. Permaneceram, assim, as ações preferenciais, no Direito brasileiro, com a natureza de títulos de investimento que apenas conferirão aos respectivos titulares o direito de voto no caso de a companhia, pelo prazo previsto no estatuto, não superior a três exercícios consecutivos, deixar de pagar os dividendos fixos ou mínimos a que fizerem jus, direito que conservarão até o pagamento, se tais dividendos não forem cumulativos, ou até que sejam pagos os cumulativos em atraso.

As *ações de fruição*, por sua vez, não representam exatamente uma parcela do capital social, mas são meros títulos atribuídos aos acionistas quando suas ações são amortizadas.

Quanto à sua forma, é interessante lembrar que no regime do Decreto-lei 2.627/40, as ações dividiam-se apenas em dois tipos: nominativas e ao portador. Com a Lei 4.728/65, acresceu-se um outro tipo, as endossáveis, sistema que veio a ser mantido pela Lei 6.404/76. Com a Medida Provisória 165, de 15.3.1990, restaram apenas as ações nominativas.

Realmente, tendo por finalidade a identificação dos contribuintes proprietários de títulos negociados no mercado de capitais, a Lei 8.021, de 12.4.1990, extinguiu as ações ao portador e as endossáveis. Com isso, os artigos da Lei das S/A que se referiam àquelas formas de ações já se encontravam tacitamente revogados, tendo a Lei 9.457/97 procedido também à atualização da redação da Lei 6.404/76. As ações nominativas circulam mais "pesadas", porém seguramente, já que sua transferência depende da assinatura do cedente e do cessionário em termo lavrado no livro de "Transferência de Ações Nominativas". A propriedade das ações nominativas presume-se pela inscrição do nome do acionista no livro de "Registro de Ações Nominativas" (art. 31).

Como um subtipo de ação, é extremamente importante o papel desempenhado pela ação escritural. Não se trata de um novo tipo, já que pode ser, quanto à forma, nominativa e, quanto aos direitos que confere aos acionistas, ordinária ou preferencial.

Conforme leciona Luiz Gastão Paes de Barros Leães,[47] ao criar as ações escriturais, a lei mostrou-se sensível a movimento que se desencadeou nos Estados Unidos, nos fins da década de 1960, no sentido de consagrar a possibilidade da extinção dos certificados de ações, mormente nas companhias de grande porte: a *certificateless society*. A origem do movimento remonta à chamada "crise do papel", ocorrida na França, no período da 2ª Guerra Mundial, quando os custos se elevaram a níveis insuportáveis, colocando em xeque a própria instituição do certificado de ações (*stock certificate*) como instrumento hábil ao desenvolvimento do mercado bursátil.

A supressão dos certificados de ações e a sua substituição pelo sistema escritural tornou-se mais factível diante dos registros eletrônicos proporcionados pelos computadores, os quais permitiriam a difusão da propriedade de ações entre um grande número de pessoas com a segurança das ações nominativas, a facilidade de circulação proporcionada pela transferência mediante ordem à instituição financeira e mero registro contábil, além da eliminação do custo do certificado.

A propriedade das ações escriturais, portanto, decorre do registro na conta de depósito das ações, aberta em nome do acionista, nos livros da instituição financeira depositária, que mantém o serviço correspondente a essa forma de valores mobiliários (art. 35, *caput*). Adotando a ação o regime escritural, a mesma será mantida como registro contábil na escrituração da instituição depositária, em conta de depósito semelhante aos depósitos bancários em moeda. Esse registro acarreta, portanto, a presunção da propriedade da ação escritural — presunção legal, evidentemente, relativa (*iuris tantum*), admitindo prova em contrário, como de resto ocorre com todo registro contábil (Código Comercial, art. 23, 2 e 3).

47. *Estudos e Pareceres sobre Sociedades Anônimas*, 1989.

A transferência da ação escritural opera-se pelo lançamento efetuado pela instituição depositária, em seus livros, a débito da conta de ações do alienante, e a crédito da conta de ações do adquirente, à vista de ordem escrita do alienante ou de ordem judicial, vertidas em documento hábil, que deverá ficar em poder da instituição (art. 35, § 1º).

A companhia é quem responde pelos danos causados por erros ou irregularidades nos serviços de ações escriturais (art. 34, § 3º), seja porque ela escolhe a instituição financeira depositária e suporta o custo desse serviço, salvo o da transferência de propriedade de ações, incorrido no interesse dos acionistas, seja em razão da inexistência de relação jurídica entre o acionista e o prestador de serviço. Trata-se de típica hipótese de responsabilidade por culpa *in eligendo*, cabendo à companhia o direito de regresso contra a instituição financeira depositária dos valores mobiliários, já que, em seu art. 103, a lei dispõe que à instituição cabe verificar a regularidade das transferências e da constituição de ônus sobre os aludidos valores mobiliários. Dúvidas atinentes à titularidade de ações escriturais, p. ex., indevidamente transacionadas, escapam da sua responsabilidade.

A fim de realizarmos a análise específica sobre a *golden share* (ou ações de classe especial), temos que, primeiramente, proceder ao estudo da dissociação entre propriedade e controle, explicitada principalmente por Fábio Konder Comparato e, mais recentemente, também por Calixto Salomão Filho, ambos baseados nos estudos de Berle e Means. Trata-se da separação entre a propriedade e a administração da propriedade.

O legislador brasileiro não apenas permitiu a separação entre propriedade e controle, como também a incentivou. A regra que permite a existência de ações preferenciais até o limite de dois terços do total das ações emitidas (art. 15, § 2º da Lei 6.404/76) nada mais é do que a consagração legal do controle da sociedade por acionistas representando a minoria do capital social total, como já explicitado acima.

Ante o exposto, faz-se necessário analisar o disposto por Fábio Konder Comparato relativamente ao tema em sua obra *O Poder de Controle na Sociedade Anônima*. O controle interno das sociedades anônimas, aquele em que o titular atua no interior da própria sociedade, funda-se, aparentemente, apenas na propriedade acionária, mas, na verdade, obedece à dissociação entre a propriedade acionária e o poder de comando empresarial. Referido autor classifica o controle interno em cinco espécies: controle com quase completa propriedade acionária, controle majoritário, controle obtido mediante expedientes legais (*through a legal device*), controle minoritário e controle administrativo ou gerencial (*management control*), conforme o grau crescente em que se manifesta essa separação entre propriedade e controle.

O controle com quase completa titularidade acionária, consoante Berle e Means, pode ser assimilado à situação da sociedade unipessoal, seja esta uma *one-man company* ou uma *wholly owned subsidiary* (a "subsidiária integral", na Lei das S/A, foi inspirada na prática norte-americana da *wholly owned subsidiary*). Apesar da sociedade de um só não ser admitida pelo Direito brasileiro, a maior parte das legislações reconhece, todavia, inclusive a nossa, que embora reduzida a um único sócio, no curso de sua existência, nem por isso a sociedade se dissolve de pleno direito (art. 206 da Lei 6.404/76).

No que se refere ao controle majoritário, é importante notar que, historicamente, a fórmula acionária foi criada para se permitir a constituição de um vasto corpo acionário, notadamente em matéria de sociedade por ações. Apesar disso, nem por isso a minoria dissidente fica desprotegida, pois resta-lhe sempre o direito de recesso (art. 136, V). Além disso, há várias disposições que conferem determinados poderes aos acionistas com um determinado percentual acionário, no sentido de restringir o poder de controle e seus eventuais abusos e irregularidades de modo geral.

A terceira espécie de controle, na classificação de Berle e Means, seria bastante discutível: aquele que se exerce mediante um expediente ou artifício legal. Ex.: controle piramidal ou em cadeia num grupo societário, a existência de ações sem direito de voto, a emissão de ações com voto limitado e o *voting trust*, sendo certo que somente este último poderia, a rigor, ser distinguido das demais espécies de controle, pela própria peculiaridade do *trust* de dissociar direitos de vários titulares sobre a mesma coisa.

O controle minoritário, por sua vez, é fundado em um número de ações inferior à metade do capital votante, o qual os autores norte-americanos denominam *working control*. Neste momento verifica-se o problema do absenteísmo da grande maioria nas macrocompanhias. Pode ser identificada, então, a coexistência de dois tipos de acionistas na sociedade anônima — o acionista-empresário e o acionista-capitalista — divisão esta que reproduz a estrutura acionária da sociedade em comandita, e que parece conatural à grande sociedade por ações. Nas grandes empresas, a par de uma minoria de empresários que detém o poder de comando e o exerce de maneira efetiva, formou-se uma maioria de aplicadores de capitais, quer com o objetivo de poupança, quer com intuito meramente especulativo. O legislador brasileiro admitiu, implicitamente, a possibilidade de um controle minoritário, o qual, quando bem estruturado em uma companhia com grande pulverização acionária, pode atuar com a mesma eficiência que um controle majoritário. Mesmo assim, a legislação brasileira impõe um quórum mínimo ou qualificado para algumas deliberações.

O último tipo de controle, na classificação de Berle e Means, é o administrativo ou gerencial (*management control*), isto é, aquele não fundado na participação acionária, mas unicamente nas prerrogativas diretoriais. É o controle interno totalmente desligado da titularidade das ações em que se divide o capital social. Devido à extrema dispersão acionária, os administradores assumem o controle empresarial de fato, aproveitando-se ao máximo o absenteísmo do corpo acionário.

Neste contexto, caberia perguntar como os arts. 16 e 18 da Lei das S/A se inserem na estrutura interna de poderes de uma sociedade anônima, verificando-se *a ratio* da introdução dos referidos dispositivos.

Segundo o art. 16, as ações ordinárias de companhia fechada poderão ser de classes diversas, em função de: I — conversibilidade em ações preferenciais; II — exigência de nacionalidade brasileira do acionista; ou III — direito de voto em separado para o preenchimento de determinados cargos de órgãos administrativos. A Exposição de Motivos da lei é bastante clara a respeito de ambos: "o art. 16 admite, nas companhias fechadas, mais de uma classe de ações ordinárias, em função dos elementos que enumera. Essa flexibilidade será útil na associação de diversas sociedades em empreendimento comum (*joint venture*), permitindo a composição de interesses e a proteção eficaz de condições contratuais acordadas. O parágrafo único do art. 16 reforça a segurança jurídica dessas condições".

Já quanto ao art. 18, dispõe que "o estatuto pode assegurar a uma ou mais classes de ações preferenciais o direito de eleger, em votação em separado, um ou mais membros dos órgãos de administração". Seu parágrafo único estabelece que "o estatuto pode subordinar as alterações estatutárias que especificar à aprovação, em assembléia especial, dos titulares de uma ou mais classes de ações preferenciais". A Exposição de Motivos, por sua vez, determina que: "O art. 18, sancionando práticas usuais, inclusive nas participações do BNDE, autoriza a atribuição a determinadas classes de ações preferenciais do direito de eleger representante nos órgãos de administração e do poder de veto em modificações estatutárias".

O objetivo explícito da norma era possibilitar que sócios capitalistas pudessem fomentar o desenvolvimento de empresas com participação de capital, sem que isso representasse endividamento para essas. A contrapartida era o interesse em poder participar, via poder de veto, de decisões estratégicas.

Recentemente, esse dispositivo foi usado para permitir que o Estado mantivesse o poder de participar de decisões estratégicas de empresa privatizadas, como a Vale do Rio Doce. Foi neste momento que essa ação adquiriu a já clássica denominação saxã *golden share*, exatamente pelos direitos especiais que confere a seu titular.

Apesar dos inúmeros argumentos de natureza política que podem ser levantados contra sua ampla utilização nas privatizações, Calixto Salomão Filho salienta que é necessário reconhecer que esse mecanismo configura poderoso instrumento de deslocamento do controle, sendo através dele efetivamente possível estabelecer uma quinta forma de controle, o controle gerencial, nos moldes da classificação de Fábio Konder Comparato. A forma de estabelecimento desse tipo de controle é bastante simples. Com poder de veto de alterações estatutárias e com o poder de eleger parte ou até mesmo a maioria dos membros do Conselho de Administração, pode-se controlar a sociedade ou determinar suas diretrizes administrativas.

Esse instrumento é normalmente utilizado como meio de recuperação de empresas em dificuldades. Nesses casos, a imagem do controlador encontra-se, freqüentemente, tão desgastada que, para a obtenção de crédito, é fundamental não apenas uma mudança na administração, mas uma mudança de controle. A *golden share* aparece, então, como instrumento eficaz e relativamente indolor para o controlador, já que ao mesmo tempo em que garante que a influência do titular na administração, não acarreta a perda do seu patrimônio, i.e., a diluição ou redução de sua participação de capital na companhia.

São várias as críticas de Modesto Carvalhosa às ações de classe especial.[48] Segundo o autor, a prerrogativa estatutária outorgada às ações preferenciais, de participação nos órgãos de direção e de veto sobre alterações estatutárias, representa uma forma de controle permanente sobre a companhia que transcende os poderes e a própria competência da assembléia-geral e, portanto, da maioria acionária votante. Isto porque, segundo o art. 136, § 1º, da Lei 6.404/76, tais direitos permanentes, estatutariamente conferidos, não podem ser alterados ou extintos por vontade da assembléia-geral, dependendo sempre da prévia aprovação ou da ratificação por titulares de mais da metade da classe de ações preferenciais interessadas.

O direito de veto assegurado estatutariamente às ações preferenciais não poderia, consoante o aludido autor, abranger todas as alterações estatutárias, sob pena de não restar à assembléia-geral nenhum poder constitutivo na companhia. Apenas alguns assuntos claramente determinados poderiam ser objeto dessa audiência dos titulares de ações preferenciais.

Ademais, segundo o referido autor, os privilégios outorgáveis às ações preferenciais deveriam ter, em princípio, caráter patrimonial e não político em relação às ações ordinárias, a despeito da existência de ações preferenciais de voto restrito. Do contrário, haveria completa subversão do sentido que se empresta à ação ordinária, ou seja, direito pleno e igualitário de voto e, portanto, de condução política da companhia. Ocorre, no entanto, que a lei, ao facultar a criação de classe de ação preferencial com direito inderrogável de eleger membros dos órgãos de administração e de veto para determinadas alterações estatutárias, permite que existam ações preferenciais com duplo privilégio. Serão estas politicamente privilegiadas perante as demais classes de ações preferenciais. Têm também duplo

48. Modesto Carvalhosa, *Comentários à Lei das S/A*, pp. 158 e ss.

privilégio — patrimonial e político — em relação às próprias ações ordinárias, na medida em que estas devem submeter-se irrevogavelmente ao veto sobre suas decisões a respeito de alterações estatutárias. Terão, portanto, tais ações preferenciais, um poder político absoluto sobre modificações da lei interna da companhia, não restando às ordinárias outro poder senão o da iniciativa de propor a alteração estatutária, cabendo a essas preferenciais especiais a decisão final a respeito.[49]

Críticas veementes à *golden share* também foram feitas por Fábio Konder Comparato, juntamente com Celso Antônio Bandeira de Mello, Goffredo Carlos da Silva Telles, Goffredo Carlos da Silva Telles Júnior, Dalmo de Abreu Dallari, Eros Roberto Grau, Sérgio Sérvulo da Cunha, Weida Zancaner e Américo Lacombe em ação popular ajuizada contra a privatização da Cia. Vale do Rio Doce.

Segundo os termos da aludida ação, a "ação de classe especial" não estaria prevista no ordenamento jurídico brasileiro, não podendo, portanto, ser realizada sua previsão ou criação por editais de privatização ou estatutos sociais. De acordo com os referidos autores:

"A CVRD, como toda sociedade por ações, tem seu capital dividido em ações cujas espécies são criadas por lei, no caso, a Lei 6.404, de 15.12.1976. Nem o Estatuto Social nem um eventual acordo de acionistas pode criar, numa sociedade por ações, títulos acionários de espécie não prevista em lei.

"Ora, de acordo com o Edital (itens 1.1 e 3.2.1) 'à União, na qualidade de titular da ação de classe especial (*golden share*) da CVRD, será atribuído o direito de veto sobre as seguintes matérias relativas à CVRD, e que deverão obrigatoriamente ser submetidas à Assembléia-Geral de Acionistas'. Segue-se a indicação de sete matérias.

"Pois bem, esta ação, para a qual se inventou o nome de 'ação de classe especial', não está prevista nos arts. 16 a 19 da Lei de S/A. Trata-se, pois, de uma criação original do ato convocatório, para além do que permite a lei. Ora, não se tem conhecimento de que o Poder Legislativo haja sido transferido ao BNDES.

"Com efeito, a lei acionária prevê apenas duas espécies de ações: as ordinárias e as preferenciais. Para umas e outras admite-se (arts. 16 e 18 da lei) a atribuição, pelo Estatuto, de poderes especiais. Sucede que a ação de 'classe especial' prevista no Edital não é nem ordinária nem preferencial e atribui aos seus titulares poderes que não estão admitidos nos mencionados artigos da Lei de S/A nem para as ordinárias nem para as preferenciais."

Neste sentido, é interessante analisarmos as vantagens conferidas pelas *golden shares*, bem como as diversas críticas por ela sofridas, para melhor avaliarmos a maneira como são criadas e utilizadas nos diversos processo de privatização.

A *golden share* deve ser encarada como o mecanismo encontrado pelo Estado de garantir a existência de controle público residual sobre as sociedades privatizadas, atribuindo ao Estado direitos ou poderes especiais com relação a conjunto de matérias previamente delimitadas nos estatutos da sociedade privatizada. Ela tem por objetivo o cauteloso e gradual desintervencionismo estatal, não constituindo, em hipótese nenhuma, forma de se manter a intervenção estatal anteriormente existente.

A *golden share*, em última análise, tem por finalidade assegurar que os objetivos da privatização sejam efetivamente alcançados e, ao final, consolidados.

A sua manutenção pelo Estado, durante determinado período de tempo, irá possibilitar, de modo indireto, a manutenção dos núcleos duros de acionistas, contribuindo, também, para a preservação das políticas públicas responsáveis pelo sucesso dos processos de privatização de maneira geral, notadamente no que se refere ao respeito pelo interesse público, à administra-

49. Idem, p. 160.

ção satisfatória e eficiente das companhias privatizadas e à manutenção da qualidade e continuidade dos serviços.

VII — 12. Mecanismos de consolidação dos processos de privatização

A Lei Geral de Telecomunicações (Lei 9.472, de 1997) dispõe, em seu art. 19, XIX, ser a Agência Nacional de Telecomunicações — ANATEL o órgão regulador ao qual compete o controle, prevenção e repressão das infrações da ordem econômica no setor de telecomunicações em conjunto com o CADE.

Considerando os comentários decorrentes da Consulta Pública 86, de 10.12. 1998, a ANATEL publicou, em 4.2.1999, a Resolução 101, a qual dispõe sobre a apuração de controle e da transferência de controle das empresas prestadoras de serviços de telecomunicações.

Referida resolução tem por objetivo fazer com que as empresas vencedoras nos processos de privatização do setor de telecomunicações desempenhem, efetivamente, as funções que lhes foram atribuídas nos contratos de concessão, e não transfiram tais funções a terceiros, em prejuízo do serviço público e da transparência dos processos de privatização. Tal diretiva tem por objetivo a manutenção de relativa estabilidade que beneficie a prestação do serviço e a consolidação da situação da nova prestadora, à semelhança da idéia francesa do "núcleo duro", o qual será analisado de maneira mais detalhada no item IX a seguir.

Assim sendo, deverá ser previamente submetida à ANATEL qualquer alteração que possa vir a caracterizar transferência de controle, especialmente: "I — quando a Controladora ou um de seus integrantes se retira ou passa a deter participação inferior a 5% no capital votante da prestadora ou de sua controladora; II — quando a Controladora deixa de deter a maioria do capital votante da empresa; III — quando a Controladora, mediante acordo, contrato ou qualquer outro instrumento, cede, total ou parcialmente, a terceiros, poderes para a condução efetiva das atividades sociais ou de funcionamento da empresa".

De acordo com o art. 5º da mencionada Resolução será caracterizado como transferência de controle o negócio jurídico que resultar em cessão, parcial ou total, pela Controladora, de controle da prestadora de serviço de telecomunicações.

O art. 7º estabelece, ainda, que a ANATEL, na análise dos processo de transferência de controle, considerará, entre outros, os seguintes aspectos: "I — restrições, limites ou condicionamentos estabelecidos nas disposições legais, regulamentares, editalícias ou contratuais e vedações à concentração econômica; II — manutenção das condições aferidas no processo que originou o direito de exploração do serviço, em especial as de habilitação e qualificação previstas no edital de licitação ou na regulamentação; III — grau de competição no setor e na prestação do serviço; IV — existência e validade de instrumento jurídico formalmente celebrado em data anterior à vigência deste Regulamento. Parágrafo único. Sem prejuízo das demais disposições legais e regulamentares, a transferência de controle somente será aprovada se não prejudicar a competição e não colocar em risco a prestação do serviço".

A ANATEL poderá, também, de ofício ou por provocação, instaurar procedimento administrativo destinado a apurar a existência de controle vedado por disposição legal, regulamentar, editalícia ou contratual.

Consoante o disposto no parágrafo único do art. 4º da aludida Resolução, considera-se indício de existência de controle vedado por disposição legal, regulamentar, editalícia ou contratual, entre outras, qualquer das seguintes situações entre prestadoras de serviços de telecomunicações: "I — existência de operações significativas, passivas ou ativas, de financiamento, sob qualquer forma; II — prestação de garantia real, pessoal ou de qualquer espécie; III — transferência de bens em condições, termos ou valores distintos dos praticados no mercado; IV — existência de processo de transferência de conhecimentos tecnológicos estratégicos; V — prestação de serviço de telecomunicações ou correlato em condições favorecidas ou privilegiadas; VI — existência de acordo operacional que estipule condições favorecidas ou privilegiadas; VII — uso comum de recursos, sejam eles materiais, tecnológicos ou humanos; VIII — contratação em conjunto de bens ou serviços; IX — existência de instrumento jurídico tendo por objeto transferência de ações entre as prestadoras ou cessão de direito de preferência relativamente à transferência recíproca de ações; X — adoção de marca ou de estratégia mercadológica ou publicitária comum".

A Resolução toma como "controladora" qualquer pessoa, natural ou jurídica, ou ainda grupo de pessoas que detiver, isolada ou conjuntamente, o controle sobre pessoa jurídica. Define "controle", como o poder de dirigir, de forma direta ou indireta, interna ou externa, de fato ou de direito, individualmente ou por acordo, as atividades sociais ou o funcionamento da empresa.

É também equiparada a controladora a pessoa que, direta ou indiretamente: "I — participe ou indique pessoa para membro de Conselho de Administração, da Diretoria ou órgão com atribuição equivalente, de outra empresa ou de sua controladora; II — tiver direito de veto estatutário ou contratual em qualquer matéria ou deliberação da outra; III — possua poderes suficientes para, por qualquer mecanismo formal ou informal, impedir a verificação de quórum qualificado de instalação ou deliberação, exigido por força de disposição estatutária ou contratual, em relação às deliberações da outra, ressalvadas as hipóteses previstas em lei; e IV — detenha ações ou quotas da outra, de classe tal que assegure o direito de voto em separado a que se refere o art. 16, III, da Lei 6.404/76".

O art. 3º da Resolução 101 estabelece, ainda, que será considerada controladora a pessoa que, individualmente, por meio de consórcio ou subscrição de capital, adquirir ações detidas pelo poder público e o poder de participar do controle da respectiva empresa.

Desta forma, faz-se necessário analisar e comparar os conceitos acima mencionados (controle, acionista controlador), tal como constam da aludida Resolução, com a maneira como eles nos são apresentados pela Lei das Sociedades Anônimas. O art. 116 da Lei das S/A dispõe que: "Art. 116. Entende-se por acionista controlador a pessoa, natural ou jurídica, ou o grupo de pessoas vinculadas por acordo de voto, ou sob controle comum, que: a) é titular de direitos de sócio que lhe assegurem, de modo permanente, a maioria dos votos nas deliberações da assembléia-geral e o poder de eleger a maioria dos administradores da companhia; e b) usa efetivamente seu poder para dirigir as atividades sociais e orientar funcionamento dos órgãos da companhia. Parágrafo único. O acionista controlador deve usar o poder com o fim de fazer a companhia realizar o seu objeto e cumprir sua função social, e tem deveres e responsabilidades para com os demais acionistas da empresa, os que nela trabalham e para com a comunidade em que atua, cujos direitos e interesses deve lealmente respeitar e atender".

Finalmente, a Resolução traz, em seu art. 2º, a definição de empresa coligada para os fins nela estabelecidos: "Art. 2º. Uma pessoa jurídica será considerada coligada a outra se detiver, direta ou indiretamente, pelo menos 20% de participação no capital votante da outra, ou se o capital votante de ambas for detido, direta ou indiretamente, em pelo menos 20%, por uma mesma pessoa natural ou jurídica. § 1º. Para efeito do cômputo do percentual referido neste artigo, caso haja participação de forma sucessiva em várias pessoas jurídicas, calcular-se-á o percentual final de participação por intermédio de composição das frações percentuais de participação em cada pessoa jurídica na linha de encadeamento. § 2º. As frações de participação maiores que 50% do capital votante ou controle, com qualquer participação no capital, corresponderão a um multiplicador de 100% no cálculo da composição da participação sucessiva".

Mais uma vez verifica-se ser importante identificar a diferença existente entre a noção acima referida de empresa coligada, tal como utilizada pela referida Resolução, e o seu significado jurídico estrito, conforme estabelecido pela Lei das Sociedades Anônimas, segundo a qual: "Art. 243. (...) § 1º. São coligadas as sociedades quando uma participa, com 10% (dez por cento) ou mais, do capital da outra, sem controlá-la".

Tais comparações são extremamente importantes, no sentido de que é preciso ter sempre bem consolidado o conhecimento acerca dos termos jurídicos em seu sentido técnico, estrito, a fim de que se possa entender e trabalhar melhor com os referidos conceitos, principalmente quando utilizados de maneira diversa por normas jurídicas de outras áreas do direito.

VIII — Análise de editais de privatização

VIII — 1. Análise do edital de privatização do Sistema Telebrás

Conforme estabelecido pelo Modelo de Reestruturação e Desestatização das Empresas Federais de Telecomunicações, aprovado pelo Decreto 2.546, de 14.4.1998, a cisão parcial da Telebrás, aprovada em Assembléia-Geral Extraordinária, de 22.5. 1998, deu origem a 12 empresas, as quais sucederam a Telebrás, enquanto sociedades controladoras das empresas integrantes do Sistema Telebrás, devidamente alocadas conforme as regiões estabelecidas no Plano Geral de Outorgas, nos casos da Empresa Brasileira de Telecomunicações e das empresas de telefonia fixa, e conforme as respectivas Áreas de Concessão, nos casos das sociedades exploradoras do Serviço Móvel Celular.

Para todos os fins e efeitos, as obrigações de qualquer natureza, incluindo, mas não se limitando, às de natureza trabalhista, previdenciária, civil, tributária, ambiental e comercial, referentes a atos praticados ou fatos geradores ocorridos até a data da aprovação da cisão parcial, inclusive, deveriam, então, permanecer de responsabilidade exclusiva da Telebrás, com exceção das contingências passivas cujas provisões tivessem sido expressamente consignadas nos documentos anexos ao laudo de avaliação, hipótese em que, caso incorridas, as perdas respectivas seriam suportadas pela Telebrás e pela companhia em questão, na proporção da contingência a elas alocada.

A partir da aprovação da cisão da Telebrás pela Assembléia-Geral Extraordinária, passaram a caber, respectivamente, a cada uma das 12 novas companhias, na forma do disposto no art. 229, § 1º, da Lei 6.404/76, todos os direitos e obrigações referentes a cada uma das parcelas de patrimônio da Telebrás a elas vertidas, cabendo à Telebrás todos os direitos e obrigações referentes à parcela remanescente do patrimônio, sem solidariedade entre a Telebrás e cada uma das companhias, nem solidariedade entre as últimas entre si. Se, em virtude da solidariedade legal perante terceiros, a Telebrás ou qualquer uma das companhias fosse demandada a liquidar obrigação que tivesse ficado sob a responsabilidade da Telebrás ou de outra companhia, a demandada teria, então, o direito de exigir que a Telebrás ou a companhia responsável pela liquidação daquela obrigação dispusesse os recursos necessários à sua liquidação.

A privatização do sistema Telebrás foi instituída pelo Edital MC/BNDES 01/98, cujo objetivo era a alienação de ações, ordinárias e preferenciais, do capital social das 12 novas companhias surgidas a partir da cisão da Telebrás, quais sejam: Tele Norte Leste Participações S/A, Tele Centro Sul Participações S/A, Telesp Participações S/A, Embratel Participações S/A, Telesp Celular Participações S/A, Telemig Celular Participações S/A, Tele Celular Sul Participações S/A, Tele Centro Oeste Celular Participações S/A, Tele Norte Celular Participações S/A, Tele Nordeste Celular Participações S/A, Tele Sudeste Celular Participações S/A e Tele Leste Celular Participações S/A, de titularidade da União Federal, representativas de 19,26% e de 2,18%, respectivamente, do capital social de cada uma das companhias.

De acordo com os termos do referido edital, não seria admitida no leilão a participação de qualquer entidade integrante da administração pública direta, indireta ou fundacional, de qualquer dos poderes da União, do Distrito Federal, dos Estados e dos Municípios, exceto aquelas relacionadas no inc. I do art. 3º do Decreto 1.068, de 2.3.1994.

As entidades de previdência ou assistência social e os fundos de complementação previdenciária vinculados à administração pública, direta ou indireta, constituídos sob a legislação brasileira, não poderiam adquirir, em seu conjunto, percentual superior a 25% das ações ordinárias, em consonância com a já mencionada Resolução 8, de 25.8.1997, expedida pelo BNDES, respeitados os limites individuais estabelecidos na legislação específica. As outras entidades de previdência privada deveriam observar, igualmente, as normas baixadas pelos órgãos competentes.

O processo de alienação das ações foi realizado em duas etapas distintas:

(i) leilão, no qual foram ofertadas pela União Federal, em 12 blocos únicos e indivisíveis, as ações ordinárias de cada uma das companhias; e

(ii) oferta aos empregados, na qual foram oferecidas pela União Federal lotes de ações preferenciais.

Foram ofertadas no leilão 64.405.151.125 ações ordinárias de cada uma das 12 companhias, representativas de 51,79% do capital votante de cada uma delas.

Aos empregados, por sua vez, foram ofertadas 7.273.614.260 ações preferenciais, representativas de 2,18% do capital social de cada uma. Para o cálculo do preço dessas ações, foi aplicado deságio de 50% sobre a média ponderada das cotações das ações de mesma espécie de emissão da Telebrás em Bolsa de Valores.

Os empregados habilitados na forma descrita no Prospecto Sintético da Oferta aos Empregados poderiam participar da oferta individualmente ou através de clubes de investimentos por eles especificamente constituídos com esta finalidade. A aquisição de ações preferenciais estaria também condicionada à formalização de reserva. As sobras das ações preferenciais também seriam ofertadas aos empregados, de forma especificada no Prospecto Sintético de Oferta aos Empregados.

Foram estabelecidos os preços mínimos para cada uma das 12 companhias, levando em consideração a incorporação do deságio aplicável à participação alienada aos empregados, bem como o ágio que decorreria da alienação do controle de cada companhia, definido em função de sua atratividade.

Com relação aos preços mínimos, constava do edital, também, cláusula segundo a qual o Ministério de Estado das Comunicações poderia revisar os preços mínimos fixados para as ações ordinárias de cada companhia diante de fatos que justificassem tal decisão.

Foi interessante a sistemática adotada para a alienação das ações, já que o leilão teve como objetivo a alienação de blocos únicos e indivisíveis compostos pelas ações ordinárias pelo maior lance ofertado. A alienação foi subdividida em 3 grupos, a saber:

(i) grupo A (Tele Norte Leste Participações S/A, Tele Centro Sul Participações S/A, Telesp Participações S/A e Embratel Participações S/A);

(ii) grupo B (Telesp Celular Participações S/A, Telemig Celular Participações

S/A, Tele Celular Sul Participações S/A, Tele Sudeste Celular Participações S/A); e

(iii) grupo C (Tele Centro Oeste Celular Participações S/A, Tele Norte Celular Participações S/A, Tele Nordeste Celular Participações S/A e Tele Leste Celular Participações S/A).

Estava vedada, nos termos do disposto no art. 7º do Decreto 2.546/98, a aquisição, por um mesmo participante, do controle, direto ou indireto, ou de participação maior ou igual a 20% do capital votante de mais de uma companhia integrante de um mesmo grupo (A, B ou C).

O acesso dos participantes ao leilão se daria exclusivamente através de sociedades corretoras habilitadas a operar em Bolsas de Valores no país, sendo que cada participante somente poderá estar representado no leilão através de uma única sociedade corretora.

O leilão ocorreria em duas fases, sendo a primeira por meio de lances apresentados em envelopes fechados e a segunda por meio de repique a viva voz, no caso de haver, nos envelopes, uma ou mais ofertas com valor igual ou superior a 95% do valor da maior oferta, observado o seguinte procedimento:

Os participantes deveriam entregar simultaneamente suas propostas para as companhias do grupo A, em envelopes fechados e lacrados. Para o leilão de companhias do mesmo grupo, pessoas jurídicas integrantes do mesmo grupo econômico poderiam integrar mais de um participante, desde que viessem a deter apenas uma participação relevante, caso os participantes dos quais fizessem parte fossem vencedores do leilão.

Grupo econômico deve ser aqui entendido como aquele constituído por empresas afiliadas, entendendo-se como empresa afiliada a outra empresa, aquela que:

"(i) seja, direta ou indiretamente, controlada pela outra empresa;

"(ii) controle, direta ou indiretamente, a outra empresa, inclusive por meio de acordo de acionistas;

"(iii) detenha, direta ou indiretamente, qualquer participação societária na outra empresa igual ou superior a 20% do capital votante da outra empresa; ou

"(iv) da mesma forma que a outra empresa, tenha 20% ou mais de seu capital votante detido, direta ou indiretamente, por uma mesma pessoa natural ou jurídica.

"Para efeito de cômputo do percentual referido nos itens *c* e *d* acima, caso houvesse participação de forma sucessiva em várias pessoas jurídicas, calcular-se-ia o percentual final de participação por intermédio de composição das frações percentuais de participação em cada pessoa jurídica na linha de encadeamento."

Participação relevante deveria ser entendida, nos termos do edital, como o controle, direto ou indireto, ou participação maior ou igual a 20%, no capital votante das companhias. Considerar-se-ia também participação relevante a participação inferior a 20% do capital votante das companhias em que o seu titular fosse, entretanto, signatário de acordo ou compromisso de celebração futura de acordo sobre o exercício do direito de voto, na forma do art. 118 da Lei 6.404/76, aí incluídos os que dispusessem sobre poder de veto de qualquer das partes signatárias sobre determinadas matérias.

Devemos, neste momento, verificar que existem diferenças entre o modo como as noções acima referidas (grupo econômico, sociedades controladoras, controladas e coligadas) foram usadas no edital e o seu significado técnico-jurídico em sentido estrito, conforme estabelecido pela Lei das Sociedades Anônimas.

Com efeito, o art. 243 da Lei 6.404/76 estabelece que "são *coligadas* as sociedades quando uma participa, com 10% (dez por cento) ou mais, do capital da outra, sem controlá-la". Considera-se *controlada*, por sua vez, "a sociedade na qual a controladora, diretamente ou através de outras controladas, é titular de direitos de sócio que lhe assegurem, de modo permanente, preponderância nas deliberações sociais e o poder de eleger a maioria dos administradores".

A expressão grupo de sociedades, por sua vez, é definida e caracterizada a partir do art. 265 da Lei das S/A, segundo a qual: "Art. 265. A sociedade controladora e suas controladas podem constituir, nos termos deste Capítulo, *grupo de sociedades*, mediante convenção pela qual se obriguem a combinar recursos ou esforços para a realização dos respectivos objetivos, ou a participar de atividades ou empreendimentos comuns. § 1º. A sociedade controladora, ou de comando do grupo, deve ser brasileira e exercer, direta ou indiretamente, e de modo permanente, o controle das sociedades filiadas, como titular de direitos de sócio ou acionista, ou mediante acordo com outros sócios ou acionistas".

A idéia de grupo de sociedades não é noção puramente econômica e informal como dispõe o edital, mas, em seu sentido técnico-jurídico, é cercada de formalidades características dos demais tipos societários. Por essa razão é que se considera constituído o grupo apenas a partir da data do arquivamento, no Registro do Comércio da sede da sociedade de comando, da convenção de constituição do grupo e das atas de assembléias gerais, ou instrumentos de alteração contratual, de todas as sociedades que tiverem aprovado a constituição do grupo etc. (art. 271).

De acordo com o art. 266 da Lei das S/A: "As relações entre as sociedades, a estrutura administrativa do grupo e a coordenação ou subordinação dos administradores das sociedades filiadas serão estabelecidas na convenção do grupo, mas cada sociedade conservará personalidade e patrimônio distintos".

A figura do grupo de sociedades possui grande importância no direito do trabalho. O art. 2º da Consolidação das Leis Trabalhistas estabelece que: "§ 2º. Sempre que uma ou mais empresas, tendo, embora, cada uma delas, personalidade jurídica própria, estiverem sob a direção, controle ou administração de outra, constituindo grupo industrial, comercial ou de qualquer outra atividade econômica, serão, para os efeitos da relação de emprego, solidariamente responsáveis a empresa principal e cada uma das subordinadas".

De acordo com o edital, cada envelope deveria conter a oferta para apenas uma companhia, correspondente ao total das ações ordinárias daquela companhia. Após o recebimento de todos os envelopes dos participantes contendo as ofertas para as companhias do grupo A, iniciar-se-ia a abertura dos envelopes. A ordem de abertura dos envelopes em cada grupo seria divulgada através de comunicado relevante, o qual seria publicado até 30 dias antes da data do leilão, a fim de que os concorrentes pudessem, só então, arquitetar suas estratégias de aquisição levando em consideração a ordem em que seriam alienadas as empresas de cada grupo.

Numa primeira fase seriam abertos os envelopes correspondentes à primeira companhia do grupo A, os quais seriam então identificados e, posteriormente, divulgados os lances constantes em cada envelope e o respectivo participante. Conhecido o maior lance, e tendo sido respeitado o valor do preço mínimo, caso nenhum dos demais envelopes contivesse lance igual ou superior a 95% do valor do maior lance, este último seria declarado vencedor sem que houvesse a segunda fase do leilão. Ocorreria a segunda fase sempre que, respeitado o valor do preço mínimo, houvesse um ou mais lances com valor igual ou superior a 95% do valor do maior lance. Verificada esta hipótese, iriam para a segunda fase do leilão o participante titular do maior lance juntamente com o participante titular do lance com valor igual ou superior a 95% do valor do maior lance.

A segunda fase seria então realizada a viva voz, com lances sucessivos acima do valor do maior lance, ofertados pelos representantes das respectivas sociedades corretoras, sendo declarado vencedor o participante que ofertasse o maior lance.

Em seguida, seria iniciada a abertura dos envelopes contendo as ofertas para a segunda companhia do grupo A. Para o leilão dos grupos B e C repetir-se-iam os mesmos procedimentos.

Conforme pode ser observado por ocasião do leilão, apenas a aquisição das ações ordinárias da Embratel deu origem à necessidade de que fosse realizada a segunda fase do leilão, sendo que todas as demais companhias foram alienadas apenas com base na primeira fase.

Em conformidade com o disposto no edital, foram várias as obrigações especiais estipuladas para aqueles que viessem a adquirir as ações das companhias, sendo certo que destacaremos a seguir aquelas consideradas de maior relevância.

Deveriam ser assegurados aos atuais empregados das companhias e de suas respectivas controladas, os Planos de Previdência Complementar da Fundação Sistel de Seguridade Social e da Telos — Fundação Embratel de Seguridade Social, conforme o caso, nos termos constantes do Estatuto e Regulamento do Plano de Benefícios em vigor de cada uma das referidas entidades, aderindo e ratificando os Convênios de Adesão já celebrados pelas Companhias e suas respectivas controladas com as mencionadas entidades de Previdência Complementar.

Deveriam ser cumpridas as metas de universalização dos serviços de telecomunicações nos termos do Plano de Metas para a Universalização dos Serviços de Telecomunicações prestadas em regime público, tal como aprovado pelo Decreto 2.592, de 15.5.1998.

Deveria ser dada continuidade ao processo de registro das companhias para que fosse possibilitada a negociação de seus valores mobiliários em bolsa de valores, perante a Comissão de Valores Mobiliários, nos termos da Instrução CVM 202, de 6.12.1993, fazendo aprovar, ainda, programa de *Depositary Receipts* das ações preferenciais das companhias, na forma da Resolução CMN 1.927, de 27.5.1992, junto ao mercado norte-americano.

O edital de privatização das empresas do sistema Telebrás, surpreendentemente, não fez qualquer menção à detenção de *golden shares* pelo governo nem a qualquer responsabilidade adicional dos então futuros adquirentes no tocante à sua conservação na situação de detentores do número de ações adquiridas no leilão. Tendo em vista tal omissão, e considerando a conduta de alguns adquirentes de ações de empresas do sistema Telebrás, foi verificada a necessidade de uma "complementação" da legislação existente, tendo então sido expedida, pela ANATEL, a Resolução 101 acima mencionada.

VIII — 2. Análise do edital de privatização da Cia. Vale do Rio Doce

A Cia. Vale do Rio Doce (CVRD) era uma sociedade de economia mista federal, fundada pelo governo brasileiro para ser proprietária e operar as minas de ferro localizadas em Itabira/MG, e a Estrada de Ferro Vitória a Minas, a qual operava para transportar minério de ferro e produtos agropecuários pelo Vale do Rio Doce, Sudeste do Brasil, até o Porto de Vitória/ES. A razão inicial da CVRD era organizar a produção e a exportação de minério de ferro com a finalidade de ajudar a atender às necessidades estratégicas de matérias-primas durante a 2ª Guerra Mundial.

O Edital PND-A-01/97/CVRD foi publicado visando à alienação de até 123.613.333 ações CVRD da União, representativas de 49,45% do capital ordinário da CVRD e da totalidade das ações preferenciais de emissão da CVRD de propriedade da União, correspondentes a 8.744.308 ações preferenciais, representativas de 6,31% do capital preferencial da CVRD, que se encontravam depositadas no Fundo Nacional de Desestatização.

Era também objeto do edital a outorga pela União à CVRD, simultaneamente ao leilão, na forma do disposto na Lei 8.987/95, e nos arts. 27, 28 e 29 da Lei 9.074/95, de novas concessões de serviço público de transporte ferroviário, pelo prazo de 30 anos, relativas à Estrada de Ferro Vitória a Minas e à Estrada de Ferro Carajás, à época exploradas pela CVRD sob o regime de concessão.

De acordo com o aludido edital, o processo, tal como aprovado pelo Conselho Nacional de Desestatização, seria realizado em 3 etapas distintas, a saber:

- a primeira etapa do processo seria o leilão. Por meio de leilão público especial seria ofertada à venda uma quantidade de ações representando, no mínimo, 40% e, no máximo, 45% das ações da CVRD, agrupadas em um único lote de, no mínimo, 99.993.257 (noventa e nove milhões, novecentas e noventa e três mil, duzentas e cinqüenta e sete) ações CVRD, e, no máximo, 112.492.414 (cento e doze milhões, quatrocentas e noventa e duas mil, quatrocentas e quatorze) ações CVRD, representando, respectivamente, 25,73% e 28,95% do capital social da CVRD;

- a segunda etapa do processo seria a oferta aos empregados. Os empregados que se habilitassem nos termos e condições do edital poderiam adquirir, em oferta especial, até 5,11% do capital social da CVRD, sendo até 4,45% e até 6,31% das ações preferenciais de emissão da CVRD, ou seja, até 8.744.308 ações preferenciais de emissão da CVRD de titularidade da União que, conjuntamente, correspondem a 10% da participação acionária detida pela União na CVRD;

- a terceira e última etapa do processo seria a distribuição pública. Por meio de distribuições secundárias, no Brasil e/ou no exterior, seriam ofertadas à venda ações CVRD da União e eventuais sobras de ações preferenciais de emissão da CVRD de titularidade da União que não tivessem sido ofertadas à venda ou alienadas nas etapas anteriores do processo. As distribuições públicas secundárias seriam realizadas em data a ser oportunamente aprovada pelo CND e divulgada pelo BNDES.

A Cia. Vale do Rio Doce foi incluída no PND pelo Decreto 1.510, de 1.6.1995, posteriormente alterado pelo Decreto 1.539, de 27.6.1995, e seu processo de desestatização teve início com o depósito das ações de emissão da CVRD de titularidade da União Federal no Fundo Nacional de Desestatização, em observância ao Programa Nacional de Desestatização.

Ressalvado o disposto no Decreto 1.068, de 2.3.1994, não seria também admitida a participação no processo de entidades integrantes da administração pública direta, indireta ou fundacional, de qualquer dos poderes da União, do Distrito Federal, dos Estados e dos Municípios, analogamente ao que viria a constar, posteriormente, do edital de privatização da Telebrás.

A participação de entidades de previdência ou assistência social ou dos fundos de complementação previdenciária vinculados à administração pública direta ou indireta estava também sujeita aos limites estabelecidos em regulamentação própria.

Poderiam participar do leilão quaisquer pessoas físicas, pessoas jurídicas e demais entidades, brasileiras ou estrangeiras, desde que organizadas sob a forma de uma "SPE" e que satisfizessem os requisitos de pré-identificação estabelecidos no edital.

Seria considerado vencedor do leilão o participante, organizado sob a forma de uma "SPE", que oferecesse o maior preço por ação. SPE é termo comumente utilizado em processos de privatização, e significa "sociedade de propósito específico", constituída no país e que, no caso da privatização da CVRD, deveria ter por finalidade e objeto social, exclusivamente, deter, no mínimo, o mesmo percentual do capital ordinário da CVRD adquirido no leilão, o qual não poderia ser inferior a 40% das ações CVRD.

O preço mínimo para as ações CVRD objeto do leilão era de R$ 26,67 por ação, sendo que o CND poderia rever a seu critério o preço mínimo diante de fatos que justificassem tal decisão. O preço mínimo foi calculado de modo a atender o disposto no art. 51 do Decreto 1.204, de 29.7.1994.

É interessante verificar as disposições do edital relativamente aos acionistas minoritários da CVRD. Isto porque a privatização da CVRD foi precedida da reforma da Lei das Sociedades Anônimas, que efetuou alterações bastante polêmicas, principalmente eliminando a necessidade de realização de oferta pública aos acionistas minoritários das companhias quando da aquisição de seu controle. Argumentou-se à época, e com razão, que a reforma da Lei das Sociedades Anônimas teria sido introduzida com o principal objetivo de viabilizar as privatizações a serem realizadas pelo governo, principalmente a privatização da CVRD.

Com efeito, o edital estabelecia que: "À exceção da hipótese prevista no item 4.2 XVIII deste edital, a SPE vencedora do leilão e os acionistas da SPE estarão desobrigados a realizar ou estender, após o leilão, oferta pública posterior para a aquisição de quaisquer ações do capital social da CVRD. Estes procedimentos foram estabelecidos em atendimento às disposições contidas no art. 254 da Lei 6.404, de 15.12.1976, estando aprovados pela CVM, nos termos do Ofício CVM/GEO 027/97, de 5.3.1997".

Tendo sido realizado o leilão, a SPE deveria, obrigatoriamente, adquirir: (i) no mínimo, 99.993.257 ações CVRD da União; e (ii) no mínimo, o número de ações CVRD dos acionistas minoritários da CVRD resultante da aplicação do critério de rateio proporcional acima descrito.

O edital de privatização da Cia. Vale do Rio Doce estipulava várias obrigações aos adquirentes das ações da empresa. Primeiramente, foi vedada a participação de um acionista da SPE, diretamente ou por meio de suas afiliadas, em mais de uma SPE participante do leilão. A sua participação direta ou indireta em mais de uma SPE impediria automaticamente a pré-identificação de toda e qualquer SPE do qual o acionista da SPE em questão participasse.

Estipulou-se que, nos 5 primeiros anos contados a partir da data de liquidação financeira do leilão:

(i) nenhum acionista da SPE poderia deter, diretamente e/ou por meio de suas afiliadas, participação acionária superior a 45% do capital votante e/ou total da SPE, em conformidade com a cláusula de desconcentração que seria incluída no estatuto social da SPE. Considerar-se-ia no cálculo do limite de participação na SPE o somatório da participação detida pelo acionista da SPE diretamente e/ou por meio de suas afiliadas;

(ii) ficaria limitada a 45% do capital votante e total da SPE a participação acionária conjunta de produtores de minério de ferro e grandes produtores de minério de ferro, conforme definidos no edital;

(iii) ficaria limitada a 45% do capital votante e total da SPE a participação acionária conjunta de empresas siderúrgicas, grandes empresas siderúrgicas, companhias *trading* e grandes companhias *trading*, conforme definidas no edital;

(iv) ficaria limitada a 10% do capital votante e total da SPE a participação acionária individual de cada um dos grandes produtores de minério de ferro, das grandes companhias *trading* e das grandes empresas siderúrgicas, conforme definidas no edital.

Não houve, de acordo com o edital, qualquer limitação à participação de pessoas físicas, pessoas jurídicas e demais entidades estrangeiras na SPE.

Para a demonstração de sua capacidade financeira, a SPE ou seus acionistas deveriam prestar à CLC garantia no valor mínimo de R$ 3.000.200.000,00, a qual poderia ser prestada sob a forma de garantias bancárias ou mediante o depósito de títulos públicos federais e/ou internacionais.

A alienação das ações CVRD ocorreria com a boa liquidação financeira do leilão pela SPE vencedora e a lavratura do competente termo de transferência de ações CVRD para a SPE vencedora do leilão. A transferência de ações CVRD para a SPE vencedora do leilão ficaria, entretanto, condicionada à prévia cessão gratuita à BNDESPAR da ação preferencial de classe "A" (*golden share*) da SPE.

As ações CVRD da União e as ações preferenciais de emissão da CVRD de titularidade da União que remanescessem no Fundo após a realização do leilão e da oferta aos empregados seriam ofertadas à venda por meio da distribuição pública.

No tocante à oferta pública aos empregados, foi extremamente interessante observar como a privatização da Cia. Vale do Rio Doce foi apresentada aos empregados da companhia. O Prospecto Sintético aos Empregados dispunha que: "A desestatização da CVRD não afetará, de forma alguma, as relações trabalhistas existentes entre a CVRD (...), nem as relações existentes com os aposentados. Tampouco serão afetadas pela desestatização da CVRD as obrigações de natureza trabalhista da CVRD (...), inclusive com respeito ao pagamento de condenações na Justiça do Trabalho, as quais não sofrerão qualquer mudança em virtude da desestatização".

Seria objeto da oferta aos empregados até 8.744.308 ações preferenciais de emissão da CVRD e de titularidade da União Federal, correspondentes a 6,31% do capital preferencial da CVRD, e até 11.120.919 ações ordinárias de emissão da CVRD e de titularidade da União Federal, correspondentes a 4,45% do capital ordinário da CVRD, que, em conjunto, corresponderiam a 10% da participação acionária detida pela União Federal na CVRD e a 5,11% do capita social da CVRD.

Os empregados devidamente habilitados poderiam participar da oferta aos empregados diretamente ou através de clube de empregados, sendo certo que estariam habilitados a participar da oferta aos empregados os empregados e/ou clube de empregados que formalizassem a respectiva reserva de ações de emissão da CVRD. Cada empregado habilitado na oferta aos empregados deveria adquirir, no mínimo, um lote de ações.

As sobras de ações seriam ofertadas exclusivamente aos clubes de empregados, ao mesmo preço e nas mesmas condições da oferta aos empregados. Caso mais de um clube de empregados tivesse manifestado interesse, as sobras seriam sucessivamente rateadas entre os mesmos na proporção total das ações reservadas pelos empregados que eles representassem.

Cada empregado habilitado na oferta aos empregados poderia participar, diretamente ou através de clube de empregados, no capital social da SPE vencedora do leilão, por meio da subscrição de ações ordinárias da SPE, as quais deveriam ser integralizadas em bens representados pelas ações ordinárias de emissão da CVRD por ele adquiridas na oferta aos empregados.

Os empregados e/ou clube de empregados que viessem a integrar o capital social da SPE vencedora do leilão se tornariam então acionistas da SPE vencedora do leilão ao invés de acionistas da CVRD, e estariam sujeitos às mesmas obrigações e restrições impostas aos acionistas da SPE.

É importante salientar que o preço das ações de emissão da CVRD que fossem adquiridas pelos empregados e/ou clube de empregados habilitados na oferta aos empregados seria inferior ao preço mínimo para o leilão estabelecido pelo Conselho Nacional de Desestatização (benefício financeiro) e variaria conforme fossem ou não fossem as mesmas destinadas à incorporação no patrimônio da SPE vencedora do leilão.

As ações ordinárias de emissão da CVRD não destinadas à incorporação no patrimônio da SPE vencedora do leilão e as ações preferenciais de emissão da CVRD seriam vendidas aos empregados e/ou clubes de empregados habilitados ao preço de R$ 8,88 por ação. As ações ordinárias destinadas à incorporação no patrimônio da SPE vencedora do leilão seriam vendidas aos empregados e/ou clubes de empregados habilitados ao preço de R$ 11,09 por ação. Os preços poderiam ser revistos, a critério do CND.

A alienação das ações de emissão da CVRD objeto da oferta aos empregados que não fossem destinadas à incorporação no patrimônio da SPE estaria sujeita ao cumprimento, pelos respectivos adquirentes, das seguintes restrições:

(i) as ações ordinárias de emissão da CVRD não poderiam ser negociadas, transferidas ou cedidas, a qualquer título, até que completados 6 meses contados a partir da data da conclusão da distribuição pública, excetuada a hipótese de alienação de tais ações na própria distribuição pública;

(ii) as ações preferenciais de emissão da CVRD não poderiam ser negociadas, transferidas ou cedidas, a qualquer título, pelos empregados e/ou clube de empregados, num volume mensal superior a 11% da posição das ações preferenciais de cada empregado, a partir da data de liquidação financeira da oferta os empregados, não podendo a venda desse volume de ações ocorrer em um único dia; as negociações pelos empregados e/ou clube dos empregados dessas ações deveriam ser suspensas pelo período compreendido entre a data da publicação do prospecto preliminar da distribuição pública e até que completados 3 meses contados a partir da data da conclusão da distribuição pública, exceto se previamente aprovadas pelo BNDES, após consulta ao coordenador global da distribuição pública;

(iii) a realização de toda e qualquer operação de derivativos de ações de emissão da CVRD, até que completados 6 meses contados a partir da data da conclusão da distribuição pública, deveria ser previamente aprovada pelo BNDES, após consulta ao coordenador global da distribuição pública.

Na hipótese de descumprimento das condições estabelecidas nos itens (i) a (iii) acima seria devida à União Federal uma multa por cada ação de emissão da CVRD negociada e/ou objeto de operação de derivativos, cujo valor seria correspondente ao valor do benefício financeiro conferido por ação ao respectivo empregado ou clube de empregados inadimplente.

Ao final do edital de privatização da Cia. Vale do Rio Doce foram elencadas as obrigações e os direitos da União, bem como as obrigações especiais da SPE e de seus acionistas.

Segundo os termos do edital, após a realização do leilão e na data de sua respectiva liquidação financeira, seria realizada Assembléia-Geral Extraordinária de acionistas da CVRD, na qual a União:

(i) exerceria seu direito de voto de modo que: a) fosse realizada a alteração do estatuto social da CVRD a fim de refletir a redação constante do projeto de estatuto social da CVRD, inclusive no que se refere à introdução, no estatuto social da CVRD, da ação de classe especial (*golden share*) da CVRD a ser detida pela União, e, b) fossem aprovadas as demais matérias previstas na pauta mínima para a ordem do dia;

(ii) aceitaria a renúncia da totalidade dos membros do Conselho de Administração da CVRD eleitos antes da data do leilão e indicados pelo União; e

(iii) abster-se-ia de exercer o seu direito de voto na deliberação relativa à eleição de novos membros do Conselho de Administração da CVRD ou, se necessário, exerceria seu direito de voto de modo a assegurar que a SPE tivesse condições de proceder à eleição da maioria dos membros do Conselho de Administração da CVRD.

Após a realização do leilão, a União teria o direito de deter, no mínimo:

(i) uma participação direta no capital social da CVRD, representada pela titularidade da Ação de Classe Especial (*golden share*) da CVRD, por meio da qual a União teria, a partir da data de liquidação financeira do leilão, o direito de veto sobre as seguintes matérias:

• alteração na denominação social;

• mudança da sede social;

• mudança no objeto social no que se refere à exploração mineral;

• liquidação da CVRD;

• alienação ou encerramento das atividades de qualquer uma ou do conjunto das seguintes etapas dos sistemas integrados de minério de ferro da CVRD, a saber: depósitos minerais, jazidas, minas, ferrovias, portos e terminais marítimos;

• quaisquer modificações nos direitos atribuídos às espécies e classes de ações que compõem o capital social da CVRD; e

• quaisquer modificações nos direitos atribuídos à ação de classe especial (*golden share*) da CVRD;

(ii) uma participação indireta no capital social da CVRD representada pela titularidade da ação preferencial de classe "A" (*golden share*) da SPE pela BNDESPAR, mediante cessão gratuita a esta última que deveria ser formalizada na data da liquidação financeira do leilão, por meio da qual a BNDESPAR teria, pelo prazo de 5 anos contados a partir da data de liquidação financeira do leilão, o direito exclusivo de deliberar sobre as seguintes matérias, direito este que seria exercido exclusivamente no interesse da União:

• qualquer alteração em seu objeto social;

• quaisquer modificações nas regras sobre limites de participação individual ou conjunta de acionistas em seu capital social;

• liquidação, dissolução, transformação, cisão, fusão ou sua incorporação por outra sociedade;

• quaisquer modificações nas regras de desconcentração aplicáveis a seus acionistas;

• alienação, oneração ou transferência, sob qualquer forma, de ações ordinárias ou de quaisquer valores mobiliários permutáveis em ações ordinárias do capital social da CVRD de sua propriedade, exceto em relação às ações ordinárias da CVRD adquiridas fora do âmbito do leilão e desde que mantido na SPE, no mínimo, o mesmo percentual dessas ações adquiridas no leilão;

• quaisquer modificações nos direitos atribuídos à ação preferencial de classe "A" (*golden share*) da SPE.

Foram as seguintes as obrigações especiais que deveriam ser cumpridas pela SPE e por seus acionistas:

(i) manter a SPE devidamente constituída por, no mínimo, 5 anos contados a partir da data da liquidação financeira do leilão;

(ii) na data da liquidação financeira da oferta aos empregados, promover aumento de capital na SPE, por subscrição particular, de modo a permitir, se for o caso, que os empregados que viessem a participar no capital social da SPE subscrevessem ações ordinárias da SPE mediante integralização em bens, representados pelas ações CVRD adquiridas pelos mesmos na Oferta aos Empregados, as quais seriam então incorporadas ao patrimônio da SPE pelo mesmo preço por ação pago pela SPE no leilão;

(iii) fazer com que a SPE se abstivesse de votar nas Assembléias-Gerais da CVRD nas quais fossem tomadas deliberações acerca de matéria da qual qualquer acionista da SPE pudesse beneficiar-se de modo particular ou na qual qualquer acionista da SPE tivesse interesse conflitante com o da CVRD, assim como orientar no mesmo sentido os membros da Conselho de Administração da CVRD indicados pela SPE;

(iv) não alterar, pelo prazo de 5 anos contados da data de liquidação financeira do leilão, as cláusulas essenciais do Estatuto Social da SPE, inclusive no tocante aos direitos atribuídos à ação preferencial de classe "A" (*golden share*) da SPE;

(v) assegurar aos empregados da CVRD a eleição em separado de 1 membro do Conselho de Administração da CVRD;

(vi) salvo nas hipóteses previstas no edital ou mediante autorização expressa da

BNDESPAR, abster-se de alienar, sob qualquer forma, inclusive por meio de cessão ou não exercício de direito de subscrição de ações ou debêntures conversíveis em ações, quaisquer ações SPE para terceiros que não fossem acionistas da SPE durante o período de 24 meses contados a partir da data de liquidação financeira do leilão;

(vii) salvo mediante autorização expressa da BNDESPAR e observadas as disposições específicas do acordo de acionistas da SPE sobre a matéria, fazer com que a SPE se abstivesse de alienar, sob qualquer forma, ações CVRD de sua propriedade, adquiridas no leilão, durante o período de 5 anos contados a partir da data de liquidação financeira do leilão;

(viii) fazer com que a CVRD efetuasse doação ao BNDES de R$ 85.900.000,00, em moeda corrente nacional, destinada à realização de investimentos regionais de natureza social, dentro do prazo de 90 dias após a data de liquidação financeira do leilão;

(ix) fazer com que a CVRD realizasse os investimentos necessários e vinculados à recuperação e preservação do meio ambiente, para o perfeito atendimento das respectivas normas legais e regulamentares vigentes.

Com o objetivo de adaptar a CVRD à sua nova condição de empresa privada, seria submetido à deliberação de sua Assembléia-Geral Extraordinária o projeto de estatuto social da CVRD, que deveria, necessariamente, realizar-se após o leilão e antes de sua liquidação financeira.

Pudemos verificar, desta forma, a aplicação prática das várias possibilidades teóricas e previsões legais acerca das privatizações. A inclusão de uma ou outra determinação irá depender, estritamente, das necessidades, características e objetivos de cada processo de privatização.

IX — Privatização no Direito Comparado

A implantação de programas de privatização tem ocorrido praticamente em todos os países do mundo quase que simultaneamente, sendo um indicador da modificação econômica e produtiva que irá determinar as novas relações entre os Estados e particulares nos próximos anos.

Tanto os países capitalistas quanto os socialistas tiveram que reformar as formas de intervenção do Estado na produção a fim de garantir o cumprimento das funções governamentais em consonância com as necessidades sociais atuais e os desafios políticos e econômicos dos próximos anos. A privatização mostrou ser um fenômeno mundial na redefinição do papel do Estado na economia, conforme demonstram as experiências em diversos países do mundo.

De acordo com os dados do Banco Mundial, os processos de privatização tornaram-se bastante populares nos países em desenvolvimento nos últimos dez anos. A América Latina e o Caribe foram as regiões que lideraram a implementação de programas de privatização, seguidas pela Ásia, Europa e Ásia central (que inclui as antigas economias planificadas da Europa Central e do Leste Europeu.[50]

IX — 1. Chile

O programa de privatizações na América Latina iniciou-se no Chile, ainda no governo do Gal. Pinochet, em meados da década de 1980, através da privatização do sistema de previdência social, hoje totalmente transferido para a iniciativa privada juntamente com outros setores da economia.

Em 1924, o Chile foi o primeiro país no hemisfério sul a adotar sistema de seguridade social. Em 1981, ele foi também o primeiro a aboli-lo. A reforma ocorrida obteve um êxito tão grande que serviu como modelo de privatização para vários outros países na América Latina (como o Peru, Argentina e Bolívia) e pelo mundo.

50. "Privatization trendsin developing countries", *link* no *site* do National Center for Policy Analysis.

Depois do *crash* da bolsa de Nova York e da falência de muitos bancos, o que acabou com as poupanças de milhões de americanos, o país decidiu garantir aos idosos um envelhecimento decente. A solução foi a criação da seguridade social. Mais de seis décadas depois de sua criação, a seguridade social encara crise gravíssima por todo o mundo. Segundo as previsões, em 2012 a quantia que estará sendo gasta com os pagamentos da seguridade social será maior do que a quantia que estará sendo recebida dos trabalhadores a título de contribuição. O sistema poderá suprir esta diferença por um certo tempo. Entretanto, até 2032 os fundos devem estar completamente vazios e a seguridade social não terá mais condições de fazer qualquer pagamento aos beneficiários. São várias as mudanças propostas e que estão sendo acatadas por todo o mundo, mudanças que eram impensáveis há poucos anos atrás: corte de benefícios, aumento do valor das contribuições; aumento da idade em que se pode pleitear a aposentadoria; realização de investimentos mais agressivos; e a criação de sistemas de previdência privada.

Os planos de previdência privada são muito comuns e populares entre os chilenos e funcionam da seguinte forma: os trabalhadores depositam 13% de seus salários em contas administradas por cerca de 20 fundos de investimento. Desses 13%, 10% são investidos para a aposentadoria, e 3% investido para seguros por deficiência física. Os trabalhadores têm a opção de investir mais do que o mínimo necessário em suas contas. Ao se aposentar, podem retirar todo o dinheiro de suas contas, e o governo garante uma pensão mínima àqueles que não conseguiram acumular dinheiro suficiente para cobrir a pensão mínima necessária. A poupança no Chile cresceu de 16% para 28% em 1997. O patrimônio dos fundos excede os US$ 30 bilhões, valor que incrementa o crescimento econômico do país.

É extremamente interessante verificar que o problema está em discussão em inúmeros países, o que demonstra a dimensão da preocupação despertada pela questão da seguridade social. Muitos países, entre os quais os ex-países socialistas, a exemplo da Hungria e da Polônia, estão estabelecendo sistemas de pensão privados para substituir o sistema de seguridade social parcialmente custeado pelo governo.

IX — 2. Grã-Bretanha

A Grã-Bretanha executou programa de reforma do Estado ao longo de dez anos, privatizando quase todas as empresas estatais e transferindo ao setor privado a administração de estradas, cadeias, entre outros serviços tradicionalmente reservados ao setor público. Por esta razão, o programa de privatizações inglês serviu de paradigma a todo o mundo e, certamente, teve grande influência nas mudanças ocorridas no Leste Europeu após a derrocada do sistema comunista.

Convencido de que o setor privado planeja sua ação segundo critérios comerciais com base em rentabilidade, eficiência e satisfação dos consumidores, e de que o setor público, pelo contrário, está voltado para o produtor no sentido de servir aos interesses e encontrar as necessidades daqueles que o dirigem e trabalham com ele, Madson Pirie, o grande ideólogo do programa de privatizações inglês, denunciou as áreas problemáticas do setor público e relatou as dificuldades que, em 1979, o levaram à escolha de novos rumos a fim de reduzir o papel do Estado na vida social.

Suas metas básicas eram o ganho de eficiência; a redução do endividamento do setor público; a limitação da ingerência governamental na tomada de decisões por parte das empresas; a superação mais fácil dos problemas de caixa do setor público; a ampliação do mercado acionário; o incentivo à propriedade acionária dos empregados; a obtenção de vantagens políticas; a liberdade de buscar recursos no mercado sem ter que se ater às restrições enfrentadas pelo setor público; os empréstimos das empresas privatizadas deixariam de integrar as dívidas do governo.

IX — 3. Portugal

Os grandes objetivos do programa de privatização português são, de uma lado, o desenvolvimento do denominado *accionarato popular*, tendo-se em vista disseminação de capital e impedir a formação de grandes concentrações de capital, ou, por outras palavras, impedir que qualquer grupo econômico privado detenha uma participação extremamente elevada entre os acionistas privados das companhias.

A Lei 84/88 previa a reserva legal de determinadas parcelas do capital a certas categorias de compradores. No total, 30% do capital a ser transferido estaria potencialmente reservado a pequenos investidores, numa concretização clara do desiderato de disseminação do capital. Por outro lado, o capital alienável remanescente (70%) poderia ter como comprador qualquer pessoa, singular ou coletiva, privada, mas dentro de um quadro de limitações estritas, já que nenhum ente privado poderia adquirir mais de 10% das ações. Nesta parcela majoritária do capital, que tinha como compradores potenciais os grandes investidores, os entes privados estrangeiros podiam concorrer com os adquirentes nacionais estando, entretanto, sujeitos a grande limitação, visto não poderem adquirir mais de 10% das ações. Esta limitação da participação do capital estrangeiro contrastou com a grande abertura a esse capital no país vizinho, pois a Espanha foi, praticamente, o único país da Comunidade Européia que não levantou obstáculos à venda das empresas públicas a estrangeiros.

Conforme já salientado anteriormente, a participação do capital estrangeiro em operações de alienação de ações é desejável na medida que incrementa a competição entre potenciais compradores privados, o que irá originar preços de venda mais elevados. O efeito dinamizador da concorrência é essencial nos casos em que a capacidade financeira dos grupos econômicos nacionais é relativamente baixa. O Estado, entretanto, não é um alienante comum, e tem sempre o dever de ponderar as conseqüências para a economia nacional do controle estrangeiro das principais empresas públicas privatizadas. Importa garantir que empresas fundamentais para o controle de determinados setores da economia nacional, e cuja titularidade permite deter as alavancas do poder econômico, não passem a ser controladas, de maneira arbitrária, pelo capital estrangeiro, com o conseqüente deslocamento dos centros de decisão econômica para o exterior.

O interesse dos estrangeiros nas privatizações portuguesas, como em qualquer lugar do mundo, certamente não se prolongaria caso fosse mantida a apertada limitação de sua participação. Daí, de acordo com o art. 13 da atual Lei Quadro das Privatizações (Lei 11, de 5.4.1990) existe a possibilidade, talvez até demasiadamente vaga, de introduzir, relativamente a cada operação de privatização, limites à participação do capital estrangeiro. Sendo assim, a opção de limitar ou não a participação do capital estrangeiro em determinada privatização é relegada aos Decretos-lei relativos a cada operação de transformação de cada uma das Empresas Públicas (EPs) a ser privatizada em Sociedade Anônima e que regula especificamente o respectivo processo de privatização.

Tal previsão corresponde, em última análise, a verdadeira "norma em branco", uma norma remissiva, o que pode também ser observado ao longo de quase todo o texto da Lei Quadro de Privatizações. Entretanto, se a Lei Quadro é criticável pelo seu caráter excessivamente genérico é, contudo, possível adotar nos sucessivos Decretos-lei, relativos a cada operação de privatização, soluções bastante criativas e transparentes.

Quanto aos limites à participação de entes privados, a Lei Quadro impõe que deve haver uma limitação da quantidade de capital a adquirir ou subscrever por cada ente privado, sendo que a definição quantitativa desse limite, entretanto, deverá ser feita pelo Decreto-lei relativo a cada operação de privatização. Isto permite soluções variáveis conforme o tipo de empresa, em que sejam aconselháveis maiores ou menores concentrações de capital, segundo vários fatores específicos, inclusive aqueles exógenos à privatização, como a situação econômico-financeira da empresa, o setor ocupado pela empresa e a previsibilidade das estratégias daquele setor específico.

A Lei Quadro estabelece também uma reserva de capital a ser alienada a pequenos subscritores e a trabalhadores, sem, entretanto, determinar, quantitativamente, seu montante, relegando, uma vez mais, essa decisão para os Decretos-lei relativos a cada operação de privatização, os quais deverão levar em consideração o número de trabalhadores de cada empresa privatizada.

Isso implica que as possibilidades de acesso ao capital de cada empresa são muito variáveis, o que pode provocar desigualdades consideráveis entre os trabalhadores das várias empresas privatizadas, não propiciando, certamente, o desenvolvimento daquela mentalidade acionista de pequeno investidor que se pretenderia implementar.

A procura de ações por trabalhadores sofre, geralmente, com a oferta rígida de ações (em torno de 10%, à semelhança do sistema adotado no Brasil), o que leva à necessidade de um rateio dessas ações pela constituição de carteiras de títulos, geralmente insignificantes, e que dificilmente darão causa à criação de mentalidade de acionista investidor.

Um dos principais problemas enfrentados pelo programa de privatizações português é a consolidação do *accionariato popular*, o qual, como realidade durável, depende da criação de mentalidade de acionista em largas camadas da população. Essa mentalidade deverá se basear, essencialmente, na existência de interesse continuado pelos resultados econômicos da empresa em que detêm participações, bem como na existência de hábito de titularidade sobre ações como fonte regular de rendimentos e de grau crescente de informação sobre os mecanismos bolsísticos.

O pequeno investidor, adquirente de títulos nas privatizações, tende a ser varrido do mercado por condutas especulativas dos grandes investidores e das grandes sociedades privadas, que facilmente o aliciarão para vender suas ações, com a perspectiva da realização imediata de uma significativa mais-valia. Os grandes investidores poderão, ainda, se beneficiar, indiretamente, dos preços reduzidos (especiais) fixados para os pequenos investidores (com sacrifício do interesse público de maximização de receitas na venda de bem do Estado em função de uma dada perspectiva teleológica), pois o esforço financeiro que terão de realizar para aliciar o pequeno acionista com uma rápida valorização dos títulos será consideravelmente menor. Assim sendo, verifica-se a existência de risco de total esvaziamento do objetivo de disseminação do capital. Há, portanto, necessidade de conceber técnicas jurídicas que permitam assegurar, na prática, a consolidação do *accionariato popular*.

Em tese, é possível considerar quatro vias técnicas distintas para alcançar esse objetivo:[51] "a) a criação de um sistema geral de imobilização temporária de títulos alienados a pequenos acionistas (imposição rígida, global e automática da imobilização dos títulos); b) a criação de esquemas específicos de vantagens (de conteúdo muito diverso), que influenciem a permanência do pequeno investidor como acionista; c) a criação de um sistema de imobilização voluntária de títulos, no qual a concessão de vantagens decisivas para a aquisição de títulos por pequenos investidores seja condicionada à aceitação da imobilização temporária dos títulos; e d) soluções mistas".

O Programa de Privatizações no Reino Unido utilizou o sistema *b*, enquanto a França e Portugal utilizaram-se do sistema *c*.

51. Luís Morais, *Privatização de Empresas Públicas — As Opções de Venda*, p. 163.

Com efeito, a Lei Quadro, em seu art. 11, n. 1, estabelece que a aquisição ou subscrição de ações por pequenos subscritores se beneficiará de condições especiais, desde que essas ações não sejam negociadas durante determinado período a contar da data de sua aquisição. Essas condições especiais de aquisição de ações serão determinadas em cada operação de privatização, pelo Decreto-lei relativo a cada EP a ser privatizada.

A imobilização temporária dos títulos adquiridos por pequenos acionistas é uma solução justificável do ponto de vista teórico, aceitável do ponto de vista técnico-jurídico, mas apresenta um grande inconveniente, que é o da falta de liquidez de uma aplicação financeira em ações de companhias objeto de privatização, tornando-a pouco atrativa para o pequeno investidor, sobretudo se se levar em conta a atual proliferação de produtos financeiros concorrentes e que se revestem de maior liquidez.

O sistema ideal parece ser, então, aquele que conjuga a imobilização dos títulos adquiridos por pequenos investidores com um conjunto complexo de incentivos, material e tecnicamente variáveis, tendentes a influenciar a permanência do pequeno investidor como acionista das sociedades privatizadas, a exemplo da concessão de benefícios fiscais. Na privatização da *British Telecom*, em 1984, p. ex., eram concedidos descontos nas faturas telefônicas aos acionistas que mantivessem suas participações por um período de seis meses após a privatização. Estes esquemas de persuasão, certamente, dependem do tipo de atividade da empresa privatizada e requerem abordagem criativa.

O objetivo de formação dos "núcleos duros", em Portugal, se fundamenta no procedimento seguido no programa de privatizações francês. Trata-se de reservar uma parcela significativa do capital social (que pode oscilar entre os 18,2% do capital, como aconteceu na privatização do *Paribas*, até 51% do capital, como se verificou na privatização do *Banque Industrielle et Mobilière Privé*) para a sua alienação a grupo selecionado de investidores, assegurando-se participação de controle. Normalmente, esse grupo não será composto por mais de uma dezena de investidores, embora, em alguns casos, o número possa ser bastante superior, como se verificou no *Paribas*, onde o núcleo duro era composto de 17 acionistas.

Essa alienação tem como contrapartida um preço de venda superior não só ao preço fixo das subscrições públicas, mas também aos preços de venda previsíveis nas operações de venda dentro do mercado.

Os investidores selecionados pagam, desta forma, compensação por não terem de se sujeitar a disputar a aquisição de ações com outros investidores concorrentes em operações de mercado. Além disso, costuma ser estipulado que este núcleo selecionado de compradores se comprometa a não alienar a maior parte de seus títulos durante um determinado período de tempo, o que é, também, o objetivo da Resolução 101 da ANATEL anteriormente mencionada.

A formação de núcleos estabilizadores (correspondentes aos *noyaux durs* franceses) será particularmente importante em setores estratégicos, sendo certo que *a ratio* da criação destes núcleos estáveis de acionistas se baseia, essencialmente, em três aspectos principais:

a) a criação de um núcleo estável de acionistas capaz de garantir uma liderança e uma orientação administrativa minimamente conseqüentes e estabilizadas;

b) facilitar a absorção, pelo mercado financeiro, das operações de privatização, pois o compromisso de inalienabilidade, inerente à formação de núcleos duros afasta, durante certo período, o risco de "retorno do papel";

c) o aspecto decisivo será a possibilidade do Estado efetuar seleção dos acionistas em função de qualificações especiais, ou de uma particular vocação e preparação técnica para a gestão empresarial do setor em causa.

O art. 6º da Lei Quadro prevê a possibilidade de constituição de núcleos estáveis de acionistas, os quais deverão ser compostos por conjunto restrito e selecionado de investidores, podendo ser constituídos através da utilização de um dos vários métodos possíveis de alienação, principalmente o concurso limitado, precedido de um concurso de pré-qualificação.

Analisando-se a formação de núcleos estabilizadores, seria desejável uma previsão de critérios de adjudicação suplementares, além do preço e das condições de pagamento. Deveriam ser estabelecidos também critérios como a apresentação de projetos de gestão ou de reestruturação da empresa privatizada, a capacidade administrativa e técnica e a solvência do ente privado concorrente, a capacidade financeira do grupo privado, a definição de garantias a serem oferecidas pelo contratante privado relativamente à boa execução do contrato.

A Lei Quadro admite também a possibilidade dos Decretos-lei relativos a cada operação de privatização preverem ações privilegiadas (*golden share*), a fim de garantir a salvaguarda de formas residuais de controle público sobre as sociedades privatizadas. Trata-se de estabelecer, através de uma revisão nos Estatutos da sociedade, a transformação de uma ação ordinária detida pelo Estado em uma espécie de ação que só possa ser detida pelo Estado e que atribua direitos ou poderes especiais ao titular. Esses poderes especiais dizem respeito a um conjunto de matérias cruciais previamente delimitadas nos Estatutos da sociedade privatizada.

O que está em causa é a obtenção de nível residual de controle público de modo a garantir que, no médio prazo, os objetivos fundamentais da privatização não sejam totalmente postergados. Trata-se de um nível mínimo de controle, de modo a salvaguardar um cauteloso e gradual "desintervencionismo estatal" e não de uma nova forma de intervencionismo estatal.

IX — 4. Leste Europeu

No que se refere ao Leste Europeu, cabe salientar que, em conseqüência da desestruturação da URSS, vários países iniciaram a abertura do seu mercado ao capital externo, empreendendo acentuada política de privatizações com o objetivo de se readaptarem às regras do livre mercado.

Os processos de privatização do Leste Europeu são mais articulados e variados do que no oeste. Ademais disso, a experiência de processos de privatização não convencionais no Leste Europeu fornece idéias novas e abre perspectivas mais amplas para que sejam encarados os processos de privatização do oeste. O estudo dos diversos modelos de privatização adotados no Leste Europeu nos dão uma melhor idéia das diversas modalidades existentes e passíveis de serem adotadas, de modo geral, em programas de privatização, conforme foi salientado por Rachel Sztajn em palestra proferida na Faculdade de Direito da USP, em 27.5.1999.

Há várias maneiras de se classificar os diferentes métodos de privatização utilizados no Leste Europeu. A seguir, uma análise de cada uma delas:

1. Privatização darwiniana: método não construtivista e não discricionário

Nesse caso, o estabelecimento de uma economista capitalista, com a facilitação para a entrada de empresas privadas em setores em que anteriormente havia monopólio estatal, tem acontecido através da expansão espontânea de empresas e iniciativas privadas, sem que se faça a efetiva transição na titularidade dos bens públicos. Se empresas privadas são mais produtivas e crescem mais rapidamente, isso faz com que o setor econômico seja privatizado devido à competição natural entre as empresas, mesmo com a total ausência de processos formais de privatização.

A progressiva privatização da economia como conseqüência da livre iniciativa e concorrência parece estar em consonância lógica com a passagem da ideologia de um crescimento planejado e da construção do socialismo para a ideologia da livre concorrência e do mercado como uma forma natural de organização econômica.

Entretanto, a privatização baseada apenas na concorrência se dá de maneira muito mais lenta do que a desejada, a exemplo do que ocorre na China, onde a privatização nunca foi um objetivo político explícito, em que um processo deste tipo ocorre desde a década de 1970. Processos de privatização mais rápidos, por sua vez, requerem métodos que não decorram única e exclusivamente das forças do mercado, mas de decisões políticas conscientes e determinadas, de modo organizado e construído pelo Estado.

2. Processos não discricionários de privatização

2.1 Vendas em leilões — Teoricamente, pelo menos, o método de privatização mais objetivo e menos discricionário é a venda de patrimônio público através de leilão. Nestes casos, o patrimônio deverá ser adquirido por aqueles que acreditam estarem aptos a tirar o maior proveito deste patrimônio. Assim sendo, o leilão costuma trazer os melhores resultados financeiros para o Estado. As regras do leilão dependerão da natureza do patrimônio a ser vendido e das condições de mercado.

Podemos sempre presumir que, se o mecanismo do leilão é justo, se as informações relativas ao leilão forem adequadamente difundidas, e se o acesso ao leilão for livre, o leilão possui, então, todas as qualidades para ser razoavelmente eficiente, no sentido de que leva aos melhores resultados financeiros para o vendedor e transfere a propriedade dos ativos àqueles que o utilizarão da melhor maneira (a alocação será mais eficiente).

Entretanto, devem participam de leilão somente aqueles que dispõem de meios financeiros adequados e suficientes. Isso não seria um problema em um mundo com um perfeito e desenvolvido mercado financeiro, sendo, entretanto, extremamente limitativo no mundo real, e especialmente no Leste Europeu, onde o mercado financeiro existe de maneira escassa e primitiva.

Mesmo nos casos em que o Estado intervém através da concessão de empréstimos de parte dos recursos financeiros necessários, requer-se um comprometimento pessoal (*personal stake*) substancial pelos compradores, a fim de que não ocorram problemas morais, além de problemas envolvendo o próprio controle acionário ou a própria prestação do serviço público, a exemplo do que tem ocorrido recentemente no cenário brasileiro (ex.: Telemar).

Uma vez que a modalidade leilão foi escolhida, existem uma série de regras objetivas e predeterminadas a serem observadas. Na realidade, entretanto, há várias maneiras de burlar essas regras. Uma delas é privar os investidores das informações relevantes acerca do processo.

Cumpre observar que há aspectos inerentes às privatizações que implicam, inevitavelmente, um certo grau de discricionariedade e arbitrariedade. O que vender? E em que ordem? Como dividir empresas estatais enormes, quando é impossível vendê-las como um todo? O que deve ser objeto do leilão — a empresa como um todo, as quotas que representem o controle ou suas ações individualmente? Apesar de, na realidade, não poder haver um processo que seja completamente não discricionário, a diferença, em concreto, se dá entre diferentes graus de discricionariedade, tendo-se, então, por objetivo, reduzir a discricionariedade ao mínimo possível.

2.2 Vendas a um preço fixo ("posted price") — Para se conseguir a não-discricionariedade nas vendas a um pequeno número de investidores a preço fixo, deve haver regras predeterminadas sobre como se dividir as ações entre os vários compradores em caso de *oversubscription*. Em muitos casos, a venda a preços predeterminados resultou em uma aparente subavaliação dos resultados potenciais da venda, e em largos ganhos, imediatamente após a privatização, nos mercados secundários.

Entretanto, há uma série de razões porque os preços alcançados no mercado secundário não são provavelmente um indicador fiel do preço que as ações poderiam ter alcançado se tivesse havido leilão. A demanda poderia ser reduzida em um leilão porque pequenos investidores poderiam ser excluídos da compra das ações. Ademais, a cotação no mercado secundário é, geralmente, o resultado de um número menor de transações que existiriam em uma privatização global. Poderia também ocorrer que os resultados financeiros de vendas a preços fixos fossem melhores do que nos leilões, desde que fosse encontrado um preço adequado para as ações. Para encontrá-lo, é necessária uma avaliação cuidadosa dos aspectos econômicos da empresa e de seu valor de mercado, uma avaliação que é bastante difícil em circunstâncias peculiares e indeterminadas como aquelas que prevalecem nos países em transformação, além de bastante custosa. Esse custo diminuiria o resultado financeiro geral da venda. Por razões organizacionais, leilões não são considerados adequados para a venda a um pequeno número de investidores.

2.3 Venda a investidores estratégicos — A modalidade de venda adotada depende de objetivos econômicos e políticos. Se o objetivo é encontrar investidores estratégicos, um grande número de ações deve ser leiloado separadamente.

Este modelo tem sido o adotado em Portugal, conforme acima mencionado, bem como nos processos de privatização ocorridos no Brasil. Tal modalidade se justifica nas ocasiões em que a empresa ou o serviço que está sendo privatizado possui características técnicas e estratégicas específicas, as quais somente serão atendidas e preservadas se a empresa ou serviço em questão forem transferidos a investidores com capacitação técnica adequada e suficiente.

Na Polônia, p. ex., as ações são divididas em dois blocos: aquelas para investidores estratégicos, vendidas a partir de um preço mínimo, e aquelas destinadas aos acionistas populares, com um teto máximo. Na França, a parte vendida a investidores estratégicos é vendida com um *premium* (por volta de 5%), justificado pelo poder de controle assegurado aos investidores, os quais terão a titularidade de um grande número de ações (de 20 a 50%). No caso dos leilões, há uma boa razão para separar o montante de ações destinadas aos investidores estratégicos, e que garantirão o pode de controle da sociedade, daquelas ações destinadas ao público em geral. Em princípio, uma boa solução seria a venda a um preço fixo para os pequenos investidores, e leiloar as ações representativas do poder de controle da companhia por um preço mínimo inicial equivalente ao preço fixo destinado aos pequenos investidores. Condições especiais podem ser estabelecidas por razões políticas a determinados membros do público, como empregados e outros detentores de ações da companhia a ser privatizada, os quais, nas privatizações dos países de economia em transição, podem comprar um determinado número de ações com um desconto quase sempre substancial ou mesmo gratuitamente.

3. Processos discricionários de privatização

São aqueles em que políticos e administradores públicos possuem poder discricionário, caso a caso, nos processos de privatização. Neles, há uma barganha discricionária entre o pode público e o setor privado, sobre o patrimônio a ser privatizado, estando envolvidas uma série de circunstâncias, como, por exemplo, comprometimentos quanto aos empregos, investimentos, meio ambiente etc.

Ao contrário da venda em leilões, o patrimônio não será necessariamente vendido àqueles que queiram tirar o melhor proveito desse patrimônio, e que terão as idéias mais lucrativas quanto à sua utilização.

Um exemplo que é o parâmetro de processos discricionários de privatização é a privatização de empresas estatais na ex-Alemanha Oriental, após a unificação, a qual foi extremamente rápida, mas com resultados econômicos parcos para o governo alemão. Conduzido pela Sra. Brigit Breuel, presidente da *Treuhand* (*holding* pública que herdou 30 mil empresas estatais daquele país), o programa foi concluído um ano antes do previsto, no final de 1993, com a venda das últimas 4.800 empresas registradas em seus livros. No caso da Alemanha Oriental, havia, entretanto, uma urgência de mudanças institucionais, sendo que a privatização maciça e tão rápida do patrimônio fez depreciar o preço dos ativos alienados. Dada a rapidez, não se garantiu que os ativos fossem alocados de forma eficiente em mãos daqueles que poderiam fazer o melhor uso deles e, pior, não só os resultados financeiros para o governo foram negativos, como houve suspeitas de que houve inconsistência em muitas decisões, com o favorecimento de grupos específicos.

O método de liquidação e transformação, que também se aplica a pequenas empresas, foi muito popular no Leste Europeu, muito mais que os processos regulares de privatização, que são mais complicados e, provavelmente, menos sujeitos a abusos. Na Polônia, durante 1991 e 1992, 500 empresas estatais completaram o processo de liquidação, enquanto que, no mesmo período, apenas 43 empresas detidas 100% pelo Estado foram vendidas por um processo regular de privatização. Geralmente, empresas em liquidação são vendidas ou arrendadas em parte ou como um todo a administradores ou empregados sob condições preferenciais.

4. Processos de privatização não discricionários que não trazem receita ao Estado

4.1 Compra pelos empregados — A transferência da empresa para os seus empregados poderia ser o método mais rápido de privatização. Isto poderia ser visto como análogo à distribuição de terras aos *peasants* após a revolução bolchevique, com uma grande diferença que explica por que a transferência da empresa aos seus empregados não aconteceu na realidade: a distribuição de terras aos *peasants* levava à apropriação individual de um bem físico, material, enquanto que a privatização pela venda aos empregados teria consistido na apropriação coletiva por todos os empregados como um todo. Para que essa apropriação coletiva fosse transformada em propriedade individual, teriam que ser elaboradas regras para a distribuição das ações.

Tal modalidade tem sido intensamente adotada em diversos países do mundo, como em Portugal e no Brasil. Conforme já mencionado acima (VII — 10), o Programa Nacional de Desestatização, em seu art. 28, assegura que pelo menos 10% das ações representativas do capital social das empresas a serem privatizadas sejam ofertados aos empregados da companhia.

Na Rússia é dada a oportunidade de os empregados, ou parte deles, adquirirem a propriedade de até 51% do capital de suas empresas sob condições bastante favoráveis. Na Polônia é concedido aos empregados um desconto na aquisição das ações das empresas em que trabalham quando são privatizadas.

Essas medidas, entretanto, não trazem a vantagem de uma privatização rápida, como no caso da venda total aos empregados. Esses métodos são compatíveis e utilizados conjuntamente com os demais e principais procedimentos de privatização. Apesar de não trazer resultados econômicos para o Estado, é uma forma de aquiescência dos empregados com a venda da empresa, uma medida para neutralizar uma eventual oposição.

Um problema possível, decorrente da privatização total aos empregados, é o eventual interesse em transformar parte dos lucros a serem potencialmente recebidos em salários, em desvantagem para os demais acionistas que recebem apenas dividendos. Isso seria um desincentivo aos demais acionistas para manterem suas ações. Esse inconveniente, entretanto, não ocorreria se a participação acionária dos empregados fosse restrita às ações sem direito a voto.

4.2 Privatização em massa — Uma das características da privatização feita pela venda aos empregados é que ela não traz receita ao Estado, ao orçamento do governo. O mesmo ocorre com a distribuição, praticamente isenta de ônus, de ações das empresas estatais a toda a população.

Na privatização em massa ocorrida na Polônia, todo cidadão que pagasse uma taxa não superior a 10% do salário médio (usada para cobrir custos de administração do projeto) receberia um número equivalente de cupons que poderiam ser livremente negociados, dando ao seu portador ações de um vasto número de Fundos de Investimento Nacionais.

Na Checoslováquia (e mais tarde nas Repúblicas Checa e Eslovaca), a privatização em massa obteve grande êxito, podendo os *vouchers* serem negociados livremente e conferidos a intermediários financeiros livremente escolhidos pelos portadores.

Submergida em grave crise política, institucional e econômica, a Rússia procurou, através da aceleração do programa de privatizações, abrir o seu mercado ao capital externo, modernizando a sua economia como forma de evitar retrocessos políticos, principalmente em relação ao sistema totalitário que vigorava no país.

O governo da Rússia, liderado por Boris Ieltsin, decidiu empreender uma ampla reforma do Estado através de privatizações generalizadas. Assim sendo, a partir de outubro de 1992, passou a distribuir cupons no valor nominal de 10 mil rublos para os cerca de 150 milhões de habitantes da Federação. Cada cupom eqüivaleria a uma ação num conjunto de mais de cinco mil empresas estatais, os quais poderiam ser livremente comercializados. A Bolsa de Matérias-Primas passou, então, a oferecer um serviço de pregão e atualização eletrônica das cotações dos cupons de privatização, formando-se fundos de investimento especializados em adquirir e negociar os mencionados cupons.

O programa russo foi dividido em duas fases. Na primeira, que durou 18 meses e terminou em 30.6.1994, cerca de 14 mil empresas pequenas e médias foram privatizadas através dos cupons distribuídos gratuitamente à população para serem trocados por ações de estatais ou cotas de fundos mútuos de investimento. Dos 150 milhões de russos que receberam os bônus, 40 milhões mantiveram-se como acionistas individuais. Os demais negociaram seus cupons a preços mais elevados ou trocaram por cotas de fundos de investimento. Em 1994 foi iniciada a segunda fase do programa de privatizações, que abrangeria as empresas restantes e os grandes complexos estatais.

Assim como na privatização pela venda aos empregados, este esquema também tem a desvantagem de que o Estado dá algo em troca de praticamente nada, abrindo mão da oportunidade de aferir receitas para o orçamento público. Além disso, o método é demorado e administrativamente oneroso, dada a dificuldade de fazer a atribuição sem levar em conta grau de instrução, posição sócio-econômica ou outros fatores. O resultado econômico para o Estado é nulo e a extrema dispersão acionária pode, salvo existir mercado secundário para as ações, dificultar o controle da administração.

As privatizações pela venda aos empregados ou em massa poderiam resolver apenas parcialmente o problema da distribuição das ações. No caso da privatização pela venda aos empregados, a distribuição inicial não seria eqüitativa, já que o valor dos ativos a serem adquiridos pelos empregados iria depender de cada empresa a ser privatizada. Os empregados de empresas lucrativas ou detentoras de grande patrimônio iriam ser bastante beneficiados, enquanto que aqueles de empresas pobres e deficitárias seriam nitidamente prejudicados, correndo o risco até mesmo de perder os seus empregos.

Em ambos os casos o comércio de ações no mercado secundário levaria, com o tempo, a uma concentração muito maior do que a inicial. Aqueles que não se interessassem em ficar com as ações, ou menos capazes em administrá-las, e sem nenhuma informação sobre a empresa, perderiam logo, com a venda das mesmas, o valor de seu investimento inicial. Cedo ou tarde, verificar-se-ia uma distribuição análoga àquela decorrente de processos mais convencionais de privatização. As ações são tidas como investimentos de risco, e, desta forma, apenas os mais ricos permaneceriam com as suas ações, ficando a formação inicial de um *acionarato popular* provavelmente muito reduzida.

Para evitar isto, a comercialização das ações poderia ser mais restrita, fazendo com que os pequenos investidores fossem induzidos a aprender a lidar com elas e com o mercado acionário de maneira geral. Verifica-se, neste caso, um outro problema. Apesar do objetivo político de criar-se uma ampla classe de acionistas populares, apenas uma parte dos acionistas originais ficariam com suas ações, resultando o processo em grandes ganhos àqueles que vendessem suas ações logo após a privatização. Isso também ocorreu na Áustria e na Alemanha, quando ficou claro que os pequenos investidores venderam suas ações o mais breve possível. Essas ações foram parar nas mãos de investidores institucionais ou individuais. Para acabar com essa tendência, e se alcançar uma maior estabilidade, poderiam ter sido introduzidas medidas especiais como a concessão de incentivos a esses pequenos investidores, para que eles se mantivessem titulares de suas ações, como já anteriormente mencionado.

5. A privatização da administração e do controle, através da retirada do direito de voto das ações detidas pelo Estado

Se existe a necessidade de se preservar algum interesse público específico, o Estado pode, então, reservar-se alguns direitos de veto temporários, como aqueles conferidos pela assim denominada *golden share*, garantindo ao Estado, além disso, o recebimento de dividendos.

Existem dois métodos de privatização da administração: contratos de administração, através dos quais o exercício do direito de propriedade é parcial ou integralmente transferido a um determinado agente por um período de tempo determinado; ou o estabelecimento de *holdings* destinadas à administração desses ativos. Nesse caso, o Estado ficaria apenas com o direito minoritário de voto, transferindo o controle aos proprietários privados da *holding*.

A privatização discricionária apresenta aspecto sensível em razão da interferência de políticos e funcionários da administração pública no procedimento de alocação dos bens. É que pode incentivar a corrupção dada a tendência a pressão que venha a ser exercida sobre quem decide, visando a que se favoreçam certos agentes. Os riscos dessa prática são grandes e provocam desvios alocacionais sérios. A forma de evitar qualquer suspeita de corrupção tendente a proteger agentes é estipular regras tão claras que se reduza ao mínimo o poder discricionário dos operadores envolvidos no processo. A celeuma provocada por escutas clandestinas quando da privatização das empresas de telefonia do país é exemplo do que se afirma.

A experiência demonstra que a melhor alternativa é a venda de participações societárias segundo uma das seguintes modalidades: venda a investidores estratégicos ou a determinados e específicos interessados, ou uma combinação das duas. A escolha de qualquer dessas modalidades depende dos objetivo finais de política econômica. Para garantir a formação de bloco(s) de controle, expediente aceitável será, então, impor restrições à circulação das ações das companhias privatizadas por certo lapso temporal, levando à formalização de grupos de controle e dando a neófitos no mercado acionário tempo para aprenderem a lidar com um ativo de risco.

Até o presente momento, a privatização no Leste Europeu tem sido precipuamente discricionária e as receitas auferidas pelo Estado têm sido escassas. A privatização em massa prevalece no Leste Europeu, sem trazer qualquer melhora nos resultados financeiros e alocativos. Não há razão para que continue a ser desta maneira, considerando-se que há métodos muito melhores e mais transparentes de privatização.

X — Privatização e concorrência

Consoante já foi anteriormente observado, o Programa Nacional de Desestatização (PND), ao redefinir o papel do Estado na economia, procura dar prioridade à participação da iniciativa privada, desprovida de tutela governamental, no processo produtivo e econômico do país, permitindo que o Estado se retire dos campos da atividade econômica em que sua presença é desnecessária, com vistas a garantir o cumprimento das funções governamentais em consonância com as necessidades sociais e os desafios políticos e econômicos do país.

Dentre os princípios que nortearam a elaboração do PND está aquele que determina que a privatização deve visar à competitividade do parque industrial do país e que deve ser feita de modo a democratizar a propriedade do capital das empresas incluídas no programa.

Na exposição de motivos do PND, verifica-se que existia uma expectativa de que os mecanismos naturais do mercado cuidassem do aspecto da livre concorrência e de que a desestatização resultasse, naturalmente, na ampliação da competitividade, uma vez que a exploração de atividades econômicas pelo Estado teria levado a uma enorme concentração, sem qualquer preocupação com as regras da livre concorrência.

Ocorre que o baixo nível de poupança da população brasileira não possibilitou a atuação natural desses mecanismos de desconcentração do poder de mercado, desviando-se desse modo o programa do seu objetivo de democratização do capital das empresas estatais.

Em janeiro de 1993, para corrigir algumas imperfeições encontradas no programa, foi editado o Decreto 724, onde, além de incluir entre as diretrizes para os projetos de privatização a defesa da livre concorrência (art. 6º, III), incluiu-se um dispositivo sob a epígrafe "Da Defesa da Concorrência".

Esse Decreto foi revogado pelo Decreto 1.204, de 29.7.1994, que, embora não repita o elenco de diretrizes para o PND, mantém um dispositivo de defesa da concorrência com idêntica redação ao diploma anterior, com atualização apenas no que se refere à citação da Lei 8.884/94: "Art. 48. Os adquirentes de ações representativas do controle acionário da empresa privatizada obrigar-se-ão a fazer com que a sociedade privatizada preste à Secretaria de Direito Econômico (SEAE), após liquidação financeira da operação de compra, as informações que possibilitem aferir a aplicabilidade do disposto na Lei 8.884, de 11.6. 1994".

Assim sendo, no plano legal, a atuação do CADE nos processos de privatização decorre não apenas da Lei 8.884/94, mas também do Decreto 1.204/94, o qual prevê, expressamente, a necessidade de sua apreciação em relação aos adquirentes de ações representativas do controle acionário de empresa privatizada.

Devem, então, ser submetidos ao CADE todos os atos decorrentes de aquisição de controle acionário de empresa privatizada, a fim de que este verifique a aplicabilidade das normas de defesa da ordem econômica caso se tratem de atos que possam limitar ou de qualquer forma prejudicar a livre concorrência ou resultar na dominação de mercados relevantes de bens ou serviços, como descrito no *caput* do art. 54 da Lei 8.884/94 ou de atos a ele equiparados pelo § 3º do mesmo artigo.

O CADE, após verificar preliminarmente a aplicabilidade do art. 54, deverá proceder à análise das circunstâncias levando em consideração que, de certo modo, a concorrência e a liberdade de mercado restavam, anteriormente, prejudicadas pela própria participação do Estado na economia, com sua posição de império, e que o processo de privatização contribui, em alguma medida, para o fortalecimento da economia nacional. Com efeito, uma vez atingido o objetivo da privatização, o parque industrial do país terá quase sempre ampliado a sua competitividade. Esse raciocínio justifica o tratamento privilegiado para a apreciação dos casos de privatização em conformidade com o § 2º do art. 54 da Lei 8.884/94.

Entretanto, nem sempre a iniciativa privada tem por objetivo um reforço em sua capacidade empresarial ao participar de processos de privatização, particularmente em nosso país, cuja história recente registra que uma grande parte da estatização de empresas teve como causa o fato das empresas privadas não terem se tornado autosuficientes, tendo então recorrido ao Estado para garantir a continuidade das suas atividades.

Cumpre, então, ao CADE, especialmente nos casos de privatização de empresas que ocupem posição dominante e em setores estratégicos, verificar o que objetivaram os adquirentes ao participarem do programa de desestatização, bem como assegurar, mediante compromisso de desempenho, que as condições exigidas por lei para considerar o ato como legítimo sejam efetivamente cumpridas pelos adquirentes do controle acionário daquela empresa.

Neste contexto, apesar de ser incontroversa a competência do CADE em face dos processos de privatização, é interessante salientar que são conturbadas e contraditórias as opiniões sobre a possibilidade do CADE determinar a desconstituição das operações de privatização.

De um lado, entende a Procuradora-Geral do CADE, Dra. Marusa Freire, que sempre que ficar evidenciado que a privatização resultou numa situação de prejuízo à concorrência que não possa ser superado em virtude do não atendimento das condições legais, será competente o CADE para negar a aprovação ao ato de privatização e até mesmo determinar a sua desconstituição total nos termos legais.[52]

Por outro lado, segundo o Conselheiro do CADE Dr. Antônio Fonseca, a competência do CADE prevista no art. 54 não precisa ser necessariamente refletida a partir da extrema medida do desfazimento da operação. O plenário do CADE tem demonstrado, ao longo do tempo, grande sensibilidade às políticas públicas. O CADE não poderia desfazer uma operação de privatização, já que, na opinião do aludido Conselheiro, essa seria uma tarefa que, em suma, caberia somente ao Poder Judiciário (CF, art. 5º, XIX). Se ocorresse a oportunidade de desfazimento de uma privatização, o CADE deveria usar como base legal a Lei 9.491/97 e não a Lei 8.884/94 para promover a medida.[53]

A concentração econômica é uma tendência mundial. Ser grande não é um mal em si. Entretanto, um mercado concentra-

52. Parecer 41/96, de 1.8.1996 — Ato de Concentração 29/95, REF: Privatização da Mineração Caraíba, Rel. Conselheiro Edison Rodrigues-Chaves, in *Revista do IBRAC*, v. 4., n. 3.

53. Antônio Fonseca, "O papel do CADE em face da desestatização", in *Revista do IBRAC*, v. 4, n. 2.

do tende a ser cada vez mais imperfeito. O monopolista tende a ser ineficiente e a abusar do seu poder de mercado. A ausência de pressão concorrencial induz, inevitavelmente, o monopolista a negligenciar a minimização dos custos de produção por unidade, isto é, a tolerar ineficiência. Esse fato justifica um controle do processo competitivo, inclusive das operações de compra e venda de empresas do Estado com poder de mercado, em especial aquelas até então detentoras de monopólios estatais.

Em situação de monopólio, a sociedade pode ser submetida a processo de escassez artificialmente provocado pelo monopolista, que controla totalmente a oferta, a fim de maximizar seus lucros. Parcela de lucros é retirada da comunidade por força da manifestação do fenômeno do poder econômico e representa, além de ineficiência econômica, injustiça social, no que se refere à repartição da renda. Ainda que esta renda adicional do monopolista fosse integralmente tributada com vistas à redistribuição de renda, o monopólio continuaria a onerar a sociedade, já que lhe estaria impondo um peso morto pela transferência de renda.

A análise do modelo leva a considerar os ganhos adicionais do monopolista como uma apropriação, modalidade de usurpação da renda social. Entretanto, outras razões, não meramente a relação econômica eficiência/preço, podem justificar a existência de monopólios ou de graus de concentração empresarial diversos daqueles almejados pelo modelo da concorrência perfeita.

A existência de economias de escala pode justificar a existência e a manutenção de um monopólio, até por questão de eficiência. Poderá ocorrer, p. ex., em um determinado mercado, que muitos competidores não alcancem uma escala de produção suficiente e ofereçam seu produto a um preço superior ao de monopólio, caso houvesse no mercado um só fabricante que se tivesse beneficiado da redução de custo decorrente do aumento do volume de produção. A renda adicional de um eventual monopolista poderia ser inferior à redução de custo decorrente da escala de produção. As economias de escala podem dar surgimento aos chamados monopólios naturais em cujos mercados virtualmente não há espaço para mais do que um produtor e onde a existência de dois concorrentes provocará a falência de um deles, senão a de ambos. Tal poderá suceder quando ocorrer o fenômeno das "escalas mínimas de eficiência", que se caracteriza por tornar necessária a instalação de uma unidade mínima de produção a fim de se atingir o nível mínimo de eficiência na atividade. Se tal dimensão mínima for suficiente para o atendimento de todo o mercado, a existência de dois competidores que não atinjam o volume mínimo de produção não lhes possibilitará auferir recursos suficientes à manutenção da atividade.

De outra parte, a fim de se proceder à avaliação efetiva do custo social do monopólio, há que se investigar qual a destinação dada pelo monopolista a seus lucros extraordinários. O emprego de tais recursos em atividades socialmente relevantes pode justificar a existência do monopólio caso representem um ganho social proporcional ao custo adicional imposto à comunidade.

Assim sendo, verifica-se que a admissão ou não de uma elevada concentração econômica em um dado mercado é questão de política econômica, que o Estado desenvolve através dos instrumentos que o direito econômico lhe coloca à disposição.

Não se pode deixar de mencionar, entretanto, que há monopólios legais juridicamente assegurados a determinados agentes econômicos. Não se trata somente dos monopólios que o Estado reserva para si. Há monopólios que são quase universalmente assegurados a agentes privados, como é o caso dos direitos autorais, dos privilégios de marca e patentes, que outorgam a seus titulares direito de exploração econômica exclusiva ainda que eventualmente temporária.

No plano da realidade, o modelo econômico da concorrência perfeita mostra-se infactível e muitas vezes até indesejável ou impossível. A questão que se apresenta ao Estado é definir que grau de concentração aceitar, e com que grau de controle social. A delimitação do conceito envolve, portanto, opções de política econômica.

E como uma opção de política econômica, a CF/88 restringe a participação do Estado na atividade econômica e estabelece o primado da concorrência como forma de se inibir o abuso do poder econômico e a dominação dos mercados. Resta evidenciada, desta forma, a complementaridade entre as políticas de desestatização e concorrência, embora cada uma ostente escopo específico, estando ambas disciplinadas em leis diversas. A Lei de Desestatização disciplina a atuação do Estado enquanto agente econômico que, com interesse específico, deixa o mercado. O direito de concorrência, por sua vez, formula padrões de convivência ética e democrática entre os agentes econômicos e disciplina a atuação estatal no desmantelamento das barreiras artificiais, hábeis a beneficiar uns agentes em desfavor de outros num dado mercado.

A partir dessas afirmações, o regulamento da política de desestatização determina que, ultimada a privatização, o adquirente da parcela do capital privatizado ou controlador da sociedade privatizada tomará as providências necessárias à aplicação da lei de defesa da concorrência. Para atender a essa previsão legal e em face do extenso número de privatizações ocorridas, vários processos foram formados na Secretaria de Direito Econômico do Ministério da Justiça (SDE/MJ).

Cumpre, desta forma, sublinhar os pontos de contato e estabelecer a complementaridade jurídica e econômica das duas políticas (desestatização e concorrência).

A alocação da propriedade, por meio da desestatização, afeta a estrutura de incentivos e o comportamento gerencial, proporcionando uma expectativa de eficiência e inovação, fortalecendo o mercado.

A desestatização interessa ao cidadão enquanto contribuinte e enquanto consumidor. Como contribuinte, o cidadão espera melhor retorno da parte do seu patrimônio reservada aos encargos do Estado. Para o consumidor, a desestatização cria uma possibilidade de maximização dos benefícios líquidos proporcionados por preços mais competitivos e melhoramento da qualidade dos bens ou serviços produzidos pela sociedade privatizada. Não adianta transferir ativos só para melhorar o perfil da dívida pública sem nenhuma contribuição para a eficiência econômica. Daí, somente sob essa dupla ótica, do contribuinte e do consumidor, a desestatização pode realizar o objetivo da ordem econômica.

Fundada em motivos de relevância para a economia nacional e para o bem comum, uma operação de desestatização somente adquire sua cabal legitimação se atender, no mínimo, a três das condições a seguir elencadas: (i) aumento de produtividade; (ii) melhoramento da qualidade de bens ou serviços; (iii) geração de eficiências e desenvolvimento tecnológico ou econômico; (iv) distribuição eqüitativa de benefícios; (v) não eliminação da concorrência de parte substancial dos concorrentes; (vi) observância dos limites necessários à realização de objetivos predeterminados.[54]

É certo que a desestatização em si traz uma expectativa de eficiência alocativa, somente pelo fato de que a gerência privada, para quem uma porção de ativos públicos é transferida, é melhor preparada para identificar ineficiências e explorar novas oportunidades. A desestatização, todavia, não garante por si só a realização de eficiência no interior da empresa.

O objetivo principal da privatização é desenvolver o desempenho industrial mediante o crescimento do papel das forças de mercado. Todavia, isto não será possível se não forem adotadas medidas para promover a concorrência.

54. Voto no Ato de Concentração 02/94, de 27.8.1997. Reqtes.: Ultrafértil S/A Indústria e Comércio de Fertilizantes e Fertilizantes Fosfatados S/A — Fosfértil, in *DOU* 17.9.1997, Seção I, p. 20.610.

A leitura econômica dos efeitos ou impactos sobre a ordem econômica de uma concentração de mercado, decorrente de uma operação de desestatização, não traz nenhuma diferença ontológica se comparada a uma aquisição privada. A análise da operação deve seguir os mesmos critérios aplicados a qualquer outra operação.

A privatização está, como já foi mencionado, cercada de motivos de relevância nacional. Se, por um lado, isso facilita a aprovação da operação, o CADE não está impedido de estabelecer condições ou limitações administrativas necessárias à manutenção da concorrência. Desse modo, pode-se afirmar que a privatização se consuma plenamente apenas e tão-somente com a aprovação da operação pelo CADE.

Poder-se-ia dizer que nada muda se a sociedade privatizada já detinha, anteriormente à privatização, um concentrado poder de mercado. A análise, entretanto, deve ser mais cuidadosa.

Posição dominante é aquela que confere a seu detentor quantidade substancial de poder econômico ou de mercado, a ponto de que possa ele exercer influência determinante sobre a concorrência, principalmente no que se refere ao processo de formação de preços, quer atuando sobre o volume da oferta, quer sobre o da procura, proporcionando-lhe elevado grau de independência em relação aos demais agentes econômicos do mercado relevante, e cujo exercício abusivo possa prejudicar a concorrência em nível juridicamente relevante.

A posição dominante nas mãos do Estado tem como propósito maximizar o bem-estar social, estando baseada em imperativos de segurança nacional e relevante interesse coletivo, conforme especificado na Constituição e em lei. Posição dominante nas mãos do particular tem como propósito maximizar o lucro. Ainda que se possa falar em função social da empresa ou da propriedade, o certo é que os dois propósitos encerram compromissos absolutamente antagônicos.

Portanto, deveria sempre haver a realização de estudo prévio do cenário de mercado de modo a permitir resolução simplificada e rápida do exame dos atos de concentração decorrentes de operações de privatização. A realização de estudo prévio permitiria, ainda, entrosamento de políticas resultante de atuação articulada das agências envolvidas, preservadas as respectivas atribuições e liberdades de atuação.

Analisando-se as empresas a serem privatizadas, verificamos que elas possuem, via de regra, participação no mercado bastante superior a 20%. Assim, mais uma razão para exista a submissão dos processos de privatização ao controle concorrencial. Mais do que uma imposição legislativa decorrente da aplicação do Decreto 1.204, de 29.7.1994, esse controle é um imperativo econômico.

Considerando que o programa de desestatização possui como objetivo principal a reordenação da posição estratégica do Estado na economia, é essencial que, para aquelas áreas em que o Estado se retira da atividade econômica, o controle estatal seja substituído pelo controle de mercado.

É claro que a venda dessas empresas, mantidas como monopólios, sem atenção ao direito antitruste, pode fazer com que o Estado obtenha por elas um valor muito mais elevado do que seu valor patrimonial. Entretanto, o controle do déficit público, ainda que incluído entre os objetivos da desestatização, não é seu objetivo único, nem principal. O bem-estar social e a modernização do parque industrial brasileiro, através da ampliação de sua competitividade, outro dos objetivos expressos do PND, só podem ser obtidos caso as privatizações se façam em consonância com os ditames da legislação concorrencial.

As afirmações acima aplicam-se tanto à privatização de uma empresa estatal que detenha posição monopolística quanto à privatização de várias empresas que só em seu conjunto dão origem a uma posição de poder no mercado. Ambas as situações devem se submeter a controle. No segundo caso, isso obviamente só ocorrerá no momento em que as estatais adquiridas por determinada empresa representarem em conjunto participação em mais de 20% do mercado relevante. Quanto ao sancionamento, deve ser ressaltado que, na primeira hipótese (privatização de uma empresa em situação monopolística), não há uma "eliminação" da concorrência do mercado relevante de bens e serviços, já que não havia uma concorrência na situação anteriormente existente. A simples leitura da lei demonstra, entretanto, que isso não serve como argumentação para ver aprovada a aquisição. Trata-se de apenas um dos requisitos que devem ser verificados, cumulativamente com os demais previstos no mesmo parágrafo, para a aprovação do ato de concentração, o que demonstra, certamente, que as privatizações não excluem a aplicação do direito antitruste.

O fato de o CADE ter legalmente competência para analisar as privatizações como processos de concentração sujeitos ao art. 54 da Lei 8.884/94 não significa, entretanto, que esse tipo de controle seja sempre o mais útil e viável. São, aliás, as muitas dúvidas sobre a eficácia de um controle concorrencial do tipo tradicional, baseado na aplicação do art. 54, que têm levado muitos profissionais do direito a sustentar a não aplicabilidade do direito concorrencial às privatizações, o que não deve em hipótese alguma ser admitido.

Para se identificar a melhor forma de aplicar o direito concorrencial às privatizações é necessário diferenciarmos duas hipóteses.[55]

A primeira delas é a venda das empresas estatais que detêm o monopólio legal ou de fato. Nesse caso, é fundamental que a própria lei ou regulamento que prevê a forma de transferência da empresa monopolista aos particulares leve em conta o aspecto concorrencial. É por ocasião da elaboração da lei, regulamento ou edital que o CADE deveria participar. Sem a participação do CADE no momento da modelagem da forma de privatização, a intervenção posterior do órgão poderia ser profunda a ponto de virtualmente refazer a privatização pretendida, o que, como já vimos, é bastante controvertido segundo a doutrina. Tal intervenção *a posteriori*, se mal conduzida, geraria, certamente, uma alteração substancial no valor pago ou nas atividades da empresa privatizada, o que poderia diminuir o interesse pelas operações de privatização.

Entre os vários modelos possíveis, uma alternativa bastante viável parece ser a introdução da competição antes de iniciado o processo de privatização. Com isso, pode-se conseguir um duplo objetivo. Em primeiro lugar, evita-se o choque e a perda de eficiência normalmente decorrentes da intervenção direta na estrutura empresarial ou do controle dos comportamentos de mercado da empresa após a privatização, os quais certamente ocorreriam se fossem utilizados os instrumentos tradicionais de desconstituição das estruturas ou do compromisso de desempenho. Um segundo efeito seria acostumar a própria empresa a ser privatizada ao ambiente competitivo. Isso, sem dúvida, a tornaria mais eficiente e o que se venderia, então, não seria o valor de um monopólio, mas sim o de uma empresa com tradição, experiência no ramo e eficiência redobrada.

Esse sistema tem sido em parte utilizado no processo de privatização brasileiro, especialmente no setor de telecomunicações. Esse é o modelo que tem sido adotado, por exemplo, no campo da telefonia celular e na outorga de concessões a empresas espelho, no campo da telefonia fixa. É inegável que determinadas estratégias, que têm por finalidade a constituiçao de uma concorrência, como a introdução de uma banda B ao lado da banda A, representam um potencial estímulo à competitividade, além de obrigar as empresas do sistema Telebrás a tornarem-se mais competi-

55. Calixto Salomão Filho, *Direito Concorrencial — As Estruturas*, 1998.

tivas, sob o risco de perda de grande parcela do mercado. São visíveis os benefícios decorrentes da introdução deste sistema. A introdução de um duopólio, entretanto, apesar de já ser o começo de uma significativa melhora, não é ainda suficiente. O legislador brasileiro foi extremamente tímido, acreditando que um mero regime de duopólio garantiria a existência de uma concorrência plena, o que, com certeza, só será efetivamente possível quando outras empresas começarem a operar. Da mesma maneira, as empresas de telefonia fixa, que passaram, com a privatização, de um monopólio público para um monopólio privado, necessitam, para que se estabeleça uma concorrência efetiva, da constituição não apenas de uma empresa espelho para cada determinada região, mas da outorga de concessões a várias empresas operadoras.

Outro fator importante é a análise do relacionamento entre as agências encarregadas das respectivas tutelas. De acordo com a Lei Geral de Telecomunicações, as competências para o controle concorrencial são virtualmente repartidas entre a Agência Nacional de Telecomunicações — ANATEL e o CADE. Prevê o art. 7º da referida lei que todos os atos de concentração serão levados à apreciação do CADE por meio do órgão regulador, que, ao fazê-lo, poderá e deverá prestar esclarecimentos sobre as características concorrenciais específicas do setor. Mais adiante, prevê o art. 19, XIX, da mesma lei que cabe à ANATEL exercer, relativamente às telecomunicações, as competências legais em matéria de controle, prevenção e repressão das infrações da ordem econômica, ressalvadas as pertencentes ao Conselho Administrativo de Defesa Econômica — CADE. Dessas duas regras depreende-se que o legislador resolveu deixar à nova agência a investigação e o julgamento preliminar das infrações à ordem econômica que no sistema da Lei 8.884/94 incumbem à SDE e não ao CADE. Ao encargo da agência fica, portanto, o controle preliminar das condutas, sendo esperado que essa divisão de funções possa levar a formas produtivas de cooperação entre os dois órgãos em suas respectivas responsabilidades.

A segunda hipótese de privatização é aquela em que a empresa a ser privatizada não detém poder monopolístico, mas uma posição dominante, ou ao menos expressiva, no mercado (acima de 20% do mercado relevante). Nesse caso, a privatização deveria sujeitar-se, pura e simplesmente, ao controle do CADE com base no art. 54 da Lei 8.884/94. Não há, neste caso, a necessidade de qualquer modelagem concorrencial anterior em lei ou regulamento especial, como na hipótese anterior. O que seria de se sugerir, nesses casos, é que o CADE exercesse também um controle prévio dos atos, como forma de evitar as incertezas jurídicas acima referidas. Esse controle deveria ser idealmente exercido após a decisão sobre o vencedor do processo de privatização, pois só então seria possível saber os reais efeitos da venda sobre o mercado. Deveria, no entanto, ocorrer e ser finalizado antes da assinatura dos contratos de venda das participações governamentais de modo a evitar os riscos de contestações ao preço pago pelas participações adquiridas. Seria também conveniente que os editais de licitação previssem que o controle concorrencial seria realizado e que o teor final do contrato a ser celebrado dependeria desse controle.

Uma vez tomados esses cuidados, o processo de privatização "transformar-se-ia em um verdadeiro motor do desenvolvimento e não em um mero instrumento de controle do déficit público".[56]

Finalmente, cumpre-nos comentar os resultados obtidos em virtude da implementação da concorrência nas operações de privatização, cujo exemplo mais significativo é o setor das telecomunicações. A privatização da Telebrás completou um ano recentemente, apresentando, de maneira inequívoca, resultados muito superiores

56. Calixto Salomão Filho, *Direito Concorrencial — As Estruturas*, 1998.

àqueles esperados pelo Ministério das Comunicações.

Em praticamente todo o país, o telefone torna-se, finalmente, um bem acessível a todos. Em 1994, havia apenas 600 mil telefones celulares no Brasil; hoje, estima-se que esse número superará 12 milhões até o final de 1999, o dobro dos 6 milhões que existiam há 12 meses. Há um ano, o número de telefones fixos limitava-se a 21 milhões; hoje, supera 27 milhões.

Aparentemente, será possível instalar a competição na telefonia fixa com a mesma rapidez com que foi instalada na telefonia celular. Até o fim de 1999, deverá estar consolidada a concorrência em todo o segmento de chamadas de longa distância. A competição será ainda mais ampla no ano 2000, quando o usuário poderá escolher entre duas empresas também para fazer sua chamada local. Isto ocorrerá quando estiverem finalmente instaladas as "empresas-espelho" Megatel, em São Paulo, que concorrerá com a Telefônica; Bonari, concorrente da Embratel; e Canbrá, que disputará o mercado com a Telemar. O Diretor da ANATEL prevê que em breve estarão também escolhidas as concorrentes da Tele-Centro-Sul, a última área do setor de telefonia que ainda não foi ocupada.

O melhor exemplo para a telefonia fixa está, portanto, na telefonia celular. Instalada a competição, mesmo que apenas entre duas empresas, os preços de habilitação de um celular baixaram e ainda baixam significativamente. As promoções são crescentes, registrando-se queda expressiva no preço dos aparelhos, habilitações e chamadas. Para isso contribuiu muito o lançamento dos aparelhos no sistema "pré-pago", que alcançam grande êxito não apenas no Brasil, mas, também, na Europa, pois permitem ao usuário limitar o valor das contas telefônicas, cujo preço ainda é relativamente elevado.

Apesar das falhas que acompanham a vertiginosa expansão da telefonia brasileira serem conhecidas, e deverem ser naturalmente combatidas, é preciso, no entanto, reconhecer os resultados alcançados, os quais, inegavelmente, são bem maiores do que os esperados e compensam amplamente as falhas surgidas. É nesse sentido que a ampliação da concorrência em todos os setores objeto de processos de privatização deve ser encarada de maneira extremamente séria, a ser implementada da maneira mais ampla possível, já que pode ser considerada como a principal maneira de propiciar o desenvolvimento econômico do país, fazendo com que o conforto, a qualidade de vida e o bem-estar social atinjam um número cada vez maior de beneficiários.

XI — Conclusão

Analisando-se a experiência brasileira nos processos de privatização, pode-se verificar, claramente, aspectos negativos e positivos. Com base em tal análise, há a possibilidade de refletir a respeito do modo através do qual o governo brasileiro tem conduzido os processos de privatização, bem como a possibilidade de concluir a respeito de sua relevância para o país.

Para o correto estudo do caráter jurídico das privatizações, é imprescindível não apenas considerar seu contexto histórico, como também suas características principais. Neste sentido, é importante estudar tanto privatizações de serviços públicos quanto privatizações de bens públicos, as quais contribuem para que o Estado redefina seu papel e encontre sua dimensão mais adequada.

Considerando a legislação relativa aos processos de privatização, bem como os elementos de direito comparado, depreende-se que o modelo e as técnicas adotadas pelo governo brasileiro têm fundamento em privatizações ocorridas no exterior. Entretanto, várias falhas podem ser identificadas na introdução de tais medidas no ordenamento jurídico brasileiro.

Questiona-se se a abertura total à participação de investidores internacionais nos processos de privatização teria sido realmente necessária, tendo em vista o pequeno número de investidores nacionais de grande porte capazes de efetuar todos os investimentos necessários nas empresas que passam a fazer parte do setor privado, ou se a participação estrangeira nos processos de privatização não estaria sendo excessiva, afrontando a soberania nacional. Argumenta-se, também, que a participação de fundos de complementação previdenciária de empresas estatais nos processos de privatização, bem como os financiamentos concedidos pelo BNDES aos seus participantes poderiam ser consideradas como contra-senso, colocando em dúvida a existência de uma real privatização de empresas públicas.

Além disso, a despeito do que dispõe a lei sobre os objetivos dos programas de privatização, é importante salientar que, pragmaticamente, as privatizações têm tido como principal objetivo a liquidação de dívidas estatais a curto prazo. Tal fato é, realmente, temerário, tendo em vista que o Estado deveria levar em consideração sua necessidade de redefinição e redimensionamento, o que necessita, além de privatizações, de várias medidas a serem tomadas a médio e longo prazo.

Apesar das várias imperfeições que podem ser facilmente identificadas nos processos brasileiros de privatização, as vantagens que eles trazem à sociedade são inquestionáveis. O exemplo mais evidente dos progressos ocorridos é o setor de telefonia, o qual, finalmente, alcançou sua verdadeira finalidade. Tendo sido aumentada a oferta, e tendo sido reduzidos os preços dos aparelhos, das habilitações e das chamadas, graças à incipiente concorrência implementada, finalmente o sistema de telefonia tem sido utilizado para proporcionar a ampla comunicação entre as pessoas, o que deverá evoluir ainda mais com o passar dos anos.

É extremamente importante salientar os defeitos das privatizações de modo a aperfeiçoá-las cada vez mais. Entretanto, não se pode ter em mente apenas algumas de suas características, sendo necessário analisá-la de modo mais amplo. Assim sendo, as inegáveis melhorias trazidas ao bem-estar da sociedade, com certeza maiores do que o inicialmente esperado, compensam, seguramente, os defeitos surgidos com a implementação das privatizações, e servem de base para a sua defesa como importante instrumento do governo no processo de desenvolvimento econômico do país.

XII — Bibliografia

AMARAL FILHO, Marcos Jordão Teixeira do. *Privatização no Estado Contemporâneo*, São Paulo, Ícone, 1996.

BANDEIRA DE MELLO, Celso Antônio. *Curso de Direito Administrativo*, 8ª ed., São Paulo, Malheiros Editores, 1996.

BILAC PINTO. "O declínio das sociedades de economia mista e o advento das modernas empresas públicas", in *Revista de Direito Administrativo — Seleção Histórica*, Rio de Janeiro, Renovar.

BIONDI, Aloysio. *O Brasil Privatizado — Um Balanço do Desmonte do Estado*, 4ª reimp., São Paulo, Fundação Perseu Abramo, 1999.

BITTAR, Carlos Alberto. *Teoria e Prática da Concorrência Desleal*, São Paulo, Saraiva, 1989.

BRUNA, Sérgio Varella. *O Poder Econômico e a Conceituação do Abuso em seu Exercício*, São Paulo, Ed. RT, 1997.

BULGARELLI, Waldirio. *Direito Comercial*, 11ª ed., São Paulo, Atlas, 1995.

———— *Manual das Sociedades Anônimas*, 10ª ed., São Paulo, Atlas, 1998.

CANOTILHO, José Joaquim Gomes. *Direito Constitucional*, 6ª ed., Coimbra, Livraria Almedina, 1993.

CANTIDIANO, Luiz Leonardo. "Aspectos jurídicos das privatizações no Brasil", in *Aspectos Atuais do Direito do Mercado Financeiro e de Capitais* (coord. Roberto Quiroga Mosquera), São Paulo, Dialética, 1999.

CARVALHOSA, Modesto. "Responsabilidade civil dos administradores das companhias abertas", in *RDM* 49/14.

——————— *Comentários à Lei das S/A*, v. 1º, Saraiva, 1998.

CHILOSI, Alberto. "Property and management privatization in Eastern European transition: economic consequences of alternative privatization processes", in *EUI Working Paper RSC* 94/12.

COMPARATO, Fábio Konder. *O Poder de Controle na Sociedade Anônima*, 3ª ed., Rio de Janeiro, Forense, 1983.

——————— e outros. Ação popular ajuizada contra a privatização da Cia. Vale do Rio Doce.

CONSELHO ADMINISTRATIVO DE DEFESA ECONÔMICA (CADE). *Relatório Anual 1997* e *Relatório Anual 1998 — www. mj. gov.br/ cade*.

CORREIA, A. Ferrer e outros. *A Privatização da Sociedade Financeira Portuguesa*, Lisboa, Editora Lex, 1995.

CRETELLA JÚNIOR, José. *Dos Bens Públicos no Direito Brasileiro*, São Paulo, Saraiva, 1969.

———————*Comentários à Lei Antitruste*, Rio de Janeiro, Forense, 1995.

EDITAL DE PRIVATIZAÇÃO DA CIA. VALE DO RIO DOCE.

EDITAL DE PRIVATIZAÇÃO DO SISTEMA TELEBRÁS.

EDITAL DE LICITAÇÃO DAS EMPRESAS ESPELHO.

EDWARDS, Sebastian. *Crisis and Reform in Latin America — From Despair to Hope*, Published for the World Bank, Oxford University Press.

EIZIRIK, Nelson Laks. *Reforma das S/A e do Mercado de Capitais*, Rio de Janeiro, Renovar, 1997.

ESTATIZAÇÃO OU PRIVATIZAÇÃO (Seminário Internacional). *Os Limites da Intervenção do Estado* (SEDAP/GEPP, FUNCEP), Painel "A dimensão do Estado".

FERREIRA FILHO, Manoel Gonçalves. *Comentários à Constituição Brasileira (Emenda Constitucional 1, de 17.10.1969)*, 4ª ed. rev. e atual., São Paulo, Saraiva, 1983.

———————*Curso de Direito Constitucional*, 22ª ed., São Paulo, Saraiva, 1995.

FONSECA, Antônio. "O papel do CADE em face da desestatização", in *Revista do IBRAC*, v. 4, n. 2.

FONSECA, Priscila Maria Pereira Corrêa da. "Alterações relativas às ações preferenciais", in *A Reforma da Lei das S/A*, São Paulo, Atlas, 1998.

FORGIONI, Paula A. *Os Fundamentos do Antitruste*, São Paulo, Ed. RT, 1998.

FRANCESCHINI, José Inácio Gonzaga. *Lei de Concorrência Conforme Interpretada pelo CADE*, São Paulo, Editora Singular, 1998.

———————*Introdução ao Direito da Concorrência*, São Paulo, Malheiros Editores, 1996.

FRONTINI, Paulo Salvador. "Responsabilidade dos administradores em face da nova Lei das Sociedades por Ações", in *RDM* 26/35.

GARCIA, Maria. "Serviço público e reforma do Estado", in *Boletim de Direito Administrativo*, ano XIII, n. 10, out. 1997.

GRAU, Eros Roberto. *A Ordem Econômica na Constituição de 1988 (Interpretação e Crítica)*, 4ª ed., Malheiros Editores, 1998.

MARTINS FERREIRA, Luiz Eduardo. "As Bolsas de Valores no Brasil", in *RDM* 86/45.

LEÃES, Luiz Gastão Paes de Barros. "O conceito de *security* no Direito norte-americano e o conceito análogo no Direito brasileiro", in *RDM* 14, ano XIII, 1974.

——————— *Estudos e Pareceres sobre Sociedades Anônimas*, São Paulo, Ed. RT, 1989.

LEGISLAÇÃO REFERIDA NA PESQUISA (Lei 9.491, de 9.9.1997; Lei 4.595, de 31.12.1964; Lei 4.728, de 14.7.1965; Lei 6.385, 7.12.1976; Lei 6.404, de 15.12.1976 — Lei das Sociedades Anônimas; Lei 8.987, de 13.2.1995, entre outras).

MAMELUQUE, Leopoldo. *Privatização: Modernismo e Ideologia*, São Paulo, Ed. RT, 1995.

MARTINS, Fran. *Curso de Direito Comercial*, 22ª ed., Rio de Janeiro, Forense, 1996.

MATTOS FILHO, Ary Oswaldo. "O conceito de valor mobiliário", in *RDM* 59/30.

MEDAUAR, Odete. *Direito Administrativo Moderno*, 2ª ed., São Paulo, Ed. RT, 1998.

——————— "Serviço público", in *Boletim de Direito Administrativo*, ano VIII, n. 12, dez. 1992.

——————— (coord.) *Concessão de Serviço Público*, São Paulo, Ed. RT, 1995.

MEIRELLES, Hely Lopes. *Direito Administrativo Brasileiro*, 21ª ed., São Paulo, Malheiros Editores, 1996.

MORAIS, Luís. *Privatização de Empresas Públicas — As Opções de Venda*, Associação Académica da Faculdade de Direito de Lisboa, 1990.

MUKAI, Toshio. *Direito Administrativo e Empresas do Estado*, Rio de Janeiro, Forense, 1984.

——— *Concessões e Permissões de Serviços Públicos: Comentários à Lei 8.987, de 13.2.1995, e à Medida Provisória 1.017/95, das Concessões do Setor Elétrico*, São Paulo, Saraiva, 1995.

NASCIMENTO, Amauri Mascaro. *Curso de Direito do Trabalho*, 13ª ed., São Paulo, Saraiva, 1997.

NATIONAL CENTER FOR POLICY ANALYIS, *site* na Internet.

PARECER 41/96, de 1.8.1996 — Ato de Concentração 29/95, REF: Privatização da Mineração Caraíba, Rel. Conselheiro Edison Rodrigues-Chaves, in *Revista do IBRAC*, v. 4., n. 3.

PENTEADO, Mauro Rodrigues e outros. *Reforma da Lei das Sociedades por Ações*, São Paulo, Pioneira, 1998.

PEREIRA, Guilherme Döring Cunha. *Alienação do Poder de Controle Acionário*, São Paulo, Saraiva, 1995.

PONTES DE MIRANDA. *Comentários à Constituição de 1946*, v. IV, 2ª ed., São Paulo, Max Limonad, 1953.

——— *Comentários à Constituição de 1967*, t. VI, Ed. RT.

PREBISCH, Raúl. *Dinâmica do Desenvolvimento Latino-Americano*, Editora Fundo de Cultura.

REIGADA, Antonio Troncoso. *Privatización, Empresa Pública y Constitución*, Madrid, Marcial Pons, Ediciones Jurídicas y Sociales, 1997.

RODRIGUES, Sílvio. *Direito Civil. Parte Geral*, v. I, 16ª ed. rev. e atual., São Paulo, Saraiva, 1986.

ROGGE, Benjamin. "A tese de Prebisch, estudos de economia teórica e aplicada", *Boletim* 12, jan. 1959, Fundação Escola de Sociologia e Política de São Paulo.

SALEME, Edson Ricardo. *Formas de Desestatização — Aspectos Jurídicos*, Tese de Doutorado apresentada ao Depto. de Direito do Estado, São Paulo, 1998.

SALLES, Marcos Paulo de Almeida. "Aspectos da competência do CMN e da CVM no Mercado de Valores Mobiliários", in *RDM* 108/101.

SALOMÃO FILHO, Calixto. *O Novo Direito Societário*, São Paulo, Malheiros Editores, 1998.

——— *Direito Concorrencial — As Estruturas*, São Paulo, Malheiros Editores, 1998.

SANTOS, António Carlos dos, GONÇALVEZ, Maria Eduarda e MARQUES, Maria Manuel Leitão. *Direito Económico*, 2ª ed., Coimbra, Livraria Almedina, 1997.

SILVA PEREIRA, Caio Mário da. *Instituições de Direito Civil*, v. I, 17ª ed. rev. e atual., Rio de Janeiro, Forense, 1995.

SILVA, José Afonso da. *Curso de Direito Constitucional Positivo*, 12ª ed., Malheiros Editores.

SOUZA, Washington Peluso Albino de. *Primeiras Linhas de Direito Econômico*, 4ª ed., São Paulo, LTr.

SZTAJN, Rachel. Palestra proferida em 27.5.1999 sobre "Privatizações", em Seminário sobre Direito Empresarial.

TAVARES GUERREIRO, José Alexandre. "Responsabilidade dos administradores de sociedades anônimas", in *RDM* 42/69.

VALVERDE, Trajano de Miranda. *Sociedade por Ações*, v. II, 1ª ed., p. 46.

VOTO NO ATO DE CONCENTRAÇÃO 02/94, de 27.8.1997. Reqtes.: Ultrafértil S/A Indústria e Comércio de Fertilizantes e Fertilizantes Fosfatados S/A — Fosfértil, in *DOU* 17.9. 1997, Seção I, p. 20.610.

WALD, Arnoldo. "O mercado acionário e o governo", in *RDM* 85/5.

———, MORAES, Luíza Rangel de e WALD, Alexandre de M. *O Direito de Parceria e a Nova Lei de Concessões*, São Paulo, Ed. RT, 1996.

ZANELLA DI PIETRO, Maria Sylvia. *Direito Administrativo*, 7ª ed., São Paulo, Atlas, 1996.

Pareceres

DO REGIME LEGAL DOS CONCESSIONÁRIOS DE VENDA DE AUTOMÓVEIS NO CASO DE FUSÃO OU INCORPORAÇÃO DAS EMPRESAS CONCEDENTES

ARNOLDO WALD

Parecer

1. Consulta-nos a *Empresa A*, através do seu ilustre Diretor-Adjunto, a respeito de matéria relacionada ao entendimento do disposto na Lei 6.729/79, que dispõe a respeito da concessão comercial de veículos automotores, solicitando-nos seja exarado um parecer versando sobre a exegese desse diploma legal, especificamente no que concerne ao objeto da consulta, que se lastreia nos fatos informados pela Consulente e infra-sintetizados.

I — Histórico

2. Relata-nos a Consulente que a *Empresa X* e a *Empresa Z* celebram um *Business Combination Agreement* objetivando uma futura integração dessas empresas, tendo sido aprovada a fusão, no exterior, de ambas as empresas. Em razão desse fato, a Consulente (que tem como sócia a *Empresa X*) e a *Empresa B* (que tem como sócia a *Empresa Z*) passaram a discutir também a forma e os efeitos de sua integração em nosso país.

3. Nesse sentido, aventou-se como uma das formas de reorganização do regime legal dos concessionários de automóveis, no caso de fusão ou incorporação das empresas concedentes, a incorporação da *Empresa B* pela *Empresa A*. Outra possibilidade seria a criação de uma *holding*, cujo capital seria integralizado por ações desta empresa e pelas quotas da *Empresa B*.

4. Considerando-se a opção pela incorporação, que implicaria a integral sucessão dos direitos e obrigações da incorporada pela incorporadora, nos termos do art. 227 da Lei 6.404/76, passaria a existir uma só sociedade e surgiria, pois, o problema de harmonizar essa alteração societária com o preceituado na Lei 6.729/79, acima referida, disciplinadora da concessão comercial entre produtores e distribuidores de veículos automotores de via terrestre. Na hipótese de criação de uma *holding*, a situação, embora diferente, também merece ser analisada no tocante às suas eventuais repercussões ou à neutralidade da mesma em relação aos contratos dos concessionários.

5. Efetivamente, concretizada a incorporação haver-se-ia de compatibilizar a distribuição comercial dos veículos das marcas da *Empresa A* e da *Empresa B*, considerando-se que a Consulente mantém uma rede para a comercialização de caminhões e ônibus, mediante contrato de concessão regrado pela Lei 6.729/79, e uma outra rede para comercialização dos automóveis da *Empresa A* importados, não sujeita à disciplina desse diploma legal, mas a um contrato de credenciamento e, ainda, uma rede em formação para a comercialização do automóvel *A*, disciplinada pela supra-aludida lei. Por sua vez, a *Empresa B* mantém uma única rede, que comercializa tanto os veículos importados, como o utilitário *B*.

6. A situação diferenciada relativamente à disciplina legal dos contratos mantidos pela Consulente resultou do entendimento da mesma, no sentido da desnecessidade da submissão do contrato de credenciamento ao regramento da Lei 6.729/79. Já a *Empresa B* incluiu também a concessão para comercialização de veículos importados no regime deste diploma legal.

7. Em face da disparidade de regramentos para a comercialização de veículos, mantidos pelas empresas nas respectivas concessões e do preceituado no art. 3º, § 2º dessa mesma lei de regência, surgem dúvidas quanto à incidência desse dispositivo legal no caso de incorporação da *Empresa B* pela Consulente e, pois, no concernente ao futuro *status* contratual atinente às relações entre as empresas concernentes, os concessionários e os credenciados. Assim é que tem sido suscitada a possibilidade dos antigos concessionários da *Empresa B* passarem a comercializar juntamente com os antigos concessionários da *Empresa A* o automóvel *A*, de fabricação desta, a ser iniciada brevemente, enquanto alguns concessionários da *Empresa A* passariam a comercializar o utilitário *B*, que está sendo produzido pela *Empresa B*.

8. A se admitir essa situação como resultante da integração aventada, com a conseqüente outorga de duplicidade de marcas a cada concessionário, surgem dúvidas quanto à conveniência dessa incorporação, que poderia ser superada por outros instrumentos societários, como a criação da *holding* acima referida.

9. Em razão das dúvidas acima reportadas, foram elaborados os quesitos transcritos a seguir, que as consubstanciam.

II — A consulta

10. Considerando as premissas acima estabelecidas, formula-nos a Consulente as seguintes perguntas:

a) Tanto os concessionários da marca da *Empresa A* como os concessionários da *Empresa B* teriam direito de, automaticamente, comercializar os produtos lançados pela sociedade incorporadora da mesma classe daqueles que, atualmente, eles comercializam, independentemente da marca dos produtos?

b) Tanto os concessionários da marca da *Empresa A* como os concessionários da marca da *Empresa B* teriam preferência para comercializar os produtos da classe diversa daqueles que, atualmente, comercializam, independentemente da marca dos produtos?

c) Na hipótese de resposta afirmativa às perguntas supraformuladas, os concessionários das marcas mencionadas poderiam expressamente renunciar aos direitos previstos no § 2º do art. 3º da Lei 6.729/79 com relação aos produtos de marca diversa daquela que eles receberam originariamente o direito de concessão?

d) Partindo sempre do pressuposto da incorporação, a área comercial da *Empresa A*, em termos de distribuição, entende-se que poderia ocorrer a seguinte situação: os antigos concessionários da *Empresa B* comercializariam juntamente com os antigos concessionários da *Empresa A* o automóvel *A*, de fabricação da *Empresa A* (a ser fabricado em breve), enquanto alguns concessionários da *Empresa A* comercializariam o utilitário *B*, de fabricação da *Empresa B* (já está sendo produzido)?

e) Tendo em vista a situação de mistura de produtos de cada marca na comercialização aventada pela área comercial, perguntamos, se, ao invés de se efetuar a mencionada incorporação, não seria juridicamente mais conveniente se criar uma nova sociedade *holding* que teria o seu capital integralizado por ações e quotas das duas sociedades?

III — Considerações preliminares

A) A recente evolução econômica

11. Sob o influxo do liberalismo econômico, este século apresenta significativa evolução da moderna economia capitalista, o que acarretou o surgimento de diversos fenômenos adequados a propiciar tal expansão. Tais fenômenos influenciariam decisivamente as atividades e práticas empresariais, produzindo efeitos diretos e reflexos nas relações entre as empresas, sempre direcionados à otimização de suas atuações no plano econômico.

12. Um desses fenômenos correspondeu a uma crescente concentração empresarial e ao conseqüente surgimento de verdadeiras macroempresas, normalmente caracterizadas por considerável número de estabelecimentos, que lhes permitem atingir de forma direta os diferentes centros de consumo independentemente de intermediários, além de desfrutar de outras vantagens decorrentes dessa sua situação, e dotadas sempre de grande poder econômico, que as habilita a impor soluções a uma gama variada de conflitos de interesses. A convivência, em um mesmo campo de atividade empresarial, de tais macroempresas provocou o acirramento da concorrência entre elas, exigindo de cada uma a adoção de variadas técnicas empresariais direcionadas ao atingimento de suas metas e ao êxito na consecução de seus fins precípuos, centrado na expansão de suas atividades, na afirmação de sua posição no mercado e na realização de lucros.

13. Na realidade, a sociedade anônima isolada foi substituída, em grande parte, por grupos societários, com dimensões que, em alguns casos, chegaram a ultrapassar, em importância e patrimônio, os pequenos Estados soberanos, como assinalado por Anthony Sampson na obra na qual analisa a ITT. Para as multinacionais, a recente globalização tem sido a ocasião de alianças estratégicas, entre empresas de várias nacionalidades, em todos os setores, desde o farmacêutico até o bancário, passando pelo automobilístico, ensejando um sistema de fusões e incorporações, com grandes repercussões no mercado internacional, permitindo que alcançassem a mais adequada economia de escala e reduzissem os seus custos, aumentando a sua rentabilidade.[1]

B) O dirigismo contratual

14. Esta evolução ensejou importantes transformações no regime aplicável aos contratos, que sofreu incontestáveis sofisticações, reconhecidas pela doutrina, pela jurisprudência e até pelo legislador.

15. É sabido que a autonomia da vontade inspirou o art. 1.134 do Código Civil francês, de acordo com o qual "as convenções têm valor de lei entre as partes". A reação do liberalismo individualista do século XIX contra as limitações impostas pelo Estado, durante a Idade Média, consagrou, assim, o postulado da liberdade dos homens no plano contratual. Dentro do espírito dominante, admitia-se a onipotência do cidadão na gestão e na disponibilidade de todos os bens, garantindo amplamente o direito de propriedade e a faculdade de contratar com todas as pessoas nas condições e de acordo com as cláusulas que as partes determinassem. Houve, na realidade, uma *mística contratual,* deixando-se ao arbítrio de cada um a decisão de todas as questões econômicas, sem qualquer interferência por parte da sociedade.

16. A autonomia da vontade se apresenta sob duas formas distintas, na lição dos dogmatistas modernos, podendo revestir o aspecto de liberdade de contratar e da liberdade contratual. *Liberdade de contratar* é a faculdade de realizar ou não determinado contrato, enquanto a *liberdade contratual* é a possibilidade de estabelecer o conteúdo do contrato. A primeira se refere à possibilidade de realizar ou não um negócio, enquanto a segunda importa na fixação das modalidades de sua realização.[2]

17. A liberdade contratual permite a criação de contratos atípicos, ou seja, não

1. Arnoldo Wald, "Novas perspectivas da empresa", in *Digesto Econômico* 370/22-29, jan.-fev. 1995.

2. Arnoldo Wald, *Obrigações e Contratos*, 13ª ed., São Paulo, Ed. RT, 1998, 63, p. 184.

especificamente regulamentados pelo direito vigente, importando na possibilidade para as partes contratantes de derrogar as normas supletivas ou dispositivas, dando um conteúdo próprio e autônomo ao instrumento lavrado.

18. A liberdade no plano contratual tem sofrido amplas restrições especialmente no tocante à faculdade de fixar o conteúdo do contrato (liberdade contratual), pois muitos contratos são hoje verdadeiros contratos de adesão, cujo texto está regulado por leis ou decretos ou que depende de aprovação prévia de organismos governamentais. Quanto à liberdade de contratar, tem sido mantida em termos gerais, embora, em determinados casos, possa constituir infração à lei a pessoa deixar de vender determinado artigo, por considerar o sistema legislativo vigente tais omissões como contrárias à ordem econômica e social estabelecida.

19. Em tese, a liberdade contratual só sofre restrições em virtude da ordem pública, que representa a projeção do interesse social nas relações interindividuais. O *ius cogens*, o direito imperativo defende os bons costumes e a estrutura social, econômica e política da comunidade. Em determinada fase, a ingerência da ordem pública em relação aos contratos se fazia sentir pelo combate à usura, proibindo as leis medievais as diversas formas de agiotagem. Quanto aos outros contratos, não havia maiores limitações, até o século XIX.

20. As idéias solidaristas e socialistas e a hipertrofia do Estado levaram o direito, todavia, ao dirigismo contratual, expandindo-se a área das normas de ordem pública destinadas a proteger os elementos economicamente fracos, favorecendo o empregado, pela criação do direito do trabalho, o inquilino, com a legislação de emergência sobre locações, e o consumidor, por uma legislação específica em seu favor. No caso da concessão, o legislador estabeleceu regras específicas de proteção ao concessionário.

21. O *dirigismo contratual* restringiu a aplicação do princípio da autonomia da vontade, em virtude da elaboração de uma série de normas legislativas fixando mínimos que os contratos não podem afastar (salário mínimo, tabelamento de gênero etc.).

22. O contrato passou assim a ter um conteúdo de ordem pública, decorrente da lei, podendo alcançar até pessoas que nele não foram partes, como ocorre na convenção coletiva de trabalho. Temos então uma *convenção-lei*, definida como "um ato legislativo, elaborado por via convencional".

23. A obrigatoriedade dos contratos constitui, por sua vez, uma projeção no tempo da liberdade contratual. As partes são obrigadas a realizar as prestações decorrentes do contrato. O direito contemporâneo limitou, todavia, também tal obrigatoriedade, interpretando-a *rebus sic stantibus*, ou seja, enquanto as situações das partes não sofrerem modificações substanciais e permitindo, em caso de haver tais transformações, uma revisão ou um reajustamento dos termos do contrato.

24. Assim, a liberdade de contratar foi perdendo o seu caráter de dogma, passando o Estado a regular, cada vez mais, as relações contratuais entre particulares, com o objetivo de coibir os abusos que os contratantes mais favorecidos praticavam em detrimento da parte economicamente mais fraca.

25. A regulamentação de determinadas espécies de contratos, aumentando o elenco de contratos nominados ou típicos, é resultado das transformações da economia do país e até de sua internacionalização, através da utilização de modelos mercantis de outros países.

26. A dinâmica e a multiplicidade dos negócios ensejam ao Direito Comercial a oportunidade de sair na frente ao tipificar essas novas figuras jurídicas.

27. Escreve Luiz Gonzaga do Nascimento e Silva, que: "Uma nova realidade verificada, principalmente, a partir do final da Primeira Guerra Mundial e acentuada mais ainda depois da Segunda, passou a impor ao Estado a obrigação de editar leis e regulamentos sobre a vida econômica, penetrando na própria organização da produção e funcionando como uma força conformadora, estabilizadora e conciliadora na vida social. Isso se deu inelutavelmente por força da própria evolução da técnica, da economia e pelos fenômenos da massificação e urbanização da vida, que impuseram maior intervenção estatal na vida econômica e social. (...) Essa nova posição do Estado e do Direito, na vida social e na economia, obrigam-no a editar normas legais com o objetivo de regular o próprio processo de produção, criação e distribuição das riquezas e permitir que essas atividades se possam exercer harmoniosamente".[3]

28. Assim é que passaram a ser regulados no direito positivo, entre outros, o consórcio de empresas, o acordo de acionistas, a convenção de grupos de sociedades, a representação comercial e, agora, a *concessão comercial para distribuição de veículos automotores.*

C) A concessão mercantil e o seu desenvolvimento

29. Uma das técnicas empresariais adotadas pelas macroempresas consiste na ampliação de atividades agora não mediante o estabelecimento de redes comerciais próprias, mas através da atuação de empresas autônomas, que comercializam seus produtos, por vezes com exclusividade, em determinados territórios, com estabelecimento de obrigações recíprocas, dentre as quais a fidelidade à marca dos produtos comercializados e outras. Surgiram, assim, os contratos de concessão, distribuição, franquia e outros.

30. Com isso, como aponta Waldirio Bulgarelli: "acabou-se por tecer uma verdadeira teia que compreende vários tipos de 'distribuidores' quer subordinados, quer autônomos, quer promovendo a venda mediante comissões, quer se dispondo à revenda, obtendo lucro correspondente".[4]

31. Efetivamente, as vantagens da adoção desse *modus operandi* revelaram-se significativas, propiciando a adoção desse sistema de distribuição de produtos por várias macroempresas, em vários ramos da atividade empresarial.

32. A indústria automobilística em regra desenvolvida por macroempresas, em virtude da importância dos investimentos dos quais necessita, vem se utilizando normalmente dessa técnica, para potencializar a comercialização de seus produtos. Evidentemente essa nova técnica empresarial exigia uma disciplina jurídica específica hábil a regrar as suas peculiaridades, emergindo dessa necessidade o contrato de concessão, de ampla utilização porque disciplinador de técnica sedimentada pela experiência e assegurador de resultados favoráveis. Trata-se de instituto cuja terminologia inspirou-se no direito público em virtude da existência de uma delegação do exercício da atividade a um terceiro com autonomia financeira, que assume os riscos do seu negócio.

33. Já detectava Rubens Requião, mesmo antes da promulgação da Lei 6.729/79, a presença dessa nova entidade contratual, quando afirmou: "O contrato de concessão de venda com exclusividade constitui, sem dúvida, uma nova técnica de comercialização, de organização do mercado distribuidor de produtos industrializados ou de alta tecnicidade, de que tanto falam os autores europeus. Através desse sistema, a empresa comercial se relaciona com a em-

3. Ap. Celso de Albuquerque Barreto, "Contrato de concessão comercial, Lei 6.729, de 28.11.1979. Posição da nova Lei no Direito Comercial. Convenção das categorias econômicas e convenção de marca", in *Revista Forense* 271/30, jul.-set. 1980.

4. Waldirio Bulgarelli, *Direito Empresarial Moderno*, Rio de Janeiro, Forense, 1992, p. 109.

presa industrial, de forma a manter, cada uma, a integridade de sua personalidade jurídica. Nesse sistema de comercialização, a empresa produtora, tal como o Estado no contrato de concessão de serviço público, descentraliza sua atuação, deferindo a outra empresa estranha a distribuição e colocação de seus produtos no mercado consumidor".[5]

34. Essa analogia do contrato de concessão comercial com aquele de concessão de serviço público foi também reconhecida pelo Des. Domingos Franciulli Netto, que escrevendo à luz do advento da Lei 6.729/79, a respeito ponderou: "A transplantação da concessão de direito público ao direito privado é fruto do gigantismo econômico de certas empresas produtoras, concedentes, que, no novo instituto, encontram meios técnicos adequados, com amparo no ordenamento jurídico, de estender seu poder sobre outras, concessionárias, estas encarregadas da comercialização de seus produtos, com vínculo parcial ou total de exclusividade, mantida a unicidade de identificação através da mesma marca".[6]

35. O conceito de contrato de concessão não é suficientemente preciso na doutrina e nem a Lei 6.729/79 o definiu. Contudo, um especialista da matéria conseguiu captar os elementos essenciais dessa figura jurídica, definindo-o como sendo: "Convention par laquelle un commerçant appelé concessionaire met son enterprise de distribution au service d'un commerçant ou industriel appelé concessionaire pour assurer exclusivement sur un territoire donné, pendant une période limitée, et sous la surveillance du concédant, la distribution des produits dont le monopole de revente lui est concédé".[7]

5. Rubens Requião, "O contrato de concessão de venda com exclusividade (concessão comercial)", in *RDM* 7/19, 1972.

6. Domingos Franciulli Netto, "Breves notas sobre a concessão de que trata a Lei 6.729, de 1979", in *Revista Forense* 272/370, out.-dez. 1972.

7. Claude Champaud, "La concession commerciale", in *Revue Trimestrielle de Droit Commerciale*, 1963, p. 469.

36. Por sua vez, no doutrina nacional Rubens Requião o definiu, já à luz da Lei 6.729/79, como sendo: "(...) um contrato típico, misto ou complexo, pois conjuga em seu bojo um contrato de compra e venda dos produtos distribuídos, um contrato de fornecimento de estoques de mercadorias específicas, um contrato de prestação de serviços de assistência técnica, um contrato de uso de marca e outros contratos, todos a serviço da mais fácil e segura comercialização do produto. Como já disse, esses contratos se amalgamam num só, que segue a disciplina recentemente criada. Além disso, é um contrato bilateral e sinalagmático".[8]

37. Diante dos eventuais conflitos entre concedente e concessionário, surgiu a necessidade de intervenção estatal para garantir um equilíbrio entre os agentes econômicos envolvidos nas relações empresariais, porque, na ausência de disciplina específica, alguns abusos ocorreram, justificando a promulgação de leis específicas para regrar tais relações.

38. Uma delas foi a Lei 4.886, de 9.12.1965, que disciplinou a relação entre as empresas e seus representantes comerciais autônomos. Após, adveio a Lei 6.729/79, disciplinadora das relações das empresas produtoras de veículos automotores de via terrestre e os distribuidores desses produtos.

39. Com isso, tais ajustes entre produtores e distribuidores de veículos, antes inominados, passaram a ser disciplinados por contrato típico, denominado contrato de concessão, pela lei que o instituiu, ou seja, a Lei 6.729/79. A promulgação desse diploma legal decorreu não apenas da necessidade da regulamentação das relações entre produtores e distribuidores de veículo, como ainda da tendência irreversível da intervenção estatal na disciplina jurídica das atividades econômicas mediante dirigismo

8. Rubens Requião, *Aspectos Modernos do Direito Comercial*, v. 3º, São Paulo, Saraiva, 1986, p. 261.

contratual, objetivando preservação do equilíbrio entre os partícipes de determinadas atividades econômicas.

40. Esse contrato de concessão é hoje, como acima acentuado, um contrato típico, porque sua estrutura é definida em lei; é bilateral, vez que envolve obrigações recíprocas dos contratantes; é solene, na medida em que exige a forma escrita; sendo disciplinado por lei comercial, considerando-se que rege relações entre comerciantes. Não obstante sua feição e natureza de contrato comercial, o que, em regra, o inseriria exclusivamente na órbita da autonomia da vontade, está ele adstrito à normalidade emergente da Lei 6.729/79, cujo art. 30 prescreve sua aplicação aos contratos, já em vigor, cominando de nulidade as cláusulas que a contrariarem, indicando que esse diploma legal contém disposições de ordem pública.

41. Já em 1945, o ilustre Prof. da Universidade de Columbia, Adolfo Berle Jr., escrevia que o poder das grandes empresas ultrapassa a dimensão dos bens de sua propriedade efetiva, para projetar-se sobre o controle da propriedade alheia: "O impacto exercido por muitas empresas — a General Motors, p. ex., ou as grandes companhias de petróleo — ultrapassa de muito os respectivos limites patrimoniais. Existem, por exemplo, em estimativa sumária, cerca de três bilhões de dólares investidos em garagens e instalações de serviço de propriedade dos chamados 'pequenos' empresários, com contratos de agência firmados com os principais fabricantes de automóveis. Os donos são pequenos empresários independentes, que, embora rotulados de *corporation*, não são evidentemente nenhumas grandes empresas. Nominalmente são independentes. Mas as suas normas de procedimento, seus métodos de operação, em grande parte os seus preços, são estabelecidos pelas companhias cujos carros vendem. O mesmo procede quanto ao 'pequeno comerciante' que é 'dono de um posto de abastecimento de gasolina'. A faculdade de que dispõe uma grande empresa, quanto a decidir e dirigir operações, transcende as limitações do exercício normal do direito de propriedade. O seu poder se projeta além do alcance real de sua empresa – na verdade, vai muito mais longe, embora uma estatística quanto à extensão do âmbito dessa influência ainda não exista".[9]

42. Por outro lado, o Prof. francês René Savatier destaca que a noção de *exclusividade* privilegia o concessionário com a valorização patrimonial decorrente do *monopólio privado* que o contrato lhe propicia. O eminente Prof. de Poitiers ensina que a técnica das negociações comerciais faz integrar ao patrimônio dos comerciantes o que se chama de "exclusividades". Assim, os agentes comerciais e de seguros, fornecedores e compradores profissionais e concessionários são beneficiados com "exclusividades" que valorizam suas empresas e que se tornam acessíveis com ela ou até separadamente.[10]

43. É interessante confrontar as opiniões de Savatier e Berle Jr., porque, enquanto este se preocupa com a projeção do poder da empresa concedente sobre a propriedade de concessionário, aquele ressalta a valorização patrimonial do concessionário em virtude da exclusividade decorrente da concessão. Na realidade, trata-se de duas faces de uma só moeda, não sendo idéias que se repelem, nem mesmo conceitos antinômicos, como preleciona Rubens Requião: "Se é verdade que a concedente projeta *o seu poder além do alcance real de sua empresa*, sobre outra que a ela por conveniência se sujeita, não menos verdade é que a empresa subordinada economicamente, mantendo sua integridade jurídica, *obtém da exclusividade inerente à concessão de venda*, uma objetiva valorização patrimonial".[11]

9. Adolfo Berle Jr., *A Revolução Capitalista do Século XX*, p. 27.

10. René Savatier, *Les Métamorphoses Économiques et Sociales du Droit Privé d'Aujourd'hui*, 2ª série, Paris, Dalloz, 1959, n. 84, p. 112, e 3ª série, Paris Dalloz, 1959, n. 511, p. 186.

11. Rubens Requião, "O contrato de concessão de venda com exclusividade (concessão comercial)", in *RDM* 7/19, 1972.

44. Afigura-se importante fundamentar todo o desenvolvimento da análise jurídica da estrutura do contrato de concessão comercial a partir dessa *comutatividade econômica*. Assim, se o contrato de concessão apresenta vantagens para o produtor, que estende sua rede de comercialização sem investimentos em imóveis, instalações e pessoal, também as oferece para o distribuidor, que, com a exclusividade da concessão para determinada área geográfica, obtém uma valorização para o seu estabelecimento, pela utilização das marcas de publicidade e do conceito dos produtos que passa a vender.

IV — A cláusula de exclusividade

A) Considerações gerais

45. Se, por um lado, a comutatividade econômica é indicativa de que concessão mercantil consubstancia contrato sinalagmático, por outro turno não pode olvidar que a *cláusula de exclusividade* é pressuposto jurídico dessa forma de conjugação empresarial.

46. Trata-se de contrato pelo qual o fabricante ajusta com empresas comerciais autônomas a atuação, com exclusividade, na colocação de seus produtos, já prontos, no mercado, formando, estas, rede própria de distribuição, sob estreito regime de cooperação empresarial e a influência da supervisão geral do concedente.

47. O produtor confere, assim, a certos empresários comerciais, a concessão de vendas, mediante prévia estipulação de condições, inclusive quanto à própria montagem do negócio, estabelecendo-se estratégia uniforme na rede para a colocação dos produtos.

48. Forma-se um regime duradouro de integração entre concedente e concessionário, e destes entre si, atendida a orientação geral dos negócios traçada pelo concedente e observadas as condições constantes do contrato de concessão mercantil, nos termos da Lei 6.729/79.

49. Nesse tipo de contrato, o produtor e o distribuidor (ou concedente e concessionário) conservam suas respectivas personalidades jurídicas. O produtor — como regra geral — não participa do capital do distribuidor, embora detenha inegável influência sobre os negócios deste último, pela imposição das cláusulas gerais do contrato de concessão, exigências técnicas e permanente fiscalização sobre as atividades do concessionário. *Em contrapartida, assegura ao concessionário a exclusividade de venda em determinada área geográfica*, permitindo que o concessionário se beneficie de suas marcas, assistência técnica, publicidade e conceito de seus produtos.

50. A *exclusividade* atua tanto no sentido de favorecer o concessionário, pois estabelece um monopólio de venda em seu favor, como em benefício do concedente, de vez que ela exclui a sua atividade em relação aos produtos concorrentes.

51. O jurista italiano Remo Franceschelli identifica os fundamentos da exclusividade num conjunto de obrigações recíprocas, tanto *positivas* como *negativas*.[12]

52. Assim, preleciona o Prof. Franceschelli que, em face da exclusividade a favor do concedente, o concessionário não poderá comprar de outrem, para revendê-los, produtos em concorrência com aqueles, objeto do contrato. De outro lado, na exclusividade a favor do concessionário, o concedente não poderá vender para outrem, na zona reservada ao concessionário, os produtos de que se trata.

53. No concernente às obrigações positivas, o concedente deverá proporcionar ao concessionário todas as condições necessárias ao exercício de sua atividade, não só fornecendo-lhe os *produtos* objeto da concessão propriamente dita, como também remetendo-lhe as informações técnicas, realizando treinamentos etc. De outro passo, o concessionário deverá agir na conquista de clientela, fazer publicidade, aparelhar ins-

12. Remo Franceschelli, *Dal Vechio al Nuovo Diritto Comerciale*, p. 435.

talações adequadas, contratar pessoal especializado etc.

54. Entretanto, não se pode perder de vista, como adverte Rubens Requião, que "sendo o concessionário via de regra a parte mais fraca no confronto contratual, a exclusividade é mais imperativa para seus interesses, representando geralmente o segredo de seu sucesso e de seu desenvolvimento empresarial".[13]

55. No mesmo diapasão é a doutrina de Miguel Reale, ao identificar a Lei 6.729/79 como manifestação do *dirigismo contratual*, esclarecendo o mencionado autor que: "Em primeiro lugar, quando o Estado decide intervir na vida dos negócios jurídicos é porque há razões de desequilíbrio e de desigualdade que é mister superar, para preservação da eqüidade ou da equação financeira dos contratos emergentes da economia de mercado. Assim sendo, o dirigismo contratual não é estabelecido para benefício do mais forte (e todos os autores, a *una voce*, proclamam a situação de força e de privilégio dos concedentes de distribuição de veículos automotores) mas, antes, para preservação dos valores de justiça que devem imperar nas relações contratuais".[14]

56. Aliás, a referência à manutenção da *equação financeira* do contrato traz à colação a analogia observada por Rubens Requião e à qual já nos referimos, de que o Direito Comercial tomou emprestado ao Direito Administrativo uma de suas peculiares instituições — a concessão de serviço público — para colocá-la, depois de devidamente ajustada, a serviço das empresas modernas.[15]

57. Assim sendo, parece lícito afirmar que a interpretação da cláusula de exclusividade deve ser consentânea com o princípio da manutenção do equilíbrio econômico-financeiro da concessão mercantil. Aliás, a garantia do equilíbrio econômico e financeiro surgiu na concessão de direito administrativo, merecendo garantia constitucional e legal. As dúvidas quanto à manutenção desta garantia na Constituição de 1988 foram dirimidas pela jurisprudência, que reconheceu constar a mesma do art. 37, XXI com aplicação a todos os *contratos administrativos*.[16]

58. Portanto, sempre que surgirem dúvidas na aplicação da cláusula de exclusividade, a solução deve privilegiar a alternativa que não importe em rompimento da equação financeira do contrato.

59. E as variáveis dessa equação podem ser assim dispostas:

a) o concessionário investe uma importância para constituir um estabelecimento comercial complexo destinado a vender determinados produtos de uma determinada marca, *em forma de encargos e obrigações do concessionário*;

b) a *exclusividade* para comercialização daqueles produtos com aquela marca, numa determinada área geográfica, traduz *a base de remuneração* do concessionário;

c) os resultados finais eventualmente auferidos pelo concessionário dependerão — é curial — de seu desempenho empresarial, mas a *base da remuneração*, isto é, a exclusividade deve ser garantida pelo concedente, nos termos expressos no contrato.

B) O novo sentido da exclusividade, a partir da Lei 8.132/90

60. No sistema original da Lei 6.729/79, a *exclusividade* não se limitava a *privilégio de vendas* concedido a uma determinada empresa, mas abrangia uma *rede de*

13. Rubens Requião, ob. cit., p. 29.
14. Miguel Reale, "Da indenização cabível na concessão comercial de revenda de veículos automotores", in *RT* 624/10, out. 1987.
15. Ob. cit., p. 18.
16. Arnoldo Wald, Luíza Rangel de Morais e Alexandre de M. Wald, *O Direito de Parceria e a Nova Lei de Concessões*, São Paulo, Ed. RT, 1996, pp. 114 e ss.

distribuição, vinculando-se o privilégio a zonas geográficas específicas. Daí o conceito, adotado na Lei 6.729/79, de *área demarcada*, definida como *zona reservada de mercado*, inviolável pelos demais concessionários da rede pelo próprio concedente.

61. Posteriormente, porém, a Lei 8.132/90 alterou o direito anterior, substituindo o conceito de *área demarcada* pela noção de *área operacional de responsabilidade do concessionário*.

62. A tônica do novo sistema é a *responsabilidade* do concessionário em relação a uma certa área geoeconômica, em substituição ao regime de exclusividade absoluta, tido como incompatível com os princípios da livre concorrência consagrados na Constituição Federal de 1988.

63. Quem detalha, com precisão, o novo regime da exclusividade, agora redefinido como *responsabilidade operacional* é Luiz Gastão Paes de Barros Leães: "Essa responsabilidade do concessionário, aliás, é tríplice, tendo em vista os seus variados destinatários: o concedente, o consumidor e os demais concessionários. Com efeito, (a) há uma responsabilidade relativamente ao concedente, na medida em que deve ele atuar para a preservação da marca, no que se refere à promoção de vendas e à prestação de serviços a todos os consumidores que o solicitarem, mesmo quando domiciliados fora da área de sua competência territorial; (b) há uma responsabilidade em relação aos demais concessionários, no sentido de não invadir as áreas alheias, procurando sempre evitar a iniciativa de aí promover vendas, diretamente ou por intermédio de prepostos seus; e (c) há uma responsabilidade relativamente ao consumidor, destinatário de toda a cadeia de distribuição, permitindo-lhe que, à sua livre escolha, proceda à aquisição dos bens e serviços onde quiser, de qualquer concessionária da rede distribuidora".[17]

64. A partir da Lei 8.132, os concessionários tornaram-se sujeitos a duas ordens de interferência em sua *área de responsabilidade operacional*, ambas legítimas e limitadoras do direito de exclusividade absoluta:

a) as decorrentes das *vendas diretas asseguradas ao concedente* na lei, nas convenções e nos contratos;

b) as resultantes da *liberdade de escolha*, garantida aos consumidores em harmonia com a diretriz constitucional emanada do art. 170, V, da Carta, ao erigir a defesa do consumidor como princípio basilar da ordem econômica.

65. A jurisprudência já teve oportunidade de manifestar-se sobre o tema, como se verifica dos acórdãos adiante referidos do Tribunal de Justiça de São Paulo e do Superior Tribunal de Justiça:

"*Indústria automobilística. Concessão comercial. Revenda de veículos automotores. Proibição de operar além da área demarcada (art. 5º, I, da Lei 6.729/79). Vedação que pressupõe postura ativa, ou seja, a amealhação de clientes em campo alheio. Simples venda de veículo a consumidor que prefere a revendedora de outro território pelo melhor atendimento desenvolvido, assistência técnica satisfatória e outras vantagens que a tanto não equivale, já que não está obrigado a servir-se de serviço que lhe é insatisfatório. Indenização a tal título não devida.*

"A proibição da concessionária de veículos de operar além da área demarcada contida no art. 5º, I, da Lei 6.729/79 pressupõe postura ativa, ou seja, a amealhação de clientes em campo alheio.

"A simples venda de automotor a consumidor que prefere a revendedora de outro território pelo melhor atendimento desenvolvido, assistência técnica satisfatória e outras oportunidades não infringe aquela disposição legal, já que não está o consumidor obrigado a usufruir de serviço que lhe é insatisfatório".[18]

17. Luiz Gastão Paes de Barros Leães, "O conceito de área demarcada na concessão comercial de veículos", in *RDM* 110/18-19, abr.-jun. 1998.

18. Ap. 144.653-1/4, 5ª C., j. 6.6.1991, Rel. Des. Marco César, in *RT* 671/96-97, set. 1991.

"Indústria automobilística. Concessão comercial. Revenda de veículos automotores. Proibição de operar além da área demarcada (art. 5º, I, da Lei 6.729/79). Vedação que pressupõe postura ativa, como estabelecimento de filial, agência ou escritório de vendas fora dos limites demarcados ou manutenção, além destes, de representantes comerciais, sob qualquer forma. Simples venda de veículo a consumidor domiciliado em outra área e que procura a concessionária em sua base de comercialização que não constitui impedimento, mas exercício legítimo da atividade de comércio. Votos Vencidos.

"Ementa oficial: Concessionária de veículos. Demarcação da área. Consumidor residente em outro domicílio. Inteligência do art. 5º da Lei 6.729/79. Hermenêutica. Revelia. Recurso conhecido mas desprovido."

"A proibição contida no art. 5º da Lei 6.729/79, a vedar à concessionária a operar em outras áreas pressupõe postura ativa. Diz respeito ao estabelecimento de filial, agência ou escritório de vendas fora dos limites da área demarcada, ou à manutenção, além desta, de representantes comerciais, sob qualquer forma, assim como ao envio de vendedores ao setor de outra igual, a fim de ofertar seus veículos, não constituindo vedação a simples venda da mercadoria a consumidor domiciliado além dos limites fixados que procura a concessionária em sua base de comercialização.

"A interpretação das leis é obra de raciocínio mas também de sabedoria e bom senso, não podendo o julgador ater-se exclusivamente aos vocábulos mas, sim, aplicar os princípios que informam as normas positivas"[19] (grifos nossos).

66. Como se vê, a Lei 8.132/90 imprimiu novo sentido ao art. 5º da Lei 6.729/79, coadunando o conceito de exclusividade à ordem econômica constituída pela Carta de 1988.

67. Assim sendo, a hermenêutica que hoje se deve emprestar ao princípio da exclusividade nas concessões mercantis há de afeiçoá-lo às diretrizes da livre iniciativa e da liberdade de concorrência, sem o que poder-se-ia configurar contrariedade às normas constitucionais.

C) O objeto da cláusula de exclusividade

68. A exclusividade é abrangente, apenas, dos produtos com a *marca* do concedente e da(s) *classe(s) do(s) veículo(s)* incluídos no contrato de concessão.

69. Este conceito afigura-se básico na compreensão da cláusula de exclusividade a qual, na medida em que restringe direitos, há de ser interpretada na exata medida do equilíbrio econômico-financeiro da concessão mercantil.

70. Assim, como já vimos, se o concedente busca uma forma de multiplicação empresarial, utilizando-se da rede de distribuidores para comercializar seus veículos, sem necessariamente realizar investimentos fixos, ou contratar pessoal. O concessionário, por seu turno, beneficia-se com a comercialização de uma marca de prestígio mundial, como normalmente acontece na indústria automobilística.

71. Voltamos, pois, ao núcleo central da concessão mercantil, atinente à equação financeira do contrato. Se o concessionário deve investir e aparelhar-se para desempenhar com eficiência a comercialização de *determinada marca*, em contrapartida, sua "remuneração" consiste na exclusividade de comercializar *aquela marca* (e não outra) na área demarcada, ou na área de sua responsabilidade operacional, como se deve dizer mais modernamente.

72. Na realidade, a formação da rede de concessionários está intimamente ligada à *marca* do concedente, sendo, mesmo, indissociável a *marca* e a respectiva *rede de concessionários*. No particular, não parece demais afirmar que o distribuidor é, antes de mais nada e primordialmente, *concessionário da marca* e, num segundo mo-

19. REsp 3.836-MG, 4ª T., j. 18.12.1990, Rel. Min. Sálvio de Figueiredo, *DJU* 18.3.91, in *RT* 668/174, jun. 1991.

mento, já em nível de detalhamento, *concessionário de determinados produtos daquela marca.*

73. Este peculiar aspecto das concessões mercantis não passou despercebido de Rubens Requião, em seu pioneiro estudo sobre o tema, já aqui anteriormente citado: "O problema do prestígio da marca *de comércio* ou de indústria *passa a ser elemento de relevo na intenção do concedente ao formar a rede de seus concessionários.* Não importa, veja-se bem, para o concedente, a simples venda de seus produtos no mercado consumidor, a cargo do concessionário. Pretende ele a fixação da clientela, *induzida pela excelência dos produtos que* sua marca assinala. É imprescindível, para tanto, que o concessionário esteja capacitado tecnicamente a atender os produtos adquiridos pela clientela, após a venda. O 'serviço de assistência' que as grandes marcas proporcionam, a 'garantia' oferecida para o funcionamento regular ou para a qualidade da mercadoria, quanto mais eficientes e perfeitos evidentemente maior prestígio e preferência lhe dão".[20]

74. Tanto assim é que o jargão popular consagrou referências que sempre ligam o distribuidor à sua marca, da seguinte forma: "Concessionária Mercedes", "Concessionária Volkswagen", "Concessionária Ford" etc. E como o mercado se orienta pelas diretrizes de seus consumidores, não resta dúvida de que o *conteúdo econômico* da exclusividade consiste no poder que o concessionário tem de comercializar determinada *marca de veículos automotores* em sua área demarcada.

75. Não é diferente a conclusão que se extrai no texto legal contido no art. 1º, § 1º, *c*, da Lei 6.729/79: "c) caracterizar-se-ão as diversas classes de veículos automotores pelas categorias econômicas de produtores e distribuidores, *e os produtos diferenciados em cada marca*, pelo produtor e sua rede de distribuição em conjunto".

20. Rubens Requião, ob. cit., pp. 27-28.

76. Então, parece lícito afirmar que a exclusividade limita-se à *marca* dos produtos do concedente, não se estendendo a *outras marcas* que o concedente eventualmente se torne detentor.

77. O que não se pode admitir, contudo, é o elastério dessa conclusão, de molde a fraudar os próprios objetivos da concessão. Assim, no caso do concedente adquirir outra marca e, através dela, *esvaziar* as concessões anteriores, seja pela descontinuidade da fabricação de modelos de marca original, ou mesmo pela indevida atenção ao progresso tecnológico e mercadológico da marca primitiva, poderá o concessionário rescindir o contrato e postular as indenizações cabíveis.

78. Portanto, a assertiva que acima se fez, e ora se reitera, de que a exclusividade não se estende a outras marcas de que o concedente venha a tornar-se detentor na vigência da concessão, há de conformar-se a uma rigorosa conduta de ética comercial do concedente, de forma a assegurar a plena e total continuidade operacional relativa às marcas anteriores, compreendendo a manutenção:

a) dos investimentos em progressos tecnológicos;

b) da qualidade dos produtos;

c) dos investimentos em *marketing* e em programas de atendimento ao consumidor, inclusive no pós-venda.

79. Por outro lado, igualmente será mister que os planos orçamentários do concedente não privilegiem indevidamente a marca nova em detrimento da anterior, cumprindo ao concedente uma distribuição eqüitativa das verbas de investimento às divisões responsáveis por cada marca. Esse equilíbrio orçamentário há de ter como parâmetro os números vigentes *anteriormente* à aquisição da nova marca, eis que é legítima a expectativa do concessionário no sentido da manutenção dos mesmos níveis médios de investimentos na marca que lhe foi dada a comercializar, no contexto do equilíbrio econômico-financeiro da concessão já referido e analisado.

80. Em resumo, a cláusula de exclusividade, ao ensejo da aquisição de nova marca de comércio ou de indústria pelo concedente, em princípio, limita-se à marca anterior, desde que não haja ruptura da equação financeira do contrato, o que, como se viu, constitui matéria eminentemente de fato.

81. Há, ainda, outro aspecto atinente ao conceito de exclusividade que não pode ser esquecido. Diz respeito à *classe* do veículo automotor e se encontra regido pelo art. 3º, § 2º da Lei 6.729/79 que tem a seguinte redação:

"§ 2º. Quanto aos produtos lançados pelo concedente:

"a) se forem da mesma classe daqueles compreendidos na concessão, ficarão nesta incluídos automaticamente;

"b) se forem de classe diversa, o concessionário terá preferência em comercializá-los, se atender às condições prescritas pelo concedente esse fim."

82. Há quem identifique a idéia de classe com a enumeração da art. 2º, III, a saber: automóvel, caminhão, ônibus, trator, motocicleta e similares. Assim, tratando-se de automóvel, p. ex., qualquer um deles, quer de alto luxo, popular ou utilitário, todos seriam da mesma classe.[21]

83. Nada obstante, parece-nos impossível comungar desse entendimento. Em primeiro lugar porque a relação do aludido inciso, sobre não se destinar a distinguir as classes dos veículos automotores, visa fazer uma *enumeração exemplificativa* (e não taxativa) dos produtos que se enquadram no conceito amplo de veículo automotor.

84. Não se pode vislumbrar o referido dispositivo legal como conceituador das *classes* dos veículos automotores porque, se assim fosse, forçoso seria reconhecer uma classe de "similares", o que pode soar como um despautério.

21. Esta é a opinião de José Washington Coelho na monografia *A Concessão Comercial de Veículos Automotores*, São Paulo, Ed. Resenha Universitária, 1981, p. 76.

85. É que a redação legal tem o seguinte teor: "Art. 2º. Considera-se (...) III — veículo automotor, de via terrestre, o automóvel, caminhão, ônibus, trator, motocicleta e similares".

86. Ora, além de saltar aos olhos que o objetivo do legislador, na espécie, não é definir *as classes* dos veículos, mas sim definir o que se enquadra no conceito jurídico genérico de veículo automotor, não se pode admitir como "classe" a categoria de "similares".

87. "Similares" constitui a expressão comumente usada, na técnica legislativa, nas enumerações exemplificadas, o que se afigura incondizente com a enumeração de classes, quando, então, teríamos uma classe de produtos "similares" a todas as demais, o que não condiz com a lógica.

88. Assim sendo, a nosso ver, deve-se buscar o conceito de classe no espírito da lei, ao estipular a cláusula de exclusividade, na face que beneficia o concessionário. E os fins legais, no caso, têm em vista evitar que o concessionário sofra *competição predatória* que lhe subtraia a expectativa de remuneração integrante da já mencionada equação financeira da concessão mercantil.

89. Ressalvada, pois, a concorrência sadia a que se refere a jurisprudência anteriormente transcrita (decorrente dos bons serviços e da eficaz assistência técnica prestados aos consumidores), o que a lei almeja, com o princípio da exclusividade, é impedir que o concedente dê ensejo à *competição predatória*, através de expedientes que, numa só área demarcada, mais de um concessionário ofereçam à comercialização veículos que se situem na *mesma faixa de mercado*.

90. Portanto, a definição de *classe* de veículo automotor, para os fins do art. 3º, § 2º, da Lei 6.729/79 *consiste no grupamento de veículos que concorram na mesma faixa de mercado*. Então, p. ex., um utilitário não é da mesma classe de um carro de luxo e este, por sua vez, não é da mesma classe que um automóvel popular.

91. Evidentemente, na prática, muitas vezes haverá dificuldades para distinguir as classes, se os veículos competem em *faixas próximas de mercado*, embora não exatamente iguais. Nesses casos, a dúvida se resolverá sempre em favor do concessionário, dada a índole protecionista no chamado "dirigismo contratual".

92. Há, finalmente, um outro aspecto que merece relevo, no estudo da cláusula de exclusividade inerente à concessão mercantil. O art. 5º, § 1º, da Lei 6.729/79, admite que uma "área poderá conter mais de um concessionário da mesma rede".

93. Não se cuida, a nosso ver, de exceção ao princípio da exclusividade. Em primeiro lugar, porque a hipótese só se viabiliza juridicamente em dois momentos alternativos:

a) ou na *formação original* da rede de distribuição de um produtor ou concedente;

b) ou na *reformulação geral* da rede de distribuição, evidenciada por algum fato extrínseco à concessão, que recomende reforma ampla.

94. Em ambos os casos, portanto, será indispensável a manifestação favorável do concessionário anuindo com a cumulação de mais de um deles numa só área. Na primeira situação acima retratada, ao *receber* a concessão, o concessionário já o fará consentindo naquela duplicidade de atuação na área operacional. Portanto, a *equação financeira inicial* do contrato de concessão já se formará com essa variável, que, desde o início, irá reger a expectativa de remuneração do concessionário. Não se poderá, então, cogitar de rompimento do equilíbrio econômico-financeiro da concessão existente no início da relação jurídica.

95. No segundo caso apresentado, terá ocorrido uma série de fatos imprevisíveis no momento da contratação da concessão e que podem sobrevir no curso dela, dando ensejo à aplicação da cláusula *rebus sic stantibus* ou da teoria da imprevisão.

96. Assim, p. ex., modificações radicais do perfil de mercado, imprevisíveis ou mesmo inicialmente imprevistas, podem ensejar o reajustamento geral da rede de distribuição. Nessa hipótese, também se faz indispensável a anuência dos concessionários ou, no caso de recusa injustificada deles, o eventual suprimento judicial.

97. A reformulação da rede aqui preconizada — em decorrência da teoria da imprevisão, ou da manutenção do equilíbrio econômico e financeiro — não se confunde com a exceção contida no art. 6º, I, da Lei 6.729/79. Ali, a nova contratação é fruto da concorrência de um *fato previsto* no contrato ou na convenção. O fato se dá ao abrigo do contrato e por expressa aplicação de suas previsões. Aqui, a reformulação é fruto do fenômeno contrário, isto é, da falta de previsão adequada, abrindo espaço à incidência da cláusula *rebus sic stantibus* e da teoria da imprevisão.

98. Por outro lado, também não se pode interpretar o § 1º do art. 5º da Lei 6.729/79 como uma cunha no princípio da exclusividade porque, embora exercida por mais de um concessionário (e com a devida concordância deles, como se viu) numa só área demarcada, continua, em relação *a estes* concessionários conjuntamente responsáveis pela área, a viger a exclusividade.

99. Por conseguinte, terceiros não poderão invadir a comercialização nessa área, nem o concedente poderá credenciar outros concessionários em relação à mesma. Trata-se, apenas, de uma exclusividade que, em vez de proteger apenas um, beneficia mais de um concessionário.

100. Como vimos, esse diploma legal alterado pela Lei 8.132, de 26.12.1990, estabeleceu um sistema escalonado de normas na medida em que propiciou a celebração de convenções "com força de lei" (art. 17) entre as categorias econômicas de produtores e distribuidores de veículos e entre cada produtor e a respectiva rede de distribuição, esta através da entidade de âmbito nacional, que a represente. Tem-se então, a convenção de categorias econômicas e convenção de marcas. Suas normas, que constituem um subsistema jurídico, impõem-se às partes, que não podem validamente ajustar em contrário, tratando-se de um verdadeiro contrato coletivo.[22]

101. Portanto, ocorre nesse particular uma verdadeira pirâmide normativa, em cujo vértice está o diploma legal e em cuja base situam-se os contratos, com os requisitos impostos por lei (art. 20), restando em uma posição intermediária essas convenções. Os contratos, ainda que de forma padronizada, devem observar, sob pena de nulidade, as normas da Lei 6.729/79 e das convenções celebradas.

102. Destarte as convenções, devem observar rigorosamente os preceitos da lei em tela, restringindo-se ao respectivo campo de atuação delimitado, quanto àquelas convenções das categorias econômicas, pelos lindes estabelecidos no art. 18, e, no concernente às convenções de marca, pelos limites estabelecidos no art. 19 do mesmo diploma legal.

103. Não consta dos fatos reportados na consulta a existência de convenções versando especificamente sobre os reflexos contratuais decorrentes de fusão ou incorporação de empresas produtoras, sendo inferível, portanto, inexistir qualquer norma desse subsistema normativo a respeito de tal matéria, por ser imprevisível na época em que foram firmados. Também não se reportou na Consulta a existência de qualquer convenção de marca, versando sobre a inclusão na concessão de produtos lançados na sua vigência, nos termos do estatuído no inc. III do art. 19 da lei em exame, ou, ainda, a respeito da possibilidade de conviverem na mesma concessão marcas diversas em regime de exclusividade.

104. Aplica-se, assim, o sistema imposto pela Lei 6.729/79 quanto a esses mesmos reflexos. O art. 3º, § 2º desse diploma legal assegura, dentre outros direitos do concessionário, a inclusão, na concessão, de todos os produtos lançados pelo concedente, se forem da mesma classe, ou, se de classe diversa, preferência para comercializar, desde que atendidas as condições prescritas pelo concedente para tal fim. Não cuida, porém, de produtos de marcas diferentes.

105. A relevância da marca no plano das concessões e a exclusividade a ela pertinente são condicionantes inafastáveis no enfoque da questão da incorporação de concedentes titulares de marcas diversas. Isto porque a marca, cujo uso é gratuito, identifica a concessão, nos termos do supracitado art. 3º, II, da Lei 6.729/79, o qual define o objeto da concessão comercial em tela. Também o art. 16 dessa mesma lei esclarece que a concessão compreende o resguardo da integridade da marca, pondo assim em destaque a sua importância nesse negócio jurídico. Havendo exclusividade de seu uso, como sói acontecer, uma concessão, em tese, não terá condições de abranger mais de uma marca, sem infringência a essa imposição contratual.

106. Ocorrendo a incorporação da *empresa B* pela *empresa A*, esta sucederá a empresa incorporada em todos os seus direitos e obrigações, inclusive, portanto, naqueles decorrentes dos contratos de concessão firmados por esta com os seus concessionários. Estes, conforme a consulta, comercializam produtos de classes diversas daquelas produzidas pela *empresa A*. Restringem-se tais produtos ao utilitário *B* e a automóveis importados. Ocorre, porém, que a *empresa A*, atualmente, produzindo ônibus e caminhões e importando automóveis, está formando uma rede para distribuição de seu automóvel *A*.

107. Assim sendo, não obstante os automóveis importados pela eventual incorporadora não estarem inseridos nas concessões ajustadas, até porque, como ressaltado em parecer do Prof. Miguel Reale, não se estabelece, nesse caso, uma relação entre produtor e distribuidor, mas sim entre comerciantes, a constituição de uma rede de distribuição do automóvel *A* implantará paridade de classes para fins de agregação

22. Arnoldo Wald, *Obrigações e Contratos*, 13ª ed., São Paulo, Ed. RT, 1998, n. 75, p. 218.

dos novos lançamentos às concessões ajustadas pela incorporada, se houver a cogitada incorporação. Todavia, essa paridade de classes não acarretará paridade de marcas, que continuarão autônomas e desvinculadas.

108. Efeito inarredável da incorporação, se ocorrer no Brasil, será a convolação dos concessionários da *empresa B* em concessionários da *empresa A*, considerando a sucessão resultante desse negócio jurídico. Mantêm-se os mesmos contratos celebrados com a incorporada, respeitados o seu objeto e os direitos dos seus concessionários. Tais direitos são os que resultam dos contratos em vigor e, conseqüentemente, não implicarão a extensão do âmbito da concessão de forma a ensejar a estes a comercialização dos produtos da incorporadora.

109. A incorporadora de uma sociedade corresponde a uma sucessão universal, mas não tem efeito de gerar direitos novos, restringindo-se à manutenção dos preexistentes, sem os acrescer. Como pondera Modesto Carvalhosa: "na incorporação não há liquidação de obrigações e de débitos previamente à extinção, pois as obrigações da incorporada passam à incorporadora no estado contratual e extracontratual em que se encontravam no momento da consumação do negócio".[23]

110. O mesmo ocorreria, se houvesse sucessão a título singular, no pólo da concedente, relativamente às concessões por ela outorgadas, mantida sempre a mesma marca.

111. Acresce que, pelos dados da consulta, não haveria superposição de concessionários, porque, antes da fusão, a *empresa A* e a *empresa B* não produzem, no Brasil, veículos da *mesma classe*. A *empresa B* produzia o utilitário e a *empresa A* caminhões, estando em vias de fabricar carros de luxo. São, pois, classes diversas que não concorrem entre si, não se podendo cogitar de ofensa à cláusula de exclusividade que, como se viu, é atinente aos veículos da mesma classe.

112. Portanto, os concessionários da *empresa B*, após a sua eventual incorporação, continuarão comercializando os mesmos produtos objeto de suas concessões, vinculados à mesma marca, ainda que a titularidade desta tenha se alterado. Não farão jus a inserir nelas produtos da incorporadora comercializados pelos concessionários desta. Inexiste qualquer norma especial que disponha em contrário, sendo, destarte, aplicável à espécie o direito comum. Aliás, versando sobre matéria correlata mas inserida no âmbito da Lei 6.729/79, o Prof. Miguel Reale reconheceu a possibilidade de atuação do direito comum complementar à disciplina especial desse diploma legal,[24] o que importa em reconhecer que as lacunas da Lei 6.729/79 podem ser implementadas mediante aplicação das normas comerciais do direito comum, respeitados os preceitos da legislação especial disciplinadora da espécie. Destarte, os efeitos da incorporação de uma concedente por outra, serão regrados pela legislação comercial comum, observando-se as particularidades da aludida lei.

113. Em conseqüência, relativamente às concessões vigentes, a incorporação não acarretará a restrição de direitos dos concessionários, emergentes dos contratos por eles firmados, mas não os ampliará de modo a abranger produtos não inseridos no âmbito das respectivas concessões. Portanto, a despeito da incorporação ou da constituição de *holding*, os concessionários da *empresa B* continuarão a comercializar os veículos importados e os utilitários *B*. Por sua vez, os concessionários da *empresa A* permanecerão nos lindes de sua concessão, ou seja, comercializando caminhões e ônibus, em razão da incorporação, ou da constituição

23. Modesto Carvalhosa, *Comentários à Lei de Sociedades Anônimas*, v. 4, t. I, São Paulo, Saraiva, 1998, p. 252.

24. Miguel Reale, "Estrutura normativa da Lei 6.729/79 sobre concessões comerciais entre produtores e distribuidores de veículos automotivos terrestres", in *Revista da Faculdade de Direito de São Paulo*, 1996, pp. 63-102.

de um controlador comum, não ampliando direitos já existentes, porque qualquer tipo de sucessão, singular ou universal, carece de tal eficácia.

114. Aliás, uma recente experiência no mercado automobilístico do país resultou em situação bastante assemelhada à que ora se figura. Na criação da Autolatina, os veículos *Ford* e *Volkswagen* continuaram a ser produzidos com suas respectivas marcas e, mesmo havendo *classes idênticas*, a junção dos concedentes não propiciou alteração alguma na rede de concessionários, justamente pela *preservação das marcas*.

115. É que, em qualquer hipótese, se permanecerem intactas as *marcas* e seus respectivos *produtos*, não se poderá falar em rompimento do equilíbrio econômico-financeiro da concessão, nem muito menos em ofensa ao princípio da exclusividade.

116. Importante, por conseguinte, não é a forma, mas o conteúdo dos atos e a boa-fé das partes. De um lado, é óbvio que duas corporações do porte da *empresa A* e da *empresa B* não iriam fundir-se, no nível mundial, com escopo de prejudicar sua rede de concessionários no Brasil. De outro lado, ambas as partes — concessionários ou concedentes — não podem servir-se desse episódio para quebrar a equação financeira da concessão, invocando como pretexto simples situações formais, que em nada alteram a substância do contrato.

117. Essa conclusão, restrita obviamente ao plano jurídico, pode envolver problemas de natureza empresarial, consoante se dessume da consulta formulada, mas se impõe perante a teoria geral do direito. Problema maior no caso da incorporação diz respeito ao direito à acessão às concessões unificadas no plano subjetivo de um dos pólos contratuais pela incorporação, dos novos produtos lançados pela incorporadora ou ao direito de preferência a tal acessão, conforme se trate, respectivamente, de lançamento de produtos da mesma ou de outra classe (na espécie ora versada, do automóvel *A*).

118. Realmente, essa é a questão mais complexa, considerando a peculiaridade da lei de regência, que impõe um contrato padronizado por marca (art. 20) e da exclusividade normalmente imposta em tal ajuste. Assim, ocorrida a extinção da incorporadora e a sucessão de seus direitos e obrigações pela incorporadora, os concessionários daquela passarão, inevitavelmente, a se vincular a esta, que assumiu um dos pólos do contrato de concessão passando a nele figurar na qualidade de concedente. Isto ocorrendo, conforme a letra do precitado § 2º, do art. 3º da Lei 6.729/79, os novos produtos lançados pelo concedente, se da mesma classe daqueles objeto da concessão, serão automaticamente nela inseridos, o que permite uma conclusão simplista a esse respeito, no sentido de que, ocorrendo a incorporação, *ipso facto*, passarão os concessionários a fazer jus a tal inserção.

119. Já vimos que o conceito da "Classe" tem ensejado divergências na doutrina mas entendemos que deve ser interpretado restritivamente, de tal modo que o utilitário, p. ex., não é da mesma classe que os automóveis fabricados pela *empresa A*.

120. Mas, mesmo que, *ad argumentandum*, se admitisse a tese contrária,[25] enquadrando o utilitário na categoria de automóveis, assim mesmo, consideramos que a extensão da concessão não se daria de pleno direito.

121. Efetivamente, uma interpretação teleológica e construtiva do art. 3º, § 2º, da Lei 6.729/79 permite chegar-se à nossa conclusão. Com efeito, como supra-acentuado, a Lei 6.729/79 veio para tutelar a situação dos distribuidores de veículos automotores de via terrestre, mas não para beneficiá-los com outorga de benesses. O seu escopo centra-se em evitar prejuízos para essa categoria de agentes comerciais, resultantes de eventuais condutas infrajurí-

25. É o entendimento de José Washington Coelho, *A Concessão Comercial de Veículos Automotores*, São Paulo, Resenha Tributária, 1981, p. 89, ao qual já fizemos alusão.

dicas dos produtores de tais veículos, na formação da rede de distribuidores. Essa tutela é tão incisiva que até mesmo atos que enquadrariam como exercício regular de um direito, foram nela considerados como abusivos ou relativamente ilícitos por constituírem, no entender do legislador, infração contratual. É o que sucede, *v.g.*, com a cessação das atividades do contratante (art. 20), qualificada como tal.

122. Nessa conformidade, a violação de seus textos há de estar adstrita à presença de prejuízo atual ou futuro relativamente à situação do concessionário. Inexistindo tal prejuízo não incide a legislação específica de finalidade tutelar. Portanto, a exegese da Lei 6.729/79 deve ser orientada por esse escopo, que animou o seu ingresso no universo jurídico, constituindo a *mens legis*, inspirando-se na manutenção do equilíbrio econômico-financeiro dinâmico ao qual já aludimos.

123. Ora, no caso de incorporação de uma produtora por outra, firmada a premissa no sentido de que esse negócio jurídico não tem finalidade fraudulenta e não amplia direitos, nem importa em sua restrição, a inclusão dos concessionários da incorporada no rol daqueles da incorporadora limita-se, na sua eficácia, à manutenção do *status quo ante* dos primeiros. O tônus da finalidade precípua do diploma legal em tela concentra-se na tutela da situação contratual dos concessionários, de forma que, restando ela intangida pela incorporação, nada se pode acoimar a título de infringência de suas normas.

124. Ressalte-se que a incorporação em estudo não acarretará a cessação das atividades da incorporada contratante, mas sim a sua continuidade, embora com novo titular dos direitos e obrigações emergentes do contrato celebrado com os concessionários da primeira. Inocorre, destarte, em tese, a figura prevista no supracitado art. 20 da Lei 6.729/79.

125. Continuarão eles a comercializar os produtos da marca da *empresa B* que vierem a ser lançados, na classe de automóveis, fazendo também jus à preferência assegurada pela alínea *b* do § 2º do art. 3º da Lei 6.729/79 relativamente aos produtos da mesma marca mas de outra classe, partindo-se do pressuposto que continuarão a ser fabricados veículos de ambas as marcas. Já os concessionários da incorporadora permanecerão com direito à inclusão de novos produtos da marca da *empresa A*, da mesma classe, que vierem a ser lançados posteriormente à incorporação e à preferência relativamente àqueles de diferente classe.

126. A Lei 6.729/79 veio, como exaustivamente acentuado, tutelar a situação dos distribuidores de veículos automotores, evitando fossem compelidos a ajustes desvantajosos em contratos de adesão, mantendo, assim, o equilíbrio entre os partícipes dessa atividade empresarial. Impediu, no seu art. 3º, § 2º, alínea *a*, o esgarçamento da concessão através do impedimento da inclusão, no seu âmbito, dos novos lançamentos. Mas não assegurou a inserção de novas marcas nas concessões preexistentes, nas hipóteses de extinção da concedente, sem implicar a cessação de suas atividades, que continua através da sucessora, como ocorre com a sua incorporação por uma outra empresa produtora de veículos automotores de via terrestre.

127. A dicção "inclusão automática" estatuída nessa alínea *a* de tal parágrafo, significa simplesmente inserção imediata, sem necessidade de qualquer outra providência, dos produtos lançados pelo concedente na concessão existente, mas não implica a inclusão, nessa concessão, de produto de outra marca, objeto de novo lançamento. A inclusão prevista pelo legislador como sendo automática, não deve ser por isso ampliativa, de forma a protrair os lindes da concessão a ponto de abranger produtos de outra marca nela não contemplados, nem os já existentes, nem os que vierem a ser lançados. É a conseqüência do equilíbrio da concessão que não justifica a ampliação dos direitos de uma das partes sem uma modificação econômica da situação da outra.

128. Diferentemente, entretanto, sucederá, se a incorporação importar na extinção da marca e conseqüentemente da comercialização dos respectivos produtos, ou, ainda, se houver redução injustificada nas quotas. Nessa hipótese, a situação anterior do concessionário da incorporada será afetada, o que constituiria uma violação direta, pela incorporadora, do equilíbrio do contrato em relação ao qual houve sucessão, em um de seus pólos. Realmente não poderá o concessionário ser prejudicado por negócio jurídico a ele inteiramente alheio.

129. Destarte, a incorporação, como negócio em relação ao qual o concessionário é terceiro, não o pode prejudicar. Incide na espécie o princípio cristalizado na parêmia *res inter alios acta, nec nocet, nec prodest.* Por isso mesmo deve ser mantido, a despeito da incorporação, o *status quo ante* dos concessionários da incorporada. Atua, assim, no âmbito dos direitos emergentes de seus contratos, o princípio da conservação daqueles já previstos e assegurados nesse ajuste. Não comporta, porém, uma exegese ampliativa destes que importe em hipertrofiar o objeto das concessões com a inclusão de produtos de outras marcas.

130. Dir-se-á os benefícios da inclusão de novos lançamentos e o de preferência para concessão são inerentes e inseparáveis da própria concessão, conforme o § 2º, do art. 3º, da Lei 6.729/79. Essa inferência resultante do texto legal não pode, contudo, desconsiderar que, em se tratando de concessão de distribuição de veículos automotores de via terrestre, a marca é fundamental e com ela a exclusividade de seu uso numa determinada área geográfica. Tais circunstâncias permitem escandir a situação do concessionário com direito à distribuição de veículos da mesma marca, que, portanto, faz jus à inclusão, na sua concessão, dos novos lançamentos da mesma marca ou à preferência para distribuição, daquela do concessionário de uma marca, a qual se integra ao patrimônio de concedente, titular de marca diversa, por força de incorporação de outra concedente. São situações díspares e inconfundíveis, que comportam regramento diverso.

131. Em verdade, se assim não fosse, a exclusividade e fidelidade a uma marca estariam postergadas, ao arrepio do pactuado nos contratos celebrados pelos concessionários da incorporadora e da incorporada. Tudo em razão de uma exegese meramente literal e descabida de um dispositivo legal centrado na tutela de concessionários de produtos de uma marca e não na expansão dos limites da concessão preexistente e numa conceituação inadequada e ampliativa da "Classe" de veículos.

132. Entretanto, a menos que os produtos da incorporada deixem de ser produzidos ou importados, vez que a *empresa B* insere nas suas concessões a importação de veículos, reduzindo-se, assim, a área dessas concessões por ela contratadas, com prejuízos para os concessionários, a incorporação manterá incensuravelmente a situação anterior ao seu advento e importará tão-somente no direito de acessão ao seu objeto, dos produtos da mesma marca e da mesma classe lançados, bem como no direito de preferência quanto aos produtos da mesma marca, mas de classe diversa que vierem a ser lançados.

133. Assim sendo, entendemos que os concessionários da *empresa B*, se e quando incorporada esta pela *empresa A*, não farão jus à inclusão, em suas concessões, dos produtos novos lançados por esta, que sejam da mesma classe daqueles inseridos na sua concessão sob a marca da incorporadora. Outrossim, não desfrutarão de direito de preferência quanto aos produtos de classe diversa, lançados pela incorporadora sob a sua marca.

134. De qualquer forma, se reconhecido for o direito a essa inclusão ou tal preferência, esses concessionários da incorporadora, se lhe convier, poderão transigir quanto a tal direito. Insere-se ele na esfera da disponibilidade dos concessionários, como direito patrimonial. Sem dúvida, como ressaltado supra, a Lei 6.729/79 contempla normas de ordem pública, cuja observância não pode ser desconsiderada nas avenças por ela disciplinadas.

135. O disposto no art. 3º em exame será um deles, na medida em que a supressão da concessão dos produtos lançados colocaria o concessionário em situação de subordinação relativamente ao concedente, o que é expressamente vedado pelo item I do art. 16 da aludida lei. De fato, esse dispositivo legal prescreve ser vedada a prática de atos pelos quais o concedente vincule o concessionário a condições de subordinação econômica, o que ocorreria se o objeto da concessão não compreendesse os lançamentos dos novos produtos do concedente.

136. Ficaria, assim, o concessionário, à mercê da boa vontade do concedente para a continuação de suas atividades, pois, no comércio de veículos, a supressão dos modelos novos de veículos automotores de seu objeto, acarreta, indiscutivelmente, uma detrimental redução nas atividades do concessionário.

137. Estando, todavia, assegurado o concessionário, por contrato e pelo texto legal, que atribui ao contratado o direito à inclusão de novos produtos lançados da mesma classe ou à preferência para a concessão de produtos lançados de classe diversa, relativos à mesma marca caracterizadora do objeto da concessão, a atuação da norma de ordem pública exauriu-se. O descumprimento de seu comando implicará o recurso ao Judiciário para a imposição das sanções pertinentes. Garantidos esses direitos com a sua incorporação à esfera jurídica dos concessionários, continuam eles de natureza patrimonial e, destarte, disponíveis. Não perdem eles o poder de disposição de tais direitos, porque não são, *ex vi* de preceitos legais de ordem pública, alijados da legitimidade para deles dispor.

138. Não se pode desconsiderar que os concessionários são empresas que estão perfeitamente aparelhadas para ajustar os rumos de sua atividade, mediante negócios jurídicos lícitos, que envolvam alienação de bens ou direitos inseridos no seu patrimônio, não sendo, destarte, *extra comercium*. A existência de uma norma protetiva não implica uma *capitis deminutio* dos tutelados no plano da atividade negocial entre empresas, que se colocam como integrantes de uma cadeia ou rede, como a que resulta da distribuição de veículos automotores de via terrestre.

139. Estando, assim, presente o poder de disposição dos concessionários, nada impede que transijam quanto ao direito de ver acrescidos, ao objeto de sua concessão, os novos produtos da mesma classe lançados pelo concedente ou, ainda, o direito de preferência para a concessão de produtos novos de classe diferenciada. Dir-se-á que, em se tratando de ato unilateral de disposição, tal poderia ensejar a inferência de existência de pressões inaceitáveis no plano das relações regradas pela Lei 6.729/79, máxime considerando-se que, em matéria de comércio, não se presumem atos graciosos. Mas, no caso concreto em exame, a transação reportar-se-ia a direitos, que resultariam da extensão aos concessionários da *empresa B*, dos direitos assegurados aos concessionários da *empresa A*, ou seja, de direitos pelo menos de discutível consistência, como acima demonstrado e, por este motivo, suscetíveis de transação.

140. Tudo isso leva à conclusão de que a transação relativa a direitos hipotéticos em favor de um relacionamento harmonioso com o novo concedente não pode ser interpretada como fruto de pressões indevidas e, portanto, não se encontra em descompasso com as normas de ordem pública que presidem o diploma legal em tela.

141. Examinada a questão sob a ótica dos concessionários da *empresa B*, impende agora enfocar a situação dos concessionários da *empresa A*. Mantendo-se a duplicidade de marcas com a incorporação, não há razão para que esse negócio, realizado entre concedente e outra empresa, possa gerar direitos antes inexistentes em favor de tais concessionários. Como acima acentuado, a Lei 6.729/79 objetivou resguardar direitos, mas não os acrescer a teor de alterações ocorridas na estrutura societária da concedente, que em nada prejudicam os seus concessionários preexistentes à incorporação.

142. A dualidade de marcas e a conseqüente exclusividade da comercialização dos respectivos produtos atuam como barreiras eficazes para obstar a ampliação do objeto da concessão pela simples extinção de uma das titulares da marca e sua integração, mediante incorporação, na esfera jurídica da outra remanescente.

143. A inclusão automática prevista no precitado § 2º do art. 3º do diploma legal em exame reporta-se a produtos da mesma classe e da mesma marca. A superveniente aquisição de outra marca pelo concedente não assegura automaticamente a inclusão dos novos produtos desta marca na concessão atinente a outra marca nela não prevista. Isto somente pode ocorrer através de ajuste com a concedente, que se tornou titular dessa nova marca. A incorporação, se não acresce direitos relativamente aos concessionários da produtora incorporada, como antes explicitado, também não o faz no concernente aos concessionários da incorporadora.

144. Da mesma forma, inexistindo, em nosso entendimento, direitos destes concessionários à inclusão de produtos lançados sob outra marca à sua concessão, não haveria como renunciar ao mesmo. Entretanto, se admitida tal existência, parece-nos perfeitamente renunciável esse direito, de natureza patrimonial e, pois, disponível. Isto porque não estaria ele coberto por lei de ordem pública inviabilizadora desse ato de disposição, considerando-se ser seu titular comerciante e pois plenamente habilitado para atuar em defesa de sua esfera jurídica. Nem poderia ser considerada tal renúncia como resultado de pressões da produtora concedente, pois essa renúncia não importaria redução de seu patrimônio atual, mas sim de hipotético direito à inclusão de produtos da mesma classe lançados ou à preferência para a concessão de produtos de classe diversa.

145. Sem embargo das premissas e conclusões acima expostas, que expressam nosso entendimento a respeito da matéria consultada, inegável se torna reconhecer que a interpretação literal do texto do art. 3º e seu § 2º da Lei 6.729/79, ou seja, aquela favorável à inclusão automática dos novos produtos lançados pela produtora, independentemente da marca caracterizadora da concessão, pelo só fato da incorporação e, pois, pela alteração subjetiva no pólo contratual das antigas concessões da incorporada, ou à preferência a que alude esse mesmo parágrafo, pode — embora não deva — prevalecer em eventual litígio judicial, que venha a ocorrer a respeito da inteligência desse texto legal.

146. Na realidade, em se tratando de exegese de lei, é inevitável a possibilidade de disparidades de posições a respeito de sua real inteligência, devendo ser ressaltada a comodidade de adoção de uma interpretação meramente literal, porque, aparentemente respaldada pela letra do preceito legal. Por isso, não se pode descartar, acaso venha ser a matéria submetida ao crivo do Judiciário, o risco inerente a todas as questões judiciais. A incorporação cogitada envolve esse risco, que poderá ser evitado se e quando adotada outra solução para a questão submetida à nossa apreciação.

147. A constituição de uma sociedade controladora de ambas já existentes, mantendo-se a estrutura jurídica destas, poderia obviar todos os problemas acima reportados. Realmente, as concessões de ambas empresas restariam indenes, sem qualquer alteração em seus pólos contratuais, arredando-se qualquer incidência desbordante de seus lindes decorrentes da reunião em uma única titularidade jurídica de concessões versando acerca de marcas diversas.

148. Os produtos da mesma classe lançados pela *empresa B* serão automaticamente incluídos no objeto das concessões por ela contratadas, assegurando-se preferência para a concessão dos produtos de classe diversa. Da mesma forma, isso ocorrerá com os concessionários da *empresa A*, mantendo-se, em ambos os casos, a fidelidade à marca de seu uso com exclusividade. O novo produto desta última empresa, o automóvel *A*, continuará sendo para os concessionários dela produto de classe diversa, gerando-lhes tão-somente preferência para concessão, nas condições previstas em lei e estatuídas pela concedente.

149. A *holding* a ser constituída teria seu capital integralizado pela conferência das ações da *empresa A* e das quotas da *empresa B*, na proporção dos respectivos valores, desenhando-se o seu controle conforme o ajustado a respeito entre os acionistas e quotistas, considerando-se a possibilidade de se optar por forma societária diversa da sociedade anônima para a *holding* constituenda, que poderia ser, p. ex., uma sociedade por quotas de responsabilidade limitada.

150. Como já esclarecido, o esquema acima referido funcionou, *grosso modo*, no caso da Autolatina, resguardando-se a autonomia de duas marcas (Ford e Volkswagen) e dos seus concessionários. Somente no caso de deixarem de ser produzidos veículos de uma das marcas – ou, por absurdo que possa parecer, das duas, eventualmente substituídas por uma nova marca é que, aplicando-se a norma legal, haveria necessidade de renegociação com os concessionários, para que não sofressem prejuízos.

151. Em conclusão, podemos afirmar que:

a) mantida a produção de veículos das duas marcas, a eventual substituição das atuais concedentes por uma empresa única em nada modificaria o atual *status quo*, de acordo com o espírito da lei, embora a aplicação literal do texto legal e uma interpretação ampliativa e descabida pudessem levar a outra conclusão;

b) a afirmação anterior se justifica *a fortiori* se, continuando a existir as atuais empresas concedentes, for, simplesmente, criada uma *holding*, que controlaria ambas não obstante a possibilidade, que nos parece remota e sem qualquer fundamento jurídico, de ser alegada a teoria da desconsideração;

c) se descontinuada a produção de veículos de uma ou de ambas as marcas, impor-se-ia uma renegociação com os respectivos concessionários para atender ao disposto na legislação própria.

152. Evidentemente, não obstante as conclusões anteriores, baseadas na interpretação que damos ao direito vigente na matéria, nada impede que, por acordo, se estenda o âmbito da concessão, permitindo que:

a) os concessionários da *empresa B* possam comercializar, em conjunto com os da *empresa A* o automóvel *A*, cuja fabricação pela *empresa A*, se iniciará em breve;

b) alguns concessionários da *empresa A* passem a comercializar, em conjunto com os da *empresa B*, o utilitário *B*.

153. O único problema eventual que poderá surgir, com o aumento do âmbito da concessão será a compatibilização das áreas geográficas de atividade dos concessionários da *empresa B* e da *empresa A*, considerando a necessidade de existir, ou não, exclusividade ou de superposição das respectivas áreas. Trata-se de matéria que poderá ser negociada nos respectivos contratos coletivos.

154. Considerando-se a concessão comercial como uma verdadeira parceria entre o fabricante e as empresas concessionárias, nela existe uma obrigação das partes de negociar no sentido de encontrar soluções eqüitativas, no caso de ocorrerem situações imprevistas, como é o caso da incorporação, fusão ou eventual constituição de *holding* comum em relação a duas empresas concedentes. Na realidade, na parceria, deve existir uma boa-fé de maior densidade na execução do contrato, uma espécie de *affectio contractus*, em virtude da qual as partes devem fazer o melhor esforço para manter o contrato, diante de dificuldades supervenientes, encontrando soluções negociadas e eqüitativas, para manter o seu espírito e o equilíbrio inicialmente estabelecido na relação entre elas existente. Já há algum tempo, a doutrina já vislumbrava aliás no contato "uma união de interesses equilibrados, um instrumento de cooperação leal e uma obra de confiança mútua".[26]

155. Rubens Requião, aliás, frisa que a jurisprudência norte-americana vem dando grande importância à *boa* ou *má-fé* de concedentes e concessionários, na solução dos conflitos decorrentes de contratos de concessão mercantil na indústria automobilística.[27]

156. Entende-se, no direito dos Estados Unidos, que, em qualquer hipótese, não estará o fabricante impedido de fazer valer em sua defesa a *má-fé do comerciante* e que a tutela legal protege sempre o concessionário da rescisão ou mesmo da não renovação do contrato decorrente da *má-fé do concedente*.[28]

157. Na *Era da incerteza* a que alude Galbraith,[29] caracterizada pela descontinuidade das tecnologias[30] e pela globalização, com o desaparecimento das distâncias,[31] a boa-fé das partes e a lealdade que deve inspirar a sua conduta significam inclusive a obrigação de negociar[32] para manter em vigência o acordo das partes, conservando uma espécie de equilíbrio dinâmico entre prestações e contraprestações e construir soluções diante das mutações do contexto no qual o contrato foi inicialmente celebrado.[33] Assim, mesmo que não haja obrigação legal de mudar o *status quo*, considerando o espírito da lei, qualquer solução amigável e negociada é recomendável, diante da evolução mais recente do direito e da jurisprudência.

158. Sendo assim, assentadas as premissas e conclusões supra e à luz dos esclarecimentos prestados pela Consulente, sentimo-nos seguros para responder aos quesitos adrede formulados por esta, o que fazemos na forma infra-explicitada.

V — Respostas aos quesitos da Consulente

159. A) Primeiro quesito:

"Tanto os concessionários da marca da *Empresa A* como os concessionários da marca da *Empresa B* teriam direito de, automaticamente, comercializar os produtos lançados pela sociedade incorporadora da mesma classe daqueles que, atualmente, eles comercializam, independentemente das marcas dos produtos?"

Resposta ao primeiro quesito

160. A resposta é negativa, à vista de que, atualmente os concessionários da *empresa A* e da *empresa B* não *competem entre si*, na medida em que comercializam veículos de classes diferentes.

161. A incorporação da *empresa B* pela *empresa A*, ou de Constituição de *holding* comum, controladora de ambas, não deve alterar a situação jurídica dos concessionários de uma e outra empresas, no que concerne aos objetos das respectivas concessões. Assim sendo, não farão eles jus, automaticamente, a comercializar os produtos lançados pela sociedade incorporadora, de marca diversa daquela correspondente ao objeto de sua concessão. Em ver-

26. René Demogue, *Traité des Obligations*, t. III, n. 3, 1931.

27. Ob. cit., p. 34.

28. Idem, p. 34.

29. John Kenneth Galbraith, *A Era da Incerteza*, 3ª ed., São Paulo, Livraria Pioneira Ed., 1982.

30. Peter F. Drucker, *Uma Era de Descontinuidade*, Rio de Janeiro, Zahar Ed., 1970.

31. Frances Cairncross, *The Death of Distance*, Harvard Business School Press, 1997.

32. Jean Cedras, "L'obligation de négocier", in *Revue Trimestrelle de Droit Commerciale et de Droit Économique* 2/265-290, abr.-jun. 1985.

33. Arnoldo Wald, "O equilíbrio econômico e financeiro no Direito brasileiro", in *Estudos em Homenagem ao Professor Caio Tácito*, Rio de Janeiro, Renovar, 1997, pp. 75 e ss.

dade, a incorporação não acresce nem diminui os atuais direitos dos concessionários, que continuarão desfrutando daqueles decorrentes de suas concessões, independentemente da alteração subjetiva ocorrida em um dos pólos desses contratos.

162. Assim, o pressuposto da resposta negativa está em que os lançamentos da *mesma classe* e da *mesma marca* (utilitário da *empresa B* e caminhões e automóveis *A* da *empresa A*) não provocarão qualquer desequilíbrio na equação financeira da concessão mercantil.

163. Os concessionários da *empresa B* continuarão a comercializar os utilitário *B* e os concessionários da *empresa A* permanecerão negociando os caminhões e os automóveis *A*. O fato da fusão ou incorporação não trará qualquer conseqüência à execução normal e fluente dos contratos de concessão. Não há prejuízo a alegar pois, em tese, não há rompimento do equilíbrio econômico-financeiro da concessão.

164. Nessa hipótese, qualquer reclamação dos concessionários estará certamente revestida de má-fé, com iniludível escopo de aproveitar-se de situações meramente formais em detrimento dos concedentes, o que há de merecer repulsa do Direito e da Moral.

165. B) Segundo quesito:

"Tanto os concessionários da marca da *empresa A* como os concessionários da marca da *empresa B* teriam preferência para comercializar os produtos da classe diversa daqueles que, atualmente, comercializam, independentemente da marca dos produtos?"

Resposta ao segundo quesito:

166. Em princípio, o mesmo se pode afirmar quanto ao direito de preferência para a comercialização de produtos de classe diversa daqueles que, atualmente, comercializam. As concessões continuam, a despeito da incorporação ou da Constituição de *holding*, vinculadas às marcas dos produtos que constituem seu objeto. Portanto, esse direito de preferência para tal comercialização permanece restrito aos produtos de classe diversa da mesma marca.

167. Se, todavia, os produtos de classe diversa eventualmente lançados pela sociedade incorporadora competirem na *mesma faixa de mercado* de algum produto já comercializado pelo concessionário respectivo, ou seja, economicamente e/ou do ponto de vista do *marketing* forem da mesma Classe que os comercializados pelos concessionários, parece que, independentemente da marca, impõe-se resposta positiva ao quesito.

168. Para melhor esclarecer, faz-se mister exemplificar. Digamos que a *empresa A* resolva lançar um utilitário com a sua própria marca, a qual vá concorrer na mesma faixa de mercado do utilitário *B*. Evidentemente, a circunstância afetará o equilíbrio econômico-financeiro dos concessionários da *empresa B*, que ver-se-ão na contingência de competir com um produto que, embora de outra marca, está sendo fabricado pelo *próprio concedente*.

169. A diferença entre o exemplo dado e um caso de lançamento de produto concorrente por *outra montadora* está na *licitude do ato*.

170. É evidente que a concorrência leva ordinariamente à redução dos lucros, mas praticada por terceiros, dentro da lei, constitui ato lícito e, portanto, o cerceamento de lucros que acarreta não gera responsabilidade civil nem é indenizável. A propósito, vale colacionar a lição de Sérgio Cavalieri Filho: "De onde se conclui que não basta, para ensejar o dever de indenizar, a prática de um ato prejudicial aos interesses de outrem; é indispensável a ilicitude — violação de dever jurídico preexistente. Se alguém, por exemplo, instala o seu comércio perto de outro do mesmo ramo, poderá causar prejuízo ao dono deste último diminuindo-lhe o movimento e os lucros, mas nada terá que lhe indenizar, por não ter violado nenhum dever jurídico".[34]

34. Sérgio Cavalieri Filho, *Programa de Responsabilidade Civil*, São Paulo, Malheiros Editores, 1996, pp. 23-24.

171. No entanto, se a concorrência decorre de ato do *próprio concedente*, conforme o exemplo apresentado, o ato torna-se *ilícito*, propiciando todas as conseqüências cabíveis no campo da responsabilidade civil, inclusive rescisão do contrato de concessão com as indenizações devidas ao concessionário.

172. E o ato é ilícito se quebrar o equilíbrio econômico-financeiro da concessão, por força de diminuir a expectativa legítima de remuneração do concessionário, através da imposição de concorrência com veículo da mesma classe, lançado pela própria concedente, *ainda que de marca diversa.*

173. Portanto, as conclusões aqui expostas são certamente válidas para as hipóteses de fusão e incorporação, entre a *empresa A* e a *empresa B*, como também são defensáveis — embora mais discutíveis — para o caso de controle comum a ambas as empresas exercido através de uma *holding*.

174. Muito embora o Direito Comercial não tenha rompido com o princípio da individualização da personalidade jurídica, a doutrina mais moderna não sente dificuldades em *desconsiderá-la, em casos de fraude à lei*, principalmente no caso de *normas de ordem pública*. E tratar-se-á de examinar, caso a caso, se há ou não fraude, ou má-fé.

175. Como vimos, a Lei 6.729/79 contém, iniludivelmente, comandos de ordem pública estipulando um dirigismo contratual cuja tutela se destina fundamentalmente a proteger a parte que a lei presume como mais fraca na relação jurídica: o concessionário. Daí porque não nos parece tão relevante a forma que vier a materializar a união dos grupos da *empresa A* e da *empresa B*, sendo mais prudente que, independentemente do rótulo desta união, passem a ser sempre considerados *como um só concedente*, para os efeitos da Lei 6.729/79, a fim de evitar litígios cuja solução pelo Poder Judiciário pode ser imprevisível.

176. Por outro lado, e seguindo mesma linha de raciocínio, se for lançado produto concorrente de uma *terceira marca*, a ser criada após a reunião empresarial, igualmente será obrigatório dar-se preferência aos atuais concessionários para comercializá-lo. A preferência, porém, será restrita apenas aos concessionários que já comercializem veículos concorrentes da mesma faixa de mercado, ou seja, na mesma classe (no sentido que damos à palavra classe).

177. Entretanto, se o produto de classe diversa lançado pela sociedade incorporadora, *não* se situar na mesma faixa de mercado dos já comercializados pela rede de distribuição, só deverá ser dada qualquer preferência aos atuais *concessionários da mesma marca do novo produto*.

178. Assim, se for lançado um *trator* e um *carro popular*, aquele com a marca da *empresa A* e este da *empresa B*, os respectivos concessionários da rede da *empresa A* e da *empresa B* terão preferência para comercializá-los. Assim, os concessionários da *empresa A* teriam preferência quanto ao trator e os da *empresa B* no tocante ao carro popular.

179. Esta última conclusão deriva, como sempre, do conceito da manutenção do equilíbrio econômico da concessão mercantil. Quando contrataram as respectivas concessões, a remuneração dos concessionários era integrada pela expectativa de comercializarem veículos de classe diversa da mesma *marca*. Marca na qual se presume que investiram e para cuja boa imagem contribuíram, através da prestação de serviços adequados de garantia e assistência técnica. Portanto, não seria legítima, por falta de *comutatividade*, a pretensão dos concessionários de ter preferência para comercializar veículos de outra marca (na qual nada investiram) e de classe diversa (que não competem na sua faixa do mercado).

180. Finalmente, e sempre observando fidelidade aos princípios, se for criada uma *terceira marca* a partir da fusão empresarial e for lançado produto de *classe diversa* com esse novo nome comercial, em tese, nenhum concessionário de ambas as redes terá preferência em comercializá-lo.

181. Nada obstante a conclusão supra, se o lançamento de produto de classe diversa com nova marca consistir em mero procedimento formal objetivando afastar a incidência das normas de ordem pública da Lei 6.729/79, abre-se a possibilidade de responsabilização civil dos concedentes, nos termos antes enunciados.

182. C) Terceiro quesito:

"Na hipótese de resposta afirmativa às perguntas supraformuladas, os concessionários das marcas mencionadas poderiam expressamente renunciar aos direitos previstos no § 2º do art. 3º da Lei 6.729/79 com relação aos produtos de marca diversa daquela que eles receberam originalmente o direito de concessão?"

Resposta ao terceiro quesito:

183. Inexistindo, em tese, em nosso entender, direito à inclusão de produtos da mesma classe, mas de marca diferente no objeto da concessão ou à preferência para comercialização de produtos de classe diversa, não há propriamente como falar em renúncia a esse direito. Mas, ainda que tal direito existisse, poderia ser objeto de transação.

184. Não há impedimento legal a que as *partes transijam quanto a direitos já incorporados a seu patrimônio*. Em exemplo comparável, o empregado, pode, sem qualquer dúvida, efetuar transação no litígio trabalhista, anuindo em receber menos do que o objeto da condenação.

185. Trazendo a hipótese ao caso concreto, nada impede que, à vista da fusão empresarial e dos fatos novos ensejados pela mesma, a sociedade incorporadora reúna-se com as duas redes de concessionários (*empresa A* e *empresa B*) e promovam uma *renegociação geral* da concessão.

186. Não se trata, vale ressaltar, de renunciar a normas de ordem pública, mas de reorganizar consensualmente o sistema a partir de uma situação nova, ensejada pela fusão mundial dos concedentes. Então, a partir da *anuência* de ambas as redes de distribuição e com vistas à situação de fato, seriam estabelecidas novas bases de estabelecimento do equilíbrio econômico-financeiro da concessão.

187. Haveria, a rigor, mais que uma transação; uma verdadeira *novação* dos contratos de concessão, em virtude da modificação subjetiva sofrida pela concedente, sendo os antigos pactos substituídos por modelagem nova, consentânea com a realidade atual.

188. Essa renegociação ampla, com força de verdadeira novação, afigura-se, não só factível, como conforme o caso — e em particular a decisão de continuar ou não produzindo veículos de ambas as marcas sem alterações relevantes de suas linhas de produção — recomendável e até necessária, na medida que poderá esmiuçar os problemas, espancar as dúvidas e evitar polêmicas quanto à comercialização dos produtos que resultarem da reunião mundial da *empresa A* com a *empresa B*.

189. Não parece necessário enfatizar que, como o nome está a dizer, trata-se de *renegociação*, que exige concordância das redes de distribuição para concretizar-se.

190. D) Quarto quesito:

"Tendo em vista a situação de mistura de produtos de cada marca, em havendo direito dos concessionários da incorporadora e incorporada à inclusão dos produtos de cada uma ao objeto das concessões já contratadas por ambas, indaga-se se não seria juridicamente mais conveniente criar-se uma nova sociedade *holding*, que teria o seu capital integralizado por ações e quotas das duas sociedades?"

Resposta ao quarto quesito:

191. Considerando a possibilidade de interpretações divergentes quanto à real inteligência do § 2º do art. 3º desse diploma legal e, conseqüentemente, do surgimento de litígios quanto à exigência do direito de inclusão e de preferência assegurado nesse artigo, bem como da extensão dos atuais objetos das concessões vigentes em razão de uma futura incorporação de uma empresa por outra, mais adequado, seria, sob a ótica exclusivamente jurídica, a adoção de outra fórmula para atender o *business combination agreement* celebrado pelas respectivas matrizes, no exterior.

192. A melhor solução nos parece ser, no caso, a constituição de uma sociedade controladora, cujo capital seria integralizado pela conferência das ações da *empresa A* e das quotas da *empresa B*. Com isso seriam obviados os problemas decorrentes da aplicação, na espécie, do § 2º do art. 3º da Lei 6.729/79, na medida em que ambas empresas continuariam a subsistir tal como agora, mantendo-se as respectivas concessões inalteradas inclusive no pólo contratual em que figuram as suas concedentes.

193. Acresce que poder-se-ia entender que a "mistura de produtos" aventada pela área comercial só seria possível no contexto da *renegociação ampla* referida na resposta ao quesito anterior.

194. Fora desse pressuposto, conceder a comercialização de veículos da marca da *empresa A* aos concessionários da *empresa B*, p. ex., pode significar quebrar o princípio da exclusividade, com evidente rompimento da equação financeira da concessão mercantil.

195. Por outro lado, e de acordo com as nossas afirmações anteriores, concernentes à alternativa de manter a personalidade jurídica da *empresa A* e da *empresa B*, apenas submetendo-as a controle comum, através de uma *holding*, para os fins colimados, certamente facilitará qualquer negociação com os concessionários e pode ser um elemento importante de defesa da empresa concedente no caso de eventual litígio perante a justiça brasileira.

196. Cabe, todavia, salientar que a doutrina e a jurisprudência brasileiras têm vários precedentes de aplicação da teoria da desconsideração da personalidade jurídica, em casos de fraude à lei. Assim, na espécie, se a sistemática de criação da *holding* de controle servir ao objeto de evitar a incidência das normas de ordem pública da Lei 6.729/79, em detrimento dos concessionários, corre-se o risco de decisões que possam "descerrar o véu" da personalidade jurídica da *holding* (na expressão traduzida do direito norte-americano *piercing the veil*).

197. *E) Quinto quesito:*

"Partindo sempre do pressuposto da incorporação, a área comercial da *empresa A*, em termos de distribuição, entende-se que poderia ocorrer a seguinte situação: os antigos concessionários da *empresa B* comercializariam juntamente com os antigos concessionários da *empresa A* o automóvel *A*, de fabricação da *empresa A* (a ser fabricado em breve) enquanto alguns concessionários da *empresa* comercializariam o utilitário *B*, de fabricação da empresa *B* (já está sendo produzida)".

Resposta ao quinto quesito:

198. Não há, em nosso entender, obrigação dos concedentes de modificar o *status quo*, se a produção de veículos de ambas as marcas não foi descontinuada.

199. Assim mesmo, diante de dúvidas que podem surgir, parece-nos louvável estudar a conveniência de uma renegociação na qual serão definidos os direitos dos concessionários, desde que encontradas soluções eqüitativas e aceitáveis para os problemas de exclusividade da concessão e de eventual superposição das áreas geográficas das mesmas.

200. Também entendemos que a aplicação por uma das empresas concedentes da Lei 6.729/79 aos veículos importados, não obriga a outra a dar o mesmo tratamento aos concessionários, especialmente se houver criação de uma *holding*, evitando-se a sucessão.

201. Por outro lado, nada impede que, eventualmente, mediante uma renegociação, a empresa que reconheceu a incidência da Lei 6.729/79 sobre as operações realizadas com veículos importados, afaste a sua aplicação. Efetivamente, parece-nos tratar-se de erro de direito corrigível por consenso das partes embora uma delas não possa, unilateralmente, modificar as cláusulas contratuais.

É o nosso parecer.

Pareceres

COOPERATIVA HABITACIONAL INTEGRADA POR VÁRIOS GRUPOS SECCIONAIS. SOLUÇÕES PARA OS GRUPOS EM DIFICULDADES. INVOCAÇÃO DA LEI, DOS ESTATUTOS E DOS PRINCÍPIOS COOPERATIVISTAS

WALDIRIO BULGARELLI

Parecer

I — Da conquista

PROCASA, Cooperativa Habitacional consulta-me sobre questões referentes à situação dos empreendimentos habitacionais que integram os núcleos de cooperados.

A consulta veio formulada nos termos que aqui se transcreve, a saber:

"Na qualidade de diretor da Cooperativa Habitacional Procasa, venho, pela presente, consultá-lo a respeito dos fatos adiante circunstanciados, a saber:

1º) A PROCASA é uma Cooperativa Habitacional constituída no ano 1993, sendo certo que em 1995 logrou fundar sua primeira seccional e, desde então, lançou outras 12, pelo que alcançou um número aproximado de 3.000 associados.

2º) Atualmente conta com apenas 1.800 associados, inscritos para treze seccionais, constituindo, cada uma delas, um empreendimento habitacional, com contabilidade própria.

3º) A maioria desses empreendimentos encontra-se com suas obras em andamento, contando com seus grupos de associados praticamente preenchidos.

4º) Alguns outros, entretanto, não tiveram seus grupos fechados e não iniciaram as obras, ou, então, iniciaram alguma obra, mas em ambas as situações, em virtude de demissões maciças, restaram inviabilizados.

5º) Vale destacar, também, que algumas das seccionais viabilizadas, em virtude do grande número de demissões, estão sendo obrigadas a retardar seus cronogramas de obras, porque, além da diminuição de receita decorrente da saída do associado, a Cooperativa não está conseguindo repor tais vagas e, como corolário, utiliza dinheiro da obra para pagar as devoluções. Em algumas delas, o valor das devoluções alcançou um número de tal sorte elevado que a Seccional foi obrigada a suspender totalmente todas as devoluções que estava realizando.

6º) Por outro tanto, os empreendimentos (seccionais) que não se viabilizaram têm as seguintes situações:

a) antes de serem dados por totalmente inviabilizados, os associados demitidos chegaram a receber parte ou a totalidade da devolução prevista no Estatuto Social, mediante a utilização dos aportes financeiros realizados pelos demais sócios ativos;

b) frustradas as tentativas de viabilizar o empreendimento, suspenderam-se as devoluções e a Cooperativa, neste momento, busca um caminho para solucionar a problemática do "encerramento" ou "liquidação" dessas Seccionais.

7º) Muitos cooperados estão se socorrendo do Judiciário para o recebimento das devoluções e o tratamento que os Juízes de Primeira Instância, em sua grande maioria, emprestam ao "Termo de adesão" é no sentido de que os mesmos se traduzem em um compromisso de venda e compra, submetendo-os aos ditames do art. 53, do Código de Defesa do Consumidor e determinando à Cooperativa que devolva 100% dos valores pagos, acrescidos de juros e correção monetária e de uma só vez, em detrimento da disposição contida nos arts. 26 e 27 do Estatuto Social.

8º) Diante dessas circunstâncias e na iminência de execução de algumas sentenças prolatadas contra seccionais que não possuem condições de cumprir os julgados, haja vista que estão paralisadas, não possuem patrimônio, receita e muito menos dinheiro em caixa, há o receio de que, no cumprimento de decisão, seja atingido o patrimônio e/ou bens de outras seccionais, vimos, pela presente, consultá-la a respeito dos seguintes temas:

a) a submissão da Cooperativa ao Código de Defesa do Consumidor em relação aos seus cooperados e da validade das cláusulas 26 e 27 do Estatuto Social;

b) da legalidade de suspensão das devoluções em Seccionais ativas, a fim de se evitar atrasos nas obras;

c) da legalidade da "liquidação" de uma "Seccional", com a realização de seu ativo e passivo, distribuindo-se entre os cooperados o produto da operação, na proporção dos pagamentos realizados, sem que haja prejuízo para o funcionamento da Cooperativa e das demais "Seccionais";

d) na hipótese de legalidade e viabilidade da "liquidação" de uma seccional, deve a mesma ser decidida em Assembléia-Geral ou a decisão compete exclusivamente aos cooperados inscritos na seccional que se pretende liquidar ou, ainda, poderia a Diretoria tomar essa decisão, independentemente da manifestação dos cooperados?;

e) seria legal imputar a associados que pediram demissão, tendo ou não recebido suas devoluções, as perdas decorrentes da liquidação da Seccional, com vistas a que seja dado tratamento igualitário para aqueles que dela participaram, nada obstante o disposto no art. 29 do Estatuto Social?;

f) na execução dos julgados e considerando-se que a Seccional não possui personalidade jurídica própria, será legal a penhora de patrimônio de uma outra seccional e da qual o detentor do título executivo judicial não era associado?

Acompanha a presente cópia do Estatuto Social da Cooperativa Habitacional Procasa."

II — Parecer

1. Natural é que aflorem vários tipos de dúvidas perante a situação narrada, as quais devem encontrar solução com base na legislação vigente e nas peculiaridades do sistema cooperativista. Este que, infelizmente, não é suficientemente conhecido, compreende a conjugação de esforços e recursos de grupos sociais que tendo as mesmas necessidades enseja a sua resolução através de uma ação comum, chamada por isso de cooperação, ou *cooperatividade,* a que alude Pontes de Miranda.

Assim, tendo presente esta visão preliminar, mas básica, é que será orientado o presente trabalho.

2. Que o cooperativismo, como já foi afirmado aqui é um grande desconhecido, entre nós, infelizmente, apesar de referido em várias leis, desde a Constituição Federal que determina o apoio do Estado ao sistema cooperativista, até as leis infraconstitucionais que o regulam, como a sua lei básica, a Lei 5.764/71, é uma verdade incontestável.

Tanto é importante que ao se examinar questões relativas ao cooperativismo, relembre-se e insista-se sobre suas peculiaridades econômico-sociais e sobretudo o caráter especial que assume no plano jurídico.

Destarte, impõe-se precisar que as cooperativas constituem um grupo de pessoas com necessidades comuns, que através da auto-ajuda procuram satisfazê-las ao menor custo. Convolam-se, assim, esses grupos de pessoas, em empreendedores e usuários (se se preferir, consumidores) ao mesmo tempo, o que a doutrina cooperativista chama de princípio da dupla qualidade.[1]

Certamente que causa espécie, num mundo capitalista e excessivamente capitalizado, essas uniões de pessoas sem qualquer intento lucrativo, pois, afinal, não é o lucro o grande motivador que impulsiona a sociedade atual?

Da mesma forma como tem se tornado difícil assimilar essa idéia sócio-econômica, ocorre com o seu ajustamento jurídico. Daí que a história do cooperativismo revela claramente as dificuldades de enquadramento das sociedades cooperativas nos ordenamentos jurídicos e conseqüentemente da compreensão e interpretação das normas jurídicas destinadas especificamente às cooperativas. Neste caso, pode-se apontar, entre outros exemplos que serão vistos a seguir, a falta de ajuste do sistema cooperativista ao regime do Código de Defesa do Consumidor (Lei 8.078, de 11.9.1990).

3. Da situação dual *associado-usuário* decorre como é evidente, o que, aliás tem costumeiramente passado despercebido, um duplo tipo de responsabilidade, a saber: 1) como associado e 2) como usuário. No primeiro caso o cooperado é responsável pelo valor das cotas sociais que adquiriu e eventuais perdas, estas cobertas pelo Fundo de Reserva Legal e outros. No segundo caso, é o cooperado responsável pelas obrigações que contrair como usuário — p. ex., abastecimento nas cooperativas de consumo, financiamentos nas cooperativas de crédito etc., sendo que nas cooperativas habitacionais pela sua participação no plano, projeto ou empreendimento a que aderir. Daí o termo *adesão* que se encaixa justamente no que ocorre, ou seja, desejando o cooperado participar de um grupo que vai construir o conjunto habitacional; tomando conhecimento amplo do projeto, *adere* a ele, assumindo as obrigações decorrentes em contrapartida aos direitos que adquire.

Fácil é ver, assim, as conseqüências: não é consumidor em sentido estrito, conforme se refere o Código de Defesa do Consumidor, pois, diga-se desde logo, sem ambagens, afinal é fornecedor e também consumidor, ocupando as duas posições numa eventual relação de consumo. Lembremonos de que o Código de Defesa do Consumidor foi decorrente da necessidade de proteger o consumidor desamparado[2] perante o poder econômico dos fornecedores. Nesse sentido, o CDC deixa clara a intenção de estabelecer um certo equilíbrio nas relações de consumo (cf. art. 4º). No caso das cooperativas, por força de que o cooperado é ao mesmo tempo usuário e associado não há que se falar (ou mesmo pensar) em qualquer tipo de abuso do poder negocial do mais forte contra o mais fraco, pela óbvia e simples razão de que o usuário é o próprio fornecedor, havendo nessa comistão a impossibilidade lógica de o usuário estar a explorar a si mesmo, como fornecedor.

No caso presente, verifica-se, sem maior esforço, que o associado-aderente ao integrar um grupo seccional na cooperativa está voltado para a parte *operacional* (e note-se que a Lei 5.764/71 refere-se, especificamente, em capítulo específico ao Sistema Operacional Cooperativo) e, portanto, sujeito às regras desse regime operacional, no cumprimento das obrigações assumidas. Ora, a exigência da devolução do que foi pago seria uma exacerbação que poderá prejudicar o próprio grupo com eventuais

1. Cf., a propósito, o meu livro *Disciplina Jurídica das Sociedades Cooperativas*, Renovar, 1999.

2. Cf. o meu livro *Questões Contratuais no Código de Defesa do Consumidor*, Atlas, 1998.

reflexos nos outros grupos que constituem e integram a cooperativa.

Insista-se, pois, que não se trata aqui de uma empresa do tipo capitalista voltada para o lucro de apenas alguns, que projetaram a construção do imóvel a bem dizer, aliciando compradores. Trata-se na verdade do próprio interessado que se associou a outros constituindo um grupo para construir a preço de custo os imóveis projetados.

Não é a cooperativa uma entidade abstrata, uma verdadeira superfetação, mas simplesmente um prolongamento jurídico-econômico-social dos associados. E reitere-se que ao se mencionar a *adesão*, verifica-se que o termo se refere tanto à condição de sócio (em que subscreve uma parte do valor mínimo do capital) como o de participante do grupo social que resolveu realizar o empreendimento da construção habitacional.

Ora, postas as coisas assim, verifica-se, conforme narra a consulta, que alguns empreendimentos dos grupos seccionais não tiveram êxito, por diversas causas.

Decorrem, assim, dessa situação duas opções básicas: encerrar, liquidando o grupo, ou tentar recuperar aqueles que ofereçam condições para tanto.

No primeiro caso, os irrecuperáveis devem ser desde logo extintos; isto pode ser feito através da liquidação interna, através da apuração do ativo e a liquidação do passivo. Nesse sentido, é claro e expresso o art. 24 do Estatuto Social que dispõe: "A responsabilidade de cada associado perante a Cooperativa, pelos compromissos por ela assumidos, será atribuída proporcionalmente ao valor da operação da aquisição de unidades habitacionais, assumido pelo Associado com a cooperativa".

Ao que se acresce o disposto no art. 17 do mesmo Estatuto ao dispor que: "São deveres do associado: 1. Cumprir o Estatuto e o Regimento interno da Cooperativa; 2. Acatar as deliberações das Assembléias Gerais, das Assembléias seccionais a que estiver vinculado e da Diretoria; 3. Cumprir com pontualidade todos os compromissos assumidos perante a Cooperativa e, em especial, as condições do Termo de Adesão e Compromisso de Participação em Empreendimento Habitacional a que estiver vinculado".

4. Após essas colocações isagógicas indispensáveis para o entendimento das questões colocadas, passo a responder aos quesitos apresentados.

Que as cooperativas se situam no amplo campo dos consumidores já Charles Gide proclamava há tempos, afirmando que eles não eram nada e deveriam ser tudo. Entretanto, esse consumidor que Tullio Ascarelli denominava na sua Teoria da Concorrência de *sujeito indiferenciado*, quando associado em cooperativas não é, exatamente, aquele a que se refere o Código de Defesa do Consumidor. Este, o do CDC, é aquele mais fraco perante o mais forte, como a doutrina, a prática e a jurisprudência vêm demonstrando.

Ora, a ser assim e porque assim é, o cooperado — como ficou aqui demonstrado — não é aquele a que o CDC se refere, tomando partido no conflito entre os mais fortes contra os mais fracos. Este consumidor é o associado/usuário, portanto, como se viu, assumindo o papel duplo de *fornecedor-consumidor*. Essa assimilação do contrato de *adesão* ao contrato de compra e venda de imóveis está, certamente, baseada, como dizem os italianos, no *equívoco*. Ninguém, em sã consciência, compra e vende de si mesmo. Aliás, cabe aqui um *excursus* para explicar que o uso do termo compromisso de compra e venda ou mesmo escritura de compra e venda se liga à dificuldade em superar os óbices burocráticos reinantes, que cegamente, só se vê compra e venda onde na realidade isso não acontece — tanto assim que a Lei 5.764/71 ao definir o *ato cooperativo* bem esclarece que não se trata de operação de compra e venda.

Portanto, nada justifica essa assimilação abstrusa entre o contrato de adesão aos contratos previstos no CDC.

5. Quanto aos arranjos, nota-se, sem qualquer esforço, que a estrutura interna da cooperativa foi concebida através de núcleos, como se de uma verdadeira cooperativa central se tratasse. Tanto que se previu as chamadas assembléias seccionais (art. 59) com poderes para decidir todos os assuntos concernentes a cada grupo.

6. Nota-se, também, que a Lei 5.764/71 previu, aliás, pioneiramente, o chamado *desdobramento*, hoje conhecido como cisão, a que Waldemar Ferreira aludia como processo de *cissiparidade*. Nada impede, no caso em espécie, que se desdobre um núcleo, liquidando-o ou desdobrando-o. Isto porque já, quando do Estatuto Social, previu-se a existência desses núcleos habitacionais, inclusive, conforme já dito, criando-se assembléias seccionais. Ora, se algum núcleo habitacional não atingiu seu objetivo pelas causas apontadas, impõe-se dever ser liquidado. E isto pode ser feito pela forma de *desdobramento*, ou pela sua *extinção*. Insista-se que o Estatuto Social menciona expressamente as assembléias seccionais relativas a esses grupos. Assim sendo, fácil é de ver que não tendo obtido sucesso o grupo deve liquidar-se, acertando-se as contas dos participantes, o que certamente não se comunica com o restante dos outros grupos e da própria cooperativa.

É, aliás, o que dispõe o art. 24 e seu parágrafo único do estatuto social, cujo texto é cristalino; e aqui já foi transcrito.

7. Não parece viável, portanto, que o fracasso (digamos assim) de um grupo seccional deva se comunicar, em termos de responsabilidade, aos outros grupos que estão em boa situação. Seria, por certo, uma exacerbação da figura da pessoa jurídica, cujo formalismo se apresentaria como perverso e excessivo.

8. Reitere-se que o Estatuto Social foi bastante claro ao evitar que o eventual fracasso de um grupo se comunicasse aos outros; o que decorre, aliás, do princípio da eqüidade, pois não devem os demais pagar pelos inadimplentes.

9. Certo é que as causas da inadimplência de muitos cooperados, conhecidas por todos são compreensíveis e até lamentáveis, mas não constituem fundamento suficiente para levar à quebra o empreendimento como um todo. Há, sem dúvida, sempre o fator *risco* que não pode, nem deve ser suportada por toda a coletividade da cooperativa, perante alguns inadimplentes.

10. Segundo os Estatutos Sociais, se a direção da cooperativa resolver pelo desdobramento desses grupos, haverá necessidade de deliberação da Assembléia-Geral; se optar pela extinção (liquidação) do grupo bastará decisão da Assembléia seccional.

11. Quanto à devolução dos deveres pagos pelos, hoje, inadimplentes, isto só será possível se na liquidação do núcleo houver saldo favorável. Como já foi dito, há aqui o fator de risco e o princípio da eqüidade, o que corresponde à perda do pagamento feito e à impossibilidade de outros arcarem com os custos dos que não cumpriram suas obrigações.

12. Creio, assim, ter respondido aos quesitos propostos pela consulta, embora houvesse ainda muito que acrescer tal a profundidade dos temas invocados.

São Paulo, 26 de outubro de 1999

Impressão e acabamento:
GRÁFICA PAYM
Tel. (011) 4392-3344

RDM 117

DOUTRINA: AS "DEZ REGRAS DE OURO" DOS TÍTULOS CAMBIAIS – Jorge Lobo • EFEITOS DO REGISTO PREDIAL PORTUGUÊS – Armindo Saraiva Matias • ***ATUALIDADES***: AS TRANSFORMAÇÕES DO DIREITO DOS MERCADOS FINANCEIROS – André-Jean Arnaud • A EMPRESA, OS MINORITÁRIOS E O MERCADO DE CAPITAIS – Alfredo Lamy Filho • O DIREITO DA CONCORRÊNCIA E SEUS FUNDAMENTOS. RACIONALIDADE E LEGITIMIDADE NA APLICAÇÃO DA LEI 8.884/94 – Luis Fernando Schuartz • INDEXAÇÃO E PARIDADE CAMBIAL; "LEASING" CONTRATADO COM CLÁUSULA DE PARIDADE CAMBIAL – Eros Roberto Grau • NOTAS SOBRE PRIVATIZAÇÃO – Rachel Sztajn • UM TÍTULO DE CRÉDITO RECENTE: A CÉDULA DE PRODUTO RURAL – João Luiz Coelho da Rocha • LAVAGEM DE DINHEIRO NO DIREITO COMPARADO: A EXPERIÊNCIA AMERICANA – Jairo Saddi • O NOVO PROJETO DE RECUPERAÇÃO DA EMPRESA – Paulo Penalva Santos • POLÍTICA ECONÔMICA, LEGISLAÇÃO SOCIETÁRIA E APLICAÇÃO DO DIREITO DA CONCORRÊNCIA NO BRASIL – Otavio Yazbek • ENSAIO SOBRE A MARCA DE ALTO RENOME: UMA PROTEÇÃO ESPECIAL CONTRAPONDO A ETERNA PRIVAÇÃO DA NOVIDADE ABSOLUTA – Mauricio Lopes de Oliveira • NOVOS ENFOQUES DA FUNÇÃO SOCIAL DA EMPRESA NUMA ECONOMIA GLOBALIZADA – Paulo Roberto Colombo Arnoldi e Taís Cristina de Camargo Michelan • ***JURISPRUDÊNCIA COMENTADA***: EVASÃO DE DIVISAS – TIPICIDADE. Cheques sacados contra bancos nacionais integram o conceito de moeda, para fins de caracterização do crime de evasão de divisas (Lei 7.492/86, art. 22) – Haroldo Malheiros Duclerc Verçosa • CHEQUE ADMINISTRATIVO. OPOSIÇÃO MOTIVADA APRESENTADA PELO ENDOSSANTE. EXONERAÇÃO DO BANCO SACADO DE HONRAR O TÍTULO DE SUA EMISSÃO. ACÓRDÃO DO STJ DE 26.4.1993 – Sílvia Maria do Prado Maida • ***ESPAÇO DISCENTE***: TÉCNICAS DE PRIVATIZAÇÃO. A experiência brasileira – Thereza Maria Sarfert • ***PARECERES***: DO REGIME LEGAL DOS CONCESSIONÁRIOS DE VENDA DE AUTOMÓVEIS NO CASO DE FUSÃO OU INCORPORAÇÃO DAS EMPRESAS CONCEDENTES – Arnoldo Wald • COOPERATIVA HABITACIONAL INTEGRADA POR VÁRIOS GRUPOS SECCIONAIS. SOLUÇÕES PARA OS GRUPOS EM DIFICULDADES. INVOCAÇÃO DA LEI, DOS ESTATUTOS E DOS PRINCÍPIOS COOPERATIVISTAS – Waldirio Bulgarelli.

MALHEIROS EDITORES